Münchener Geographische Hefte
Heft 61

D1729599

MÜNCHENER GEOGRAPHISCHE HEFTE NR.61

Herausgeber:	Robert Geipel
	Wolfgang Hartke
	Günter Heinritz
Schriftleitung:	Sabine Tzschaschel

Geographisches Institut der Technischen Universität München

HANSJÖRG BREY

INDUSTRIALISIERUNG AUF ZYPERN

Internationale, nationale und regional / lokale
Aspekte der Industrieentwicklung

Verlag Michael Laßleben · Kallmünz / Regensburg   1989

ISSN 0580–1443

ISBN 3 7847 6061 9

Buchdruckerei Michael Laßleben, 8411 Kallmünz über Regensburg

Inhaltsverzeichnis

Tabellenverzeichnis

Abbildungsverzeichnis

Verzeichnis der im Text verwendeten Abkürzungen

AKEL   Kommunistische Partei Zyperns
BIP   Bruttoinlandsprodukt
BPW   Bruttoproduktionswert
BSP   Bruttosozialprodukt
BWS   Bruttowertschöpfung
c.i.f.   cost, insurance, freight
            (für Importpreise: Versicherungs- und Transportkosten sind neben eigentl. Produktions-
            kosten enthalten)
CDB   Cyprus Developmeńt Bank
CPC   Cyprus Productivity Centre
DIE   Deutsches Institut für Entwicklungspolitik
f.o.b.   free on board
            (für Exporte: incl. Versicherungs- und Transportkosten)
I.E.   Industrial Estate
ISIC   International Standard Industrial Classification of All Economic Activities
KfW   Kreditanstalt für Wiederaufbau
NIC   Newly Industrializing Country
R.O.C.   Republic of Cyprus
UNDP   United Nations Development Program
UNFICYP   United Nations Forces in Cyprus

I. Problemstellung und entwicklungstheoretische Relevanz

Als politischer Krisenherd, als Schauplatz einer militärischen Invasion und einer großen Flüchtlingstragödie und schließlich als Opfer einer territorialen Teilung – so stand Zypern im Sommer 1974 für einige Wochen im Rampenlicht der Weltöffentlichkeit. In der Folgezeit prognostizierten zyprische wie ausländische Wirtschaftsexperten katastrophale und irreparable Schäden für die Ökonomie Zyperns, sollte das nur 9 250 qkm große Inselterritorium längerfristig geteilt bleiben[1]. Wer aber nur fünf Jahre nach der – bislang nicht wieder rückgängiggemachten – Teilung versuchen mochte, die wirtschaftlichen Negativfolgen der traumatischen Ereignisse von 1974 an Ort und Stelle zu ergründen, der wurde zumindest im südlichen griechischen Teil der Insel überrascht. Dort hatte die Mehrheit der etwa 160 000 Flüchtlinge eine akzeptable Wohnung erhalten, und es herrschte eine annähernde Vollbeschäftigung. Die Gesamtwirtschaft zeigte hohe und stetige Wachstumsraten. Basis dieser Erfolge waren nicht nur ein blühendes Tourismusgeschäft, sondern offensichtlich auch beachtliche Erfolge bei den Bemühungen um eine forcierte Industrialisierung. Der heutige Besucher findet im Südteil der Insel eine Konsumgesellschaft vor, in der sich eine breite Bevölkerungsschicht die Konsumprodukte und Prestigeobjekte der modernen westlichen Zivilisation leisten kann.

Eine eingehende Beschäftigung mit der jüngeren Vergangenheit des Inselstaates ruft aber nicht nur Erstaunen hervor über den als „kleines Wirtschaftswunder" apostrophierten Wiederaufbau im griechischen Teil Zyperns. Schon zum Zeitpunkt der Erlangung der staatlichen Unabhängigkeit (1960) hatte Zypern nicht in das Bild eines typischen „Entwicklungslandes" gepaßt, dies schon aufgrund des offensichtlichen Fehlens von Phänomenen der „absoluten Armut" (ADLER-KARLSSON, 1978) wie Massenarmut, hoher Kindersterblichkeit, Analphabetismus etc.

Ernsthafte Analytiker der zyprischen Entwicklung taten sich immer schwer, das zyprische Entwicklungsmuster in einem dichotomischen Modell zwischen „Entwicklung" und „Unterentwicklung" festzumachen. Marjorie HALD (1968, S. 1) drückte dieses Problem folgendermaßen aus:

> „How then does one describe and explain the economy of the country – the obvious prosperity and generally high standard of living on the one hand, the paucity of resources and depence on a set of special trading relations and political factors on the other?"

Die Schwierigkeiten beim Versuch einer klaren Einordnung der zyprischen Entwicklung sind heute nicht geringer als 20 Jahre zuvor. Anders als damals aber ist mittlerweile in der entwicklungstheoretischen und -politischen Diskussion das enorme Spektrum von nationalstaatlichen Entwicklungsmustern deutlich geworden, ist offenbar geworden, daß Begriffe wie „Entwicklungsland" und „Dritte Welt" nicht den Differenzierungsprozessen gerecht werden können, die sich außerhalb der frühindustrialisierten Welt mehr und mehr zeigen. Die Entwicklung eines Teils der OPEC-Staaten und der offensichtliche Industrialisierungserfolg einiger Staaten in Ost- und Südostasien sind hierfür eindringlicher Beleg. Folglich rückten die *Newly Industrializing Countries*, die „Schwellenländer" und allgemein die Möglichkeiten, Bedingungen und Grenzen einer „nachholenden Entwicklung" immer stärker ins Zentrum der wissenschaftlichen Diskussion. Die konkreten Entwicklungsziele und die zu ihrer Erreichung einzuschlagenden angemessenen Strategien und Wege bleiben

---

[1] So z. B. SYMEONIDES (1977).

dabei umstritten wie eh und je. Heute existiert eine geradezu unübersehbare Fülle von ein-dimensionalen wie komplexen Indikatoren zur Feststellung des „Schwellenstatus" eines Landes[2]; je nach dem zugrundegelegten Untersuchungsraster wird ein Länderfallbeispiel als gelungene oder mißlungene (bzw. noch nicht eingetretene) Entwicklung gewertet. Bei-spielhaft sei im folgenden anhand einiger Positionen nur eine der Hauptkontroversen in der Entwicklungs- bzw. Schwellenländerdiskussion aufgezeigt: die Einschätzung einer export-orientierten Industrialisierungsstrategie (die auch auf Zypern eine zentrale Rolle spielt).

Vertreter der neo-klassischen ökonomischen Theorie, so z. B. BALASSA (1981), sehen in einer exportorientierten Industrialisierung **die** Strategie zu einer Überwindung der Unter-entwicklung. Die prominenten Fälle junger Industrialisierungserfolge wie z. B. Taiwan, Süd-korea, Malaysia und Singapur dienen ihnen als Belege für eine erfolgreiche Nutzung „kom-parativer Kostenvorteile". FRÖBEL et. al. (1986, S. 488) hingegen verweisen auf krisenhafte Erscheinungen und strukturelle Defizite in den *Newly Industrializing Countries* (z. B. Import-abhängigkeit, Überkapazitäten, Arbeitslosigkeit, Inflation, rückläufige Wachstumsraten, Nachfragerückgang, hohe Auslandsschulden etc.). Diese werten sie als Beweis für die These, daß exportorientierte Entwicklung zumindest längerfristig in einer Sackgasse zu enden droht. Führende Vertreter der bundesdeutschen dependenztheoretischen Position wiederum räumen in ihren jüngeren Publikationen ein, daß eine erfolgreiche nachholende Entwicklung auf der Grundlage von Weltmarktintegration möglich sei (SENGHAAS, 1982 so-wie MENZEL/SENGHAAS, 1986). Keineswegs jedoch kann nach ihrer Überzeugung eine exportorientierte Industrialisierung als Rezept für Entwicklung gelten. Aus den Erfahrungen der asiatischen Schwellenländer, der europäischen Industriestaaten und der aktuellen peri-pher-kapitalistischen Ökonomien schließen sie vielmehr auf die Bedeutung spezifischer Ausgangslagen und entwicklungspolitischer Weichenstellungen für eine erfolgreiche Exportindustrialisierung.

Der Stellenwert der entwicklungstheoretischen Diskussion für die vorliegende Arbeit liegt vor allem darin, daß sich aus den unterschiedlichen theoretischen Ansätzen verschiedene **sinnvolle Fragestellungen** ableiten lassen, die an ein Länderbeispiel zu richten sind[3]. Nicht sinnvoll bzw. notwendig erscheint hingegen die Festlegung auf einen einzelnen An-satz. Zum einen soll die Untersuchung nicht vorrangig der Verifizierung oder Falsifizierung einer bestimmten Theorie dienen, sondern vielmehr dem Verständnis der komplexen Reali-tät eines konkreten Industrialisierungsweges. Zum anderen bleibt jeder einzelne Theorie-ansatz in seiner Reichweite notwendigerweise beschränkt, zeigt bestimmte Stärken und Defizite, die es zu nutzen bzw. zu kompensieren gilt.

Eine A-priori-Festlegung jedoch erscheint bezüglich des **normativen Rahmens** der Untersuchung, des zugrundegelegten **Entwicklungsbegriffes**, angebracht. Da die Exi-stenz von „Wachstum ohne Entwicklung" nicht ignoriert werden kann, wird wirtschaftliches Wachstum zwar als eine notwendige, keineswegs aber hinreichende Bedingung für Ent-wicklung begriffen. Zu den obersten Zielkriterien der Entwicklung gehört auch eine mög-lichst breite **Partizipation** der Bevölkerung an den Entwicklungserfolgen auf der Basis einer politischen Demokratisierung[4]. Angesichts der vorrangig auf reines Wachstums-

---

[2] Vgl. die synoptische Darstellung von Schwellenländerindikatoren bei BERGMANN (1983).

[3] Vgl. SCHMIDT-WULFFEN (1987, S. 134).

[4] SENGHAAS (1982, S. 333) etwa sieht es als die vorrangige Aufgabe der heutigen Entwicklungstheorie und -politik an, „über jene Voraussetzungen nachzudenken, die eine Entwicklung in die Breite er-möglichen".

denken zurückzuführenden weltweiten Umweltkatastrophe muß darüber hinaus die **ökologische Verträglichkeit** von wirtschaftlichem Wachstum[5] thematisiert werden, soweit dies die in dieser Hinsicht bescheidene Datenlage zuläßt. Oft genug wird sicherlich die Bewertung im Hinblick auf die o. g. Ziele ambivalent bleiben, wobei Ambivalenz als legitimes Ergebnis akzeptiert werden muß.

Maßgeblich für die Auswahl von Fragestellungen im einzelnen ist der **Untersuchungsgegenstand**, auf den sich diese beziehen. In **sektoraler** Hinsicht steht das verarbeitende Gewerbe auf Zypern im Vordergrund des Interesses. Ausschlaggebend für diese Schwerpunktsetzung sind erstens die offensichtlichen Industrialisierungserfolge in Zypern und zweitens der zentrale Stellenwert, der nach wie vor dem Industrialisierungsprozeß in der entwicklungstheoretischen Diskussion als „Entwicklungsmotor" beigemessen wird[6]. Die sektorale Beschränkung wird überall dort aufgegeben, wo sich offensichtliche Zusammenhänge mit anderen Wirtschaftsbereichen ergeben.

Zeitlicher Bezugsrahmen der Untersuchung ist die Periode von der Erlangung der Unabhängigkeit 1960 bis zum Beginn bzw. der Mitte der 80er Jahre. Auf längere historische Zeiträume wird zurückgegriffen, wo dies notwendig erscheint, speziell in Kap. II, in dem die Ausgangslage des Industrialisierungsprozesses erörtert wird.

Räumliche Bezugseinheit der Arbeit ist die seit 1960 als unabhängiger Staat konstituierte Insel Zypern. Für die Zeit seit 1974 mußte diese Bezugseinheit enger begrenzt werden: Seit der Invasion Zyperns durch türkische Truppen im Sommer 1974 ist der Inselstaat de facto geteilt. Die Entwicklung des türkischen Nordteils – etwa 38 % der Gesamtfläche Zyperns – muß seither als Rückentwicklung zu einem Agrarstaat charakterisiert werden, dessen Geschicke darüber hinaus weitgehend von der Okkupationsmacht Türkei bestimmt sind. Seit nunmehr mehr als zehn Jahren entwickeln sich beide Landesteile damit in konträre Richtungen. Die vorliegende Arbeit beschränkt sich bezüglich der aktuellen Entwicklung (seit 1974) auf den griechischen Südteil der Insel. Nur dort kann seither von einem Industrialisierungsprozeß die Rede sein; im übrigen bestimmen die griechisch-orthodoxen Zyprer als ethnisch-religiöse Majorität von etwa 80 % der Bevölkerung schon seit dem 19. Jahrhundert das wirtschaftliche Leben Zyperns[7].

Der **fachwissenschaftliche – geographische – Beitrag** besteht in der Einführung einer räumlichen Perspektive in die sektorale Betrachtungsweise des Industrialisierungsprozesses. Industrialisierung wird auf verschiedenen räumlichen Ebenen betrachtet, die untereinander in enger Beziehung stehen. Wenn die sektorale Perspektive den Schwerpunkt in einer „geographischen" Arbeit ausmacht, dann vor allem deshalb, weil sich regionale und lokale Strukturen nur auf der Basis einer genauen Kenntnis der sektoralen Zusammenhänge erklären lassen[8].

Die inhaltliche Schwerpunktsetzung der **sektoralen** Analyse der zyprischen Industrialisierung erfolgt z. T. anhand der augenscheinlichen Besonderheiten des zyprischen Industrialisierungsmusters. So ist z. B., abweichend von anderen Fallstudien, der Betriebsgrößen-

---

[5] Vgl. hierzu die Überlegungen von KANTOWSKY (1985, speziell S. 101 ff.).
[6] Dies gilt unabhängig von der Tatsache, daß immer stärker auch die Rolle der Agrarentwicklung für eine erfolgreiche Industrialisierung betont wird (S. z. B. ADELMAN, 1984; ELSENHANS, 1979; MUNDLE, 1985).
[7] Ein Vergleich der wirtschaftlichen Entwicklung der beiden Inselteile seit 1974 wäre zwar aufschlußreich, er würde aber weitgehend an der fehlenden Datenbasis im türkischen Teil scheitern.
[8] Auf diesen Sachverhalt wird detaillierter hingewiesen in Kap. III. 12.

struktur ein eigenes Kapitel gewidmet, zumal die Vorherrschaft des kleinbetrieblichen Sektors das wohl offensichtlichste Charakteristikum der zyprischen Industrialisierung darstellt. Andere inhaltliche Schwerpunkte sowie die Analysedimensionen und Fragestellungen im einzelnen zielen auf diejenigen Faktoren, die in einer Vielzahl von existierenden Fallstudien bzw. vergleichenden Untersuchungen als **entwicklungsfördernde** Ausgangslagen, Rahmenbedingungen, Handlungen, Institutionen etc. oder aber als **Engpässe**, **Hindernisse** und **Probleme** erkannt wurden.

Generell sind solche Faktoren sowohl auf der **nationalen** Ebene (Binnenmarkt / interne Faktoren) als auch im **internationalen** Rahmen (Weltmarkt / externe Faktoren) zu suchen. Über die unterschiedlichen theoretischen Positionen hinweg ist im übrigen die Bedeutung der **politischen und sozio-kulturellen** neben der **ökonomischen Dimension** im Entwicklungsprozeß erkannt worden[9].

Beispielhaft seien im folgenden, wiederum für den Bereich der exportorientierten Industrialisierung, einige wesentliche Fragestellungen aufgeführt, die in der aktuellen Literatur diskutiert bzw. angewandt werden. Durch den Bezug auf die neuere Entwicklungsländerdiskussion[10] wird in der vorliegenden Arbeit einerseits versucht, Vergleiche zu anderen Ländern zu ermöglichen; andererseits wird angestrebt, durch die Vermeidung einer theoretischen Festlegung den einmaligen Besonderheiten des zyprischen Industrialisierungsweges gerecht zu werden. Fragestellungen in Bezug auf exportorientierte Industrialisierung sind im wesentlichen folgende:

(1) Wie gestaltet sich die gegenwärtige und zukünftige **Nachfrage** und die **Konkurrenzsituation** auf dem **Weltmarkt**? Wo bestehen Restriktionen und protektionistische Tendenzen, welche Handelsabkommen begünstigen eine eventuelle Exportproduktion[11]? Welche Faktoren bestimmen ggf. die Auslagerungsdynamik ausländischer / multinationaler Firmen[12]?

(2) Welchen Stellenwert hat die Exportorientierung in der nationalen **Entwicklungsstrategie**, welcher institutionell-politische Rahmen ist ihr gesetzt (Handelspolitik, Exportförderungsmaßnahmen, Infrastrukturen, Forschungsinstitutionen etc.)[13]?

(3) Welches sind die **unternehmerischen Akteure** des Industrialisierungsprozesses, wer profitiert somit hauptsächlich vom Exportwachstum? Handelt es sich um einheimisches oder um Auslandskapital, welche Konzentrationsprozesse gibt es in der Industrie, kommt es zur Verdrängung kleinerer Betriebe[14]?

(4) Wie steht es um den **Beschäftigungs- und Einkommenseffekt** der Exportproduktion und darauf basierende Nachfrageeffekte auf dem Binnenmarkt sowie den Zusammenhang mit der Entstehung / Verschärfung sozialer Disparitäten[15]?

(5) Beruht die Exportproduktion vorwiegend auf billigen Arbeitskräften oder aber einem

---

[9] Vgl. SCHMIDT-WULFFEN (1987).

[10] Mit Rücksicht auf den Umfang der Arbeit unterbleiben in der Regel in den sektoral ausgerichteten Kap. II und III Querverweise auf nicht zypernspezifische Literatur.

[11] Vgl. TURNER / MC MULLEN (1982); BALASSA (1981).

[12] Vgl. FRÖBEL et. al. (1977, 1986); POLLAK / RIEDEL (1984).

[13] Vgl. BALASSA (1981); BALLANCE et. al. (1982); SCHÄTZL (1986a); FODERS (1987).

[14] Vgl. FRÖBEL et. al. (1986); KOSCHATZKY (1986).

[15] Vgl. SNODGRASS (1980); RAUCH (1981a).

hohen **Qualifikationsniveau** der Arbeitskraft (Humankapital), hoher Arbeitsproduktivität und „wissenschaftlich-technischer Leistungsfähigkeit"[16]?

(6) Welche **Kopplungseffekte** (*linkages*) bestehen zwischen Exportproduktion und vorgelagerten Wirtschaftssektoren[17]?

(7) Wie ist der **Exportwarenkorb** einzuschätzen im Hinblick auf internationale Konkurrenzfähigkeit (Diversifizierung / Einseitigkeit, Bedeutung der Investitionsgüterproduktion)[18]?

(8) Welche Auswirkungen zeigt die Exportproduktion auf die **Zahlungsbilanz**, z. B. durch Importabhängigkeit bei Rohstoffen / Vorprodukten und Technologie, aufgrund des Kapitaltransfers ausländischer Unternehmungen[19]?

Finden sich die erklärenden Variablen für die sektorale (Industrie-) Struktur auf der nationalen und internationalen Ebene, so lassen sich **räumliche Verteilungen** der Industrie **innerhalb Zyperns** ihrerseits vorwiegend durch deren sektorale Strukturmerkmale erklären. Die Charakteristika des industriellen Unternehmertums (als „Akteure" bei der Standortentscheidung), der Einsatz einheimischer oder importierter Rohstoffe, die Orientierung auf einen bestimmten lokalen, nationalen oder Export-Absatz, dies sind einige der nicht – räumlichen Faktoren, von denen angenommen wird, daß sie ein bestimmtes Standortstrukturmuster der Industrie bedingen[20]. Prinzipiell offen und damit zu erklären sind dabei die Fragen

– welche sektoralen Charakteristika in einem kleinen räumlichen System, wie Zypern es darstellt, überhaupt als standortrelevant gelten können;

– welche Standortfaktoren auf unterschiedlichen Niveaus der räumlichen Aggregation bedeutsam sind.

Das Vorgehen dieser Arbeit mag der Anregung von SCHMIDT-WULFFEN (1987, S. 134) entsprechen, daß „(...) Entwicklung als Geschehen auf miteinander verflochtenen Handlungsebenen – der internationalen, der nationalen und der regional/lokalen Ebene – samt den jeweils wirksamen Zwängen und Spielräumen analysiert werden muß".

Die **räumliche** Betrachtung der Industrialisierung geschieht auf drei unterschiedlichen Maßstabsebenen[21]. Analysiert wird zunächst die Industrialisierungsdynamik im Vergleich der Distrikte Zyperns und innerhalb des Distrikts Limassol[22]. In Bezug auf den Distrikt Limassol werden jeweils in Exkursen die Industrieentwicklung und Urbanisierung thematisiert. Als ein sowohl sektoral (auf die Förderung des Industrialisierungsprozesses) als auch raumordnungspolitisch intendiertes Programm wird schließlich die zyprische Variante der

---

[16] MENZEL / SENGHAAS (1986), S. 195.

[17] Vgl. MENZEL (1985); CHENERY et. al. (1986).

[18] Vgl. OCHEL (1984); MENZEL / SENGHAAS (1986).

[19] Vgl. FRÖBEL et. al. (1977, 1986).

[20] Vgl. die „Akkumulationstheorie" sowie ihre empirische Anwendung bei RAUCH (1981 a, 1984). Gesellschaftsstruktur und Bedingungen auf dem Weltmarkt determinieren hier ein spezifisches Akkumulationsmuster. Dieses Akkumulationsmuster wiederum ist ausschlaggebend für die Entstehung räumlicher Strukturen und Interaktionen.

[21] Die Fragestellungen zu einer räumlichen Betrachtung der zyprischen Industrialisierung werden (basierend auf der sektoralen Analyse) in Kap. III. 12 näher ausgeführt.

[22] Die Begründung für diese Auswahl erfolgt in Kap. IV. 2.

staatlichen Industrial Estates untersucht. Beispiele auf lokaler Ebene sind der große *Industrial Estate* von Limassol und – in einem relativ knappen Vergleich – der Industriepark von Paphos. Auf der Ebene spezifischer industrieller Standortgemeinschaften, wie sie die *Industrial Estates* darstellen, können beispielhaft Komplementarität und Widersprüche zwischen staatlicher Politik und sektoralen Charakteristika des verarbeitenden Gewerbes demonstriert werden.

II. Die Ausgangslage für eine nachholende Entwicklung und Industrialisierung

1. Die historische Ausgangslage

Die Zeit vor der britischen Kolonialherrschaft

Das Schicksal Zyperns war seit dem Altertum durch die wechselnden Interessen der verschiedensten Okkupationsmächte bestimmt[1]. Zeiten höchster wirtschaftlicher Prosperität wechselten mit Epochen von Stagnation und Niedergang. So brachte etwa die Ptolemäerherrschaft in den letzten drei vorchristlichen Jahrhunderten eine florierende Landwirtschaft wie auch eine Blüte gewerblicher Aktivitäten hervor. Zyprische Produkte aus dem Schiffsbau, der Weberei, der Metallverarbeitung und der Weinindustrie waren weithin bekannt. Im 14. Jahrhundert war Zypern Hauptumschlag- und Stapelplatz für den gesamten Handel zwischen Orient und Okzident, was der lusignanischen Oberschicht und der damaligen Hauptstadt Famagusta unvorstellbaren Reichtum einbrachte[2].

Drei Jahrhunderte osmanischer Herrschaft (seit 1570/71) markierten eine Periode ökonomischer Stagnation, hauptsächlich bedingt durch ein repressives Steuersystem, in dessen Aufrechterhaltung sich die osmanischen Verwaltungshandlungen weitgehend beschränkten[3]. Die moderne industrielle Massenproduktion in den sich industrialisierenden Ländern, die landwirtschaftliche Billigproduktion etwa von Baumwolle und Zucker in den europäischen Siedlerkolonien, der Bedeutungsverlust des östlichen Mittelmeers im europäischen Handel im Verein mit den Faktoren der internen Stagnation im osmanischen Reich[4] führten zur Verdrängung einst konkurrenzfähiger landwirtschaftlicher und gewerblicher Produkte auf dem europäischen Markt und zum Erliegen eines Großteils des bis dahin florierenden Manufakturwesens. Hierzu zählten die Textilindustrie, die Seidenproduktion, die Produktion von Wein, Zucker, Tabak, Wolle, Olivenöl und Salz.

Die Eigenständigkeit Zyperns in der Produktion vieler Versorgungsgüter und die beachtlichen Exporterlöse wurden im Verlauf der osmanischen Herrschaft abgelöst durch die weitgehende Abhängigkeit von importierten Fertiggütern. Johannisbrot blieb am Ende das einzige wichtige Exportgut (HALD, 1968, S. 20 f.). Die verbliebenen Handelsgewinne flossen zum Teil britischen und anderen europäischen Händlern zu, die sich unter diplomatischem Status und absoluter Steuerfreiheit in Larnaca und Limassol etabliert hatten[5].

---

[1] Eine umfassende Abhandlung der Geschichte Zyperns gibt HILL (1940).

[2] HALD (1968, S. 14). Für eine ausführliche Beschreibung der zyprischen Wirtschaftsgeschichte siehe JENNESS (1962).

[3] Die Unterlassung jeglicher öffentlicher Investitionen führte zu einem Zerfall bestehender Infrastrukturen wie Bewässerungseinrichtungen, Häfen etc. (HALD, 1968, S. 16 ff.). Unter der Tributpflicht litt vor allem die Agrarbevölkerung. Die landwirtschaftliche Nutzfläche war zwar größtenteils im Besitz der bäuerlichen Bearbeiter, de jure aber blieb sie Eigentum des Sultans (LANITIS, 1944, S. 5).

[4] Zu den entwicklungshemmenden Faktoren der „asiatischen Produktionsweise" siehe auch MASSARRAT (1977) sowie ISLAMOGLU / KEYDER (1979).

[5] Vgl. die Darstellung der bedeutendsten Handelsgesellschaft, der *Levant Company* bei WOOD (1935).

Die britische Kolonialzeit

Von 1878 bis zum 2. Weltkrieg

Die Übergabe Zyperns an die britische Kolonialadministration im Jahre 1878 und die formelle britische Annexion 1914 änderten wenig an der ökonomischen Lage der Insel. Die britische Kolonialmacht hatte von vornherein kein wirtschaftliches Interesse an der Insel außer demjenigen, die administrativen Kosten auf ein Minimum zu beschränken. Die Entwicklung der Landwirtschaft wurde zunächst entscheidend behindert durch die aus der osmanischen Epoche übernommene und bis 1926 beibehaltene Tributpflicht für die Landbevölkerung. Die wachsende Abhängigkeit von Geldverleihern – 1927 sollen 73 % der landbesitzenden Bevölkerung verschuldet gewesen sein[6] – und die zunehmende Besitzzersplitterung im Zusammenhang mit einem hohen Bevölkerungswachstum verschlechterten die ländlichen Lebensbedingungen zusätzlich[7].

Dennoch brachte die Zeit der britischen Kolonialadministration bis zum 2. Weltkrieg einige Reformen hervor, die, wenn sie sich auch vielfach nicht direkt in verbesserten Lebensbedingungen für die Masse der Bevölkerung niederschlugen, für die weitere Entwicklung Zyperns von Bedeutung waren[8]:

(1) Die Entwicklung der Landwirtschaft wurde durch institutionelle und soziale Verbesserungen und Reformen (vorwiegend seit den 20er Jahren) auf eine neue Basis gestellt: zu nennen sind hier ein gut ausgebautes ländliches Primarschulwesen, Verbesserungen des Gesundheitswesens, die Abschaffung der Tributpflicht, Verbot des ausbeuterischen Geldverleihs und die Entwicklung des ländlichen Genossenschaftswesens. Direkte produktivitätssteigernde Neuerungen wurden dagegen weitgehend unterlassen.

(2) Bereits seit Beginn der britischen Kolonialherrschaft wurden wichtige Infrastrukturen verbessert: hierzu zählten die Verbesserung der städtischen Wasserversorgungs- und Abwassersysteme, der Bau eines Straßensystems zwischen den größeren Städten und der Bau von Hafenanlagen in Famagusta und Limassol.

Bis zum 2. Weltkrieg dominierte der stagnierende Agrarsektor auf Zypern das wirtschaftliche Geschehen. Industrielle Aktivitäten beschränkten sich auf einige wenige Leichtindustrien zur Herstellung von Textilien, Schuhen, Seife, Speiseöl, Wein, Bier und nichtalkoholischen Getränken. Kupfer und Pyrit aus den – in ausländischer Hand befindlichen – Minen stellten neben geringen Mengen an Wein und Käse die Hauptexporte dar[9].

Die starke Dominanz britischer und kontinentaleuropäischer Konsumgüter auf dem zyprischen Markt beschreiben MEYER und VASSILIOU (1962, S. 38):

> "Upper-income Cypriotes ate, drank, traveled about in, and wore, products imported from England or the Continent. Even the lowest-income families clothed themselves mainly with British cotton and woolens".

---

[6] ATTALIDES (1981, S. 50).

[7] LANITIS (1944). Siehe hier die ausführliche Darstellung der strukturellen und institutionellen Hemmnisse für die Entwicklung der zyprischen Landwirtschaft.

[8] ATTALIDES (1981, S. 50 ff.); HALD (1968, S. 26 f.).

[9] HALD (1968, S. 26); MEYER / VASSILIOU (1962, S. 38).

Vom 2. Weltkrieg bis zur Unabhängigkeit 1960

Die Substanz dessen, was die junge Republik Zypern als „koloniales Erbe" antreten sollte, wurde entscheidend durch die Entwicklungen der beiden letzten Jahrzehnte der britischen Kolonialherrschaft – vom 2. Weltkrieg bis 1960 – geprägt, zweier Jahrzehnte, die das Bild der zyprischen Ökonomie grundlegend veränderten.

Das Wachstum und der relative Wohlstand, die die zyprische Ökonomie in dieser Zeit erreichten, basierten allerdings, wie im folgenden zu zeigen sein wird, auf äußerst instabilen Voraussetzungen, d. h. einer völligen Außenabhängigkeit.

<u>Strategische Bedeutung und Bauboom</u>

Zunächst war es die veränderte weltpolitische Situation seit dem 2. Weltkrieg, die Zypern als strategischem Außenposten für das Vereinigte Königreich wachsende Bedeutung zukommen ließ. Zypern wurde zur britischen „Polizeistation des Mittleren Ostens", zu einem „unsinkbaren Flugzeugträger", eine Rolle, die die Insel auch über die Kolonialzeit hinaus beibehalten sollte [10]. Der Krieg bedeutete für Zypern den Bau von britischen Flugzeugbasen und, vermittelt über die Stationierung von großen Militärkontingenten, eine Stimulierung der Wirtschaft durch die Ausgaben des Militärpersonals für Konsumgüter sowie die grundlegende Verbesserung der allgemeinen Gesundheitsbedingungen.

Das Schrumpfen des britischen Kolonialreichs im Osten (Unabhängigkeit Indiens und Pakistans, Rückzug aus Suez und Palästina) brachte seit Anfang der 50er Jahre Militärinvestitionen nach Zypern, die für die kleine Ökonomie vom immenser Bedeutung waren. Allein zwischen 1952 und 1957, dem Höhepunkt des Ausbaus britischer Basen, erhöhten sich die Kapitaltransfers der britischen Schatzkammer von 4 Mio. auf über 20 Mio. C£ (58 Mio. US$) jährlich [11], dies bedeutete für das Jahr 1956 eine Ausgabe von 38 C£ (106 US$) pro Kopf der zyprischen Bevölkerung.

Die britischen Militärausgaben brachten für Zypern bedeutende Beschäftigungs- und Einkommenseffekte [12]. Die Militärverwaltung beschäftigte 1956 selbst mehr als 9 000 Lohnarbeiter [13], überwiegend als Bauarbeiter, beim Bau der Militäreinrichtungen und Unterkünfte, daneben standen schätzungsweise noch einmal dieselbe Anzahl von zyprischen Arbeitern bei lokalen Bau- und Dienstleistungsunternehmen im Lohn, die als *local contractors* für die britische Militäradministration arbeiteten [14]. Der Boom im Baugewerbe wurde zum wesentlichen Wachstumsmotor der zyprischen Wirtschaft. Vermittelt über Einkommenseffekte und über die Ausgaben britischer Truppen und deren Familienangehörigen brachte er wachsende Kaufkraft und dadurch auch eine Stimulation für Handel und Dienstleistungsgewerbe. Genährt wurde der Wirtschaftsboom – neben dem Bau der *British Bases* und der Unterkünfte für die Militärangehörigen – durch den bei wachsender Kauf-

---

[10] Zu den Gründen dieses strategischen Bedeutungsgewinnes siehe STEPHENS (1966); KADRITZKE / WAGNER (1976); MEYER / VASSILIOU (1962).

[11] MEYER (1959, S. 255, Tab. 3).

[12] Laut MEYER (1959, S. 254) wurden rund 65 % der Militärausgaben für Baumaterialien, Arbeitskraft und Maschinen ausgegeben, 25 % für die direkten Konsumausgaben des Militärpersonals auf Zypern und 10 % für den Aufwand der Militärverwaltung selbst.

[13] R.O.C. 14 (1967). Staatliche Publikationen der *Republic of Cyprus* (R.O.C.) werden im folgenden mit Nummern gekennzeichnet. Diese verweisen auf die entsprechende Nummer im Literaturverzeichnis, „Publikationen der Republik Zypern".

[14] Nach einer Schätzung von ZIMMERMANN (1958, S. 5) lag die Gesamtzahl der Beschäftigten im Baugewerbe im Jahre 1957 bei 23 000.

kraft und gleichzeitigen Urbanisierungstendenzen neu auftretenden städtischen Wohnungsbedarf und die ebenfalls hohen Ausgaben für öffentliche Infrastrukturen. Eine ebenso wichtige Triebkraft für den Bausektor waren die – häufig spekulativen – Investitionen von Zyprern im Immobilienbereich[15].

Die Bedeutung des Baubooms wird verdeutlicht durch seinen Anteil an der einheimischen Kapitalbildung: 1958 gingen 47 % aller Investitionen (C£ 22,5 Mio.) in den Bausektor, davon wiederum mehr als die Hälfte in den Wohnungsbau[16].

Der Bergbau

Eine ebenso starke Abhängigkeit von externen Bedingungen zeigt die Entwicklung des zyprischen Bergbaus[17] nach dem 2. Weltkrieg, der zweiten Stütze der zyprischen Ökonomie bis zur Unabhängigkeit.

Nach ersten Neuanfängen des Bergbaus in den 10er und 20er Jahren erfuhr der Abbau und Export vor allem von Kupfer und Kupferkonzentraten, Kupfer- und Eisenpyrit seit dem 2. Weltkrieg einen enormen Aufschwung, bedingt durch den hohen Stand der Weltmarktpreise. Wie im Falle der britischen Militärinvestitionen erwiesen sich auch hier internationale Spannungen als Hauptmotor für das wirtschaftliche Wachstum auf Zypern, war doch der Koreakrieg der Hauptauslöser für den „Höhenflug" der Mineralienpreise (vgl. Tab. 1).

Tab. 1: Zyprische Exporte von Bergbauprodukten, 1950–1959

(Index 1950 = 100)

Jahr	Mengenindex	Wertindex	Jahr	Mengenindex	Wertindex
1950	100	100	1955	102	191
1951	103	146	1956	126	254
1952	121	190	1957	134	191
1953	95	143	1958	131	167
1954	109	176	1959	135	174

Quelle: UNITED NATIONS (1961, S.38, Tab.12)

---

[15] Für diesen Investitionsboom im Bausektor lassen sich, neben der gestiegenen Kaufkraft, eine Reihe von Gründen anführen:
   - kulturelle Faktoren, wie der hohe Prestigewert von Haus- und Grundbesitz und die institutionalisierte Verpflichtung, Töchtern bei der Heirat ein Haus als Mitgift zukommen zu lassen, Faktoren, die zu einer Präferenz der Immobilieninvestitionen vor anderen Bereichen führen (vgl. HEINRITZ, 1975, S. 93 ff.)
   - das Fehlen alternativer Investitionsmöglichkeiten
   - der Wirtschaftsboom selbst: Investition in Grund- und Bodenbesitz wurde als Absicherung angesehen, sollte der wirtschaftliche Höhenflug ein Ende nehmen (MEYER / VASSILIOU, 1962, S. 43).
[16] MEYER / VASSILIOU (1962, S. 43).
[17] Metallische Bergbauprodukte, allen voran Kupferverbindungen, waren schon im Altertum auf Zypern gefördert worden und hatten die Grundlage für ein florierendes metallisches Verarbeitungsgewerbe gebildet. Seit dem Ende der Römerzeit bis zur britischen Herrschaftsübernahme waren die mineralischen Vorkommen vernachlässigt worden.

Während der gesamten 50er Jahre betrug der Anteil der Mineralienexporte an den Gesamt-exporterlösen[18] zwischen 50 und 60 %, die Steuer- und Lizenzzahlungen der Bergbau-gesellschaften deckten 20–25 % des Staatshaushalts und trugen 55–75 % zu den Gesamt-einnahmen an Einkommensteuer bei. Zwischen 5000 und 7000 Zyprer fanden Beschäfti-gung in den Bergwerken[19].

Neben der Tatsache, daß die Rentabilität des zyprischen Bergbaus und damit eine Haupt-devisenquelle Zyperns mit den Schwankungen der Weltmarktpreise stand und fiel, mani-festierte sich die Auslandsabhängigkeit des Bergbausektors auch noch auf eine andere Weise: Sämtliche Bergbauunternehmungen waren ausländische Kapitalgesellschaften, neben der größten Gesellschaft, der amerikanischen *Cyprus Mines Corporation*[20] fanden sich u. a. auch britische und griechische Unternehmen. Von den Bruttoeinnahmen dieser Gesellschaften von etwa 13,8 Mio. C£ im Jahr 1956 flossen mindestens 38 % direkt den ausländischen Aktionären als Gewinne zu[21].

Der Bergbau in den 50er Jahren trug also kaum etwas zur einheimischen Kapitalbildung bei. Auch in anderen Beziehungen vermittelte er kurzfristiges Wachstum ohne längerfristige Entwicklungseffekte:

– Die wichtigsten nicht nachwachsenden Rohstoffe Zyperns wurden, abgesehen von wenigen Aufbereitungsverfahren, praktisch unbearbeitet exportiert.

– Als Rohstoffbasis etwa für eine zukünftige metallische Grundstoffindustrie fiel der Berg-bau in dem Maß aus, als seine Erlöse nur kurzfristigen Kapitalinteressen galten und – wie dies sich bereits Ende der 50er Jahre abzeichnete – sich die wichtigsten Vorkommen er-schöpften[22].

– Der zeitweilig bedeutende Beschäftigungseffekt stand ebenso auf der unsicheren Basis einer von Preisverfall und Erschöpfung bedrohten Boom-Struktur.

Das verarbeitende Gewerbe

Ob das boomartige Wirtschaftswachstum ein „Wachstum ohne Entwicklung" blieb, oder ob es – zumindest als Nebeneffekt – längerfristig tragfähige Entwicklungsimpulse gab, muß vor allem an der Entwicklung der verarbeitenden Industrie gemessen werden. Der Be-schäftigungs- und Einkommenseffekt aus den florierenden Wirtschaftssektoren wie auch die Anwesenheit britischer Militärkontingente bedeuteten eine erhöhte Nachfrage nach in-dustriell erzeugten Gütern – vor allem Konsumgütern – und damit einen potentiellen Anreiz für den Aufbau einer importsubstituierenden Industrie.

Der erste Gewerbe-Zensus auf Zypern im Jahre 1954 zeigt[23]:

– eine **extrem kleinbetriebliche und handwerkliche** Struktur: von den etwa 11 300 er-

---

[18] Hauptabnehmer für Kupfer- und eisenhaltige Mineralien war die Bundesrepublik Deutschland (MEYER / VASSILIOU, 1962, S. 41).

[19] UNITED NATIONS (1961, S. 38).

[20] Zur Geschichte der *Cyprus Mines Corporation* vgl. LAVENDER (1962) und MEYER / VASSILIOU (1962, S. 39 ff.). Allgemein zu den mineralischen Ressourcen und der Bergbauindustrie s. BEAR (1963).

[21] FRANGOU (1960, S. 75 f.).

[22] Diese Feststellung gilt unabhängig von der Frage der Durchführbarkeit einzelner industrieller Pro-jekte – wie z. B. der Stahlindustrie – angesichts etwa der Marktgröße und Energieverfügbarkeit auf Zypern.

[23] MEYER / VASSILIOU (1962, S. 46 ff.); UNITED NATIONS (1961, S. 44). Die folgenden Zahlen schließen das Heimgewerbe, die sog. *Cottage Industries* mit ein.

faßten Betrieben waren 60 % Einmann-Unternehmen, weitere 34 % arbeiteten mit 2–4 Beschäftigten. Nur 27 Betriebe (etwa 0,2 %) hatten mehr als 50 Beschäftigte. Die Gesamtbeschäftigtenzahl betrug rund 26 000 [24];

– eine **einseitige** Branchenstruktur: fast 60 % der Betriebe (fast ausschließlich Kleinstbetriebe) waren Schuhmacher und Schneider, es folgten die Sektoren Nahrungsmittel und Getränke mit 14 %;

– eine entsprechend dem durchschnittlich **sehr niedrigen Technologieniveau** äußerst **geringe Arbeitsproduktivität**. Ausnahmen mit einer höheren Produktivität waren die Branchen der Tabakverarbeitung und Getränkeherstellung mit wenigen größeren Betrieben [25];

– eine fast vollständig auf den **Inlandsmarkt** und hier wiederum in den meisten Sektoren auf den **lokalen** Markt ausgerichtete Produktion. 1957 betrug laut FRANGOU (1960, S. 82) der Anteil von Industrieprodukten am Wert der Gesamtausfuhr etwa 8 %.

– Die wenigen wirklich produktiven größeren Betriebe (wie z. B. die Abfüllanlagen für *Coca-Cola* und *Pepsi-Cola*) standen weitgehend unter **ausländischer Kontrolle**: Das Spektrum der ausländischen Einflußnahme reichte vom Eigentum über die Rekrutierung des Managements bis hin zur Lizenzvergabe; die Technologie war ausschließlich importiert.

Das reale Wachstum des verarbeitenden Gewerbes lag (gemessen an der Bruttowertschöpfung) im Durchschnitt der Jahre 1950–1959 unter 2 %. Der Beitrag zum Bruttoinlandsprodukt (BIP) sank sogar von 15,2 % (1950) auf 10,8 % (1954) und blieb bis zur Unabhängigkeit auf einem Niveau von 10–11 % [26].
Tab. 2 zeigt, wie sehr das Wachstum des verarbeitenden Sektors in den 50er Jahren hinter dem der meisten übrigen Wirtschaftssektoren zurückblieb.
Der Industrialisierung kam somit im Wirtschaftsboom der 50er Jahre eine untergeordnete Bedeutung zu, wie es MEYER / VASSILIOU (1962, S. 55) ausdrücken

"Manufacturing is decidedly the weakest part of the island's industry"

Vor allem hinsichtlich des Zieles der **Importsubstitution** blieb die zyprische Industrie ohne Erfolg [27]. Dem geringen industriellen Wachstum stand eine enorme Steigerung der Nachfrage vor allem nach Konsumgütern gegenüber. Sie richtete sich im wesentlichen auf importierte Güter, sei es aufgrund vorherrschender Konsumpräferenzen oder einfach, weil diese Güter auf der Insel nicht produziert wurden. Allein zwischen 1954 und 1959 stieg der Wert der Importe von Konsumgütern (zu laufenden Preisen) um über 100 %.

---

[24] Für 1955 wurde die Zahl der ökonomisch aktiven Bevölkerung auf 263 000 geschätzt. Dies würde einen Anteil der Beschäftigten im verarbeitenden Gewerbe an den Gesamtbeschäftigtenzahlen von rund 10 % bedeuten. Zum Vergleich: die Zahl der als „in der Landwirtschaft beschäftigt" klassifizierten Personen lag 1955 bei 143 000, dies entspricht rund 54 % der Gesamtbeschäftigung (ZIMMERMANN, 1958, S. 5, Tab. 5).

[25] Die durchschnittlich 178 US $ Bruttowertschöpfung pro Arbeitskraft entsprachen 14,1 % der Arbeitsproduktivität im Bergbau (1261 US $; Getränke: 490 US $; Tabak 590 US $) MEYER / VASSILIOU, 1962, S. 51, Tab. 15).

[26] UNITED NATION (1961, S. 44, (Tab. 15); Berechnung auf der Basis konstanter Preise von 1950.

[27] Die britische Kolonialmacht war freilich traditionell eher am Absatz britischer Waren auf dem zyprischen Markt als am Aufbau einer binnenmarktorientierten zyprischen Industrie interessiert. Erst Mitte der 50er Jahre führte sie erste fördernde Maßnahmen für einen industriellen Aufbau ein (Schutzzölle und Abschreibungsmöglichkeiten für industrielle Investitionen, (FRANGOU, 1960, S. 78 f.).

Tab. 2: Beitrag der Wirtschaftssektoren zum Bruttoinlandsprodukt, 1950–1960

(Zu laufenden Faktorkosten, Index 1950 = 100)

Wirtschaftssektor	1950	1951	1952	1953	1954	1955	1956	1957	1958	1959	1960
Agrar- u. Forstwirtschaft Fischerei, Jagd	100	117	147	184	165	155	186	172	169	159	144
Bergbau und Steinbrüche	100	146	190	144	177	192	238	192	167	175	181
Verarbeitendes Gewerbe	100	109	110	119	115	131	141	146	136	142	146
Baugewerbe	100	131	177	223	300	308	331	339	308	246	231
Energie- und Wasserwirtschaft	100	100	100	150	300	400	600	800	900	1000	1150
Transport, Lagerhaltung, Verkehr	100	140	173	207	247	280	333	347	320	320	307
Groß- und Einzelhandel	100	109	121	133	151	179	209	240	181	186	181
Banken, Versicherungen, Immobilien	100	117	133	133	150	200	267	267	283	283	283
Wohnungseigentum	100	104	113	133	150	167	196	221	238	242	242
Öffentl. Verwaltung, Militär	100	109	118	132	147	177	288	424	459	353	338
andere Dienstleistungen	100	127	149	165	165	154	157	146	135	149	149
BIP (zu Faktorkosten)	100	119	141	155	163	173	209	218	208	198	193

Quelle: MEYER / VASSILIOU (1962, S.54, Tab.17)

Die industriellen wie auch die sonstigen Exporte zeigten nur einen geringen Anstieg. Hauptausfuhrgüter waren – neben dem überragenden Anteil der mineralischen Produkte – Zitrusfrüchte, Johannisbrot (in teils bearbeiteter Form), Kartoffeln, Weizen, Wein und Brandy. Der Export industriell erzeugter Güter beschränkte sich fast ausschließlich auf weiterverarbeitete landwirtschaftliche Produkte[28]. Zum ersten Mal in der Geschichte Zyperns war die Handelsbilanz auf gravierende Weise unausgeglichen (Abb. 1). Zwar wurde die Zahlungsbilanz durch die britischen Militärausgaben und andere „unsichtbare" Devisenzuflüsse (Einnahmen aus dem Tourismus und Zahlungen von Emigranten) mehr als ausgeglichen, solch unsichere Zahlungsquellen waren aber ein weiterer Faktor potentieller Instabilität.

Das seit den 50er Jahren entstandene Handelsdefizit zementierte so einerseits die Abhängigkeit Zyperns von externen Faktoren, seine Beseitigung wurde auf der anderen Seite zu einem vordringlichen Ziel jeder zukünftigen Industrialisierungspolitik bzw. zum Maßstab für weitere Industrialisierungsbemühungen.

Abb. 1
Entwicklung der zyprischen Handelsbilanz, 1953 - 1960

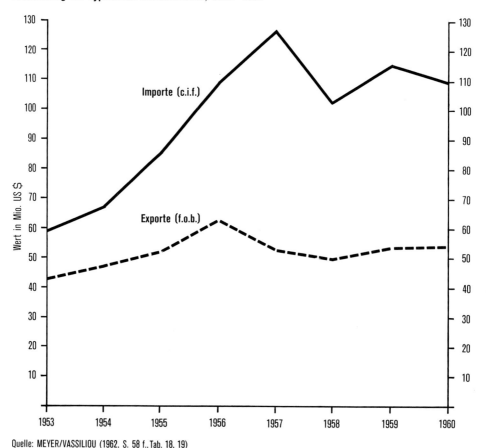

Quelle: MEYER/VASSILIOU (1962, S. 58 f., Tab. 18, 19)

---

[28] UNITED NATIONS (1961, S. 69, Tab. 33, 34); MEYER / VASSILOU (1962, S. 58 f.).

Der Zusammenbruch des Booms

In den letzten Jahren der britischen Kolonialzeit kamen einige der Säulen, auf denen der Wirtschaftsboom basierte, ins Wanken. Die Depression dieser Zeit legte grundlegende, aus einer langen Geschichte kolonialer Abhängigkeit resultierende strukturelle Mängel offen, deren Wirksamkeit nur kurzzeitig unter die Oberfläche eines von außen induzierten Wirtschaftswachstums gedrängt werden konnte:

(1) Die weitgehende Beendigung der Bauprogramme für die *British Bases* führte 1957 zu einer drastischen Reduzierung der Militärausgaben, in der Folge zu einer Rezession in den davon abhängigen Wirtschaftssektoren (vor allem dem Baugewerbe) und einem Rückgang in der Zahl der Arbeitsplätze.

(2) Trotz nochmaliger Steigerung im Volumen der Mineralienexporte führte der Preisverfall auf dem Weltmarkt vor allem für Kupfer zu einem erheblichen Rückgang der Exporterlöse (vgl. Tab. 1). Gleichzeitig war eine Erschöpfung der hochwertigsten Mineralienvorkommen bereits abzusehen.

Die Folgen aus dem Zusammenbruch des Wirtschaftsbooms waren entsprechend gravierend:

(1) Zwischen 1957 und 1960 sank das Bruttoinlandsprodukt um 11,5 % [29]. Die unsichere wirtschaftliche und politische Lage führte zu einem Rückgang der Investitionen [30] und zu Kapitalflucht ins Ausland und begünstigte in dem Maße den Konsum vor allem hochwertiger Verbrauchsgüter (wie Automobile), wie eine Bankeinlage oder produktive Investition als ein hohes Risiko erschien.

(2) Hatte der Boom – für ein Entwicklungsland höchst ungewöhnlich – eine Periode der Vollbeschäftigung gebracht, so bedeutete sein Ende hohe Arbeitslosigkeit bzw. Unterbeschäftigung [31].

Das Erbe der Kolonialzeit

Der griechisch-zyprische Unabhängigkeitskampf, der nach 1957 eskalierte, führte zu politischer Instabilität und zu Einbußen bei den Einnahmen aus dem damals an Bedeutung gewinnenden Tourismus. Der politische Schaden, den die Briten in Verfolgung ihrer Politik des „divide et impera" angerichtet hatten, war in seinen Auswirkungen auf die zukünftige Entwicklung von höchster Bedeutung: der Grundstein für die Separation der beiden wichtigsten ethnisch-religiösen Gruppen, der griechisch-orthodoxen und der türkisch-muslimischen, war hier nicht zuletzt auf ökonomischem Gebiet gelegt [32].

Die pessimistische Einschätzung der weiteren Entwicklungsaussichten der zyprischen Ökonomie bedarf an dieser Stelle aber einiger wichtiger Einschränkungen. Die Behauptung, die nicht zuletzt zyprische Politiker nach Erlangung der Unabhängigkeit aufstellten, die zyprische Ökonomie zeige alle Zeichen einer durch die Kolonialherrschaft verursachten Unterentwicklung, ist in einigen wesentlichen Punkten unhaltbar, vor allem, wenn der Grad der Unterentwicklung an den Problemen anderer Entwicklungsländer gemessen wird.

---

[29] S. Tab. 2. Das Pro-Kopf-Einkommen hatte bis dahin im Vergleich zu anderen Entwicklungsländern einen hohen Stand erreicht. Es belief sich 1956 auf 384 US $. Zum Vergleich: BRD: 689 $, Italien: 381 $, Jugoslawien: 269 $, Griechenland: 258 $, Japan: 230 $, Indien: 52 $ (FRANGOU, 1960, S. 23, Tab. 4).

[30] Der Anteil der Bruttokapitalbildung am BIP (zu laufenden Kosten) sank von 25 % (1956) auf 16,5 % (1960) (BATTELLE MEMORIAL INSTITUTE, 1963 a, S. 31, Tab. V-I).

[31] Schätzungen für die Zahl der Arbeitslosen im Jahre 1960 schwanken zwischen 6000 und 15 000 (MEYER / VASSILIOU, 1962, S. 74).

[32] Siehe hierzu ausführlicher: KADRITZKE / WAGNER (1976); HEIDE (1980); BREY (1983).

Im krassen Gegensatz zu anderen Entwicklungsländern war die Befriedigung der **Grund-bedürfnisse** in wesentlichen Bereichen nicht mehr das vorrangige Problem: 1960 lag die durchschnittliche Lebenserwartung bei 66,2 Jahren, die Säuglingssterblichkeit bei 29,9 v. T. Auch der ländliche Raum Zyperns war mit einem Netz von Elementarschulen überzogen; 88 % der zyprischen Kinder genossen eine Grundschulausbildung, der Anteil bei den Sekundarschulen lag bei 48 %, die Alphabetisierungsrate bei 80,8 %[33].

So unsicher die weitere Entwicklung der führenden Wirtschaftssektoren auch war, der Boom hat dennoch Beschäftigungsmöglichkeiten für einen Großteil der ökonomisch akti-ven und nicht voll in der Landwirtschaft beschäftigten Bevölkerung bedeutet und damit eine relativ **breitgestreute Partizipation** der Zyprer am Nationaleinkommen. Solch breit-gestreute Einkommenseffekte, die mit einer entsprechend hohen Massenkaufkraft verbun-den waren, sind nicht zuletzt Voraussetzung für eine mögliche künftige binnenmarktorien-tierte Industrialisierung. Die Entstehung einer solchen Vollbeschäftigung ist zunächst inter-essant hinsichtlich ihrer Ursache: in einer Ökonomie von der Größe Zyperns konnten kolo-niale Wirtschaftsaktivitäten wie der Bergbau und der Ausbau strategischer Einrichtungen zumindest kurzfristig einen bedeutenden Teil der national verfügbaren Arbeitskräfte absor-bieren – Aktivitäten, die in bevölkerungsreichen und flächenmäßig großen Staaten eine ty-pisch enklavenartige Ausprägung erhalten und zur Ausbildung erheblicher sozialer und räumlicher Disparitäten führen.

Eine wohl einmalige Stellung nahm Zypern hinsichtlich des **Organisationsgrades der Arbeiterklasse** ein. Zwischen 1954 und 1958 erweiterte sich die Mitgliederzahl der **Ge-werkschaften** von etwa 26000 auf 56000. 1958 war damit fast die gesamte abhängig arbeitende Bevölkerung gewerkschaftlich organisiert[34]. Die Stärke der Arbeiterbewegung war zum einen eine direkte Folge der Arbeitskräfteknappheit in den Boomsektoren; der an-gespannte Arbeitsmarkt setzte die gewerkschaftlichen Organisationen in eine günstige Verhandlungsposition. Lohnforderungen und erste Basisforderungen einer Sozialgesetz-gebung wurden u. a. mit einer Reihe von erfolgreichen Streiks durchgesetzt und waren Ga-rant für einen relativen Wohlstand breiter Schichten des zyprischen Volkes, zumindest zu Zeiten eines anhaltenden Booms[35]. Die stärksten Gewerkschaftsgruppierungen hatten ihren Hintergrund in der seit dem 2. Weltkrieg stark expandierten kommunistischen Partei (*AKEL*)[36], auf Seiten der britischen Kolonialregierung fand die Bewegung zum Teil Rückhalt bei Kolonialbeamten, die der Labour-Partei des Mutterlandes zugeneigt waren.

Eine weitere Institution stellte quasi das landwirtschaftliche Pendant zur Gewerkschafts-bewegung dar. Die Überwindung feudalistischer Strukturen in der Landwirtschaft – vor allem des ausbeuterischen Geldverleihs – verdankten die Zyprer einem hocheffektiven Genossenschaftswesen, das vom Kreditwesen bis hin zur Vermarktung faktisch alle Be-

---

[33] R.O.C. 1.

[34] Meyer / Vassiliou (1962, S. 48 f.). Interessanterweise spielten bei den Gesamtmitgliederzahlen die Gewerkschaften des verarbeitenden Gewerbes nur eine geringe Rolle. Nur knapp 7 % der Mitglie-der arbeiteten in diesem Sektor; damit waren nur etwa 15 % der Arbeitskräfte im verarbeitenden Ge-werbe gewerkschaftlich organisiert, eine Tatsache, die auf den extrem hohen Anteil der selbständi-gen und familiären Arbeitskräfte hinweist (nach Meyer / Vassiliou, 1962, S. 48, Tab. 14).

[35] Zur Geschichte der Arbeiterbewegung auf Zypern s. Adams (1971) und Slocum (1972). Zur theoreti-schen Bedeutung des Arbeitskampfes als wesentlichem Motor eines breitgestreuten Entwicklungs-prozesses siehe v. Freyhold (1981).

[36] Zum Zusammenhang zwischen kommunistischer Partei und Gewerkschaftsbewegung s. Adams (1971).

reiche der landwirtschaftlichen Produktion und Distribution umfaßte[37]. Trotz vielfacher natürlich und strukturell bedingter Hindernisse für durchschlagende Produktivitätssteigerungen in der Landwirtschaft waren die Genossenschaften ein wichtiger Träger bei der Verbesserung ländlicher Lebensbedingungen und zukünftiger Anstrengungen in Richtung produktivitätssteigernder Maßnahmen.

Landbesitz blieb auch für einen Großteil der nunmehr im Hauptberuf außerlandwirtschaftlich arbeitenden Bevölkerung ein wichtiges „zweites Bein" zur Existenzsicherung. Diese Tatsache ist wiederum nur im Rahmen einer kleinen Ökonomie wie der Zyperns zu verstehen. Die Aufnahme einer gewerblichen Tätigkeit erforderte entweder auf Grund der kurzen Entfernung gar nicht die Abwanderung an einen städtischen Arbeitsstandort oder aber die Landbewirtschaftung konnte auch nach einer Abwanderung aufrecht erhalten werden. Diese grundlegende Besonderheit Zyperns – auf die in späteren Kapiteln noch genauer einzugehen ist – ist eine Erklärung für die Tatsache, daß die aufkommende Arbeitslosigkeit nach Ende des Wirtschaftsbooms nicht zur Herausbildung einer städtischen marginalen Klasse führte.

Ein **anderer** Grund für das Ausbleiben von – für andere Entwicklungsländer mit ähnlichen Strukturen üblichen – Marginalisierungsprozessen ist die Ventilfunktion, die die **Auswanderung** sowohl für verarmte ländliche Produzenten als auch für die arbeitslos gewordenen „Opfer" des Zusammenbruchs des Wirtschaftsbooms bildete. Begünstigt durch die Niederlassungsfreiheit innerhalb des Commonwealth wanderten 1959 rund 6300, 1960 rund 14600 Personen aus[38].

Auch im **infrastrukturellen Bereich** hatten die letzten Jahrzehnte der britischen Kolonialherrschaft beachtliche Fortschritte gebracht: hierzu zählte der Ausbau der Straßen zwischen den großen Städten wie auch der Verbindungen zwischen Städten und ländlichen Gebieten. Ende der 50er Jahre hatte nahezu jedes Dorf eine eigene Trinkwasserversorgung sowie die Möglichkeit, die Kinder in eine nahegelegene Schule zu schicken.

Die wirtschaftliche Zukunft Zyperns zum Zeitpunkt seiner Unabhängigkeit war im wesentlichen von der Frage bestimmt, ob die junge Republik auf der Basis der vorhandenen Errungenschaften grundlegende Veränderungen der Wirtschaftsstruktur erreichen konnte, die die Ökonomie von ihrer externen Abhängigkeit zu befreien und auf eine eigenständige Basis zu stellen vermochte.

2. Allgemeine Grenzen für die Industrialisierung

Bis heute unterliegt jeglicher industrieller Aufbau auf Zypern einigen spezifischen und historisch kaum variablen Randbedingungen, die diesem enge Grenzen setzen[39]. Solche limitierenden Faktoren sind:

---

[37] Zur Entwicklung und Bedeutung des zyprischen Genossenschaftswesens s. LANITIS (1944) sowie ANDREOU (1977).

[38] HALD (1968, S. 30). Ein Großteil der Emigranten wandte sich nach Großbritannien, daneben auch nach Südafrika, Australien etc.

[39] Diese Randbedingungen sind von Bedeutung weniger für das „Ob" als für das „Wie" einer Industrialisierung. Ihre Wirkung bezieht sich vor allem auf die Kostenstruktur und die Technologiewahl und ist je nach der produktspezifischen Bedeutung einzelner Produktionsfaktoren und den Markterfordernissen unterschiedlich.

(1) Die **Größe des Binnenmarktes**: mit einer Fläche von 9 250 qkm und einer Bevölkerung von etwa 529 000 (1956) ist Zypern ein Kleinstaat. Selbst eine völlige Erschließung des Binnenmarktes erlaubt in vielen Produktionszweigen keine Schaffung von *Economies of Scale* ohne gleichzeitige Exportorientierung oder die Gefahr eines Aufbaus von Überkapazitäten.

(2) Die **Verfügbarkeit von Rohstoffen**: Ein Großteil der mineralischen Rohstoffvorkommen – wichtige industriell verwertbare Ressourcen – stehen zumindest nach der auf reine Extraktion gerichteten Boomphase der 50er Jahre nicht mehr für eine industrielle Nutzung zur Verfügung. Die Agrarwirtschaft und sehr eingeschränkt auch die Forstwirtschaft sind die einzig verbleibenden Rohstofflieferanten[40]. Zypern kann deshalb als extrem **rohstoffarm** bezeichnet werden.

(3) Die **Verfügbarkeit von Energie und Wasser**: Zypern hat keine eigenen Vorkommen an fossilen Brennstoffen, die Erzeugung von Energie aus Wasserkraft ist aufgrund der Reliefverhältnisse und der Periodizität der Wasserführung nicht möglich. Im Energiesektor ist die Insel deshalb bis zum heutigen technologischen Stand der Energiegewinnung völlig auf den Import von Energieträgern angewiesen. Süßwasser ist ein weiterer entscheidender Mangelfaktor. Der industrielle Wasserbedarf steht in direkter Konkurrenz zur Landwirtschaft, deren Produktivitätsfortschritte in erster Linie von einer verstärkten Nutzung knapper Wasserressourcen abhängen, wie auch zur Trinkwasserversorgung.

---

[40] Zur Bedeutung der Landwirtschaft als industrieller Rohstofflieferant s. Exkurs in Kap. III. 8, S. 101 ff.

III. Industrialisierung auf Zypern seit der Unabhängigkeit 1960: Strukturmerkmale und Strukturveränderungen des verarbeitenden Gewerbes, Rahmenbedingungen und Bestimmungsgründe

Im folgenden soll der Industrialisierungsprozeß auf Zypern seit der Unabhängigkeit 1960 beschrieben und analysiert werden. Herauszuarbeiten sind dabei die Bedeutung ökonomischer, sozialer, sozio-kultureller und politischer Rahmenbedingungen und die spezifischen Charakteristika der zyprischen Industrieentwicklung.

Nach einleitenden Ausführungen über die **Datenbasis** der Arbeit und wichtigen **Begriffsbestimmungen** (Kap. 1) wird ein **Überblick** über das **industrielle Wachstum** auf Zypern nach den wichtigsten Indikatoren gegeben (Kap. 2). Kap. 3 untersucht das zyprische verarbeitende Gewerbe auf seine **branchenspezifischen Strukturen und deren Veränderung**. Kap. 4 setzt an bei dem wohl herausragendsten Kennzeichen des zyprischen Industrialisierungsmusters, der vorwiegend kleinbetrieblichen Struktur, und analysiert die im verarbeitenden Gewerbe festzustellenden **Konzentrationsprozesse** und ihre Determinanten bzw. die Gründe für ihr Ausbleiben. In Kap. 5 und 6 wird auf die „Hauptakteure" der zyprischen Industrialisierung eingegangen. Diese sind (1) der **Staat**, der (a) den wirtschafts-, finanzpolitischen und infrastrukturellen Rahmen der Industrialisierung setzt, sowie (b) selbst als Investor auftritt und (2) das **zyprische Privatkapital** sowie **ausländische Investoren**. Das Vorherrschen des einheimischen Privatunternehmers im zyprischen Industrialisierungsprozeß lenkt die Frage auf die Möglichkeiten und Schwierigkeiten bei der **Finanzierung des industriellen Aufbaus** (Kap. 7). Der Stellenwert binnenmarkt- und exportorientierter Industrialisierung und Handelspolitik ist sicherlich das am heftigsten diskutierte Thema in der Entwicklungstheorie. In Kap. 8 und 9 wird der zyprische Industrialisierungsweg zwischen **Importsubstitution** und **Exportorientierung** analysiert. Kap. 10 knüpft an an einen anderen Schwerpunkt der Entwicklungsdiskussion: den Beschäftigungs- und Einkommenseffekten der Industrialisierung und ihren Rahmenbedingungen. Wichtige Aspekte des **„Faktors Arbeitskraft"** sind u. a. die gewerkschaftliche Organisation der Arbeitnehmer, der Stellenwert von Billiglohngruppen und des (Aus-)Bildungsniveaus („Humankapital"). Mit Bezug auf die aktuelle entwicklungstheoretische Diskussion und speziell auf die „Schwellenländerdiskussion" faßt Kap. 11 die in den Teilen II und III herausgearbeiteten **Hauptelemente, Erfolge und Defizite des zyprischen Industrialisierungsweges** zusammen. Schließlich werden in Kap. 12 **Fragestellungen** entwickelt für eine räumliche Betrachtung des zyprischen Industrialisierungsprozesses.

1. Datenbasis und Begriffsbestimmungen

Amtliche zyprische Statistik

Die Analyse der zyprischen Industriestruktur und -entwicklung beruht im wesentlichen auf eigenen Auswertungen von Primärdaten der amtlichen (griechisch-) zyprischen Statistik[1].

---

[1] Dies gilt auch für das in Teil IV verwendete Datenmaterial zur räumlichen Verteilung gewerblicher Aktivitäten.

Sie wurden in Einzelfällen – vorwiegend für „ältere" Daten – durch Sekundärdaten aus der verfügbaren Literatur über die zyprischen Industrialisierung (s. u.) ergänzt.

Die amtliche zyprische Statistik befindet sich – nicht nur im Vergleich mit anderen Entwicklungsländern – auf einem bemerkenswert hohen Standard und liefert zu allen Sektoren der zyprischen Ökonomie Daten von in der Regel guter Differenziertheit und Verläßlichkeit. Wichtigste Quellen für den Bereich des verarbeitenden Gewerbes sind folgende Publikationen des *Department of Statistics and Research*:

– Der *Census of Industrial Production* (R.O.C. 9), basierend auf einer Vollerhebung der Betriebe ab 5 Beschäftigte und einem Sample bei den kleineren Betrieben. Dieser Gewerbezensus wurde erstmalig 1954 durchgeführt und seit 1962 in einem meist 5jährigen Turnus wiederholt. Für die Darstellung der industriellen Entwicklung bis 1981 werden in der vorliegenden Arbeit im wesentlichen die Stichdaten dieser Erhebung zugrunde gelegt.

– Der *Industrial Production Survey* (R.O.C. 17), ein jährlich erhobener Mikrozensus auf der Basis eines nach Betriebsgrößenklassen disproportional geschichteten Samples.

Die gewerblichen Daten basieren auf der international gebräuchlichen ISIC-Branchenklassifikation[2] der Vereinten Nationen. Für den gesamten Betrachtungszeitraum (in der Regel 1962 bis 1983) stehen die Daten nach ISIC von 1958 zur Verfügung, seit 1976 zusätzlich nach ISIC von 1968. Um die Vergleichbarkeit der Daten über den Gesamtzeitraum zu gewährleisten, erfolgt ihre Klassifikation in dieser Arbeit vorwiegend nach ISIC 1958. Die wichtigsten Daten ab 1976 werden zusätzlich nach ISIC 1968 präsentiert, ebenso Daten (-reihen), die nicht in die Zeit vor 1976 zurückreichen. Im Vergleich der beiden ISIC-Klassifikationen zeigen die Daten dabei teils erhebliche Differenzen in den Einzelbranchen wie auch in den Gesamtwerten. Hauptgrund hierfür ist, daß in ISIC 1968 das Reparaturhandwerk in den meisten Sektoren (z. B. Schuhe, Lederwaren, Elektrogeräte, Kfz, Uhren/Schmuck) aus dem verarbeitenden Gewerbe ausgegrenzt und im Dienstleistungsbereich geführt wird[3].

Um eine größtmögliche Genauigkeit der verwendeten Daten zu gewährleisten, wurden zur Analyse der Industriestruktur zu den jeweiligen Zensusdaten so weit wie möglich die Ergebnisse des *Census of Industrial Production* (R.O.C. 9) herangezogen. In den folgenden Ausnahmen wurden die Daten des *Industrial Production Survey* (R.O.C. 17) zugrundegelegt:

– In Fällen, in denen die Analyse kontinuierlicher Zeitreihen (also auch zwischen den Zensusdaten) sinnvoll erschien (z. B. Index- und Exportwerte) oder die Daten des *Census* mit zeitlich weiter zurückreichenden Daten nicht vergleichbar sind (z. B. enthält der *Census* 1981 nur Daten nach ISIC 1968).

---

[2] International Standard Industrial Classification of All Economic Activities.

[3] Daneben sind folgende Neuerungen in der ISIC-Klassifikation von 1968 gegenüber 1958 angesichts der spezifischen zyprischen Branchenstruktur von Relevanz:

– Die Produktion von Metall- und Plastikmöbeln wird nicht mehr im Sektor Möbel und Einrichtung geführt, sondern in den Bereichen Metallwaren bzw. Kunststoff.

– Kunststoffprodukte – bisher unter Sonstiges geführt – werden als eigene Branche klassifiziert.

– Das Zimmereihandwerk (z. B. Herstellung von Türen und Fenstern) – bisher dem Baugewerbe zugeordnet – wird nunmehr ins verarbeitende Gewerbe übernommen (Sektor 331, Holzverarbeitung).

– Der *Census of Industrial Production* für 1954 und 1962 schließt die sog. *Cottage Industries*[4] in die Erhebung mit ein und gewährleistet deshalb keine Vergleichbarkeit mit späteren Daten. Für das Jahr 1954 wurden die Angaben aus DEMETRIADES (1984) übernommen, der die Daten des *Census* um den Faktor der *Cottage Industries* bereinigt hat.

– Nach 1981 wurde kein *Census of Industrial Production* mehr durchgeführt.

Bei der Interpretation der Daten im folgenden müssen die Veränderungen in der **Grundgesamtheit** der von den amtlichen Erhebungen erfaßten Betriebe zu den unterschiedlichen Basisjahren berücksichtigt werden. Grund hierfür sind ausschließlich Veränderungen im **territorialen Bezugsrahmen** der Statistik in der Folge politischer Krisen:
Der weitgehende Rückzug der türkischen Bevölkerungsgruppe in enklavenartige Siedlungsräume in der Folge der interkommunalen Auseinandersetzungen von 1963/64 führte zu einer weitgehenden Abkapselung der zyperntürkischen Ökonomie und schloß die Zyperntürken von der Kontrolle griechisch-zyprischer Staatsorgane und damit auch von einer statistischen Erfassung aus.

Zwischen 1964 und 1973 bezieht sich die zypern-griechische Statistik auf zwei unterschiedliche Grundgesamtheiten:

– Der *Industrial Production Survey* (R.O.C. 17) schließt die türkischen Betriebe weiterhin ein, auf der Basis von Schätzungen nach den sektoralen Anteilen von 1962. Angesichts der historisch bedingten erheblichen Unterrepräsentation der Zyperntürken in den gewerblichen Sektoren war die Bedeutung türkischer Betriebe im verarbeitenden Gewerbe allerdings schon 1962 gering: auf die 18,2 % türkische Bevölkerung kamen dort 10,1 % der Betriebe, 9,1 % der Beschäftigten und 6,1 % des Bruttoproduktionswertes[5]. In der Realität dürften sich diese Anteile nach 1963/64 – im Gegensatz zu den amtlichen griechischen Schätzungen – noch wesentlich reduziert haben[6].

– Der *Census of Industrial Production* schloß die türkischen Unternehmen seit 1967 aus, der Rückgang in den entsprechenden sektoralen Daten zwischen 1962 und 1967 muß also zum Teil durch diesen Wegfall interpretiert werden.

Eine zweite, weitaus gravierendere Zäsur stellte die Auswirkung der türkischen Invasion und De-facto-Teilung Zyperns im Jahre 1974 dar. Die Teilung bedeutete einen Verlust von rund 38 % des Territoriums und damit von erheblichen Produktionskapazitäten für die zyperngriechische Volkswirtschaft.
Die aus den hier genannten politischen Ereignissen resultierenden Veränderungen im territorialen Bezugsrahmen der (griechisch-) zyprischen Statistik sind dabei Spiegelbild realer Verluste in der „Substanz" der zyperngriechischen Ökonomie. Schon 1963/64 und – vorerst endgültig – 1974 stellte sich ihr eine zyperntürkische Ökonomie entgegen, die mit dieser kaum mehr in Beziehung stand. Während es für die Zeit zwischen 1963/64 und 1973

---

[4] Als *Cottage activities* wird in der amtlichen zyprischen Statistik definiert die marktorientierte, in Heimarbeit durchgeführte Produktion vor allem kunstgewerblicher Artikel wie z. B. Stickerei- und Webereiprodukte und Korbwaren. Daten für den Heimarbeitssektor werden ab 1966 in den *Cottage Industry Surveys* (R.O.C. 12) bzw. im *Census of Cottage Industry* (R.O.C. 6) publiziert.

[5] R.O.C. 9, 1962. Siehe auch PANAGIDES (1968) sowie HEIDE (1980, S. 121 f.).

[6] Die Enklavenökonomie war weitgehend auf den landwirtschaftlichen Bereich reduziert und hing von den Hilfeleistungen der Türkei sowie – nach 1967 – von der Gastarbeit in griechischen Unternehmen ab – eine Tatsache, die die griechischen Behörden nur zu gerne ignorierten (vgl. BREY, 1983, S. 56 ff.; DRURY, 1977).

eher eine Bewertungsfrage ist (bzw. eine Frage der Verfügbarkeit einzelner und vollständiger Datenvariablenreihen), ob die türkischen Betriebe mitzuzählen sind oder nicht, ist diese Frage für die Zeit seit 1974 eindeutig zu beantworten: der reduzierte Bezug der amtlichen Statistik auf das unter der Kontrolle der zypern-griechischen Regierung verbliebene Gebiet ist auch im Sinne dieser Arbeit notwendig, nicht zuletzt, weil er einen Einblick erlaubt in die Verluste von 1974 und die Aufbauleistungen der folgenden Jahre.

Eigene empirische Erhebungen

Die Ausführungen über Rahmenbedingungen, Determinanten und historische Begleitumstände der Industrialisierung werden – neben der verfügbaren Literatur[7] – bezogen aus den eigenen Erfahrungen des Verfassers. Generell beruht die Landeskenntnis und speziell die Kenntnis über die zyprischen ökonomischen und sozio-kulturellen Bedingungen auf mehreren längeren Zypernaufenthalten des Verfassers[8]. Im Rahmen eines mehrmonatigen Feldaufenthalts im Frühjahr 1985 wurden insgesamt rund 120 halbstandardisierte mündliche Befragungen bei Industriebetrieben durchgeführt. Die Auswahl der befragten Betriebe bezog sich einerseits auf die in den beiden *Industrial Estates* von Limassol und Paphos vorhandenen Betriebe (s. Kap. IV. 4 und 5), daneben wurden – meist größere – Unternehmen aus den verschiedensten Branchen aufgesucht, mit dem Ziel, Einblick in branchenspezifische Produktionsbedingungen und Probleme auf Zypern zu gewinnen.

Wichtige Begriffsbestimmungen

Sektoral bezieht sich die vorliegende Arbeit auf das **verarbeitende Gewerbe** (engl. **manufacturing**)[9], das sowohl die verarbeitende Industrie als auch das verarbeitende **Handwerk** umfaßt. Vor allem die spezifische Struktur des zyprischen verarbeitenden Gewerbes läßt es als nicht sinnvoll erscheinen, eine Analyse über die industrielle Entwicklung erst ab einer bestimmten Betriebsgrößenklasse (z. B. 10 Beschäftigte) anzusetzen:

– Nach wie vor herrscht der Klein- und Kleinstbetrieb im verarbeitenden Gewerbe vor[10], die kleinbetriebliche Struktur ist geradezu kennzeichnend für den zyprischen Industrialisierungsprozeß.

– Die Produktionsweise in vielen größeren zyprischen Betrieben der Leichtindustrie unterscheidet sich nicht von derjenigen handwerklicher Kleinbetriebe.

– Eine Ausklammerung der handwerklichen Betriebe verstellt den Blick auf die im Industrialisierungsprozeß i. d. R. ablaufenden Konzentrations- und Verdrängungsprozesse („Niederkonkurrieren" des Handwerks).

---

[7] Zur Industrialisierung selbst existieren zwei umfassende Arbeiten zyprischer Nationalökonomen, die sich allerdings beide nur auf den Zeitraum vor der türkischen Invasion von 1974 beziehen: KAMINARIDES (1973) und DEMETRIADES (1984).

[8] Frühere empirische Arbeit fand Eingang in die Abhandlung von BREY (1983) über das zyprische Flüchtlingsproblem.

[9] Die Termini „Industrie" und „industriell" beziehen sich in der vorliegenden Arbeit auf das verarbeitende Gewerbe (nicht aber auf das produzierende Gewerbe oder den sekundären Wirtschaftssektor).

[10] In der amtlichen zyprischen Statistik wird ein Betrieb ab 5 Beschäftigten bereits als *big establishment* geführt.

– Neuere technologische Entwicklungen lassen die Beschäftigtenzahl als Abgrenzungs-
kriterien zwischen Industrie und Handwerk generell fragwürdig erscheinen[11].

Der Terminus **„Betrieb"** wird im folgenden entsprechend der Definition in den wichtigsten
amtlichen zyprischen Statistiken verwendet. Der *Census of Industrial Production* (R.O.C. 9)
sowie der *Industrial Production Survey* (R.O.C. 17) beziehen ihre betrieblichen Daten in der
Regel auf ein Unternehmen (mit unter Umständen mehreren Betriebsstätten), sofern nicht
– in seltenen Ausnahmen – in den Filialbetrieben eigene Bilanzen geführt werden. Generell
sind auf Zypern bisher sehr wenige Unternehmen mit Zweigbetrieben zu finden, so daß eine
ausdrückliche Differenzierung in der statistischen Bezugseinheit keine wesentlichen Unterschiede im Dateninhalt bedeuten würde[12]. Die Zuordnung eines Betriebes zu einer bestimmten Branche erfolgt nach der Art des wertmäßig wichtigsten Produktes.

Im folgenden sollen die wichtigsten Maßzahlen zur Erfassung des industriellen Wachstums
erklärt werden:

Als **Beschäftigte** eines Betriebes werden diejenigen Personen gezählt, die im Wochendurchschnitt des betreffenden Kalenderjahres mindestens 20 Stunden in diesem Betrieb
tätig waren[13].

Der **Bruttoproduktionswert (BPW)** bezeichnet den Wert der Güterproduktion, sonstiger
erbrachter Leistungen, des Weiterverkaufs von unverarbeiteten Gütern und den Wertzu-
wachs von in der Verarbeitung befindlichen Gütern zwischen dem Beginn und dem Ende
des Erhebungszeitraumes (Kalenderjahr)[14]. Der **BPW** schließt Transportkosten mit ein, sofern sie vom Unternehmer selbst getragen werden, ist dies nicht der Fall, werden die Preise
ab Fabrik zugrundegelegt.

Die **Bruttowertschöpfung (BWS)** entspricht dem Nettoproduktionswert und errechnet
sich durch den Abzug der in den Produktionsprozeß eingehenden Güter und Vorleistungen
vom BPW.

Die hier – entsprechend der amtlichen zyprischen Statistik – verwendete Definition der
BWS unterscheidet sich geringfügig von den sonst üblichen Maßzahlen der **BWS**. Die Zusammenhänge verdeutlicht Schema A auf S. 34.

Die Aussagekraft von **BPW** und **BWS** beruht vorwiegend in dem Indikatorwert für Veränderungen in der Branchenstruktur der Industrie. Relevante Maßzahl für das Wachstum des
gesamtindustriellen Output ist vor allem der von der zyprischen Statistik berechnete Mengenindex der industriellen Produktion.

---

[11] Z. B. arbeitet einer der wichtigsten papierverarbeitenden Betriebe Zyperns – auf der Basis einer
Vollautomatisation des Produktionsablaufs – mit nur 8 Beschäftigten.

[12] Vgl. Vorwort zum *Industrial Production Survey* (R.O.C. 17, 1983, S. 11 f.).

[13] Die in der amtlichen Statistik mitgezählten Teilzeitbetriebe (d. h. mit einem Beschäftigten mit weniger als 20 Stunden Arbeitszeit im Wochendurchschnitt) bleiben in den folgenden Statistiken zur Industriestruktur und -entwicklung unberücksichtigt.

[14] Die übliche Unterscheidung des **BPW** nach Marktpreisen oder Faktorkosten ist für Zypern kaum
relevant, zumal die üblichen indirekten Steuern (z. B. Gebühren für Steuermarken), die im **BWP** enthalten sind, einen vernachlässigbaren Anteil ausmachen (1983 0,17 % für den gesamtindustriellen
Sektor). Eine Ausnahme bildet die Produktion von Spirituosen, Bier, *Soft Drinks*, Tabakwaren und
Streichhölzern, auf die eine spezielle Verbrauchssteuer (*Excise Duty*) erhoben wird, welche im Wert
des **BPW** nicht enthalten ist. Vernachlässigt man den geringen Wert der sonstigen indirekten Steuern, so kann man von einer generellen Angabe des **BPW** zu Faktorkosten ausgehen.

Bruttoproduktionswert - BPW (ohne "excise duty")

- Kauf von Roh- und Verpackungsmaterialien
- Kauf von Hilfs- und Betriebsstoffen
- Sonstige Leistungen (Reparaturen, nicht vom
  Betrieb selbst übernommene Transportkosten, etc.)

= Bruttowertschöpfung - BWS ("Census Value Added";
  hier verwendete Definition)

  - Mietzahlungen für Gebäude und Maschinen
  - Verwaltungskosten (Telefon, Porto, Werbungs-
    kosten, Buchhaltungskosten, Versicherungen)

+ "excise duty"	- sonst. Verbrauchssteuern
= BWS zu Marktpreisen (Beitrag zum BIP zu Marktpreisen)	= BWS zu Faktorkosten (Beitrag zum BIP zu Faktorkosten)

2. Das Wachstum des verarbeitenden Gewerbes im Überblick

Abb. 2 zeigt die Entwicklung der Beschäftigtenzahlen im verarbeitenden Gewerbe zwischen 1962 und 1983, Abb. 3 a und b stellen die Entwicklung wichtiger Kennziffern des industriellen Wachstums, ausgehend von Indexwerten, dar.

Die **Beschäftigtenzahlen** zeigen am deutlichsten den Wachstumsverlauf des industriellen Sektors: einem leichten Einbruch in den Jahren 1963/64 folgt ein stetiges Wachstum bis 1973, zwischen 1973 und 1975 sinken die Beschäftigtenzahlen abrupt um mehr als ein Drittel. Bereits 1978 ist der Stand von 1973 wieder erreicht, und es erfolgt eine weitere steile Expansion bis 1981, gefolgt von einer Stagnation seit 1982. Die Einbrüche von 1963/64 und – in weit höherem Maße – 1974/75 markieren exakt die Auswirkungen der beiden politischen Krisen, die Zypern in diesen Jahren erschütterten: die interkommunalen Auseinandersetzungen zwischen den nationalistischen Kräften der beiden wichtigsten Volksgruppen in den Jahren 1963/64 sowie die Invasion türkischer Truppen 1974 und die daraus resultierende De-facto-Teilung der Insel.

Die Krise von 1963/64 bedeutete dabei in ökonomischer Hinsicht für den griechischen Bevölkerungsteil nur einen Rückschlag in einem sonst ungebrochenen Aufschwung. Anders die Invasion und Teilung von 1974: Sie war verbunden mit einem – bisher endgültigen – Verlust von einem Drittel der Betriebe im verarbeitenden Gewerbe, in denen etwa 25 % des industriellen Output erzeugt worden war, sowie ein Drittel der industriellen Arbeitskraft Beschäftigung gefunden hatte. Die Zerteilung bzw. der Verlust wichtiger ökonomischer Infrastrukturen und der Verlust bedeutender Rohmaterialquellen waren nur einige der gravie-

Abb. 2
Beschäftigtenzahlen im verarbeitenden Gewerbe, 1962 - 1983

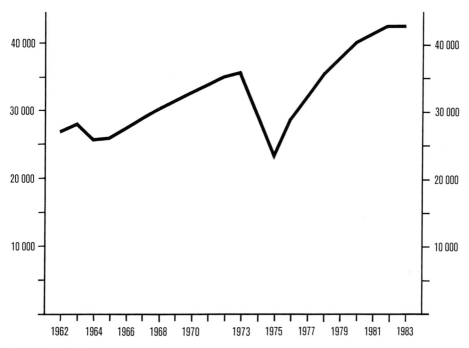

Anmerkung: Ab Aug. 1974 nur für den griech. Teil Zyperns
Quelle: Industrial Production Survey (R.O.C 17), versch. Jahrgänge (nach ISIC 1958)

renden Auswirkungen dieser Ereignisse, die den Industriesektor am stärksten betrafen. Um so erstaunlicher ist die hohe Geschwindigkeit, mit der der Wiederaufbau nach 1974 vonstatten ging, eine Tatsache, die vielfach als „kleines Wirtschaftswunder" bezeichnet wurde. Auch die Entwicklung der übrigen Kennziffern des industriellen Wachstums ist nur vor dem Hintergrund der beschriebenen politischen Ereignisse interpretierbar:

Die **Güterproduktion** im verarbeitenden Gewerbe erfuhr einen im Gesamtverlauf ebenso beachtlichen Zuwachs. Der inflationsbereinigte Mengenindex der Industrieproduktion verdeutlicht die Expansion des industriellen Outputs: dieser verdoppelte sich zwischen 1964 und 1970 und – nach dem invasionsbedingten Einbruch von 1974/75 – wiederum zwischen 1974 und 1981. 1977 wurde bereits wieder dieselbe Menge an Industriegütern erzeugt wie 1973[15].

Die Tatsache, daß der Mengenindex der Industrieproduktion in der Zeit vor 1974 stärker stieg als die industrielle Beschäftigung, läßt auf einen Zuwachs in der Gesamtproduktivität der Industrieproduktion schließen. Der starke Anstieg des industriellen Output Anfang der 70er Jahre basiert dabei zum Teil auf dem **Investitionsschub** seit Mitte der 60er Jahre.

---

[15] Zu den Zuwachsraten der Industrieproduktion zu laufenden Preisen vgl. Tab. 6, S. 41.

Abb. 3
Indices des industriellen Wachstums, 1962 - 1981/83

a) 1962 - 1974 (Index 1962 = 100)

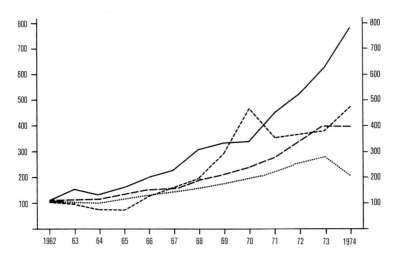

b) 1974 - 1981/83 (Index 1974 = 100)

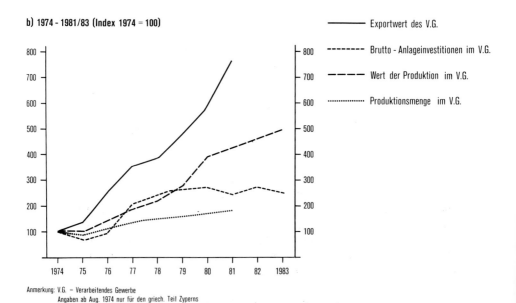

——————— Exportwert des V.G.

-------------- Brutto - Anlageinvestitionen im V.G.

— — — — Wert der Produktion im V.G.

.... Produktionsmenge im V.G.

Anmerkung: V.G. = Verarbeitendes Gewerbe
        Angaben ab Aug. 1974 nur für den griech. Teil Zyperns
Berechnet nach: Industrial Production Survey (R.O.C.17), 1981,1982, 1983 (nach ISIC 1958)

Die Periode des 2. staatlichen Fünfjahresplans (1967–1971) brachte die Durchführung von mehr als 70 größeren Industrieprojekten [16]. Größtes Einzelprojekt war eine Erdölraffinerie, deren Investitionskosten rund ⅕ der Gesamtinvestitionen in der Planperiode ausmachten und deren Output bereits im ersten Produktionsjahr (1972) nahezu 8 % des gesamten industriellen BPW betrug.

Ein weiterer Investitionsschub erfolgte in den Jahren nach der Invasion. Die Verdoppelung der Anlageinvestitionen von 1976 auf 1977 war zum Teil bedingt durch den Wiederaufbau von durch die Invasion verlorengegangenen Produktionskapazitäten. Seit 1979 sind die Investitionen (zu laufenden Marktpreisen) stagnierend, d. h. real im Rückgang begriffen.

Der **Wertindex der industriellen Exporte** verzeichnete über den gesamten Betrachtungszeitraum – mit Ausnahme der Krisenjahre 1963/64 – einen überproportionalen Anstieg im Vergleich zum entsprechenden Index der gesamten Industrieproduktion. Dies verdeutlicht die steigende Bedeutung der exportorientierten Produktion im verarbeitenden Gewerbe. Der Aufschwung in den industriellen Exporten wurde auch durch die invasionsbedingten Verluste kaum beeinträchtigt.

Im Zuge eines durchschnittlich hohen Wachstums erhöhte sich auch die gesamtwirtschaftliche Bedeutung des Industriesektors, gemessen an seinem Beitrag zum BIP (Tab. 3) [17]. Nach 1974 wurde das verarbeitende Gewerbe sogar zum größten Einzelsektor der zyprischen Ökonomie und löste dabei den traditionellen Leitsektor der Agrarwirtschaft ab, der durch die invasionsbedingten Flächenverluste einen empfindlichen Rückschlag erlitten hatte. Während der andere Hauptwirtschaftsbereich der Kolonialzeit, der Bergbau, in den 70er und Anfang der 80er Jahre einem weiteren stetigen Bedeutungsverlust unterlag, entwickelten sich die meisten anderen Sektoren durchaus kongruent zum verarbeitenden Gewerbe und leisteten ebenso wie dieses einen wichtigen Beitrag zu einem im Durchschnitt sehr hohen gesamtwirtschaftlichen Wachstum. Zu den „Hauptsäulen" der zyprischen Ökonomie gehören neben dem Handel auch das Baugewerbe und der Fremdenverkehr [18], zwei Sektoren, die besonders im „kleinen Wirtschaftswunder" der Nachinvasionszeit eine herausragende Rolle spielen.

3. Branchenstruktur und Strukturveränderungen

Welche Branchenstruktur kennzeichnet nun das verarbeitende Gewerbe Zyperns, welche Veränderungen ergaben sich im Verlauf des – oben dargestellten – gesamtindustriellen Wachstums? Inwiefern kam es zu einer Diversifizierung der zyprischen Industriestruktur? Die ersten Jahre der Unabhängigkeit zeigten ein – seit dem ersten Industriezensus 1954 – kaum verändertes Bild der zyprischen Industriestruktur (Tab. 4–8): die Sektoren **Nahrungsmittel / Getränke / Tabak** sowie **Schuhe / Bekleidung und Textil** waren die mit großem Abstand dominierenden Bereiche der verarbeitenden Produktion, alle anderen Produktionszweige blieben dagegen von untergeordneter Bedeutung. Eine enorme Zahl kleiner und kleinster Betriebe des Bekleidungshandwerks und – in zweiter Linie – der Schuhproduktion band mehr als ein Drittel der Arbeitskraft an sich. Hinsichtlich des industriellen

---

[16] R.O.C. 33 (S. 175 ff.).
[17] Zur Erwerbsstruktur in der zyprischen Gesamtwirtschaft s. Tab. 31, S. 139.
[18] In Tab. 3 unter Andere Dienstleistungen.

Tab. 3 :Beitrag der Wirtschaftssektoren zum Bruttoinlandsprodukt und wirtschaftliches Wachstum, 1962-1983

Wirtschaftssektor	Beitrag der Wirtschaftssektoren zum BIP (laufende Faktorkosten) (in%)						Durchschnittliches jährliches reales Wachstum des BIP (konst. Faktorkosten) (in %)				
	1962	1967	1972	1976	1981	1983	1962-67	1967-72	1972-76	1976-81	1981-83
Agrar- u. Forstwirtschaft, Fischerei, Jagd	20,0	22,0	18,0	16,7	9,7	9,3	13,6	3,0	-10,0	1,7	-0,9
Bergbau und Steinbrüche	5,2	6,1	3,4	2,3	1,2	0,8	9,1	3,2	-13,9	-0,6	-5,5
Verarbeitendes Gewerbe	10,5	11,1	13,8	16,7	17,6	17,1	7,3	11,9	-4,9	9,8	3,2
Baugewerbe	6,9	6,7	8,4	8,5	13,1	12,0	0,9	9,3	-15,4	13,3	-0,1
Energie- und Wasser= wirtschaft	1,9	2,0	1,8	1,6	1,7	2,1	12,0	12,6	-2,3	6,2	5,5
Transport, Lagerhaltung, Verkehr	11,7	8,9	9,3	8,8	8,4	8,7	7,7	8,5	-0,6	9,6	7,1
Groß- und Einzelhandel	14,8	14,7	15,4	15,8	15,3	14,8	5,1	9,3	-5,9	10,0	4,6
Banken, Versicherungen, Immobilien	2,4	4,4	4,8	5,3	7,2	7,7	15,4	10,7	-8,3	18,1	9,6
Wohnungseigentum	9,3	9,8	7,8	5,9	4,5	4,3	1,4	3,2	-7,2	6,1	5,6
Öffentl. Verwaltung, Militär	6,1	5,4	5,7	8,1	7,5	8,1	2,4	3,1	10,1	3,9	9,8
Andere Dienstleistungen	11,3	9,0	11,6	10,3	13,8	15,2	1,9	9,2	-7,8	8,8	5,3
BIP gesamt	100	100	100	100	100	100	7,1	7,2	-6,2	8,0	3,7
Durchschnittl. jährl. Veränderung des BSP (konst. Marktpreise) (in %)							7,0	7,5	-5,8	7,8	3,1

Anmerkungen: – BIP = Bruttoinlandsprodukt
– BSP = Bruttosozialprodukt
– Angaben ab 1976 nur f.d. griech. Teil Zyperns

Quelle: Economic Report (R.O.C.14), versch. Ausg.

Tab. 4 : Struktur und Wachstum des verarbeitenden Gewerbes, 1954-1983 (Indikator Betriebe)

Branche (ISIC 1958)	Zahl der Betriebe							Anteil der Branchen an den Betrieben (%)						
	1954	1962	1967	1972	1976	1981	1983	1954	1962	1967	1972	1976	1981	1983
20 Nahrungsmittel	1295	1162	888	777	569	643	653	15,5	13,3	15,3	12,1	9,8	9,4	9,4
21 Getränke	258	73	34	40	36	42	48	3,1	0,8	0,6	0,6	0,6	0,6	0,7
22 Tabakverarbeitung	7	7	11	7	5	4	4	0,1	0,1	0,2	0,1	0,1	0,1	0,1
23 Textilien	26	38	34	44	139	112	115	0,3	0,4	0,6	0,7	2,4	1,6	1,7
24 Schuhe u. Bekleidung	4319	4214	2019	2075	1775	1672	1684	51,8	48,3	34,8	32,3	30,4	24,5	24,3
25 Holzverarbeitung	102	102	101	133	128	128	128	1,2	1,2	1,7	2,1	2,2	1,9	1,8
26 Möbel u. Einrichtung	728	720	620	556	531	723	736	8,7	8,3	10,7	8,7	9,1	10,6	10,6
27 Papier	3	13	20	20	26	44	47	0,0	0,1	0,3	0,3	0,4	0,6	0,7
28 Graph.Gew., Verlage	86	95	93	130	161	199	199	1,0	1,1	1,6	2,0	2,8	2,9	2,9
29 Leder (außer Schuhe)	20	57	46	56	52	79	80	0,2	0,7	0,8	0,9	0,9	1,2	1,2
30 Gummi	21	45	49	57	87	97	94	0,3	0,5	0,8	0,9	1,5	1,4	1,4
31 Chemie	52	65	56	61	68	92	109	0,6	0,7	1,0	1,0	1,2	1,3	1,6
32 Erdölraffinerie	–	–	–	1	1	1	1	–	–	–	0,0	0,0	0,0	0,0
33 Steine u. Erden	201	337	141	167	157	188	191	2,4	3,9	2,4	2,6	2,7	2,8	2,8
34 Hüttenindustrie	–	–	–	1	–	–	–	–	–	–	0,0	–	–	–
35 Metallwaren	484	638	557	639	439	589	615	5,8	7,3	9,6	10,0	7,5	8,6	8,9
36 Maschinenbau	110	173	144	202	161	224	227	1,3	2,0	2,5	3,1	2,8	3,3	3,3
37 Elektrotechnik	43	65	97	170	194	285	291	0,5	0,7	1,7	2,6	3,3	4,2	4,2
38 Fahrzeugbau u. -Rep.	421	676	650	964	995	1354	1363	5,1	7,7	11,2	15,0	17,1	19,9	19,6
39 Sonstige	160	245	240	321	307	339	358	1,9	2,8	4,1	5,0	5,3	5,0	5,2
Gesamt	8336	8725	5800	6421	5831	6815	6943	100	100	100	100	100	100	100

Anmerkungen: – Angaben für 1967 und 1972 ohne zypern-türkische Betriebe
– Angaben für 1976 – 1983 nur für den griechischen Teil Zyperns
– Betriebe mit weniger als 1 Beschäftigten (Teilzeitbetriebe) sind nicht erfaßt

Quellen: – 1954: DEMETRIADES (1984, App. A 9)
– 1962, 1981, 1983: Industrial Production Survey (R.O.C. 17)
– 1967, 1972, 1976: Census of Industrial Production (R.O.C. 9)

Tab. 5: Struktur und Wachstum des verarbeitenden Gewerbes, 1954-1983 (Indikator Beschäftigte)

Branche (ISIC 1958)	Anteil der Branchen a.d. Gesamtbeschäftigung (%)							Durchschnittliche jährliche Veränderung (%)					
	1954	1962	1967	1972	1976	1981	1983	1954-62	1962-67	1967-72	1972-76	1976-81	1981-83
20 Nahrungsmittel	16,0	14,2	14,9	14,5	12,8	10,3	11,2	0,7	0,3	3,6	-5,8	3,3	5,1
21 Getränke	5,9	5,6	5,9	5,7	5,4	4,5	4,1	1,4	0,6	3,3	-4,3	4,1	-3,8
22 Tabakverarbeitung	1,6	1,7	2,2	1,3	1,7	1,3	1,2	2,3	5,6	-7,0	-4,6	1,4	-2,7
23 Textilien	2,2	1,4	3,1	5,2	6,2	4,7	4,4	-3,9	17,1	15,2	1,8	8,9	-2,4
24 Schuhe u. Bekleidung	37,8	32,7	24,4	22,0	27,1	30,1	30,1	2,7	-6,2	2,0	2,4	10,0	0,9
25 Holzverarbeitung	1,8	2,3	2,1	2,1	2,6	1,4	1,3	5,2	-2,6	5,0	1,8	-5,2	-0,7
26 Möbel u. Einrichtung	7,4	7,2	7,6	7,6	6,2	6,7	7,1	1,8	0,6	4,1	-7,7	9,4	4,4
27 Papier	0,0	0,2	0,5	0,8	0,7	2,0	1,6	23,9	21,8	14,3	-5,0	30,9	-9,1
28 Graph.Gew., Verlage	3,2	3,1	3,7	3,9	4,2	4,0	3,6	1,7	3,0	5,2	-0,6	6,4	-4,7
29 Leder (außer Schuhe)	0,4	0,7	0,9	1,2	1,8	2,2	2,0	11,7	4,3	10,0	7,5	11,7	-4,4
30 Gummi	0,2	0,6	0,6	0,6	0,9	0,9	0,6	15,6	0,6	3,2	6,8	9,2	-20,8
31 Chemie	1,1	1,2	1,9	2,1	2,5	2,8	3,8	3,1	9,5	6,2	1,9	9,4	18,4
32 Erdölraffinerie	-	-	-	0,5	0,5	0,4	0,4	-	-	-	-3,8	2,0	6,6
33 Steine u. Erden	6,3	6,6	7,7	7,2	5,3	6,1	5,7	2,8	2,3	2,9	-9,8	10,7	-2,5
34 Hüttenindustrie	-	-	-	0,2	-	-	-	-	-	-	-	-	-
35 Metallwaren	4,6	7,1	7,2	6,6	4,6	5,4	5,7	7,9	-1,1	2,4	-11,4	11,3	4,4
36 Maschinenbau	2,2	2,7	2,8	3,1	2,6	3,3	3,1	4,8	0,2	6,2	-7,0	12,9	-1,1
37 Elektrotechnik	0,5	0,5	1,1	1,4	1,7	2,1	2,1	3,4	14,5	10,3	1,2	12,6	2,4
38 Fahrzeugbau u. -Rep.	6,3	10,2	10,4	10,1	9,1	8,1	7,7	8,6	-0,3	3,4	-5,1	5,3	-1,9
39 Sonstige	2,6	2,1	2,9	3,8	4,2	3,8	4,4	-0,8	6,2	9,9	-0,4	5,8	8,5
Gesamt	100	100	100	100	100	100	100	2,1	-0,6	4,1	-2,7	7,7	1,0

Anmerkungen / Quellen siehe Tab. 4

Tab. 6 : Struktur und Wachstum des verarbeitenden Gewerbes, 1954-1983 (Indikator Bruttoproduktionswert)

Branche (ISIC 1958)	Anteil der Branchen am BPW (%)							Durchschnittliche jährliche Veränderung (%)					
	1954	1962	1967	1972	1976	1981	1983	1954-62	1962-67	1967-72	1972-76	1976-81	1981-83
20 Nahrungsmittel	42,8	33,0	34,5	23,2	17,4	13,6	15,2	5,0	11,1	6,7	6,9	17,9	14,7
21 Getränke	12,7	13,9	12,2	10,9	9,6	6,3	5,7	9,7	7,2	12,9	11,3	13,8	3,6
22 Tabakverarbeitung	4,1	5,7	4,9	2,2	3,7	3,1	2,4	13,0	7,2	-1,6	30,6	19,9	-5,1
23 Textilien	1,6	1,5	2,4	3,5	3,7	2,9	2,8	7,4	20,5	24,5	16,6	18,0	6,1
24 Schuhe u. Bekleidung	14,4	15,4	11,2	12,3	14,8	17,7	17,7	9,4	3,2	17,7	20,5	28,4	8,5
25 Holzverarbeitung	2,5	2,1	1,7	1,9	1,9	1,2	1,4	5,7	6,1	17,6	15,5	11,9	17,4
26 Möbel u. Einrichtung	3,7	3,7	4,6	4,6	3,2	3,8	4,6	8,7	14,5	15,7	4,9	28,1	20,2
27 Papier	0,1	0,1	0,7	1,4	1,6	3,0	2,2	11,6	67,8	32,9	18,0	40,9	-6,9
28 Graph.Gew., Verlage	2,7	3,0	3,2	3,2	3,5	3,3	3,1	9,8	11,7	15,8	17,5	22,2	5,4
29 Leder (außer Schuhe)	1,1	0,9	1,1	1,3	1,4	1,4	1,3	5,0	15,7	19,2	18,5	23,7	3,9
30 Gummi	0,2	0,6	0,7	0,6	0,8	0,7	0,4	24,6	12,4	12,8	21,1	23,1	-21,9
31 Chemie	1,5	2,3	2,9	3,1	3,7	3,8	5,0	14,1	15,0	16,9	20,3	24,8	23,9
32 Erdölraffinerie	-	-	-	7,7	11,2	14,0	13,2	-	-	-	26,1	29,5	5,6
33 Steine u. Erden	4,2	7,0	7,2	7,3	9,9	9,0	7,2	15,7	10,9	15,8	23,9	21,5	-3,0
34 Hüttenindustrie	-	-	-	0,9	-	-	-	-	-	-	-	-	-
35 Metallwaren	2,5	4,4	4,1	5,0	4,1	4,8	5,3	16,3	8,3	20,4	9,3	27,6	13,9
36 Maschinenbau	1,3	1,4	1,8	2,6	1,9	2,6	2,4	10,1	14,9	24,5	6,6	32,3	4,3
37 Elektrotechnik	0,1	0,3	0,5	0,9	1,2	1,8	2,1	21,3	20,8	29,5	22,8	35,3	15,6
38 Fahrzeugbau u. -Rep.	2,6	3,1	3,7	4,2	3,4	3,2	3,0	10,8	14,4	18,9	8,8	22,8	4,8
39 Sonstige	1,8	1,7	2,7	3,2	3,2	3,8	5,0	7,5	20,7	19,2	15,0	28,1	25,3
Gesamt	100	100	100	100	100	100	100	8,5	10,1	15,5	15,0	23,9	8,5

Anmerkungen / Quellen siehe Tab. 4

Tab. 7: Struktur und Wachstum des verarbeitenden Gewerbes, 1954–1983 (Indikator Bruttowertschöpfung)

Branche (ISIC 1958)	Anteil der Branchen an der BWS (%)							Durchschnittliche jährliche Veränderung (%)					
	1954	1962	1967	1972	1976	1981	1983	1954–62	1962–67	1967–72	1972–76	1976–81	1981–83
20 Nahrungsmittel	17,4	15,7	18,1	14,7	12,6	10,9	12,5	10,4	12,4	12,7	6,1	19,1	17,6
21 Getränke	14,8	19,3	16,3	13,3	10,5	7,3	7,0	15,5	5,6	12,9	3,8	14,2	7,3
22 Tabakverarbeitung	4,9	2,7	3,5	2,0	3,4	3,5	2,9	3,6	15,3	5,5	24,6	23,9	0,0
23 Textilien	1,0	1,2	2,9	3,9	4,4	3,6	3,6	14,3	30,9	25,0	13,2	18,1	9,3
24 Schuhe u. Bekleidung	20,6	18,2	13,8	12,3	17,1	20,5	21,5	10,1	3,4	14,9	19,6	27,1	12,7
25 Holzverarbeitung	2,2	2,4	1,7	1,7	2,6	1,4	1,4	13,1	1,5	18,8	21,9	8,0	12,5
26 Möbel u. Einrichtung	6,5	4,9	5,1	5,8	4,5	5,4	6,4	7,9	10,2	20,9	3,0	27,6	19,0
27 Papier	0,0	0,1	0,5	0,9	1,1	2,6	1,9	22,3	51,2	34,9	16,9	43,8	-5,9
28 Graph.Gew., Verlage	4,9	4,2	4,8	4,3	4,4	4,5	4,4	9,7	12,3	15,0	10,7	23,3	7,8
29 Leder (außer Schuhe)	1,0	0,6	0,8	1,0	1,3	1,5	1,5	5,7	14,7	22,0	18,5	26,4	8,3
30 Gummi	0,4	0,9	0,8	0,7	0,8	0,9	0,6	22,6	7,6	14,5	13,4	25,9	-13,6
31 Chemie	1,5	2,6	3,3	2,8	3,4	3,8	4,4	20,2	14,9	13,7	15,4	25,2	18,7
32 Erdölraffinerie	–	–	–	5,2	3,4	1,5	1,3	–	–	–	-0,8	3,5	5,5
33 Steine u. Erden	7,5	10,5	10,9	9,6	11,7	10,2	7,1	16,6	10,1	14,7	15,7	19,3	-8,1
34 Hüttenindustrie	–	–	–	0,5	–	–	–	–	–	–	–	–	–
35 Metallwaren	5,4	5,5	4,8	5,3	3,9	5,2	5,7	12,1	6,6	19,8	2,3	29,7	14,5
36 Maschinenbau	2,3	2,2	2,7	3,3	2,6	3,7	3,4	11,6	13,3	21,9	4,5	31,0	6,4
37 Elektrotechnik	0,3	0,5	0,8	1,3	1,8	2,4	2,5	20,2	18,1	29,5	19,7	29,1	13,6
38 Fahrzeugbau u. -Rep.	6,2	6,7	6,7	8,0	7,0	7,0	6,8	12,9	9,3	21,7	6,7	22,5	8,5
39 Sonstige	3,1	1,7	2,5	3,3	3,5	4,0	5,2	3,6	17,9	24,6	11,5	26,2	25,3
Gesamt	100	100	100	100	100	100	100	11,8	9,3	17,6	10,2	22,6	10,0

Anmerkungen / Quellen siehe Tab. 4

Tab.8: Struktur und Wachstum des verarbeitenden Gewerbes, 1976 – 1983 (nach ISIC 1968)

			Anteil der Branchen (%) nach Indikator												
			Betriebe			Beschäftigte			BPW			BWS		
			1976	1981	1983	1976	1981	1983	1976	1981	1983	1976	1981	1983
31	311/312	Nahrungsmittel	12,2	11,2	11,0	13,8	10,7	11,6	17,6	13,6	15,2	13,3	11,2	12,8
	313	Getränke	0,8	0,8	0,8	5,8	4,7	4,2	9,7	6,3	5,7	11,1	7,5	7,2
	314	Tabakverarbeitung	0,1	0,1	0,1	1,8	1,3	1,2	3,8	3,1	2,4	3,6	3,6	3,0
32	321	Textilien	3,8	3,5	3,3	7,3	5,7	5,4	4,2	3,5	3,5	5,1	4,5	4,5
	322	Bekleidung	29,4	23,2	22,8	21,0	22,4	22,7	9,8	11,8	12,2	12,0	13,9	15,2
	323	Leder	1,2	1,5	1,4	2,0	2,3	2,0	1,5	1,4	1,3	1,4	1,5	1,5
	324	Schuhe	3,1	2,7	2,7	7,2	7,7	7,3	4,5	5,1	4,7	5,2	6,2	5,9
33	331	Holzverarbeitung	9,4	14,2	14,0	5,7	6,5	6,7	3,4	3,9	4,3	4,8	5,4	6,0
	332	Möbel u. Einrichtung	11,3	12,7	12,8	5,7	6,2	6,6	2,7	3,2	4,0	3,9	4,9	5,8
34	341	Papier	0,6	0,8	0,8	0,8	2,0	1,6	1,6	3,0	2,2	1,2	2,6	1,9
	342	Graph.Gew., Verlage	2,9	3,1	3,0	4,4	4,0	3,6	3,5	3,2	3,0	4,5	4,5	4,4
35	351	Chem. Grundstoffe	0,1	0,1	0,1	0,5	0,5	1,1	0,5	0,6	1,4	0,7	0,7	1,0
	352	andere chem. Prod.	1,4	1,7	1,9	2,3	2,4	2,8	3,3	3,2	3,6	2,9	3,3	3,6
	353	Erdölraffinerie	0,0	0,0	0,0	0,5	0,4	0,4	11,4	13,9	13,2	3,6	1,5	1,4
	355	Gummi	0,4	0,3	0,2	0,6	0,7	0,3	0,9	0,7	0,4	0,7	0,7	0,4
	356	Kunststoff	0,5	0,5	0,7	1,7	2,0	2,6	1,5	2,3	3,1	1,6	2,6	3,3
36	361	Ton u. Porzellan	0,3	0,4	0,4	0,1	0,2	0,2	0,0	0,0	0,1	0,0	0,1	0,1
	362	Glasverarbeitung	0,0	0,2	0,2	0,0	0,0	0,1	0,0	0,0	0,0	0,0	0,0	0,0
	369	Steine u. Erden	3,2	2,7	2,6	5,6	6,1	5,7	10,0	8,9	7,1	12,4	10,4	7,2
38	381	Metallverarbeitung	10,0	10,9	11,5	6,1	6,6	7,0	4,8	5,5	6,0	5,0	6,3	6,8
	382	Maschinenbau	2,7	3,4	3,3	2,6	3,2	3,1	1,9	2,5	2,4	2,6	3,6	3,2
	383	Elektrotechnik	0,4	0,7	0,7	0,7	1,2	1,3	0,8	1,5	1,7	1,0	1,7	1,7
	384	Fahrzeugbau	1,1	1,1	1,2	1,5	1,5	0,9	1,1	1,2	0,8	1,5	1,9	1,1
39		Sonstige	5,0	4,4	4,2	2,4	1,6	1,6	1,4	1,3	1,7	1,7	1,3	1,7
		Gesamt	100	100	100	100	100	100	100	100	100	100	100	100

Anmerkungen/ Quellen siehe Tab. 4

Output (gemessen an BPW und BWS) dominierten hingegen die Sektoren Nahrungsmittel / Getränke / Tabak, in denen die eigentliche Keimzelle einer industriellen Produktion (im engeren Sinne) auf Zypern gesehen werden kann.

Bis heute sind diese traditionellen Basissektoren der zyprischen Industrie die dominanten Branchen geblieben. Die Schuh- und Bekleidungsindustrie gewann dabei (abgesehen von einem Einbruch in den 60er Jahren) immer größere Bedeutung im Bild der Gesamtindustrie wie auch gegenüber der Nahrungs- und Genußmittelproduktion. Deren relative Bedeutung ist mit der Expansion der meisten der übrigen Branchen bis 1981 in einem stetigen Rückgang begriffen.

Ansätze einer Schwerindustrie blieben bis heute aus, sieht man von einem wenige Jahre vor der Invasion errichteten Stahlröhrenwerk ab, das 1974 unter die Kontrolle der türkisch-zyprischen Administration fiel. Auch die Sektoren der Herstellung von **Metallwaren, Maschinen und Fahrzeugen** expandierten in Bezug auf die Betriebs- und Beschäftigtenzahlen. Die geringe relative Bedeutung ihres Output weist auf eklatante strukturelle Mängel hin; ihre Bedeutung sinkt zusätzlich, wenn man den hohen Anteil des Reparaturhandwerks abrechnet, das etwa den Sektor Fahrzeugbau (nach ISIC 1958) dominiert.

Gemessen am BPW gewann seit 1972 die damals neu geschaffene **Erdölraffinerie** eine gewichtige und steigende Bedeutung. Sie substituierte die bis dahin in verbrauchsfertigem Zustand importierten Mineralölprodukte, die die Basis für den gesamten zyprischen Energiebedarf darstellen. Entsprechend der sehr geringen Verarbeitungstiefe und einer vollautomatisierten Technologie ist ihr Beitrag zur industriellen Wertschöpfung und Beschäftigung allerdings gering.

Ein schon seit der Unabhängigkeit bedeutender Sektor war die Verarbeitung von **Steinen und Erden**, der die Grundstoffproduktion für die Bauindustrie – allen voran die Zementproduktion – umfaßt.

Einige – in ihrer relativen Bedeutung gleichwohl „kleine" – Produktionszweige der zyprischen Industrie zeigten im Verlauf des industriellen Wachstumsprozesses eine überdurchschnittlich positive Dynamik, die allerdings zum Teil durch Invasionsverluste (s. u.) gebremst wurde[19]. Hierzu zählten – vor allem seit 1976 – der Sektor **Möbel und Einrichtung**, bereits seit der Unabhängigkeit die **papierverarbeitende Industrie**, die **Lederherstellung und -verarbeitung**, die **chemische Industrie**, die **Elektrotechnik** und die **kunststoffverarbeitende Industrie**[20].

Die Entwicklung der Branchenstruktur nach 1974 wurde entscheidend geprägt durch die je spezifischen Verluste an Kapazitäten bzw. durch die Möglichkeit, diese schnell wieder zu ersetzen. Diese branchenspezifischen Verluste sind in Tab. 9 dargestellt.

Das Ausmaß der Verluste in den Branchen war vor allem abhängig vom **regionalen Standortmuster** bzw. **vom Grad der regionalen Konzentration** der wichtigsten Produktionskapazitäten zur Zeit der Invasion. Der Verlust von Arbeitsplätzen war in der Regel gravierender als die Einbußen am industriellen Output, was auf besonders hohe Verluste an kleinen und arbeitsintensiven Unternehmen hinweist. Aufgrund ihrer regionalen Konzentration im nunmehr besetzten Gebiet waren vor allem einige Teil-Branchen besonders empfindlich betroffen: Z. B. gingen in der Fabrikation von Ziegeln und Fliesen (Sektor Steine/

---

[19] In einigen Fällen, z. B. der Papierverarbeitung, der Leder- und Schuhbranche, gab es bedeutende Einbrüche nach 1981.
[20] Nach ISIC 1958 unter Sonstige (39).

Tab. 9: Verlust von Arbeitsplätzen und Bruttoproduktionswert
im verarbeitenden Gewerbe infolge der türkischen
Invasion 1974

Branche (ISIC 1958)	Verlust (in %) an	
	Arbeitsplätzen	BPW
20 Nahrungsmittel	33,2	35,8
21 Getränke	4,2	2,2
22 Tabakverarbeitung	78,8	17,2
23 Textilien	33,3	27,7
24 Schuhe und Bekleidung	32,8	28,3
25 Holzverarbeitung	40,7	54,6
26 Möbel und Einrichtung	35,9	27,8
27 Papier	40,1	39,6
28 Graphisches Gewerbe, Verlage	13,2	12,8
29 Leder (außer Schuhe)	12,5	6,5
30 Gummi	40,8	41,7
31 Chemie	24,4	23,2
32 Erdölraffinerie	0,0	0,0
33 Steine und Erden	37,8	24,0
34/35 Hüttenindustrie / Metallwaren	36,6	42,3
36 Maschinenbau	39,7	35,4
37 Elektrotechnik	28,6	25,3
38 Fahrzeugbau und –Reparatur	30,0	28,4
39 Sonstige	40,7	48,6
G e s a m t	31,9	25,9

Quelle: MANDERSTAM & PARTNERS LTD. (1976, Tab.2, S.4f.) nach
Angaben des "Ministry of Commerce and Industry",
Nicosia; Berechnungsbasis: Produktions- und
Beschäftigungsdaten von 1973

Erden) 17 von 19, in der Kunststoffverarbeitung 12 von 23 größeren Betrieben (ab 5 Beschäftigten) verloren[21]. Umgekehrt waren diejenigen Produktionszweige am geringsten betroffen, deren Standorte überwiegend oder ausschließlich im nunmehr griechischen Süden konzentriert gewesen waren, wie in der Getränke- und lederverarbeitenden Industrie und der Erdölraffinerie.

Der Grad des **Verlustes der Rohmaterialbasis** war ebenso bedeutend. Von solchen Verlusten betroffen waren Teile der auf **einheimischen Rohmaterialien** basierenden Industrien wie etwa die Herstellung von Fruchtsaft und Frucht(saft)konserven und weitere Pro-

---

[21] MANDERSTAM & PARTNERS LTD. (1976, S. 19, Tab. 10).

duktionszweige der Nahrungsmittelindustrie. Die auf importierten Rohmaterialien basierenden Branchen (s. Exkurs, Kap. 8) waren von diesem Problem nicht tangiert.

Die Möglichkeit eines schnellen Wiederaufbaus hing vor allem von den folgenden Randbedingungen ab[22]:

- Betriebe mit niedriger technologischer Ausstattung (und entsprechend geringem Kapitalbedarf) konnten direkt nach der Invasion wieder aufgebaut werden (z. B. im Bekleidungssektor). In den nicht allzusehr von der Invasion betroffenen Branchen konnte zudem die Nachfrage durch eine höhere Auslastung und Erweiterung bestehender Kapazitäten gedeckt werden.

- **Substitutionsmöglichkeiten** für verlorengegangene **Rohmaterialquellen**: Teile der Nahrungsmittelindustrie (z. B. die Konservenindustrie) hatten sich auch 1981 noch nicht von der invasionsbedingten „Rohmaterialkrise" erholt.

- Die spezifische **Nachfrageentwicklung** in der Wiederaufbauphase nach der Invasion: auf dem Binnenmarkt entstand ein erhöhter Bedarf an Baumaterialien, Möbeln und Metallprodukten für den Bausektor. Für eine Reihe von Produkten ergaben sich verstärkt Exportmöglichkeiten, so z. B. für Zement, Bekleidung und Schuhe.

Generell muß ein Teil der Differenzierungen der branchenspezifischen Wachstumsraten nach 1974 also aus der je unterschiedlichen Notwendigkeit zur Wiederherstellung verlorengegangener Kapazitäten interpretiert werden. Insgesamt überlagerte sich der Wiederaufbau dabei mit den schon vorher bestehenden Tendenzen einer höheren Differenzierung der Industriestruktur, einer Differenzierung, die, wenn auch in engen Grenzen verlaufend, gerade auch **innerhalb** der Hauptbranchen in Form einer Ausweitung der Produktpalette stattfand (wie noch zu zeigen sein wird).

Die Struktur des verarbeitenden Gewerbes und ihre Veränderung wird besonders deutlich durch eine Klassifikation des Outputs nach der **ökonomischen Bestimmung** (Tab. 10)[23].

Tab. 10 zeigt, daß das zyprische Industrialisierungsmuster bis heute extrem durch den **Konsumgütersektor** geprägt ist, hinter dem die Produktion von Halbfertigwaren und vor allem von Investitionsgütern eine untergeordnete Rolle spielt.

Die Statistik belegt darüber hinaus den „leichten" Charakter dieser Konsumgüterindustrialisierung[24]: rund 90 % der Konsumgüterproduktion sind Güter des kurzfristigen Bedarfs, bei denen die „Leitbranchen" der Nahrungs- und Genußmittelindustrie und der Schuh- und Bekleidungsproduktion dominieren. Die Produktion dauerhafter Konsumgüter erlangte seit 1976 einen relativen Bedeutungsgewinn, bedingt vor allem durch den Aufschwung in der Möbel- und Einrichtungsbranche.

Die geringe Bedeutung der Produktion von Halbfabrikaten, Grundstoffen sowie Hilfs- und Betriebsstoffen (**intermediäre Güter**) ist für die Einschätzung des zyprischen Industrialisierungsmusters von hoher Relevanz. Sie ist ein Beleg für die geringen **Kopplungseffekte** der Industrieproduktion und somit ein Indikator für ein eklatantes **Defizit** der zyprischen Industrie im Vergleich zu hochindustrialisierten Ökonomien. Ein erheblicher Teil der inter-

---

[22] Es werden hier nur diejenigen Faktoren aufgezeigt, die zur Erklärung branchenspezifischer Differenzierungen beitragen.

[23] Entsprechende Daten sind erst ab 1976 verfügbar.

[24] In der zyprischen amtlichen Statistik sind nicht-dauerhafte Konsumgüter als solche mit einer Lebensdauer von weniger als 3 Jahren definiert, dauerhafte Konsumgüter haben eine Lebensdauer von 3 Jahren und mehr.

Tab. 10: Struktur und Wachstum des verarbeitenden Gewerbes nach der ökonomischen Bestimmung der Produktion, 1976-1983

Ökonomische Bestimmung (nach ISIC 1968)	Anteil a.d. Beschäftigten (%) 1976	1981	1983	DjV (%) 1976-81	1981-83	Anteil am BPW (%) 1976	1981	1983	DjV (%) 1976-81	1981-83	Anteil an der BWS (%) 1976	1981	1983	DjV (%) 1976-81	1981-83
Konsumgüter	76,5	73,4	73,7	7,7	1,3	63,2	60,4	62,4	23,2	10,3	68,2	67,8	71,3	23,2	12,7
dauerhafte	8,6	9,1	9,4	9,9	2,9	4,5	5,9	7,1	31,0	19,3	6,3	7,7	8,9	28,4	18,3
nicht-dauerhafte Nahr.-u. Genußm.	20,3	16,2	16,3	3,7	1,4	27,8	21,4	21,5	18,1	8,7	26,7	21,6	21,9	18,1	10,8
übrige	47,6	48,1	48,0	8,9	0,9	30,9	33,1	33,8	17,1	9,6	35,2	38,5	40,5	25,6	12,7
Intermediäre Güter	18,4	20,7	21,1	11,2	3,9	33,3	35,2	33,6	25,7	6,0	27,1	25,7	23,1	22,1	4,2
für den Bausektor Steine u. Erden	5,7	6,1	5,7	10,3	-2,8	10,0	8,9	7,1	21,4	-3,2	12,4	10,4	7,2	19,1	-8,4
übrige	7,9	11,1	11,5	16,2	2,5	6,2	8,6	8,7	32,4	9,6	6,6	10,3	10,7	34,7	12,1
Erdölprodukte	0,5	0,4	0,4	2,0	6,6	11,4	13,9	13,2	29,5	5,6	3,6	1,5	1,4	3,5	5,5
übrige	4,3	3,1	3,5	1,5	8,4	5,7	3,8	4,6	14,6	19,0	4,5	3,5	3,8	17,6	14,1
Investitionsgüter	5,1	5,8	5,2	11,6	-4,3	3,5	4,4	4,0	30,6	2,9	4,7	6,5	5,7	31,6	2,5
G e s a m t	100	100	100	8,6	1,1	100	100	100	24,3	8,5	100	100	100	23,3	10,0

Anmerkungen: – Angaben beziehen sich nur a.d. griech. Teil Zyperns
 – DjV = durchschnittliche jährliche Veränderung
 – dauerhafte Konsumgüter: Lebenszeit mind. 3 Jahre

Berechnet nach: – Census of Industrial Production (R.O.C. 9), 1976, 1981
 – Industrial Production Survey (R.O.C.17), 1983

mediären Güter dient zur Deckung des Materialbedarfs im Bausektor, wobei hierin die Produktion von Steinen und Erden in einem relativen Bedeutungsrückgang gegenüber anderen Inputs für das Baugewerbe (z. B. Fenster, Türen, Bodenbeläge, Farben, Metallwaren) begriffen ist. Die Erdölverarbeitung, die bezüglich des BPW ins Gewicht fällt, deckt auch den Treibstoffkonsum privater Haushalte und geht im übrigen vor allem in den Bedarf der Energiewirtschaft ein. Eklatant ist die geringe Entwicklung des Bereichs „übrige intermediäre Güter", eines Sektors, der zwischen 1976 und 1981 zusätzlich an Gewicht verloren hat. Er umfaßt die Halbfertiggüterproduktion für alle übrigen Sektoren der Ökonomie, also etwa der Landwirtschaft, des tertiären Sektors und der Industrie selbst. Bezogen auf das verarbeitende Gewerbe kann aus diesen Zahlen abgeleitet werden, daß es im Laufe des Industrialisierungsprozesses bis heute nicht zu einer nennenswerten **vertikalen Spezialisierung** gekommen ist.

Auch der **Investitionsgütersektor** behielt – trotz eines leichten Bedeutungsgewinns zwischen 1976 und 1981 – seine untergeordnete Rolle bei. Immerhin hatte er, bezogen auf Indexzahlen des Outputs, zwischen 1962 und 1971 die höchsten Wachstumsraten aller Sektoren zu verzeichnen[25] und trat auch zwischen 1976 und 1981 durch ein überdurchschnittliches Wachstum hervor. Das relativ hohe Wachstum in der ersten Industrialisierungsdekade ist dabei vor allem durch das praktisch völlige Fehlen einer entsprechenden Produktion nach Erlangung der Unabhängigkeit zu erklären. Eine Expansion fand besonders in Produktionszweigen mit einem geringen erforderlichen Technologieniveau statt (z. B. Metallmöbel und Montage von gewerblichen Kühlanlagen, Klimaanlagen, Wasserpumpen, Karosseriebau).

4. Die Betriebsgrößenstruktur: Konzentration im industriellen Akkumulationsprozeß?

Als ein wesentliches Kennzeichen der zyprischen Industrieentwicklung wurde bereits die kleinbetriebliche Struktur genannt. Struktur und Entwicklung der Betriebsgrößen und der auf Betriebsgrößenklassen bezogenen Parameter der Industrieentwicklung sind – wie im folgenden darzustellen ist – ein wesentlicher Schlüssel in der Analyse des zyprischen Industrialisierungsmusters.

Betriebsgrößenstruktur 1962

Die betriebliche Struktur im Jahre 1962 war geprägt durch eine Vielzahl klein- und kleinsthandwerklicher Betriebe in den „traditionellen" Produktionszweigen: die ländliche Getreide- oder Ölmühle, Weinkelter und Schnapsbrennerei, die Bäckerei, der nach individueller Bestellung arbeitende Schneider oder Schreiner, die kleine Töpferei oder Ziegelei, der Schmied oder Juwelier und – als neue Errungenschaft – der Kfz-Mechaniker bestimmten das Bild eines – auch im technologischen Niveau – vorindustriellen verarbeitenden Gewerbes. Die ohnehin hohe Zahl von mehr oder weniger voll arbeitenden Betrieben wurde ergänzt durch eine fast ebenso hohe Anzahl von Teilzeitbetrieben, in denen oft saisonal oder stundenweise die meist weibliche Arbeitskraft ein Zubrot zur überwiegend landwirtschaft-

---

[25] 12,2 % durchschnittliches jährliches Wachstum gegenüber 8,4 % für den Konsumgütersektor und 8,8 % für den Sektor intermediärer Güter (DEMETRIADES, 1984, S. 214 f., Tab. 30).

lichen Tätigkeit erwirtschaftete[26]. Die Zahl der mittleren und großen Unternehmen war demgegenüber gering. Solche Unternehmen konzentrierten sich zum Teil auf die Produktion „neuer" Güterkategorien, die vor allem aufgrund ihrer höheren technologischen Anforderungen traditionell nicht auf Zypern hergestellt worden waren: z. B. Frucht(saft)konserven, *Soft Drinks* wie *Coca-Cola* und *Pepsi-Cola*, Bier, Zigaretten, lithographische Arbeiten (wie Kalender und Zigarettenschachteln), Zement, mechanische Pumpen und Karosserien für Nutzfahrzeuge.

Andere größere Betriebe waren bis Anfang der 60er Jahre entstanden in Bereichen, in denen eine Betriebsvergrößerung ohne die Überwindung großer technologischer „Schwellen", also unter Beibehaltung einer hohen Arbeitsintensität möglich war, so in der Schuh- und Bekleidungsproduktion, der Möbelherstellung, der Herstellung von Ziegeln und im Fahrzeugreparaturgewerbe. Ein weiterer Teil der größeren Betriebe stellte Produkte her, die traditionell im handwerklichen Rahmen gefertigt und nunmehr unter dem Einsatz moderner Technologien im größeren Maßstab produziert wurden: Hierzu zählen Betriebe der Müllerei, die Herstellung von Wein und alkoholischen Getränken und von Strickwaren sowie Sägewerke.

Der Beschäftigungseffekt und vor allem der Anteil am BPW bei den größeren Betrieben ließen diesen schon 1962 eine weitaus bedeutendere Rolle zukommen, als das aus den Betriebszahlen abzulesen ist (s. Tab. 12).

Die wenigen höhertechnologisierten Betriebe stehen für eine in Zypern neue Produktionsweise, die seit Ende der Kolonialzeit dem kleinhandwerklichen Sektor gegenüberstand: eine damals z. T. in ausländischem Besitz befindliche oder mit ausländischen Lizenzen arbeitende Produktion mit importierter Technologie und ausländischem Fachpersonal[27].

Veränderungen der Betriebsgrößenstruktur

Betrachtet man die Veränderungen in der Gesamtzahl der Betriebe zwischen 1962 und 1983 (Tab. 4, S. 39) so zeigt sich ein überraschendes Bild: Zunächst deuten die Betriebszahlen nach dem Zensus 1967 auf bedeutende Konzentrationstendenzen im verarbeitenden Gewerbe hin. Von den nahezu 3000 gegenüber 1962 nicht mehr existierenden Betrieben (ein Drittel der Gesamtbetriebe), kann allenfalls wiederum ein Drittel auf den statistisch bedingten „Wegfall" der zypern-türkischen Betriebsstätten zurückgeführt werden. Diese Konzentrationstendenz schlägt nach 1967 wieder um: Unterbrochen durch die Invasionsverluste von 1974 läßt sich bis 1983 eine stetige Erhöhung der Betriebszahlen ausmachen. Eine eingehende Analyse dieser Tendenzen offenbart die folgenden wesentlichen Aspekte: Der Rückgang der Betriebszahlen nach 1962 ist ausschließlich zurückzuführen auf eine Schrumpfung im kleinhandwerklichen Sektor, die spätestens 1972 abgeschlossen war (s. Tab. 11). Demgegenüber kommt es zu einer stetigen Erhöhung in den Zahlen der größeren Betriebe. Die durchschnittliche Beschäftigtenzahl verdoppelt sich zwischen 1962 und 1981 annähernd, der Beitrag der größeren Betriebe (ab 5 Beschäftigte) am industriellen Output erhöht sich entsprechend (s. Tab. 12). Insgesamt bleibt es bis heute aber bei einem eklatanten Übergewicht des kleinhandwerklichen Sektors an den Betriebszahlen.

---

[26] Im Jahre 1962 existierten – die *Cottage Industries* eingeschlossen – 12000 Betriebe des verarbeitenden Gewerbes.
[27] Zum „industriellen Inventar" Zyperns nach der Unabhängigkeit s. detailliert: BATTELLE MEMORIAL INSTITUTE (1963a).

Tab. 11: Betriebe in den Branchen des verarbeitenden Gewerbes nach Betriebsgrößenklassen, 1962-1981

Branche (ISIC 1958)	1962 Zahl d. Betriebe i.d. Größenklasse					1972 Zahl d. Betriebe i.d. Größenklasse					1981 Zahl d. Betriebe i.d. Größenklasse				
	1-4	5-9	10-19	20-49	ab 50	1-4	5-9	10-19	20-49	ab 50	1-4	5-9	10-19	20-49	ab 50
20 Nahrungsmittel	1027	82	31	18	4	618	75	37	30	17	475	80	47	28	13
21 Getränke	44	11	8	3	7	16	9	2	3	10	16	8	5	1	12
22 Tabakverarbeitung	-	-	-	3	4	-	-	1	4	2	-	-	1	-	3
23 Textilien	30	2	2	1	3	11	7	7	11	8	48	26	14	15	9
24 Schuhe u. Bekleidung	4009	155	32	9	9	1870	95	50	46	14	1291	115	117	97	52
25 Holzverarbeitung	83	7	4	6	2	111	8	6	5	3	111	8	5	2	2
26 Möbel u. Einrichtung	641	58	10	11	-	441	66	26	18	5	593	66	41	18	5
27 Papier	12	-	-	1	-	7	3	5	4	1	15	13	5	7	4
28 Graph.Gew., Verlage	61	14	8	9	3	83	17	15	10	5	146	25	12	11	5
29 Leder (außer Schuhe)	48	5	3	1	-	34	11	5	5	1	41	13	14	7	4
30 Gummi	37	3	5	-	-	48	3	4	2	-	83	6	3	3	2
31 Chemie	47	10	5	3	-	29	13	9	7	3	39	21	12	17	3
32 Erdölraffinerie	-	-	-	-	-	-	-	-	-	1	-	-	-	-	1
33 Steine u. Erden	283	25	13	10	6	87	18	25	28	9	113	23	20	24	8
34 Hüttenindustrie	-	-	-	-	-	-	-	-	-	1	-	-	-	-	-
35 Metallwaren	558	52	16	11	1	546	49	32	10	2	486	56	29	15	3
36 Maschinenbau	127	34	9	2	1	146	36	14	3	3	171	26	16	8	3
37 Elektrotechnik	60	4	1	-	-	152	9	8	1	-	256	11	11	5	2
38 Fahrzeugbau u. -Rep.	522	109	28	14	3	814	110	21	17	2	1246	74	17	14	3
39 Sonstige	228	10	6	1	-	280	17	16	6	2	282	25	22	3	7
Gesamt	7817	581	181	103	43	5293	546	283	210	89	5412	596	391	275	141

Anmerkungen: - Angaben für 1972 ohne zypern-türkische Betriebe
              - Angaben für 1981 nur f.d. griech. Teil Zyperns

Quellen: - Industrial Production Survey (R.O.C. 17),1962,1981
         - Census of Industrial Production (R.O.C. 9), 1972

Tab. 12 : Betriebsgrößenstruktur in den Branchen des verarbeitenden Gewerbes, 1962 und 1981

| Branche (ISIC 1958) | Anteil der Betriebe ab 5 Beschäftigte (in %) an | | | | | | | | durchschnittl. Betriebsgröße (Beschäft./ Betrieb) | |
| | Betrieben | | Beschäftigten | | BPW | | BWS | | | |
	1962	1981	1962	1981	1962	1981	1962	1981	1962	1981
20 Nahrungsmittel	11,6	26,1	47,7	77,5	67,1	83,0	74,5	82,5	3,3	6,7
21 Getränke	39,7	61,9	95,6	97,9	98,6	99,1	99,3	99,1	20,8	45,1
22 Tabakverarbeitung	100,0	100,0	100,0	100,0	100,0	100,0	100,0	100,0	64,4	132,0
23 Textilien	21,1	57,1	89,6	95,8	98,8	95,6	97,7	95,2	9,7	17,5
24 Schuhe u. Bekleidung	4,9	22,8	28,2	86,9	46,7	90,2	47,2	87,8	2,1	7,5
25 Holzverarbeitung	18,6	13,3	73,6	73,1	83,8	87,5	81,9	83,5	6,0	4,4
26 Möbel u. Einrichtung	11,0	18,0	38,3	64,8	53,8	67,6	51,3	66,7	2,7	3,9
27 Papier	7,7	65,9	44,0	95,5	54,2	95,9	50,0	95,3	3,8	18,6
28 Graph.Gew., Verlage	35,8	26,6	84,5	82,7	94,9	88,5	92,3	86,6	8,8	8,4
29 Leder (außer Schuhe)	15,8	48,1	61,3	92,7	82,4	93,5	82,9	93,5	3,5	11,6
30 Gummi	17,8	14,4	49,7	66,3	86,8	83,4	77,3	70,3	3,5	4,0
31 Chemie	27,7	57,6	73,6	93,1	94,4	96,2	94,4	95,6	5,0	12,5
32 Erdölraffinerie	-	-	-	100,0	-	100,0	-	100,0	-	147,0
33 Steine u. Erden	16,0	39,9	67,4	92,1	93,6	97,4	93,6	96,4	5,3	13,6
34 Hüttenindustrie	-	-	-	-	-	-	-	-	-	-
35 Metallwaren	12,5	17,5	48,1	65,8	61,9	77,4	59,3	72,5	3,0	3,8
36 Maschinenbau	26,6	23,7	62,7	77,8	77,0	87,3	71,4	81,8	4,2	6,1
37 Elektrotechnik	7,8	10,2	25,7	62,3	46,1	86,0	52,5	72,8	2,2	3,1
38 Fahrzeugbau u. -Rep.	22,8	8,0	58,4	41,9	68,9	55,5	69,3	49,9	4,1	2,5
39 Sonstige	6,9	16,8	32,0	73,3	31,7	79,6	40,2	80,0	2,3	4,7
Gesamt	10,4	20,6	49,3	79,6	73,3	89,4	75,7	84,6	3,1	6,1

Anmerkung: Angaben für 1981 nur f.d. griech. Teil Zyperns   Berechnet nach: Industrial Production Survey (R.O.C. 17), 1962, 1981

Im Vergleich der Einzelbranchen zeigt sich bezüglich der Entwicklung der Betriebsgrößenstruktur ein stark differenziertes Muster: Einige Branchen erleben ein drastisches und kontinuierliches „Sterben" von Kleinbetrieben; am ausgeprägtesten ist dies im Sektor Schuhe/Bekleidung feststellbar, in dem sich die Zahl der Kleinbetriebe unter 5 Beschäftigte zwischen 1962 und 1967 um über 2000 auf weniger als die Hälfte reduzierte. Ähnliche, in absoluten Zahlen weniger gravierende Tendenzen zeigen sich in den Branchen Nahrungsmittel, Getränke, Textilien, Möbel, Papier, Leder, Chemie und Steine/Erden [28]. In den übrigen Produktionszweigen bleiben im Gegensatz dazu die Kleinbetriebe auf einer annähernd konstanten absoluten Zahl stehen, bzw. kommt es zur Zunahme der Kleinbetriebe (Druck/Verlagswesen, Gummi, Maschinenbau, Elektrotechnik und Fahrzeugbau) [29].

Die Entwicklung von Großbetrieben – sei es durch Wachstum bestehender Betriebe oder durch Neugründungen [30] – verläuft ebenso nach Branchen stark unterschiedlich: Der absolute Zuwachs von Betrieben über 50 Beschäftigte ist konzentriert auf die Branchen Nahrungsmittel und Schuhe/Bekleidung (1981: 37 % der Betriebe über 50 Beschäftigte), während in den übrigen Sektoren nur jeweils einige wenige Großbetriebe hinzukommen bzw. ihre Zahl stagniert.

Determinanten und Rahmenbedingungen für die Betriebsgrößenstruktur und deren branchenspezifische Veränderungen

Familienbetrieb, Selbständigkeit und abhängige Arbeit

Der kleinhandwerkliche Familienbetrieb kann als die traditionelle Produktionseinheit des verarbeitenden Gewerbes auf Zypern gelten. Er ist quasi die ökonomische Projektion eines engen familiären Solidaritätssystems, dessen Ziel es ist, Nutzen und Kontrolle soweit als möglich innerhalb des eigenen verwandtschaftlichen Rahmens zu halten.

Noch 1981 waren 14 % der Beschäftigten im verarbeitenden Gewerbe sog. **Working Proprietors** (R.O.C. 17, 1981), d.h. im Betrieb mitarbeitende selbständige Unternehmer, ein Charakteristikum, das im übrigen auch in vielen mittleren und großen Betrieben zu beobachten ist.

Eine Auflösung familiärer Kleinbetriebe ist vor allem zu erwarten, wenn diese unter einen übermächtigen Konkurrenzdruck größerer und wirtschaftlicher arbeitender Betriebe geraten. Wie noch zu zeigen sein wird, ist der Weiterbestand einer großen Zahl von Kleinbetrieben vor allem durch das Fehlen eines solchen Konkurrenzdrucks möglich. Auf der anderen Seite kann man davon ausgehen, daß die endgültige Aufgabe eines Betriebes auch in einer aussichtslosen Konkurrenzsituation erst mit einer erheblichen zeitlichen Verzögerung erfolgt; als Hinweis darauf kann etwa der hohe Anteil von Einmann-Unternehmen an den Kleinbetrieben gesehen werden [31].

Noch eine andere Tatsache trägt zum Erhalt von Kleinstunternehmen bei: häufig muß der aus dem Betrieb gezogene Gewinn die Reproduktionskosten für den Inhaber nicht aus-

---

[28] In den Sektoren Möbel, Papier, Leder, Chemie, Steine/Erden haben die Zahlen der Kleinbetriebe seit der Invasion wieder eine zunehmende Tendenz.

[29] In den Zeitraum 1972 bis 1981 fallen freilich auch die Invasionsverluste von 1974. Man kann aber davon ausgehen, daß der Wiederaufbau verloren gegangener Betriebe bis 1981 abgeschlossen war. Ein unmittelbarer Zusammenhang zwischen Invasionsverlusten und Betriebsgrößenstruktur ist nicht anzunehmen.

[30] In der zyprischen Statistik wird die Zahl der Neugründungen nicht erfaßt.

[31] Nach R.O.C. 20 (1981) waren 1981 56 % der Betriebe unter 5 Beschäftigten Einmann-Unternehmen.

schließlich decken, weil dieser einer zusätzlichen Beschäftigung nachgeht. Vor allem in ländlichen Betrieben ist die Beibehaltung einer zusätzlichen landwirtschaftlichen Erwerbsbasis auch für selbständige Betriebsinhaber gang und gäbe[32].

Die familieninterne Rekrutierung von Arbeitskraft im Kleinbetrieb minimiert generell die Lohnkosten. Die Einkünfte orientieren sich am real erwirtschafteten Gewinn und nicht an tariflichen Vereinbarungen. Auch die Sozialabgaben lassen sich so minimieren, und Überstunden treten nicht als Kostenfaktor auf. Die innerfamiliäre Überlieferung handwerklicher Fertigkeiten schaltet darüber hinaus Ineffizienzen aufgrund mangelhafter Ausbildung weitgehend aus.

Dem traditionellen Hang zur Selbständigkeit entspricht eine ausgesprochene Geringschätzung abhängiger (Hand-)Arbeit bzw. der Wille bei vielen (männlichen) Arbeitnehmern, möglichst umgehend ein eigenes „business" aufzumachen, sobald es die finanzielle Lage erlaubt. In einigen Branchen, in denen einerseits qualifizierte (Hand-)Arbeitskraft benötigt wird und in denen andererseits auch Kleinbetriebe konkurrenzfähig arbeiten können, stehen größere oder expandierende Betriebe auch heute vor der erheblichen Schwierigkeit, abhängige Arbeitskräfte zu finden bzw. über längere Zeit zu behalten. Eine im Lauf des Industrialisierungsprozesses unverminderte oder gar zunehmende Zahl von Kleinbetrieben in den Sektoren Holzverarbeitung, Möbel/Einrichtung, Metallverarbeitung, Maschinenbau, Elektrotechnik und dem Kfz-Handwerk ist Ausdruck dieser Situation. Arbeitskräfte verlassen hier häufig ihren Betrieb, sobald sie die notwendigen Kenntnisse zur Führung eines eigenen Handwerks erworben haben[33].

Generell setzte die spezifische Struktur des zyprischen Arbeitsmarktes dem Aufbau bzw. der Expansion von größeren Unternehmen relativ enge Grenzen. Der „Zugriff" auf abhängige Arbeitskraft[34] war in den Sektoren am problemlosesten, die vorwiegend auf ungelernter Arbeitskraft basierten. Einen solchen „Pool" von ungelernter Arbeitskraft stellten in erster Linie die vermehrte Zahl von Frauen dar, die aus ihrer traditionellen häuslichen und landwirtschaftlichen Rolle heraus in den Arbeitsmarkt eintraten, in zweiter Linie (zwischen 1967 und 1974) auch die Arbeitskräfte aus den türkischen Enklaven, die sich bei griechischen Unternehmen verdingen mußten. Die Expansion größerer Betriebe im Schuh-, Bekleidungs- und im Textilsektor war nur durch die Möglichkeit des Rückgriffs auf – zudem billige – Frauenarbeitskraft möglich. Eine vergleichbare Situation schuf die Invasion von 1974 und der folgende Zufluß von rund 160000 Flüchtlingen in den griechischen Inselteil. Während ein Teil der ehemals selbständigen nicht-landwirtschaftlichen Arbeitskräfte unter den Flüchtlingen – allen voran die größeren „businessmen" und Unternehmer – sich schnell wieder in einer selbständigen Existenz etablieren konnten, hinterließ die Invasion auch eine Masse proletarisierter Arbeitskräfte – Männer wie Frauen-, die ihre Arbeitskraft auch unter zunächst schlechten Lohnbedingungen anbieten mußten. Zweifellos war auch dieses Faktum der Bildung von größeren Betriebseinheiten vor allem in den auf den Einsatz ungelernter Arbeitskräfte basierenden Industriezweigen förderlich.

Entwicklung des Marktes

Die Kleinheit des zyprischen Marktes stellte und stellt ein schwerwiegendes Hindernis für

---

32 Vgl. die Untersuchung von Pearce (1981).
33 Auf dieses Problem wurde von einem Großteil der v. Verf. in diesen Branchen befragten Betriebsinhaber hingewiesen.
34 Seit Anfang der 60er Jahre herrscht, mit Unterbrechung nur in der direkten Nachinvasionszeit, annähernde Vollbeschäftigung.

die Nutzung von *Economies of Scale* und eine industrielle Massenproduktion dar. Die Frage, ob für eine einzelne Produktion oder Branche restriktive Wirkungen durch die Marktgröße entstehen, ist dabei nicht allein durch die Bevölkerungszahl bestimmt. Sie ist im einzelnen auch von den folgenden Faktoren abhängig:

- dem allgemeinen Kaufkraftniveau auf dem Binnenmarkt, das mit zunehmender Verbesserung des **allgemeinen** Lebensstandards auf Zypern permanent im Steigen begriffen ist [35];
- der produktspezifischen Nachfrage: ist die Nachfrage einer kleinen Verbraucherzahl nach Konsumgütern u. U. hinreichend für eine industrielle Massenproduktion, so muß dies nicht für dauerhafte Konsumgüter oder Kapitalgüter gelten;
- der Konkurrenzfähigkeit gegenüber Importprodukten, die neben einer preislichen und qualitativen Komponente auch das Moment einer „irrationalen" Präferenz für prestigeträchtige Importgüter („Luxuskonsum") beinhaltet [36];
- der Nachfrage nach individuell gefertigten versus standardisierten Produkten;
- einer eventuellen Markterweiterung durch die Erschließung von Exportmärkten.

Die empirische Bedeutung dieser Determinanten des Marktes und ihre Folge für die Entwicklung der Betriebsgrößen läßt sich am besten in einer Betrachtung nach der **ökonomischen Bestimmung** von Gütern nachvollziehen:

Der **Konsumgüterbereich**, und darin wiederum die Herstellung von Gütern des nicht- dauerhaften Verbrauchs, zeigte als erster **neben** einer kleinbetrieblichen Struktur Tendenzen zu einer Bildung größerer Betriebseinheiten. Neben der Tatsache, daß in diesem Sektor die Marktgröße die geringsten *Constraints* darstellte, wirkte sich hier die gestiegene Massenkaufkraft am unmittelbarsten aus. Unterstützt durch eine massive Zollschutzpolitik der zyprischen Regierung war die Substitution von importierten Gütern am frühesten und auch von den technologischen Erfordernissen her am einfachsten möglich. Hinzu kam, daß sich hier für eine Anzahl von Produkten am schnellsten auch Exportmöglichkeiten eröffneten, die im Laufe des Industrialisierungsprozesses in einigen Bereichen sogar zum überwiegenden und bestimmenden Marktfaktor wurden (z. B. Bekleidung / Schuhe) und durch ihre Anforderungen an Standardisierung und gleichbleibende Qualität eine Massenproduktion eindeutig begünstigten. Im folgenden sollen einige der wichtigsten Konsumgüterbranchen einer detaillierteren Betrachtung unterzogen werden:

Im **Nahrungs- und Genußmittelsektor** griffen die genannten Faktoren als erstes und in beispielhafter Weise ineinander: ein aufnahmefähiger Binnenmarkt wurde ergänzt durch frühe Exporterfolge schon in den 60er Jahren. Es verwundert deshalb nicht, daß annähernd alle heute in den Unterbranchen vertretenen Großbetriebe [37] (ab 50 Beschäftigte) bereits 1972 als solche zu finden waren.

Entsprechend vollzog sich der Rückzug des Kleinbetriebes am frühesten: die von Eselkraft betriebene dörfliche Olivenpresse, die nicht-mechanisierte Weinkelter und Schnapsbren-

---

[35] Die invasionsbedingte Depression führte freilich auch hier kurzfristig zu Einbrüchen.

[36] Die Konkurrenzfähigkeit gegenüber Importprodukten ist daneben auch stark abhängig von der protektiven Wirkung der Importsubstitutionspolitik, die für die einzelnen Produktkategorien unterschiedliches Gewicht besitzt. Dieser Zusammenhang wird vor allem in Kap. 8 thematisiert.

[37] Im einzelnen waren dies (1972) die Produktion von Käse, Milch, Speiseeis, mehrere Konservenfabriken (Fruchtsäfte, Obst etc.), Teigwaren, Kekse, Pflanzenöl, Kaffeerösterei, Futtermittel.

nerei und die Kleinbäckerei wichen am schnellsten der Konkurrenz einer zunehmend zentralisierten und mechanisierten Massenproduktion[38].

Etwas anders sah die Situation im **Schuh- und Bekleidungshandwerk** aus. Hier wurde die Betriebsgrößenentwicklung zunächst fast ausschließlich durch die Struktur des Binnenmarktes gesteuert. Das typisch levantinische Nachfragemuster[39] in einer zudem noch überwiegend ländlich bestimmten Gesellschaft richtete sich auf individuell gefertigte Waren. Demgegenüber kleidete sich die meist städtische Oberschicht mit prestigeträchtigen europäischen Importwaren, deren hohes Preisniveau den Prestigeeffekt sogar noch erhöhte. Während sich an dieser Präferenz für importierte Luxusgüter als Zeichen der Arriviertheit bis heute nichts geändert hat, erlebte das traditionelle Konsummuster mit dem Boom der Nachkrisenjahre nach 1964, der verbunden war mit einer grundlegenden Urbanisierung der Lebensformen, einen radikalen Wandel. Die Erhöhung des Angebots an billiger „Stangenkonfektion", die mit einem gewissen *time lag* die gängige europäische Mode kopierte, ging Hand in Hand mit einem neuen Modernitätsbewußtsein breiter Bevölkerungsschichten, das sich ja auch in der Bekleidung am effektivsten nach außen demonstrieren ließ. Während der spektakuläre Rückgang bei den kleinen Schneider- und Schuhmacherbetrieben in den 60er Jahren diese Veränderung in den Konsumgewohnheiten reflektierte, wurde der Konkurrenzvorteil der größeren Massenfertigungsbetriebe seit Beginn der 70er Jahre zusätzlich durch einen einsetzenden Exportboom gestärkt. Es war vor allem dieser Exportboom, der nach der Invasion Großbetriebe im Schuh- und Bekleidungssektor (sei es als Erweiterungen oder Neugründungen) wie Pilze aus dem Boden schießen ließ[40].

Für eine Anzahl anderer – traditionell starker – kleinbetrieblich organisierter Konsumgüterbranchen bedeuteten die Veränderungen im Konsumverhalten einen generellen relativen Niedergang. Hiervon betroffen waren etwa das **Töpfereihandwerk** oder die Produktion von (vor allem in Heimarbeit hergestellten) **Flechtarbeiten** (Körbe etc.). Anstelle des irdenen Kruges trat ein entsprechendes Plastikprodukt, der geflochtene Korb wurde durch die ubiquitäre Plastiktüte ersetzt.

Auch für den Bereich der **Holzverarbeitung**[41] und den **Möbel- und Einrichtungssektor** ist bei weitgehend fehlenden Exportmöglichkeiten bis heute allein die Binnenmarktentwicklung maßgebend. Die Nachfrage wird zunächst von den Eigenarten des Produkts selbst bestimmt: sie tritt nur selten auf (langfristiger Bedarf) und richtet sich überdies je nach Bedarf, Kaufkraft und Geschmack auf eine Vielzahl unterschiedlicher Einzelprodukte. Zu der hierdurch bedingten realen Marktenge kommt eine bis heute ungebrochene Präferenz für individuell gefertigte Waren[42], die am extremsten im Schreinerhandwerk, aber auch in dem am Bausektor orientierten Teil des **Metallhandwerks** auftritt. In diesen Branchen erfolgt der Einbau von Türen, Fenstern, Geländern, Holzböden etc. praktisch ausschließlich nach

---

38 Einige dieser traditionellen Handwerke sind heute auf Zypern faktisch ausgestorben. Die Relikte einer dörflichen Ölpresse besitzen bereits einen ausgesprochenen touristischen Demonstrationswert. Interessante Aspekte über das ehemalige dörfliche Handwerk und dessen hohe regionale und lokale Spezialisierung bietet der historisch konzipierte Reiseführer von GOODWIN und SYMONDS (1980).

39 Vgl. KAMINARIDES (1973, S. 185).

40 Auch heute noch versuchen die meisten auch kleineren Betriebe der Schuh- und Bekleidungsproduktion sich durch ein eigenes Ladengeschäft – häufig direkt an die Produktionsstätte angeschlossen – einen Anteil am Binnenmarkt zu erhalten.

41 Diese umfaßt (nach ISIC 1958 noch nicht enthalten) auch den bedeutenden Sektor des an das Baugewerbe gekoppelten Schreinerhandwerks (Fenster, Türen, Böden etc.).

42 Vgl. auch DEMETRIADES (1984, S. 119). Ausgenommen ist wiederum der Luxusbedarf an importierten Möbeln. Die individuelle Note entsteht hier durch die – vor allem preislich bedingte – Exklusivität.

individuellen Wünschen, d. h. ohne jede Standardisierung. Diese Tatsache führte zu einer bis heute ungebrochenen Dominanz des Klein- und Mittelbetriebes. Die hohe Nachfrage durch den Bauboom in der Nachinvasionszeit begünstigte sogar eine erhebliche Zunahme der Kleinbetriebe. Die Existenz solcher kleinen Betriebe wird durch die Tatsache gefördert, daß gerade der Mittel- und Großbetrieb in der zyprischen Möbelindustrie möglichst kein einziges Marktsegment der Konkurrenz überlassen will. Das führt zu einer ausgesprochenen Zersplitterung der Produktion[43], was im Zusammenhang mit einem hohen und differenzierten Materialaufwand häufig einen geradezu chaotischen Produktionsablauf mit erheblichen Ineffektivitäten bedingt.

Die Nachfrage und mittelbar die Betriebsgrößenentwicklung im Sektor der **intermediären Güter** ist bestimmt durch den (niedrigen) Grad der **interindustriellen vertikalen Verflechtungen** wie auch durch die (ebenfalls geringen) **Kopplungseffekte** zu den übrigen Sektoren der Ökonomie[44]. Setzte die Ausbildung von Rückkopplungseffekten auf industrielle Halbfertigwarenproduzenten ohnehin schon einen relativ hohen quantitativen Bedarf an solchen Gütern voraus, so war die Betriebsgröße im intermediären Sektor vor allem durch die meist hohen technologischen Anforderungen determiniert, die die Herstellung dieser Güter mit sich brachte.

Es war der auf Zypern für die Zeit vor der Unabhängigkeit schon beschriebene und seit 1964 wieder fast permanent andauernde Bauboom, von dem zeitlich am frühesten eine hohe Nachfrage nach industriell gefertigten Grundstoffen ausging[45]. Schon 1962 gab es unter den wenigen überhaupt vorhandenen Großbetrieben drei **Ziegeleien**, zwei **Fliesenproduzenten** und ein **Zementwerk**. Während die beiden ersten der genannten Produktionen eher arbeitsintensiv und darüber hinaus bei einem geringen notwendigen technischen Aufwand auch von kleineren Betriebseinheiten durchzuführen waren, war die Zementproduktion ein Bereich, der von vornherein an ein höheres technologisches Niveau gebunden war und Anfang der 60er Jahre von einem einzigen Betrieb mit relativ großem Kapitaleinsatz und gleichzeitig hoher Beschäftigung durchgeführt wurde.

Ebenso früh bildete sich eine Nachfrage von Seiten der Agrarwirtschaft, erfuhr doch gerade die Bewässerungslandwirtschaft schon in den 60er Jahren eine erhebliche Ausdehnung. Die Herstellung von Vorleistungen für den Agrarsektor – sofern sie überhaupt auf Zypern stattfand – ist in der Regel mit einer relativ hohen Kapitalintensität verbunden und blieb, von der Zahl der Arbeitskräfte her betrachtet, mittleren bis großen Betrieben vorbehalten[46]. Ähnliches gilt – bezüglich der Implikationen für die Betriebsgröße – für die Produktion von Halbfertigwaren für die industrielle Weiterverarbeitung. Neben dem technologischen Aspekt war der betriebliche Größenrahmen, in dem diese Produktion stattfand, abhängig von der quantitativen Nachfrage, die zeitlich gesehen wiederum von der Expansion der einzelnen Konsumgüterbranchen abhing. In denjenigen verarbeitenden Branchen, in denen die Nachfrage nach Halbfertigwaren schon traditionell auf dem lokalen Markt befriedigt

---

[43] Diese ist dem Ziel kostenminimierender *Economies of Scale* entgegengesetzt. Bei Betriebsbesichtigungen des Verfassers trat in vielen Fällen eine enorme Produktpalette zutage. Auf engstem Raum wurden hier Holz, Metall, Kunststoff, Stoffe, Glas etc. zu einer unübersehbaren Zahl von Einzelprodukten verarbeitet.

[44] S. Kap. 8, Exkurs.

[45] Die Rohmaterialien für diese Grundstoffproduktion waren zudem auf Zypern weitgehend vorhanden, der Import von Baumaterialien wegen des hohen Transportaufwandes zugleich kostspielig.

[46] An Großbetrieben war 1972 vertreten die Produktion von Futtermitteln, Holzkisten, Kartonagen (jeweils zur Verpackung landwirtschaftlicher Güter) und Plastikfolien. Ein hochtechnologischer Düngemittelbetrieb nahm nach 1981 seine Produktion auf (s. Kap. 5, S. 71 ff.).

wurde (z. B. Mehl für den Bäckereibedarf) begünstigte die Expansion der Fertigwarenproduzenten auch eine Vergrößerung und Modernisierung der Betriebseinheiten in den Zulieferbetrieben.

Dort, wo bislang importierte Halbfertiggüter erst zu einem späteren Zeitpunkt durch eine inländische Produktion substituiert wurden (z. B. Sperrholz und Spanplatten für die Möbelindustrie), erfolgte der „Einstieg" in diese Produktion häufig bereits auf mittel- oder großbetrieblichem Niveau. Ein Beispiel für einen solchen intermediären Sektor ist die Verpackungsindustrie, die sich nach einer anfänglichen Orientierung auf die Landwirtschaft und den Handel mit fortschreitender Konsumgüterindustrialisierung auf den Verpackungsbedarf der Industrie ausrichtete (Kartonagen, Kronkorken, Papier- und Textilsäcke, Blechdosen, Kunststoffverpackungen etc.). Je nach Arbeitsintensität der Produktion und nach dem Marktanteil des Einzelbetriebes wurde hier von Anfang an mindestens im mittelbetrieblichen Größenrahmen produziert[47].

Eine erheblich restriktive Wirkung bringt die geringe Marktgröße für die generelle Entwicklung wie für die Betriebsgrößenstruktur im Investitionsgütersektor mit sich. Substitutionsmöglichkeiten für bislang importierte Kapitalgüter blieben – trotz eines steigenden Bedarfs im allgemeinen Industrialisierungs- und Mechanisierungsprozeß – auf relativ kleintechnologische Güter beschränkt. Eine Herstellung in größeren Serien und damit in einem größeren betrieblichen Rahmen war von den folgenden Voraussetzungen abhängig:

– Es mußte eine ausreichende Nachfrage nach einem einzelnen Produkt vorliegen (z. B. mechanische Wasserpumpen für die Landwirtschaft), im Idealfall unterstützt durch Exportmöglichkeiten (z. B. Verpackungsmaschinen),

– oder / und die Nachfrage nach einem bestimmten Produkt mußte erhöht werden durch den gleichzeitig auftretenden Bedarf privater Haushaltungen für dieselbe Produktkategorie (z. B. Kühlschränke, Solarheizungssysteme, Elektrotechnik).

Die wenigen heute vorhandenen Großbetriebe arbeiten meist entweder auf Montagebasis (z. B. Karosseriebau, Teile des Maschinenbaus und der Elektrotechnik), oder ihre Produktion ist in eine größere Zahl unterschiedlicher Produkte aufgesplittert, d. h. sie profitieren kaum von Skaleneffekten.

In vielen Fällen beschränkt sich etwa der Maschinenbau auf die Fertigung einzelner Geräte, für die in der Regel keine Konkurrenz von seiten größerer inländischer Betriebe besteht. Aufträge kommen häufig von verarbeitenden Betrieben, zu denen enge persönliche oder geschäftliche Beziehungen bestehen. Ihre Ausführung erfolgt dann gewöhnlich durch den Nachbau importierter Geräte unter Verwendung importierter mechanischer Teile (Motoren, Steuerungssysteme etc.). Der geringe Nachfrageanteil, den die Produktion von Kapitalgütern in den Sektoren Metallverarbeitung, Maschinenbau, Elektrotechnik und Fahrzeugbau tatsächlich ausmacht, kann deshalb meist auch von kleinen bis mittleren Betriebseinheiten gedeckt werden[48].

---

[47] Durch Großbetriebe waren vertreten: bereits 1962 zwei lithographische Werke; 1972 daneben die Produktion von Holzkisten, Kartonagen sowie zwei kunststoffverarbeitende Betriebe. 1981 gab es bereits sieben Großbetriebe in der Kunststoffverarbeitung. Dort, wie auch in der Produktion von Lithographien, repräsentiert die Herstellung von Verpackungen allerdings nur einen Teil der Produktpalette.

[48] Ein überwiegender Teil der nach ISIC 1958 in diesen Sektoren aufgeführten Betriebe (vgl. Tab. 4, S. 39) sind reine Reparaturbetriebe. Dies wird durch einen Vergleich mit den Betriebszahlen nach ISIC 1968 (Tab. 8, S. 43) deutlich; bei den tatsächlich verarbeiteten Betrieben besonders in der Metallverarbeitung und Elektrotechnik besteht ein erheblicher Teil der Produktion aus Konsumgütern.

Economies of Scale: Finanzierung, Management, Rohmaterialbeschaffung, Produktinnovation und Vermarktung

In denjenigen Branchen, in denen es zur Anwendung neuerer und komplizierterer Technologien und zu einer Ausdehnung und Standardisierung des inneren und äußeren Marktes kam, entstanden gleichzeitig neue Anforderungen an die Finanzkraft und die betriebswirtschaftliche Logistik von Industrieunternehmen. Die traditionelle arbeitsintensive und handwerklich orientierte Produktionsweise basierte dagegen auf technischen Fähigkeiten und der direkten Nähe zum Verbraucher und weniger auf einem hohen betriebswirtschaftlichen Organisationsniveau[49]. In all den Fällen, in denen Kleinbetriebe der direkten Konkurrenz finanzkräftiger und besser organisierter Großbetriebe ausgesetzt waren, konnten sich gewisse betriebswirtschaftliche Mängel nunmehr in einer erheblichen Verstärkung des Konkurrenzdrucks niederschlagen.

Benachteiligt ist der Kleinbetrieb etwa beim **Zugang zu Finanzmitteln**: Banken verlangen Sicherheiten, die der finanzschwache Familienbetrieb meist nicht bieten kann; das weitgehende Fehlen eines betrieblichen Buchführungssystems verstärkt die Abneigung der Banken gegenüber kleinbetrieblichen Finanzierungen[50].

Der Einsatz familienfremden **Managements** kommt für den Kleinbetrieb schon aus ökonomischen Gründen nicht in Frage, und auch der mittelbetriebliche Inhaber versucht häufig, ohne ein solches Management auszukommen, um möglichst keine Entscheidungsbefugnisse aus der Hand zu geben[51].

Nachteile für den Kleinbetrieb entstehen auch bei der Akquirierung der in den Produktionsprozeß eingehenden **Rohmaterialien** (bzw. Halbfertigwaren). Diese müssen in der Regel importiert werden, was wiederum nur durch den Großhandel zu bewerkstelligen ist. Die hierdurch anfallenden Handelsspannen und die geringe Abnahmequantität bedeuten einen Preisnachteil gegenüber den in großen Quantitäten ordernden und direkt importierenden Großbetrieben.

Die **Innovation und Gestaltung von Produkten** selbst ist für den Kleinbetrieb unproblematisch, solange sie auf traditionell erlernten Fähigkeiten und/oder einer spezialisierten (nicht-standardisierten) Nachfrage beruhen. In den Branchen, in denen die Nachfrage eine solche individualistische Produktgestaltung zuläßt (s. vorheriger Abschnitt) reagiert der zyprische Kleinbetrieb, der auch von seiner technischen Ausstattung nicht an ein standardisiertes Endprodukt gebunden ist, erstaunlich flexibel. Beleg hierfür ist etwa eine Maschinenbaufirma, die mit nur 14 Beschäftigten (ohne familienfremdes Management) eine ganze Palette von Verpackungs-, Abfüll- und Etikettiermaschinen, Förderbändern, Tanks etc. in Einzelfertigung – als eigene Produktinnovation und z. T. in „Kopie" europäischer Vorbilder – herstellt. Generell sind selbständige Innovationen von Produkten auf Zypern eher im klein- bis mittelbetrieblichen Sektor zu finden.

---

[49] "In the typical small scale industrial plant owner-managers are oriented mostly on the technical side of the enterprise, and have little knowledge of the administrative, financial or marketing functions" (DEMETRIADES, 1984, S. 42).

[50] Vgl. die Darstellung des sog. *Small-scale Industry Scheme* in Kap. 7, S. 88.

[51] Diese Einstellung hat z. T. durchaus einen rationalen Hintergrund, zumal die Unterhaltung eines Management-Kaders, auf die mancher zyprische Großbetrieb heute einen erheblichen Teil der Personalkosten verwendet, nicht unbedingt für eine erhöhte ökonomische Effizienz bürgt (vgl. DEMETRIADES, 1984, S. 42). Das Management wird häufig rekrutiert aus berufsunerfahrenen Studienabgängern europäischer oder US-amerikanischer Hochschulen. Hierzu kommt auch bei den Spitzenkräften der Industrie die Gefahr, daß sie sich in einem eigenen Konkurrenzbetrieb selbständig machen.

Produktinnovationen in den Konsumgüterbranchen, in denen der Markt standardisierte Produkte verlangt, stellen den Kleinbetrieb hingegen in der Regel vor unüberwindbare Schwierigkeiten. Beispielhaft steht hier wiederum der Bekleidungs- und Schuhsektor sowie die Textilproduktion: Innovation bedeutet hier eine möglichst schnelle Anpassung des Produkts an die schnell wechselnden europäischen Modetrends, die heute sowohl auf dem Inlandsmarkt als auch auf den Exportmärkten maßgebend sind. Eine solche Anpassung erfordert eigene Marktforschung und deren rasche Umsetzung in entsprechenden Rohmaterialeinkauf und Produktion. Diese Aufgabe des „schnellen Kopierens" ist auch für den zyprischen Großbetrieb mit einem eigens hierfür zuständigen Management schwierig, für den Kleinbetrieb ist sie nicht zu bewerkstelligen.

Ähnliche Probleme bringt die **Vermarktung** der kleinbetrieblichen Produktion mit sich: Kleinbetriebe können überall dort bestehen, wo ihre traditionelle „Vermarktungsinfrastruktur", d.h. die direkte Verbrauchernähe funktioniert. Der Absatz auf einem „anonymen" Markt – und insbesondere auf dem Exportmarkt – erfordert eine spezielle Marketing-Strategie (Werbung etc.), die sich der Kleinbetrieb nicht leisten kann. Die Abgabe an den Großhandel bedeutet eine Profitschmälerung im Vergleich zum direktvermarktenden Großbetrieb, sofern überhaupt die verlangte standardisierte Qualität geliefert werden kann. Ein erster von der Regierung finanziell unterstützter Versuch zum Aufbau eines gemeinsamen Export-Vermarktungssystems für Klein- und Mittelbetriebe scheiterte. Das seit Ende der 70er Jahre bestehende *Joint Export Marketing Scheme* hatte rund 40 Unternehmen des Bekleidungs- und Schuhsektors umfaßt[52] und wurde inzwischen wegen mangelnder ökonomischer Tragfähigkeit eingestellt.

Importsubstitutionspolitik

Die Zollpolitik der zyprischen Regierung förderte die Beibehaltung einer kleinbetrieblichen Struktur über eine teilweise Ausschaltung des Konkurrenzdrucks durch billige Importprodukte. Vor allem der Konsumgütersektor erfuhr eine erhebliche Zollprotektion mit der Folge, daß Optimierungsanstrengungen zur Anpassung an das Preis- und Qualitätsniveau des Weltmarktes häufig ausblieben, eine Tatsache, die wiederum auch das Überleben nicht optimal wirtschaftender Kleinbetriebe ermöglichte[53].

Produktivität

In der Betrachtung betriebsgrößenspezifischer Konkurrenzvor- und -nachteile in den Einzelbranchen standen bisher – in einer eher deskriptiven Analyse – die Bestimmungsgründe für die Betriebsgrößenstruktur und deren Wandel im Vordergrund. Das tatsächliche Vorhandensein eines Konkurrenzdrucks auf den kleinbetrieblichen Sektor ließe sich empirisch bestimmen durch eine Messung der betriebsgrößenspezifischen Produktivitätsniveaus in den Branchen. Die hierfür notwendigen Daten stehen allerdings erstmals für das Jahr 1983 zur Verfügung, zu einem Zeitpunkt also, zu dem der kleinbetriebliche Sektor längst in eine Phase der Konsolidierung übergegangen zu sein scheint (vgl. Tab. 11). Die aktuell (1983) vorfindbaren betriebsgrößenspezifischen Produktivitätsunterschiede (Tab. 13)[54] erlauben

---

52 ARISTIDOU (1979, S. 14 f.).
53 S. Kap. 8, S. 103 ff. Vgl. auch DEMETRIADES (1984, S. 43).
54 Ein gültigeres Maß für die hier dargestellte Arbeitsproduktivität wäre der Bezug des BPW auf die geleisteten Arbeitsstunden. Die vorhandene statistische Basis erlaubt dies jedoch nicht. Zur Problematik der üblichen Produktivitätsmaße vgl. RAUCH (1981 b, S. 558 ff.).

Tab. 13: Betriebsgrößenspezifische Produktivität in den Branchen des verarbeitenden Gewerbes, 1983

Branche (ISIC 1968)			BPW / Beschäftigte nach Betriebsgrößen (1.000 C £)						
			1-4	5-9	10-19	20-49	50-99	ab 100	gesamt
31	311/312	Nahrungsmittel	11,9	18,4	21,2	21,6	21,0	13,4	17,6
	313	Getränke	8,5	10,7	16,5	–	13,7	19,3	18,1
	314	Tabakverarbeitung	–	–	3,1	–	7,3	30,5	26,8
32	321	Textilien	10,3	11,3	7,2	7,4	11,1	8,4	8,8
	322	Bekleidung	6,6	5,4	5,6	7,8	8,4	7,4	7,3
	323	Leder	7,9	7,7	15,1	10,2	5,7	6,3	8,8
	324	Schuhe	6,0	7,1	7,9	8,6	10,8	8,1	8,6
33	331	Holzverarbeitung	7,0	7,3	7,6	9,8	10,8	22,7	8,7
	332	Möbel u. Einrichtung	6,9	8,6	9,6	8,5	9,4	6,0	8,1
34	341	Papier	18,6	10,7	17,7	29,6	11,8	24,0	18,3
	342	Graph.Gew., Verlage	9,0	7,4	9,8	10,8	11,8	18,3	11,5
35	351	Chem. Grundstoffe	19,3	–	20,7	17,0	–	16,5	16,8
	352	andere chem. Prod.	10,5	18,1	17,1	18,6	17,8	–	17,3
	353	Erdölraffinerie	–	–	–	–	–	440,3	440,3
	355	Gummi	16,3	21,6	12,4	19,4	–	–	16,5
	356	Kunststoff	14,3	16,3	17,5	15,8	16,8	16,1	16,4
36	361	Ton u. Porzellan	3,5	3,9	5,3	–	–	–	3,9
	362	Glasverarbeitung	6,7	–	–	–	–	–	6,7
	369	Steine u. Erden	6,8	11,1	9,6	10,3	12,2	27,1	16,9
38	381	Metallverarbeitung	9,0	10,4	12,3	19,0	8,8	7,6	11,7
	382	Maschinenbau	7,4	8,3	9,6	12,7	12,7	10,9	10,3
	383	Elektrotechnik	7,8	6,2	13,8	14,9	49,7	21,5	18,7
	384	Fahrzeugbau	7,9	9,2	10,8	13,1	12,3	–	10,9
39		Sonstige	13,2	14,0	16,1	13,9	–	–	14,0
		Gesamt	8,5	10,5	10,9	12,3	12,6	21,8	13,5

Anmerkung: BPW = Bruttoproduktionswert   Berechnet nach: Industrial Production Survey (R.O.C. 17), 1983

dennoch eine Konkretisierung und Vertiefung der in den vorherigen Abschnitten dieses Kapitels enthaltenen Aussagen.

Betrachtet man zunächst die aggregierten Daten für alle Branchen, so läßt sich für die Gesamtindustrie eine – wenn auch bescheidene – Erhöhung der Arbeitsproduktivität mit zunehmender Betriebsgröße feststellen[55].

Nur in wenigen Branchen liegt der Maximalwert der Produktivität aber tatsächlich in der größten Betriebskategorie: dies gilt nur für die Sektoren Getränke, Tabak, Holzverarbeitung, Graph. Gewerbe/Verlage und Steine/Erden, Branchen, in denen Großbetriebe mit

---

[55] Der herausragend hohe Wert für die Betriebe ab 100 Beschäftigte kommt vor allem durch die extrem hohe Produktivität der in diese Kategorie fallenden Erdölraffinerie zustande. Klammert man diese aus, so ergibt sich ein Wert von 14.400 C£ pro Arbeitskraft.

hoher Kapitalintensität zu finden sind. Darüber hinaus zeigen die Produktivitätsstandards nur eine äußerst geringe Abhängigkeit von der Betriebsgröße. In einigen Branchen (Textilien, Leder, Möbel/Einrichtung, Chemische Grundstoffe, Gummi, Kunststoff und „Sonstige") liegt das Maximum der Produktivität sogar im Bereich der kleinen Mittelbetriebe (bis 20 Beschäftigte).

Der ohnehin meist geringe Konkurrenzvorteil von Großbetrieben, der in den genannten Produktionszweigen von der Statistik ausgewiesen wird, erweist sich bei einer näheren Betrachtung zudem nur als ein scheinbarer Vorsprung:

(1) Die 3-stelligen ISIC-Branchen (1968) sind keineswegs homogen, sondern umfassen in der Regel eine größere Zahl von Unterbranchen mit ganz unterschiedlichen Güterproduktionen: einzelne hochtechnisierte und teils monopolistische Betriebe mit hoher Produktivität stehen hier aufgrund ihres andersartigen Output keineswegs in Konkurrenz zum Kleinbetrieb[56]. Das Spanplattenwerk konkurriert nicht mit dem kleinen Schreiner, das lithographische Werk nicht mit der kleinen Druckerei und das Zementwerk nicht mit der Ziegelei.

(2) Der durchschnittliche Wertschöpfungsanteil am BPW ist in den Kleinbetrieben am höchsten, d. h., diese zeichnen sich durch eine höhere Produktionstiefe und damit eine höhere BWS pro Arbeitskraft aus[57].

Ein erheblicher Teil des fehlenden Produktivitätsvorsprungs zyprischer Großbetriebe erklärt sich durch ausgeprägte Ineffizienzen in der großbetrieblichen Produktion selbst, die in der Regel nicht durch die oben beschriebenen *Economies of Scale* bei der Finanzierung und Betriebsorganisation ausgeglichen werden können:

(1) Die bereits weiter oben beschriebene „Zersplitterung" der Produktion (Bsp. Möbel- und Einrichtung), bzw. die fehlende horizontale Spezialisierung;

(2) zum Teil damit im Zusammenhang eine fehlende Kapitalisierung der Produktion. Der enorme großbetriebliche Boom im Bekleidungs- und Schuhsektor nach der Invasion war z. B. von keinen nennenswerten Rationalisierungsinvestitionen begleitet, was sich in dem niedrigen Investitionsaufwand pro Arbeitskraft ausdrückt (s. Tab. 14). Eine bloße Aufstockung des Nähmaschinenbestandes brachte außer den oben beschriebenen *Economies of Scale* in Vermarktung, Management etc. keine Produktivitätsvorteile gegenüber dem kleinen Betrieb.

(3) Im Gegensatz hierzu kam es z. B. in den Branchen Papier und Chemie zu erheblichen Investitionen in arbeitssparende Technologien. Bei einem hohen Stand der Mechanisierung und dem beschränkten Markt für den Einzelbetrieb arbeiten hier mittlere Betriebe am effektivsten.

(4) Das Vorhandensein von effektivitätsmindernden **Überkapazitäten** – seit Beginn der Industrialisierung ein gravierendes Problem im verarbeitenden Gewerbe – betrifft heute

---

[56] Auf diesen Dualismus wies HALD (1968, S. 62) schon in den 60er Jahren hin.

[57] Folgende Wertschöpfungsquoten lassen sich für 1983 in den einzelnen Betriebsgrößen errechnen (nach R.O.C. 17, 1983): 1–4: 0,44; 5–9: 0,39; 10–19: 0,38; 20–49: 0,37; 50–99: 0,38; ab 100: 0,25 (ohne Erdölraffinerie: 0,38).

Tab. 14: Kapitalintensität in den Branchen des verarbeitenden Gewerbes

Branche (ISIC 1958)		Bruttokapitalbildung (1975–1981) / Beschäftigte (1981) in C £
20	Nahrungsmittel	3.707
21	Getränke	4.615
22	Tabakverarbeitung	3.633
23	Textilien	2.485
24	Schuhe u. Bekleidung	1.135
25	Holzverarbeitung	1.903
26	Möbel u. Einrichtung	1.473
27	Papier	14.451
28	Graph.Gew., Verlage	1.905
29	Leder (außer Schuhe)	1.446
30	Gummi	3.851
31	Chemie	15.713
33	Steine und Erden	10.007
35	Metallwaren	3.769
36	Maschinenbau	3.135
37	Elektrotechnik	2.087
38	Fahrzeugbau u. –Rep.	1.317
39	Sonstige	4.023
	Gesamt	3.315

Anmerkung: Branche 32 (Erdölraffinerie) wurde nicht erfaßt.

Berechnet nach: – Statistical Abstract (R.O.C. 22),
– Industrial Prod. Survey (R.O.C. 17), 1981

vorwiegend stark spezialisierte Großbetriebe[58]. Einige Großbetriebe hatten dabei ihre Kapazität schon in der Planung nicht auf eine realistische Einschätzung ihres Marktes

---

[58] Vgl. UNITED NATIONS (1961, S. 45). DEMETRIADES (1977 b) weist für 1967 zwar eine höhere Kapazitätsauslastung in Betrieben ab 5 Beschäftigten gegenüber den Kleinstbetrieben nach. Abgesehen von der in dieser Untersuchung anders als hier vorgenommenen Kategorisierung der Betriebsgrößen kann davon ausgegangen werden, daß sich mit den seither veränderten Randbedingungen der Industrialisierung der Problemdruck aus Überkapazitäten vorwiegend auf größere Betriebe konzentriert.

abgestimmt. Dies betraf vor allem einige ehrgeizige industrielle Großprojekte, die Anfang der 80er Jahre ihre Produktion aufnahmen. Hierzu zählten eine Papier- und eine Dünge-mittelfabrik, die 1983 erheblich unter Kapazität arbeiteten und die für den jeweils un-günstigen Produktivitätsstandard in den entsprechenden großbetrieblichen Kategorien verantwortlich sind[59]. Generell konnte das Vorhandensein technologischer wie organi-satorischer Unteilbarkeiten im großbetrieblichen Sektor im Falle von Markteinbußen zu gravierenden Ineffektivitäten führen; dies traf am deutlichsten bei Branchen zu, die ihre Kapazitäten in Reaktion auf kurzfristige Exportchancen erweitert hatten[60]. Im Gegen-satz hierzu stützten sich kleinere Betriebe meist auf einen sichereren – inländischen – Markt und konnten durch eine geringe Festlegung auf eine bestimmte Produktionstech-nologie auf Nachfrageveränderungen besser reagieren.

Die Ausbildung von Überkapazitäten in mittel- und großbetrieblichen Einheiten wurde begünstigt durch ein ausgeprägtes **spekulatives Element** in der Industrieentwicklung vor allem der Nachinvasionszeit: Betriebe, die sich zunächst auf einen sicheren Markt hatten stützen können, fanden schnell Nachahmer, die sich mit dem „Einstieg" in die gleiche Produktkategorie Chancen errechneten und mit dem folgenden Aufbau neuer Kapazitäten zu einem Überangebot bzw. zu einer Verminderung der Gesamtkapazitäts-auslastung beitrugen[61].

(5) Fehlende Vorteile in der Arbeitsproduktivität größerer Betriebe können auch auf das niedrige Ausbildungsniveau der Arbeitskraft zurückzuführen sein. Dies wurde in der empirischen Untersuchung d. Verf. von vielen der befragten Betriebsinhaber angeführt. Der Grund liegt sowohl in der Arbeitskräfteknappheit und der hohen Personalfluktua-tion als auch in der Ineffizienz eines hochbezahlten Managements.

5. Staat und halbstaatliche Organisationen als Träger der Industrialisierung

Staatliche Wirtschaftsideologie und -planung

Die Erwartungen, die von seiten der staatlichen Entwicklungsplanung in die gesamtökono-mische Rolle der Industrialisierung gesetzt werden, sind bestimmt durch die beiden Haupt-probleme der zyprischen Wirtschaft, die von der Unabhängigkeit bis heute mit Recht als dominant erkannt wurden[62]:

– die Abhängigkeit von instabilen externen Faktoren, wie sie etwa im Tourismus, in den bri-tischen Militärbasen und in den Rücküberweisungen von Auslandszyprern zu sehen waren. Industrialisierung sollte ein wichtiger Schlüssel zu einer größeren wirtschaftlichen Autarkie werden;

---

59 Im Sektor Papier in der Klasse 50–99, im Sektor Chemische Grundstoffe in der Klasse ab 100 Be-schäftigte (Tab. 13). Die Kapazitätsauslastung – bezogen auf eine Arbeitsschicht – lag in der betref-fenden Papierfabrik 1983 bei 50 %, in der gesamten Düngemittel- und Pestizidproduktion (ebenfalls bedingt durch den genannten Betrieb) bei 41 % (R.O.C. 17, 1983). S. auch Kap. 5, S. 70 f.

60 Der Verlust der bisher expandierenden Exportmärkte führte z. B. ab 1984 die zyprische Zement-industrie in eine schwere Krise.

61 Wie DEMETRIADES (1984, S. 122) darlegt, war die ausgeprägte Nachahmer-Mentalität in der zypri-schen Industrie auch ein Ergebnis der zyprischen Importsubstitutionspolitik und deren übermäßi-gem Protektonismus für den Konsumgütersektor. S. hierzu auch WALLBANK (1971, S. 10).

62 Vgl. Teil II; s. auch DEMETRIADES (1984, S. 189).

- die stark defizitäre Handelsbilanz: mittels Importsubstitution und Exporten von Industriegütern sollte die Industrialisierung hier eine durchgreifende Verbesserung bringen.

Die Möglichkeiten, diese Defizite angesichts der **ungünstigen Position** einer Kleinstökonomie **auf dem Weltmarkt** zu beseitigen, waren sicherlich gering. Entscheidend für den Erfolg in dieser Richtung waren auch die **gesellschaftlichen Machtkonstellationen** innerhalb Zyperns und das auf diesen Konstellationen basierende **Wirtschaftsmodell.**

Die Verfassung der Republik Zypern beruht auf Prinzipien eines demokratischen Parlamentarismus westlicher Prägung. Den gerade in einer kleinen und überschaubaren Gesellschaft stark lobbyistisch organisierten und darüber hinaus durch eine vielfach auftretende Personalunion von Unternehmern und Mandatsträgern [63] gesicherten Kapitalinteressen entspricht eine **nach innen** extrem liberalistisch ausgerichtete Wirtschaftsverfassung. Die Verwertungsinteressen des nationalen Kapitals werden durch einen teilweise extremen Protektionismus (ideologisch gerechtfertigt als Förderungsinstrument der Importsubstitutionspolitik) **nach außen** gewahrt. Den genannten Kapitalinteressen z. T. entgegen steht die gleichzeitige Verpflichtung gegenüber einer zahlenmäßig und damit auch als Wählerpotential mächtigen Gewerkschafts- und Genossenschaftsbewegung mit einer langen Tradition, einem hohen Organisationsgrad und einem meist direkten Bezug zu den führenden politischen Parteien. Greifbare Ergebnisse dieser hohen Organisiertheit der Arbeitnehmerschaft wie der bäuerlichen Bevölkerung sind ein – gerade auch gemessen an den heutigen Schwellenländern – hohes Niveau der sozialen Sicherung und Lohnanpassungen an das allgemein steigende Nationaleinkommen [64]. Wirtschaftspolitisch betrachtet war die damit gesicherte Erhöhung des allgemeinen Kaufkraftniveaus eine notwendige Maßnahme zur Erschließung des Binnenmarktes für die besonders stark protektionierte einheimische Konsumgüterindustrie.

Fünfjahrespläne und Notwirtschaftspläne

Die gesamtwirtschaftliche wie industriepolitische Strategie der zyprischen Regierung wurde – erstmalig für 1962–66 – in **Fünfjahresplänen** [65] niedergelegt. In den Referenzzeitraum des 3. Fünfjahresplanes (1972–1976) fielen die Ereignisse der türkischen Invasion, die eine Anpassung der Planungsziele an die Notwendigkeiten des ökonomischen Wiederaufbaus erforderten. In der Nachinvasionszeit traten **Notwirtschaftspläne** [66] mit kürzeren Referenzzeiträumen an Stelle der bisherigen Fünfjahrespläne.

---

[63] Der Begriff Unternehmer beschränkt sich hier keineswegs auf den industriellen Unternehmer, sondern bezieht u. a. den besonders in der Frühphase der Industrialisierung wesentlich häufigeren Typus des Handels- und Spekulationskapitalisten mit ein. Eine starke Verflechtung zwischen Kapitalinteressen und Politik ist dabei allenfalls schwerpunktmäßig im konservativen Teil des Parteienspektrums auszumachen. Unternehmer, die sich als engagierte Anhänger der kommunistischen *AKEL* zu erkennen geben, sind auf Zypern keine Seltenheit.

[64] Zur Rolle des Arbeitskampfes auf Zypern sowie Einschränkungen dieser Aussage s. Kap. 10, S. 132 ff.). Eine treffende Beschreibung der Rolle des Staates in den Auseinandersetzungen zwischen Unternehmern und Arbeitnehmern bietet folgendes Zitat: „(…) it is not the policy of the Government to encourage requests for legislative measures regulating wages and other conditions of employment. Free collective bargaining between employers and trade unions is considered as the best means of regulating such issues. Legal enactment in the sphere of collective labour relations has thus been kept to a minimum" (COOPERS & LYBRAND et. al., 1984, S. 28).

[65] R.O.C. 3, 32, 33.

[66] R.O.C. 34–39.

Folgende wichtigste industriepolitische Ziele kamen in den Wirtschaftsplänen zum Ausdruck:

(1) Neben der Option einer Industrialisierung auf der Basis der **Importsubstitution** trat bereits im 2. Fünfjahresplan das Ziel einer verstärkten **Exportorientierung**. Seither wurde der Forderung nach einer Erhöhung industrieller Exporte eine immer größer werdende Präferenz eingeräumt. Die gesamtwirtschaftliche Bedeutung beider Instrumente wurde in der Verbesserung der Handels- und Zahlungsbilanzsituation gesehen (s. o.).

(2) Ein besonderes Gewicht auf die Erlangung von **Vollbeschäftigung** wurde besonders im 1. Fünfjahresplan und in den ersten beiden Notwirtschaftsplänen (in Reaktion auf die Arbeitslosigkeit in der Nachinvasionszeit) gelegt. In den übrigen Plänen standen dagegen – entsprechend der vorherrschenden Arbeitskräfteknappheit – Forderungen nach höherer Kapitalintensität und Produktivität im Vordergrund.

(3) Die Industrie sollte auf ihrer Inputseite verstärkt bisher im Rohzustand exportierte oder ineffizient genutzte **einheimische Rohmaterialien** verwenden, auf der Outputseite wurde eine **Diversifizierung der industriellen Produktpalette** angestrebt.

(4) Vor allem im Hinblick auf die o. g. Ziele wurden einzelne industrielle Projekte als besonders erstrebenswerte bzw. ausbaufähige *priority industries* identifiziert.

Grundlage für die Formulierung industriepolitischer Einzelziele, Maßnahmen und Projektprioritäten waren vor allem die verschiedenen, von Zeit zu Zeit durchgeführten Studien ausländischer Expertenkommissionen zur zyprischen Industriestruktur und die hierin abgegebenen Empfehlungen[67]. Auf den **tatsächlichen** Verlauf der Industrieentwicklung konnte die staatliche Planung dagegen keinen wesentlichen Einfluß gewinnen. Industriepolitik hatte von vornherein einen rein empfehlenden Charakter, ihre Realisierung blieb der Initiative des Privatkapitals überlassen[68]. Konkrete staatliche Maßnahmen beschränkten sich auf die Schaffung günstiger **Rahmenbedingungen** für die industrielle Entwicklung[69]. Hierzu zählten die protektiven Maßnahmen zur Förderung der Importsubstitution, die Förderungsinstrumente für industrielle Exporte, die Bereitstellung günstiger Finanzierungsmöglichkeiten, Steuererleichterungen, die Schaffung von industrierelevanten Ausbildungs- und Beratungseinrichtungen, Maßnahmen zur Vermarktungsförderung und der infrastrukturelle Ausbau. Die konkreten Einzelmaßnahmen waren dabei nicht zwangsläufig konsistent mit den übergeordneten Vorstellungen von einer sinnvollen Industrieentwicklung: so war die Zollpolitik weniger Ausdruck einer überlegten langfristigen Entwicklungsstrategie als vielmehr der lobbyistisch vertretenen kurzfristigen Erfordernisse einflußreicher Fraktionen des Industriekapitals[70]. Im folgenden sollen nur zwei bedeutende industriepolitische Maßnahmen näher erläutert werden, die übrigen wichtigen Instrumente werden an anderer Stelle dieser Arbeit besprochen.

---

[67] Für den gesamten Bereich des verarbeitenden Gewerbes waren dies: UNITED NATIONS (1961); BATTELLE MEMORIAL INSTITUTE (1963 a, b, c; 1964); UNIDO (1971); MANDERSTAM & PARTNERS LTD. (1976).
[68] Vgl. DEMETRIADES (1984, S. 21, 27).
[69] "The Cyprus economy is based on a free enterprise system. The private sector is the backbone of economic activity with the Government's role being limited to safeguarding the system, indicative planning and the provision of public utilities." (COOPERS & LYBRAND et. al., 1984, S. 21).
[70] S. Kap. 8, S. 94 ff.

Infrastrukturpolitik

Der Aufbau von Infrastrukturen – als Teil einer gesamtökonomischen Planung zur Schaffung von *external economies* – nahm bereits im 1. Fünfjahresplan einen breiten Raum ein. Abgesehen vom Problem der industriellen Wasserversorgung und der Abwasser- und Müllentsorgung[71] war die infrastrukturelle Ausstattung (Häfen, Flughafen, Straßenverbindungen, Elektrizitätsversorgung, Telekommunikation) für die industrielle Entwicklung nach der Unabhängigkeit schnell auf einem ausreichenden Niveau.

Probleme in der Infrastrukturversorgung waren eher regionaler Art, d. h. sie bestanden in der Benachteiligung ländlicher Räume gegenüber den städtischen Agglomerationen. Innerhalb der Stadtregionen erschwerte die Willkürlichkeit der lokalen Standortwahl – als Ausdruck der Situation auf dem Bodenmarkt[72] und einer nicht durchsetzungsfähigen Stadtplanung – einen Anschluß an bestehende Infrastrukturnetze. Nach der Invasion kam der schnellen Wiederherstellung der verlorenen oder abgeschnittenen Infrastruktureinrichtungen eine hohe Präferenz zu. Der Ausbau der Häfen von Limassol und Larnaca (als Ersatz für Famagusta), des Flughafens von Larnaca (anstelle von Nicosia) und der Neubau wichtiger Straßenverkehrswege war bereits in den ersten Jahren nach der Invasion bewerkstelligt. Ende 1983 wurde ein zusätzlicher Flughafen bei Paphos in Betrieb genommen. Eine explizit auf die verarbeitende Industrie bezogene Maßnahme war die Errichtung von *Industrial Estates*, mit der 1965 begonnen wurde. Daneben wurde Anfang der 80er Jahre eine seit langem projektierte **Freie Produktionszone** bei Larnaca fertiggestellt[73].

Steuerliche Anreize

Abgesehen von den protektiven Maßnahmen der Importsubstitutionspolitik sind von seiten des zyprischen Staates steuerliche Anreize die favorisierte Variante einer Stimulierung und Subventionierung privater gewerblicher Aktivitäten. In den vom Staat heute bevorzugten „Prioritätssektoren" des verarbeitenden Gewerbes, des Tourismus und der Landwirtschaft wurde nach der Invasion das Spektrum und die Höhe der Anreize graduell immer mehr erweitert. Vor allem in den letzten Jahren wurde zur Ankurbelung der stagnierenden Investitionen im Industriesektor ein Investitionsklima geschaffen, das für Neuinvestitionen einer völligen Steuerfreiheit gleichkommt[74].

Zur steuerlichen Förderung von industriellen Anlageinvestitionen sind heute folgende Maßnahmen in Kraft[75]:

– Zusätzlich zur jährlichen linearen Abschreibungsmöglichkeit wird Steuerfreiheit auf 45 % (1984) der Investitionen in Fabrikgebäude und Maschinen gewährt[76].

---

71 Die Wasserversorgung blieb häufig der Eigeninitiative der Unternehmer überlassen (eigene Bohrung). Zur Entsorgungsproblematik s. Abschnitt Industrieller Umweltschutz.

72 S. HEINRITZ (1975).

73 Zu den *Industrial Estates* s. Kap. IV. 3–5; zur *Freien Produktionszone* s. Kap. III. 6, S. 77 ff.

74 Zu den Steueranreizen für das einheimische Kapital kommen spezifische und zusätzlich geltende Anreize für ausländische Direktinvestitionen (s. Kap. 6, S. 76 ff.) und für auf Zypern operierende sog. *Offshore Companies*.

75 R.O.C. 29; BANK OF CYPRUS GROUP (1981); CHRYSOSTOMIDES (1980); THE CYPRUS POPULAR BANK (1984).

76 Für die Rechtsform der sog. *Public Companies* gilt ein erhöhter Freibetrag von 55 %. *Public Companies* sind (entsprechend den Bestimmungen für 1984) Aktiengesellschaften mit mindestens 200 Aktionären mit einem einbezahlten Grundkapital von mindestens 300 000 C£. Kein einzelner Aktionär darf (einschließlich seiner nächsten Verwandten) mehr als 49 % des Aktienkapitals besitzen. Vor

- Seit 1981 getätigte Anlageinvestitionen können anstatt der linearen Abschreibung zu 100 % noch im ersten Jahr abgeschrieben werden. Verluste können zusätzlich auch in den nächsten Jahren voll geltend gemacht werden[77].
- Profite, die nachweisbar für Investitionen in Maschinen wiederangelegt werden, werden mit 25 % anstatt der üblichen 42,5 % Steuern belegt.
- Investitionen in die Produktion neuer Güterkategorien genießen eine zehnjährige völlige Steuerfreiheit.
- Zusätzlich besteht die Möglichkeit, Kapitalgüter zollfrei zu importieren.

Neben diesen direkt investitionsbezogenen Maßnahmen gibt es eine Reihe weiterer Anreize:

- Zur Förderung von Fusionen bestehender Unternehmen gibt es zusätzliche Steuererleichterungen;
- *Public Companies* werden mit einem reduzierten Steuersatz (25 %) belegt, zusätzlich sind Investitionen in Aktien solcher Gesellschaften und hieraus bezogene Dividenden bis zu einem gewissen Betrag steuerfrei;
- Zur Förderung von Exportindustrien kommen spezielle Steuererleichterungen zur Geltung[78];
- Ausgaben in eigene Forschung und Entwicklung sind voll absetzbar;
- Zur Förderung der Spartätigkeit kommen Freibeträge bei der Besteuerung von Individuen zur Geltung.

Industrieller Umweltschutz

Die Handhabung von Maßnahmen zum industriellen Umweltschutz bietet ein anschauliches Beispiel für die Unfähigkeit bzw. den Unwillen staatlicher Organe auf Zypern, in die Belange des privaten Sektors einzugreifen, selbst wenn von dessen Verhalten eine erhebliche Gefährdung der Allgemeinheit und entsprechende soziale Kosten verursacht werden. Ein vergleichbares Versagen der Behörden wurde von HEINRITZ (1975) bereits für andere Sektoren der zyprischen Ökonomie nachgewiesen[79].

Gefahren für die Umwelt und die menschliche Gesundheit gingen zeitlich am frühesten von einigen Bergbauunternehmungen aus. Bekanntestes Beispiel waren hier die Asbestminen im Troodos-Gebirge[80]. Ihnen gegenüber erschienen die Probleme der Umweltbelastung durch die verarbeitende Industrie zunächst als zweitrangig – vor allem angesichts des „leichten" Charakters der zyprischen Konsumgüterindustrialisierung. Diese Einschätzung ignorierte die Tatsache, daß bei einem völligen Fehlen von emissionsbeschränkenden Vorschriften einige wenige Emittenten zu einer erheblichen Gefahr für die Umwelt werden konnten. Die Problematik läßt sich nach der Art der Emissionen wie folgt zusammenfassen[81]:

1984 lag diese Schwelle noch bei 25 %; die Erhöhung auf 49 % drückt eine erhebliche Erweiterung des Definitionsrahmens für eine *Public Company* aus.

[77] Laut R.O.C. 29 (S. 8) bedeutet die kombinierte Wirkung der beiden genannten Maßnahmen "(...) a tax holiday for a quite significant number of years".

[78] S. Kap. 9, S. 122 f.

[79] HEINRITZ (1975, S. 15 f.) nennt hier beispielhaft die Bewässerungslandwirtschaft, den Tourismus und die spekulativen Entwicklungen auf dem Bodenmarkt.

[80] Vgl. NEOPHYTOU (1977, S. 352).

[81] S. THE CYPRUS POPULAR BANK (1982).

(1) ein gefährliches Maß von **Luftverschmutzung** geht vor allem aus von einigen Betrieben des verarbeitenden Gewerbes und des Energiesektors in der südlichen Küstenebene zwischen der britischen Militärbasis Dhekelia und Limassol. Das Problem wird verschärft durch die relativ dichte Besiedlung dieses Raumes und die dort auftretende Nutzungskonkurrenz zu einer intensiven Landwirtschaft und dem Tourismus. Zu den angesprochenen Unternehmen zählt die Erdölraffinerie bei Larnaca. Rund 90 % der Heizölproduktion dieser Anlage gehen als schweres und stark schwefelhaltiges Heizöl (3,5 % Schwefelgehalt) in den Betrieb der beiden Heizölkraftwerke sowie die beiden Zementwerke ein (alle in der Küstenregion). Hinzu kamen dort in jüngster Zeit eine Fabrik für Asbestzement-Röhren sowie eine Düngemittelfabrik. In diesem letztgenannten Komplex brachte allein die Schwefelsäureproduktion im ersten Produktionsjahr eine Emission von 27 000 to Schwefeldioxid, die bei vorherrschenden Westwinden über die direkt angrenzenden landwirtschaftlichen Flächen verteilt wurden und dort u. a. bei Tafeltraubenkulturen erhebliche Schäden verursachten. Bei ungünstigen Wetterlagen waren ländliche Siedlungen noch in mehr als 10 km Entfernung in eine übelriechende Schwefelwolke gehüllt[82].

(2) Weitgehend ungeregelt verläuft die **Entsorgung industrieller Abfälle und Abwässer**. Das „wilde" Deponieren von Abfällen und die Einleitung von Abwässern ins Meer (wie im Falle der Getränkeindustrien von Limassol), in Flußbetten oder in Sickergruben ist auf Zypern eher die Regel als die Ausnahme. Dieses Problem steht auch in Verbindung mit der ungeregelten Standortwahl für gewerbliche Betriebe. Es existieren zudem keine Anlagen für die Sonderbehandlung giftiger gewerblicher Abfälle oder Abwässer, Sondermülldeponien etc. Besonders die Abfallentsorgung ist in den letzten Jahren zu einem Problem geworden, das sich zunehmend verschärft: Es gibt so gut wie keine Anlagen zum „Recycling" von Abfällen wie Plastik, Papier oder Glas. Gleichzeitig stellt in jüngster Zeit ein Großteil der Getränkefabrikationen die Verpackung auf Einwegflaschen, Aluminiumdosen und Plastikflaschen oder andere Kunststoffbehälter um.

Die staatlichen Planungsinstitutionen haben inzwischen die Umweltproblematik – vor allem als Problem einzelner Emittenten – erkannt und die Notwendigkeit von Abhilfemaßnahmen postuliert[83]. Konkrete Maßnahmen, die für die Einzelunternehmer in der Regel ja eine Erhöhung der Produktionskosten bedeuten würden, werden an keiner Stelle in Aussicht gestellt. Der gesetzgeberische Rahmen enthält keine klar definierten und zwingenden Vorschriften für eine Einhaltung und Überwachung von innerbetrieblichem Arbeitsschutz und Emissionen an die Umwelt. Selbst in den wenigen Fällen, in denen einzelne Grenzwerte für Emissionen festgelegt wurden – wie etwa durch die Fischereibehörde Höchstmengen des Schwermetallgehalts bei Einleitungen ins Meer – kommt es zu keiner Überwachung. Hierzu fehlt es auf der technischen Seite am notwendigen Meßinstrumentarium wie auch am Durchsetzungswillen auf politischer Seite.

Der generelle Unwillen der Regierung, in – vermeintlich – private Unternehmensbelange trotz der in jüngster Zeit aufflammenden Bürgerproteste dirigistisch einzugreifen, erklärt sich auch aus den folgenden Zusammenhängen:

---

[82] Nach einigem Augenschein d. Verf.
[83] Vgl. R.O.C. 37 (S. 126 ff.).

- Der Staat hält Kapitalanteile an einem Großteil der o. g. besonders umweltschädlichen Anlagen, bzw. ist deren alleiniger Betreiber (im Falle der Kraftwerke);
- Der Staat will durch kostensteigernde Auflagen keine Standortnachteile für erhoffte Auslandsinvestitionen auf Zypern schaffen.

Direktinvestitionen des Staates und der halbstaatlichen Kooperativen

Obwohl die Nichteinmischung in den privaten Sektor erklärtes Ziel der Regierungspolitik seit der Unabhängigkeit war, wurden schon im 2. Fünfjahresplan direkte staatliche Investitionsbeteiligungen für Bereiche in Aussicht gestellt, in denen der private Sektor bestehende Industrialisierungschancen nicht selbst wahrnimmt[84]. Die bisher durchgeführten Regierungsinvestitionen sowie die Initiativen der zyprischen Kooperativen im verarbeitenden Gewerbe sollen Gegenstand der folgenden Analyse sein.

Staatliche Investitionen

Die Initiierung industrieller Unternehmungen durch den Staat richtete sich durchwegs auf Projekte, denen von seiten ausländischer Expertendelegationen[85] hohe Priorität eingeräumt wurden. Es handelte sich dabei um kapitalintensive Produktionszweige mit hohem Investitionsaufwand, dessen Kosten und Risiko zu tragen private Unternehmer nicht in der Lage oder willens waren. Anliegen des Staates war es, mit diesen Projekten konform mit den wichtigsten industriepolitischen Zielkriterien zu handeln, mit einer Konformität, die der private Sektor – aus durchaus rationalen Gründen[86] – vermissen ließ. Solche Zielvorstellungen waren vor allem eine stärkere Ausnutzung einheimischer Ressourcen und eine vertikale Erweiterung der auf Zypern vorgenommenen Produktion, sei es in „kritischen" Bereichen der Importsubstitution (z. B. intermediäre Güter) oder nachgelagerter Produktionen.

Das erste Beispiel einer Direktinvestition der zyprischen Regierung war die Beteiligung in der Erdölraffinerie (**Cyprus Oil Refinery** – Produktionsbeginn 1972) bei Larnaca in Form eines *Joint Venture* mit diversen ausländischen Erdölgesellschaften. Ziel war es hier, den lokalen Bedarf an Mineralölprodukten durch eine heimische Produktion zu decken.

Es folgte das Projekt der **Cyprus Forest Industries**[87] bei Kokkino Trimithia an der Ausfallstraße von Nicosia Richtung Troodos. Planung und Aufbau des Unternehmens, das kurz nach der türkischen Invasion 1974 die Produktion aufnahm, erfolgte wie alle anderen Regierungsunternehmen in enger Kooperation mit ausländischen Expertengruppen und unter Anwendung hoher Technologie aus dem Ausland. Ziel des Projektes war die Nutzung einheimischer Forstressourcen (vor allem *Pinus brutia* und *Pinus nigra*) für die Herstellung von Spanplatten und einer Reihe von Folgeprodukten (furnierte Platten etc.). Für die Projektplanung zunächst unerwartet waren nach der Invasion große Mengen von Holz zur freien Nutzung verfügbar, waren doch etwa 20 % der zyprischen Waldfläche infolge türkischer Luftangriffe von Waldbränden heimgesucht worden und das brandgeschädigte Holz ohne diese Weiterverarbeitungsmöglichkeit der Verrottung preisgegeben. Ziel dieses forst-

---

[84] R.O.C. 32 (S. 155).
[85] S. Fußnote 67, S. 65.
[86] S. hierzu Kap. 8, S. 96 ff.
[87] S. hierzu den detaillierten Artikel von HELLE (1977).

industriellen Komplexes[88] auf der Output-Seite war eine totale Importsubstitution im Bereich von Spanplatten und deren Folgeprodukten, vor allem für den hohen Bedarf der einheimischen Möbelindustrie. Tatsächlich war bereits 1976 für Spanplatten eine 100 %ige Importsubstitution erreicht.

1976 nahm eine neue *Public Company* unter Beteiligung der Regierung ihre Produktion auf[89]: An eine bestehende kleinere Fabrikation von Asbestzement-Produkten bei Moni (Nähe Limassol – vor allem für den Bedarf des Bausektors) wurde eine wesentlich größere Anlage zur Herstellung von **Asbestzement-Röhren** angeschlossen. Neben der Regierung traten hier verschiedene ausländische Firmen – die auch den Technologietransfer übernahmen –, die *IFC*[90] und ein kleiner Anteil privater Anleger als Kapitaleigner auf. Ziel des Unternehmens war eine an die lokale Zement- und Asbestproduktion nachgelagerte Verarbeitung und damit eine höhere Stufe der vertikalen Integration. Das Projekt leidet heute unter diversen negativen äußeren Bedingungen: die relativ hohen Produktionskosten können nicht durch beliebig hohe protektive Maßnahmen für entsprechende importierte Fertigprodukte egalisiert werden, da die Weltbank selbst eine Obergrenze für die zulässige Höhe der Protektion festsetzte. Für den Absatz wirkt sich zudem das zunehmende Bewußtsein über die Gefährlichkeit des Rohstoffes Asbest ungünstig aus. Die Regierung selbst ist heute Abnehmer von etwa 95 % der Asbestzement-Röhren. Nach Vollendung der heute laufenden Bewässerungsprojekte – in denen die Röhren zur Anwendung kommen – sind keine weiteren Absatzmöglichkeiten in Sicht, zumal die Zypern benachbarten Länder selbst über entsprechende Produktionskapazitäten verfügen.

Das bislang letzte Industrieprojekt mit Regierungsbeteiligung, eine Düngemittelfabrik *(Hellenic Chemical Industries*; im Osten von Limassol), kann ohne Zweifel als ein Unternehmen der Superlative bezeichnet werden: Es handelte sich um das teuerste je auf Zypern initiierte Industrieprojekt, den größten Umweltverschmutzer und schließlich die teuerste Industrieruine.

Das Projekt, das Mitte 1982 fertiggestellt war, umfaßte zwei vorgelagerte Anlagen zur Herstellung von Schwefelsäure aus einheimischen Pyriten und von Phosphorsäure (aus importierten Rohmaterialien) als Ausgangsprodukte für die eigentliche Kunstdüngerherstellung mit einer jährlichen Kapazität von 150000 to. Ziel des Unternehmens war, neben der Weiterverarbeitung einheimischer Pyrite, eine völlige Substitution der Kunstdüngerimporte und zusätzlich die Durchführung bedeutender Exporte[91].

Entsprechend dem hohen Prestigewert, der diesem seit vielen Jahren projektierten Unternehmen zukam, waren neben der Regierung als Hauptaktionär[92] sämtliche namhaften öffentlichen zyprischen Träger am Aktienkapital beteiligt: hierzu zählten die Kooperativen,

---

[88] Die *Cyprus Forest Industries* bestehen aus einem Sägewerk, einer Spanplattenfabrik und einer Furnierproduktion. Die zyprische Regierung hält 51 % der Kapitalanteile an der *Public Company*, daneben gibt es mehr als 900 weitere Aktionäre.

[89] Die folgenden Informationen stammen aus einem ausführlichen Interview d. Verf. mit dem *General Manager* des Unternehmens.

[90] *International Finance Corporation*, eine Tochtergesellschaft der Weltbank.

[91] Die Information zu den *Hellenic Chemical Industries* beruhen auf einem Artikel aus CYPRUS WEEKLY sowie eigenen Erhebungen d. Verf.

[92] Der Staat war ursprünglich nur mit 15 % am Kapital beteiligt. Im Verlauf der Durchführung des Projekts kam es zu einer unerwarteten Kostenexplosion, deren Übernahme den staatlichen Anteil auf 49,4 % erhöhte.

das orthodoxe Erzbistum sowie die *Hellenic Mining Co.*[93] als ursprünglicher Initiator des Projekts.

Bereits im Dezember 1983, also ein gutes Jahr nach Aufnahme der Produktion, beschloß die Unternehmensleitung, die Produktion einzustellen. Die nachfolgenden Veröffentlichungen über das Ausmaß der Verluste und die Hintergründe des Mißerfolgs entwickelten sich für die Beteiligten, allen voran die Regierung selbst, zu einem handfesten Skandal. Nach Einstellung der Produktion belief sich die Verschuldung des Unternehmens, für das die Regierung fast ¾ der Garantien übernommen hatte, auf C£ 24,6 Mio., das sind weit mehr als 100 Mio. DM, eine Summe, die in etwa dem Gesamtinvestitionsvolumen im verarbeitenden Gewerbe im Jahre 1982 entspricht.

Die Untersuchung der Hintergründe, die zum Scheitern des Unternehmens geführt hatten, brachte eine ganze Reihe von Fehlplanungen zutage, die zwar in ihrem Ausmaß bisher auf Zypern für ein einzelnes Industrieunternehmen beispiellos waren, die aber gleichzeitig ein Licht auf die objektiven Grenzen von Industrialisierungsanstrengungen in einem Staat wie Zypern werfen, Grenzen, an die auch private Investoren allzu häufig bei ähnlich gewagten Unternehmungen stoßen.

Das Kunstdünger-Projekt basierte zunächst nicht auf einer realistischen Einschätzung der Produktionskosten und damit der Konkurrenzfähigkeit des Produktes[94]. Auch bezüglich der Exportmöglichkeiten ging man von allzu optimistischen Voraussetzungen aus: Man versuchte einen Markt zu gewinnen, der stark von der Preispolitik der dominierenden internationalen Konzerne abhing und damit schwer berechenbar war. Auf längere Sicht waren die Exportchancen auch dadurch begrenzt, daß die potentiellen Abnehmerstaaten, mit einem in der Regel vielfachen inländischen Bedarf gemessen an Zypern, häufig eigene Pläne zum Aufbau einer inländischen Düngemittelindustrie hegten. Gemessen an den realen Absatzmöglichkeiten war die Kapazität der Anlage somit bei weitem zu groß.

Beim Bau und der Installation der Anlagen kam es – trotz der Anwesenheit von Technikern der beteiligten ausländischen Lieferfirmen – zu gravierenden Fehlern. Das mit der komplizierten Technologie nicht vertraute und quasi-bürokratische Management zeigte sich nicht in der Lage, den Produktionsablauf in den Griff zu bekommen. Folge von beidem war der Verlust erheblicher Materialmengen im Lauf der Produktion und schließlich ein unerschwinglich hoher Preis des Endprodukts.

Investitionen der zyprischen Kooperativen

Die halbstaatlichen Genossenschaften auf Zypern, mit einer Tradition, die weit in die Kolonialzeit zurückreicht, haben ihre Aktivitäten stetig in fast sämtliche Bereiche der Ökonomie ausgedehnt: Die Vermarktung praktisch aller landwirtschaftlicher Produkte sowie deren Verpackung und Weiterverarbeitung, Spar- und Kreditgenossenschaften und eine eigene Genossenschaftsbank, Import und Bereitstellung von Materialien und Produktionsmitteln

---

[93] Die *Hellenic Mining Co.* ist eine der größten in der Industrie vertretenen Kapitalgesellschaften Zyperns. Das Unternehmen unterhält u. a. verschiedene Bergbaubetriebe, den größten Betrieb der Getränkeindustrie und eine der beiden zyprischen Zementfabriken. Ursprünglich in der Hand eines Festlandsgriechen, ging die Unternehmenskette nach der Unabhängigkeit durch eine Schenkung an die „Greek Community" auf Zypern über. Als oberste Repräsentanz dieser ethnisch-religiös definierten Bevölkerungsmajorität gilt das orthodoxe Erzbistum, das deshalb seither de facto das Unternehmen in Besitz hält.

[94] Verschiedene zu dem Projekt durchgeführte *Feasibility*-Studien waren zu unterschiedlichen Beurteilungen gekommen.

für die lokalen Genossenschaften, Investitionsgesellschaften, Einzelhandels- und andere Genossenschaften des tertiären Sektors und schließlich eine ganze Reihe von industriellen Unternehmungen sind nur einige aus der Vielzahl der Aktivitäten der Kooperativen[95]. Ihre industriellen Investitionen waren zunächst eng an den Bedarf der genossenschaftlichen Agrarproduzenten ausgerichtet. Diese traditionellen Coop-Industrien umfassen den heute größten zyprischen Weinproduzenten (*SODAP*, seit 1947), eine von der Zitrus-Vermarktungsgenossenschaft (*SEDIGEP*) betriebene Spankistenfabrik, eine Futtermittelindustrie (*SOPAZ*), eine Import- und Abfüllanlage für Haushaltsgas (*SYNERGAS*) und eine Konservenproduktion für Früchte und Fruchtsäfte (*SEVEGEP*), die 1982 kurz vor der Liquidation stand, u. a., weil der Bedarf an Rohmaterialien nach der Teilung Zyperns nur noch unvollständig gedeckt werden konnte und somit erhebliche Überkapazitäten entstanden waren. Auf der „Welle" des allgemeinen Industriebooms der Nachinvasionszeit kam es 1976 zur Gründung der sog. *Central Co-operative Industries* durch eine Reihe bestehender Kooperativen. Deren hochgesteckte Ziele wurden im Lauf des Jahres 1981 schließlich verwirklicht: gleich acht neue Coop-Industrien wurden zugleich neu aufgebaut. Es handelte sich dabei um Fabrikationen für Kartonagen, bituminöse Isoliermaterialien, Speiseöl, Papier, Aluminiumfolien, Konservendosen, Ziegel und Fliesen (alle in einem neuen Industriekomplex an der südöstlichen Grenze des Paphos-Distrikts) sowie eine Fabrik für Schrauben und Muttern (bei Polis, ebenfalls Paphos-Distrikt). Ziel war vor allem eine exportorientierte Produktion.

Das gesamte Projekt der *Central Co-operative Industries* scheiterte bereits 1982, zu einem Zeitpunkt, als noch ein Teil der Maschinen unausgepackt auf ihre Montage wartete. Es stellte sich schnell heraus, daß dieses industrielle Spekulationsunternehmen nur die Spitze einer langen Geschichte von Begünstigung und Mißwirtschaft war, in deren Verlauf sich das Kooperativenwesen auf Zypern als ein Staat im Staate etabliert hatte[96].

Die *Central Co-operative Industries* trug den Kooperativen einen Verlust von mindestens 30 Mio. C£ ein[97], ein Verlust, für den vor allem die Regierung einstehen mußte, wollte sie nicht den Zusammenbruch des gesamten Kooperativensystems in Kauf nehmen. Die Untersuchung der Hintergründe des Mißerfolges brachte – ähnlich wie bei dem o. g. *Hellenic Chemical*- Unternehmen – ein kaum vorstellbares Ausmaß von Fehlplanungen zutage:

(1) Die Investitionen standen in keiner Verbindung zum Bedarf der Genossenschaftsmitglieder; sie gingen aus von einer geradezu grotesken Einschätzung des Konkurrenzfähigkeit und der Exportmöglichkeiten der produzierten Güter. Entsprechende *Feasibility*-Studien wurden überhaupt nicht gemacht oder blieben dort, wo sie zustande gekommen waren, unbeachtet. So wurden Kapazitäten aufgebaut, für die der Binnenmarkt viel zu klein bzw. schon mit einheimischen Produkten gesättigt war und für die andererseits keinerlei Exportmöglichkeiten bestanden.

(2) Das einbezahlte Aktienkapital (C£ 40 000) stand in keinem Verhältnis zu den tatsächlichen Anlageinvestitionen. In einer Art Selbstbedienungs-Aktion wurde der Großteil des Investitionskapitals (30 Mio. C£) ohne jegliche Sicherheiten von der genossen-

---

[95] 1981 gab es 753 Kooperativen im griechischen Teil Zyperns. Die Detailinformationen im folgenden sind dokumentiert im Bericht des Department of Co-Operative Development (1982).

[96] Der aristokratisch herrschende Genossenschafts-Kommissionär hatte sich persönlich an den Coop-Transaktionen bereichert, die personelle Struktur der Genossenschaften zeichnete sich u. a. aus durch eklatante Über- und Fehlbelegungen und eine enorme Mittelverschwendung.

[97] Der durch den Verkauf der stillgelegten Anlagen erwartete Erlös ist hierin bereits eingerechnet.

schaftseigenen *Co-operative Central Bank* abgezweigt. Dies waren 35 % des gesamten verfügbaren Kapitals der Bank, die durch die Transaktion an den Rand des finanziellen Ruins geriet[98].

(3) Die technische Ausstattung (importierte Maschinen) war teils veraltet, teils in anderer Weise ungeeignet. Wie sich später herausstellte, war ihre Auswahl weniger an funktionalen Kriterien als am Interesse an einer persönlichen Bereicherung der Verantwortlichen orientiert.

(4) Das bürokratische Management war nicht in der Lage, mit den anfallenden Problemen fertig zu werden. Generell erfolgte die Personalpolitik weniger nach betriebswirtschaftlichen als nach Kriterien der persönlichen Protektion. Folge war eine eklatante Überbelegung mit Personal.

Das Zustandekommen derart gigantischer Fehlinvestitionen, wie sie die beschriebenen Coop-Industrien wie auch das Projekt der *Hellenic Chemical* darstellten, ist dabei nicht allein aus dem Prestigebedürfnis staatlicher und halbstaatlicher Machtträger und der fehlenden demokratischen Kontrolle ihres Handelns zu erklären. Sie reflektieren auch einen fehlgeleiteten Unternehmensgeist, für den sich auf Zypern zahllose Beispiele aus allen Bereichen der Ökonomie anführen ließen: Das weite Feld der Spekulationsmöglichkeiten, etwa in Grund und Boden, Tourismusprojekte oder landwirtschaftliche Produktion, schien sich mit dem Aufschwung der Nachinvasionszeit um den industriellen Sektor erweitert zu haben[99]. Es mußte sich als ein Trugschluß erweisen, daß Investitionen in die Industrie ähnlich leicht verdiente Gewinne garantierten wie die erprobten Domänen des Spekulationskapitals.

6. Zyprisches Privatkapital und Auslandskapital als Träger der Industrialisierung

Wenn Industrialisierung als eine prioritäre Aufgabe der Wirtschaftspolitik nach der Unabhängigkeit Zyperns betrachtet wurde, so war zunächst vor allem eine vorrangig privatwirtschaftlich-kapitalistische Wirtschaftsordnung als Rahmenbedingung der Industrialisierung festgelegt. Weitgehend offen war hingegen, woher und auf welche Weise die unternehmerischen „Akteure" des Industrialisierungsprozesses zu rekrutieren waren. Das Vorhandensein einer Klasse von investitions- und risikofreudigen Unternehmern, die die Rolle, welche ihnen nunmehr rein programmatisch zugedacht war, zu ihrer eigenen Sache machten, war eine Fiktion.

Für eine staatliche Wirtschaftspolitik bestanden, bezüglich des unternehmerischen Aspekts der Industrialisierung, zwei konträre Optionen:

– die Förderung einer autochtonen industriellen Unternehmerklasse

---

[98] Die Kooperativenbank weigerte sich bis dahin, sich der Kontrolle der zyprischen Zentralbank zu unterziehen, die bei den kommerziellen Banken über die Einhaltung einer bestimmten Liquiditätsrate wacht.

[99] Tatsächlich hatten auch die zyprischen Kooperativen keinen dieser Bereiche „ausgelassen". Die Untersuchungen des Coop-Skandals brachten u. a. auch zutage, daß erhebliche Mittel in genossenschaftsfremde Landspekulationen geflossen waren.

– den Ausbau des ausländischen Einflusses in bezug auf Investitionen, Technologie, Management etc., wie er zur Kolonialzeit in den meisten industriellen Unternehmungen größeren Maßstabs vorhanden war, und eine Beteiligung der einheimischen Führungsschichten als Brückenköpfe einer solchen außenorientierten Entwicklung.

Welche Stellung kam nun dem einheimischen Privatkapital und dem Auslandskapital im zyprischen Industrialisierungsprozeß tatsächlich zu?

Das zyprische Privatkapital

Der Mangel an einem produktiv orientierten Unternehmergeist, der zur Unabhängigkeit zu konstatieren war[100], ist vor allem aus der Rolle zu erklären, die die Führungsschichten der jeweiligen Volksgruppe historisch einnahmen. Die griechische Oberschicht hatte ihren Wohlstand aus dem Geldverleih (bis zu dessen Abschaffung durch die Engländer) sowie aus Handelstätigkeiten geschöpft. Die britische Kolonialadministration hatte aus offensichtlichen Gründen kein Interesse an der Entstehung einer einheimischen produktiven Unternehmerklasse[101] auf Zypern gehabt. Die Aussicht auf kurzfristige und durch Monopole gesicherte Gewinne verliehen der Handelstätigkeit zudem ein hohes Sozialprestige entsprechend ihrer objektiven Lukrativität. Sozialprestige und ökonomische Absicherung bezog man auch aus dem Erwerb von Grundbesitz[102], der zusätzlich seit dem Wirtschaftsboom zu Ende der Kolonialzeit zunehmende spekulative Gewinne verhieß.

Der ehemaligen türkischen Oberschicht kam eine führende Rolle in der Wirtschaft des unabhängigen Zypern schon aus innenpolitischen Gründen nicht zu; ihre Aktivitäten hatten sich zudem noch unter den Engländern ganz auf unproduktive Verwaltungstätigkeiten konzentriert. Eine Sonderrolle nahm nur die kleine Minderheit der Armenier ein: der Überlebenskampf in einer fremden Umgebung hatte sie auf Zypern – wie überall im Mittelmeerraum – dazu gebracht, Chancen in allen Bereichen der Ökonomie wahrzunehmen, in denen sich solche boten[103]

Eine Mobilisierung produktiven Unternehmergeistes unter der griechischen Führungsschicht konnte nicht allein mit Appellen gelingen, in industrielle Unternehmungen zu investieren, die als risikoreich und darüber hinaus wenig lukrativ galten. Sie mußte bei der Lukrativität der Industrie selbst ansetzen, indem sie entweder dem industriellen Sektor Gewinne sicherte, die mit den Erträgen aus den traditionellen Präferenzsektoren konkurrieren konnten, oder aber die Gewinnerwartungen aus Handel und Landspekulation herabsetzte.

Welche objektiven Randbedingungen förderten oder behinderten nun die Mobilisierung eines autochtonen industriellen Unternehmertums? Mit der Einführung hoher protektiver Zölle, die vor allem den Import von Konsumgütern verteuerten, setzte der Staat den entscheidenden Markstein für eine Förderung der einheimischen importsubstituierenden Industrie. Dies lief den Interessen des Handelskapitals nicht zwangsläufig entgegen. Die Industrie blieb stark von importierten Rohmaterialien und Technologien abhängig, und die Industrialisierung kurbelte den Handel mit dieser Art von Gütern an. Die Schaffung günstiger

---

100 Vgl. KAMINARIDES (1973, S. 191).
101 "(…) any initiativeness undertaken by enterprising natives to develop indigenous industry was received unfavorably by the administration, and not enough support and encouragement was given" (a. a. O., S. 193).
102 HEINRITZ (1975, S. 93 ff.).
103 MEYER / VASSILIOU (1962, S. 50) sowie KAMINARIDES (1973, S. 192).

Finanzierungsmöglichkeiten speziell für die Industrie, etwa durch die Einrichtung der *Cyprus Development Bank*, von steuerlichen Anreizen für den Industriesektor, von Ausbildungseinrichtungen für technische und Managementausbildung und von Infrastruktureinrichtungen wirkte als zusätzlicher Katalysator für eine Umlenkung unternehmerischer Aktivitäten auf den industriellen Sektor. Ohne Zweifel war die einheimische Führungsschicht flexibel genug, die sich so bietenden Chancen aufzugreifen. Daß der Staat es dabei versäumte, die traditionellen unproduktiven Präferenzsektoren negativ zu subventionieren, führte zu einer Reihe von Problemen, die sich dann offenbaren, wenn wir versuchen, ein Profil des heutigen zyprischen Unternehmers zu zeichnen.

Der erste Unternehmertyp ging nicht aus der griechischen Oberschicht, sondern aus der kleinhandwerklichen Unter- und Mittelschicht hervor. Aus einigen der zahlreichen familiären Kleinunternehmen entstanden durch eine graduelle Erweiterung der Beschäftigtenzahlen und des Bestandes an Produktionsmitteln mittel- bis großbetriebliche Einheiten. Eine höhere Effizienz wurde z. T. im Prozeß des Generationswechsels erreicht: der unternehmerische (und gleichzeitig familiäre) Nachwuchs hatte sich etwa durch ein Studium im Ausland technische oder betriebswirtschaftliche Kenntnisse erworben, die einer Neuorganisation des Betriebes zugute kommen konnten.

Ein ganz anderer Typ von Unternehmern wird in der Kritik angesprochen, die eine UN-Expertendelegation äußerte:

> "With some exaggeration, it can be said that the Cypriot proprietary classes of importers and land owners have acquired new colleagues – industrial proprietors rather than dynamic entrepreneurs" [104].

Tatsache ist, daß eine Vielzahl der heutigen größeren Industriebetriebe im Besitz von Familien ist, die als Repräsentanten des Handelskapitals galten und gelten und die sich darüber hinaus einen Namen gemacht hatten mit Spekulationen im Immobiliensektor sowie durch ihr Engagement in der Bewässerungswirtschaft, in der Bauwirtschaft und im Fremdenverkehrsgewerbe. Eine ganze Reihe von Auslandszyprern, die in der Levante oder in Afrika im Handel engagiert waren, investierten nach ihrer Rückkehr nach Zypern ebenfalls im Industriesektor [105].

In dem Maße, wie industrielle Unternehmungen lukrativ wurden, lag es für das traditionelle Handels- und Spekulationskapital nahe, **zusätzlich** zu den gewohnten Transaktionen ein Bein ins verarbeitende Gewerbe zu setzen. Die enge Verbindung zwischen Produktion und Handel wird bei vielen zyprischen Industrieunternehmen unmittelbar deutlich: die eigene Produktion wird ergänzt durch einen regen Importhandel [106].

Von erheblicher Problematik ist die genannte Personalunion zwischen Industrie- und Spekulationskapital. Dies gilt in zweifacher Hinsicht: Der Zugang zu Fremdkapital, zumindest bei den kommerziellen Banken, hängt in der Regel ab vom Immobilienbesitz als Sicherheit

---

[104] UNIDO (1971, S. 29).

[105] Zur Bedeutung der Investitionen von Auslandszyprern, vor allem auf dem Bodenmarkt, s. HEINRITZ (1975, S. 92 f.). Interessante Aufschlüsse über die Biographien zyprischer Unternehmer und die Verquickung zwischen Industrie- und Handelskapital gibt die lexikalische Aufstellung der PHACOS ADVERTISING & PUBLISHING AGENCY (1977).

[106] Im *Directory* der CYPRUS CHAMBER OF COMMERCE & INDUSTRY (1982) tauchen die meisten industriellen Produzenten auch unter der Rubrik der Importeure auf. Die Art der Importe umfaßt dabei manchmal auch völlig produktionsfremde Sortimente.

für die Bank[107]. Damit fällt dem Spekulantentum der Zugang zu Kapital für jeglichen Verwendungszweck – eben auch für industrielle Investitionen – am leichtesten. Umgekehrt ist das Abfließen von Profiten aus industriellen Unternehmungen in nicht-industrielle Transaktionen gang und gäbe[108], solange der Immobiliensektor bei einer ungebrochen hohen Nachfrage und fehlenden Steuerungsmechanismen seitens des Staates der bei weitem lukrativste Sektor bleibt.

Unbestritten zeichnen sich manche mittlere und große Betriebe, deren Vergangenheit im Handelskapital wurzelt, durch ein effektives und modernes Management und eine realistische Orientierung an den Möglichkeiten der zyprischen Industrie aus. Für manchen der hier charakterisierten Investoren wird das industrielle Unternehmen dagegen selbst zum Spekulationsobjekt. Das vom Staat geschaffene Investitionsklima verheißt gute Gewinne, und auch ein unternehmerischer Fehlschlag kann leicht verkraftet werden, da er nicht an die ökonomische Substanz geht. Eine Vielzahl neugegründeter und bald wieder eingestellter Produktionsanlagen im Schuh- und Bekleidungssektor in den letzten Jahren zeugt von dieser Tatsache. Fehlende Wirtschaftlichkeit wird in manchen Fällen auch durch die personelle Besetzung der Betriebsleitung auszugleichen versucht:

> "In many cases directors are appointed because of their political and social status and influence and not for their entrepreneurial talents"[109].

Unternehmerische Intitiativen auf Zypern mißachten häufig den engen Spielraum, der ihnen durch die objektiven Möglichkeiten der Industrialisierung gegeben ist: Sie folgen entweder einer Praxis, die für alle Bereiche der zyprischen Ökonomie kennzeichnend ist, nämlich der des Kopierens bestehender lukrativer Unternehmungen: dies kann zu einer Steigerung im Angebot des entsprechenden Produktes führen, die sich nicht an tatsächlichen Absorptionsfähigkeit des Marktes ausrichtet. Oder aber sie spekulieren im Vertrauen auf die Wirkung protektiver staatlicher Maßnahmen auf monopolistische Gewinne durch die Innovation von für Zypern neuen Produkten. Auch diese risikofreudige Variante unternehmerischen Verhaltens ist mit der Gefahr verbunden, an den Markterfordernissen vorbeizuproduzieren.

Das Auslandskapital

Staatliche Maßnahmen und Anreize

Ein wesentliches Ziel, das die Regierungspolitik mit der Förderung einer inländischen industriellen Produktion verband, war eine Verringerung der Abhängigkeit der zyprischen Wirtschaft von externen Faktoren. Als solche wurden verstanden die Importabhängigkeit auf dem Konsumgütersektor wie auch die bedeutende Rolle unsichtbarer Zahlungen aus dem Tourismus, den britischen Basen oder den Rücküberweisungen von Auslandszyprern. Im Gegensatz hierzu wurde die Abhängigkeit von importierter Technologie und Know-how zu keiner Zeit problematisiert: eine engere Zusammenarbeit mit ausländischen Firmen zum Zwecke des Technologie- und Know-how-Transfers wurde bereits im 2. Fünfjahresplan gefordert[110]. Nach der türkischen Invasion wurde die verstärkte Heranziehung ausländischer

---

[107] Vgl. DEMETRIADES (1984, S. 56 f.).
[108] PIKIS (1973, S. 62).
[109] KAMINARIDES (1973, S. 192).
[110] R.O.C. 32 (S. 149).

76

Direktinvestitionen zu einer der hauptsächlichen Strategien der Industrialisierungspolitik erhoben und ihre Realisierung durch eine Reihe bedeutender Anreize gefördert. Auslandsinvestitionen wurden als ein Patentrezept gesehen für die Überwindung struktureller Mängel in der Industrie (kleinbetriebliche Struktur, niedrige Technologieniveaus, geringe Spezialisierung, organisatorische Schwächen etc.) wie auch für die Ankurbelung der privaten Investitionstätigkeit:

"A prerequisite for the success (...) is the co-operation with foreign capital, which is dictated by the insufficiency of domestic savings in materializing the ambitious investment programme in the manufacturing sector, the need to fill the technological lag of the Cypriot manufacturing sector and to assist in the solution of the organizational and other problems of this sector"[111].

Allein dadurch, daß die Regierung einen ungehinderten Technologietransfer aus dem Ausland propagierte und durch Steuerfreiheit den Import von Kapitalgütern förderte, behinderte sie freilich eine qualitative Weiterentwicklung der zyprischen Industriestruktur: die weitere Expansion des Konsumgütersektors wurde **zuungunsten des einheimischen Kapitalgütersektors** festgeschrieben.

Zur Förderung **ausländischer Direktinvestitionen** ließ die Regierung nach 1974 kaum eine Möglichkeit ungenutzt, Zypern als ein Steuer- und Investitionsparadies in attraktiver Lage zu den Exportmärkten des Nahen Ostens, Afrikas und Europas anzupreisen. Zu den ohnehin generösen Steueranreizen, die im Jahre 1984 bislang den Gipfel der Begünstigung erreichten und für ausländische wie für einheimische Investoren gleichermaßen gelten, kam noch eine Reihe zusätzlicher Anreize für ausländische Investoren bzw. für die Aktionäre und Angestellten ausländischer Firmen[112]. Durch spezielle Bestimmungen wird der Rücktransfer von Profiten, Dividenden und Kapital ins Ausland erleichtert.

Die bestehenden und nach der Invasion schnell erweiterten und ausgebauten *Industrial Estates* wurden nunmehr auch als ideale Standorte für ausländische Unternehmungen propagiert. In den Jahren 1981/82 wurde in der Nähe von Larnaca eine lang projektierte *Freie Produktionszone (Free Zone)* eröffnet. In günstiger Lage zu Hafen und Flughafen sollen dort exportorientierte ausländische Industriebetriebe angezogen werden, denen man neben völliger Zollfreiheit noch zusätzliche steuerliche Anreize bietet. Dieselben Vergünstigungen gelten für sog. *Bonded Factories*, d. h. einzelbetriebliche Enklaven, die an beliebiger Stelle des griechischen Inselteils errichtet werden können und den gleichen zollrechtlichen Bestimmungen unterliegen.

Während die neueren Einrichtungen der *Free Zone* und *Bonded Factories* auf 100 %ige ausländische Investitionen unter weitgehender Abschottung vom Binnenmarkt abzielen, besteht weiterhin ein großes Interesse an **ausländischen Kapitalbeteiligungen** an einheimischen Firmen in der Form von *Joint Ventures*. Für die erlaubte Höhe und die Art solcher Beteiligungen gibt es auf Zypern keine verbindlichen gesetzlichen Grundlagen. Da jedoch jede Investition aus dem Ausland der Genehmigung durch die zyprische Zentralbank bedarf[113], können bestimmte Prioritäten und Auflagen von staatlicher Seite zur Anwendung kommen. Besonders erwünschte Investitionen sind dabei solche im hochtechno-

---

[111] R.O.C. 35 (S. 91 f.).
[112] S. im einzelnen: R.O.C. 29 (S. 15 f.).
[113] Diese Bestimmung galt bis 1972 nicht für Länder, die wie Zypern der *Sterling Area* angehörten, die in besagtem Jahr aufgelöst wurde (DEMETRIADES, 1984, S. 25).

logischen Bereich, mit einen großen Bedarf an Fachkräften[114] und einer vorwiegenden Exportorientierung. Eine Konkurrenz mit bestehenden einheimischen Betrieben soll zudem vermieden werden[115].

Es gilt die Faustregel, daß die Höhe der Kapitalbeteiligung auf unter 50 % für den ausländischen Part limitiert sein soll. Je nach den konkreten Umständen wird eine höhere oder volle ausländische Partizipation akzeptiert, nämlich dann, wenn

- die Produkte hauptsächlich oder ganz für den Export bestimmt sind,
- das benötigte Know-how in näherer Zukunft nicht lokal vorhanden sein wird,
- das investierte Kapital eine Höhe erreicht, die nicht im Inland aufgebracht werden kann,
- die Wirtschaft erheblich von dem betreffenden Projekt profitieren würde[116].

Es versteht sich von selbst, daß diese Voraussetzungen bei einer wohlwollenden Auslegung für praktisch jeden Investitionswunsch zutreffen.

Bedeutung ausländischer Investitionen

Es bestehen auf Zypern keine Statistiken über die tatsächliche Höhe und Art ausländischer Investitionen im verarbeitenden Gewerbe. Die vorhandene Literatur[117], die Angaben der Ministerialbürokratie sowie die empirische Erfahrung d. Verf. lassen allerdings den eindeutigen Schluß zu, daß ausländische Direktinvestitionen in die Industrie in den letzten 20 Jahren eine äußerst geringe Rolle spielten. Nach mündlichen Angaben der zyprischen Industrie- und Handelskammer wurden 1983, in einem Jahr also, in dem ein Großteil der neuen steuerlichen Anreize bereits in Kraft waren, insgesamt 10 Genehmigungen für ausländische Investitionen in der Industrie erteilt. Die Investitionshöhe belief sich mit rund 200 000 C £ auf weniger als 1 % der industriellen Bruttokapitalbildung in diesem Jahr. Dieser Betrag machte wiederum einen sehr geringen Anteil der privaten ausländischen Direktinvestitionen in der **gesamten** zyprischen Wirtschaft aus[118]. In der *Free Zone* bei Larnaca war im Frühjahr 1985, also mehr als 3 Jahre nach deren Eröffnung, erst eine einzige Fabrik erbaut worden, die ihre Produktion noch nicht aufgenommen hatte[119].

Gegenüber den ersten Jahren der Unabhängigkeit ist damit die **relative** Bedeutung ausländischer Kapitalbeteiligungen im Industriesektor eindeutig zurückgegangen – in offensichtlich diametralem Gegensatz zu den gebotenen und graduell verbesserten Anreizen. Hatten damals noch einzelne größere Betriebe in ausländischer Hand eine große Bedeutung unter den im engeren Sinne als Industriebetriebe anzusprechenden Unternehmen gehabt, so haben diese mit der allgemeinen Industrialisierung auf der Basis einheimischen Kapitals ihre herausragende Stellung inzwischen lange eingebüßt. Daneben kam es in Unternehmen, die in ihrer Aufbauzeit einem ausländischen Management unterstanden hatten, vielfach schon längst zu einem Ersatz durch einheimische Führungskräfte. Der in den

---

[114] Dies ist eine Reaktion auf die hohe Akademikerarbeitslosigkeit auf Zypern (vgl. Kap. 10, S. 142).

[115] COOPERS & LYBRAND et. al. (1984, S. 163).

[116] A. a. O. (S. 164).

[117] S. z. B. DEMETRIADES (1984, S. 58).

[118] Der Netto-Kapitalzufluß aus privaten Direktinvestitionen wird in der Zahlungsbilanz für 1983 mit 36 Mio. C £ angegeben (CENTRAL BANK OF CYPRUS, 1984).

[119] Nach mündlichen Angaben der zyprischen Zentralbank war es 1984, nach der Einführung der neuesten Auflage steuerlicher Anreize, allerdings zu einer Erhöhung der Antragszahlen für die *Free Zone* gekommen.

50er Jahren größte ausländische Konzern, die *Hellenic Mining Company*, ging zur Unabhängigkeit in einheimischen Besitz über[120].

Es gibt Anzeichen dafür, daß es nach der Invasion in einigen Industriebetrieben zu einer illegalen Beteiligung vor allem von libanesischem Kapital kam, das über einheimische Strohmänner ohne Genehmigung der Zentralbank investiert wurde[121]. Man kann allerdings davon ausgehen, daß auch dieser – auf Zypern im Immobiliensektor bekannten[122] – Form der ausländischen Investition keine allzu große Bedeutung zukommt.

Der geringe Stellenwert ausländischer Direktinvestitionen soll nicht darüber hinwegtäuschen, daß es auf Zypern durchaus andere Formen der Kooperation mit ausländischen Firmen gibt, die eine größere Verbreitung aufweisen: Die wichtigste dieser Kooperationsformen ist die Übernahme von Lizenzen auf ausländische Markennamen. Sie nutzt, neben dem vom Lizenzgeber in der Regel besorgten Technologietransfer, die Gewinnchancen, die sich aus der zyprischen Vorliebe für in Europa gängige Markennamen eröffnen. Gängig ist die Lizenzproduktion u. a. bei Getränken, Zigaretten, Haushaltsreinigungsmitteln und im Bekleidungssektor. Eine andere Form der Zusammenarbeit besteht in der Erledigung von Auftragsarbeit für europäische Industrie- oder Handelskonzerne. Im Bekleidungssektor werden in den letzten Jahren zunehmend Aufträge nach vorgegebenen Schnittmustern und nach direkter Lieferung der nötigen Halbfertigwaren für solche Unternehmen ausgeführt.

Wenden wir uns den Gründen für das geringe Interesse des Auslandskapitals zu, auf Zypern **direkt** in die Industrie zu investieren:

Ausländische Investoren machen ihre Investitionsentscheidung u. a. von einem hohen Grad an politischer Stabilität abhängig. Diese Stabilität war in den letzten zwanzig Jahren, trotz gegenteiliger Beteuerungen von Regierungsseite, in zweifacher Hinsicht nicht gegeben. Politische Krisen, die mit den interkommunalen Auseinandersetzungen und der türkischen Invasion zum Ausbruch kamen, verliehen Zypern das Image eines Pulverfasses im Nahen Osten. Trotz allgemeiner politischer Konsolidierung in der Folgezeit der Invasion blieb dieses Bild bis heute erhalten[123]. Das Image vom Krisenherd hat noch eine andere ebenso wichtige Komponente: Obwohl auf Zypern **objektiv** das kapitalistische Wirtschaftssystem zu keiner Zeit in Frage gestellt war, konnte dies zumindest für den potentiellen Investor, der sich nicht die Mühe einer differenzierten politisch-ökonomischen Analyse machte und für den das Wort Verstaatlichung eine ganz erheblich abschreckende Wirkung haben mußte, zeitweise so erscheinen. Die nicht immer willfährige Haltung des Staatsoberhaupts und Erzbischofs Makarios gegenüber den strategischen Interessen von NATO und USA sowie die Stärke der kommunistischen Partei Zyperns trugen der Insel die abschreckende Bezeichnung eines „Kuba des Mittelmeers" ein, eine Bezeichnung, die ihre Wirkung sicher nicht verfehlte, obwohl sie heute, noch mehr als zu Makarios' Zeiten, objektiv absurd ist[124].

Der zweite Aspekt politischer Instabilität liegt darin, daß bis heute das gesamte System der

---

[120] Vgl. S. 71, Fußn. 93.

[121] Dies wurde in einigen Fällen bei den empirischen Untersuchungen d. Verf. evident.

[122] S. Heinritz (1975, S. 93 f.).

[123] Die griechisch-zyprische Regierung tut das ihrige zur Aufrechterhaltung dieses Images, indem sie immer wieder betont, daß die Zypernfrage bis heute offen ist, die Flüchtlinge in ihre Heimatorte zurückkehren müssen etc.

[124] So wird z. B. heute die lange Zeit umstrittene Präsenz von NATO-Basen auf Zypern von keiner politischen Partei noch ernsthaft in Frage gestellt.

Anreize und Sicherheiten für den Investor nur auf behördlichem Übereinkommen, nicht aber auf einer **gesetzlichen** Basis steht. Vorteile und Risiken einer Investition scheinen deshalb nicht langfristig kalkulierbar[125].

Der für eine Entscheidung zur Auslandsverlagerung entscheidende **Produktionsfaktor** ist nach wie vor die **Arbeitskraft**. Gerade der Mangel an einem Pool von billigen Arbeitskräften gereicht Zypern im internationalen Vergleich zu einem gravierenden **Standortnachteil**. Dies gilt zum einen bei der in der Vergangenheit meist gegebenen Vollbeschäftigungslage unter einem rein quantitativen Aspekt. Noch wichtiger ist hier zum anderen der qualitative Aspekt: Ein Mangel an ungelernter Arbeitskraft und ein großes Angebot an gut ausgebildeten und teuren Führungskräften steht im Gegensatz zum Bedarf, den ausländische Investoren in der Regel haben. Arbeitskraft ist generell im internationalen Vergleich teuer, sowohl in Bezug auf die reinen Lohnkosten als auch bezüglich der für den Arbeitgeber anfallenden Sozialabgaben. Der Hauptgrund für den hohen Preis der Arbeitskraft – der ja im übrigen ein wichtiger Indikator für ein hohes Entwicklungsniveau ist – hat selbst abschreckende Wirkung für den Investor: eine durchsetzungsfähige gewerkschaftliche Organisation wird solange eine prohibitive Wirkung für eine Investition haben, solange es eine Vielzahl von in dieser Hinsicht unproblematischen Standortalternativen gibt.

Angebot und Preise von – je nach Art der Produktion – wichtigen Rohmaterialien und Hilfsstoffen setzen Zypern ebensowenig in eine günstige Position: zu nennen sind hier der Rohstoffmangel, hohe Energiepreise und der Wassermangel.

Auf der Outputseite ist der kleine Binnenmarkt ein limitierender Faktor, der für Auslandsinvestoren sicher noch höhere Relevanz hat als für einheimische Produzenten: für einen hohen Grad an Spezialisierung, der in der Regel mit einer effizienten Betriebsorganisation verbunden ist, ist der einheimische Markt zu klein[126]; eine vorwiegend exportorientierte Produktion wiederum muß aufgrund der übrigen Standortnachteile inattraktiv erscheinen.

Gegen die Verbindung von einheimischem und ausländischem Kapital im Rahmen von *Joint Ventures* wirkte sicher auch das Mißtrauen, das auf seiten des Auslandskapitals gegenüber den Fähigkeiten und Geschäftspraktiken einheimischer Unternehmer bestand. Diese wiederum sahen sich selten veranlaßt, die Verbindung zu ausländischem Kapital zu suchen: ebensowenig wie man gewillt war, Entscheidungsbefugnisse und Profite mit einheimischen Partnern zu teilen, wollte man dies mit ausländischen Firmen tun. Hierzu bestand auch meist objektiv keine Notwendigkeit, solange man Zugang zu günstigem Kapital im Inland hatte und das Know-how für den Umgang mit importierten Technologien auf Zypern verfügbar war.

Ein Großteil des Kapitalzuflusses nach der Invasion hatte im übrigen seinen Ursprung in der Kapitalflucht in der Folge des Libanonkonfliktes. Die nunmehr auf Zypern investierenden Libanesen waren freilich viel eher Spekulanten als Industrieunternehmer, die sich, sofern sie nicht allein am Kauf von Immobilien Interesse zeigten, vor allem im aufstrebenden Tourismusgeschäft der Nachinvasionszeit engagierten.

---

[125] Die Notwendigkeit einer gesetzlichen Fixierung von Anreizen und Auflagen wurde bereits Anfang der 60er Jahre vom BATTELLE MEMORIAL INSTITUTE (1963a, S. 44) als unabdingbar für Auslandsinvestitionen bezeichnet.

[126] "(…) the Cyprus market is too small to provide an incentive for private international investment which is generally governed by the pull of market demand" (DEMETRIADES 1984, S. 26, Fußnote 1).

7. Die Finanzierung des industriellen Aufbaus

Die Verfügbarkeit von Kapital

Zypern verfügt über ein System kommerzieller Banken, dessen Tradition zum Teil bis ins Ende des 19. Jahrhunderts zurückreicht[127]. Es umfaßt sowohl einheimische Banken (griechische sowie türkische) als auch Filialen ausländischer Bankkonzerne. Eine hohe Bedeutung für die ökonomische Sicherung der meist ländlichen Bevölkerung hatte traditionell die kooperative *Agricultural Bank* (gegr. 1925) aus der 1938 die *Co-operative Central Bank* hervorging; beide Banken umfaßten eine Vielzahl von Spar- und Kreditgenossenschaften[128]. Im Jahre 1963 wurde die Institution der Zentralbank (*Central Bank of Cyprus*) ins Leben gerufen und im selben Jahr eine spezielle Entwicklungsbank gegründet (*Cyprus Development Organisation*; später in *Cyprus Development Bank* umbenannt).

Ganz anders als in den meisten Ländern der Dritten Welt, gab es auf Zypern seit der Unabhängigkeit **keine Kapitalarmut**, die die Investitionstätigkeit hätte beschränken können:

> "In general, Cyprus faces no scarcity of savings or pecuniary capital because the domestic and foreign saving as well as the banking system provide enough to meet the current and future needs of Cyprus for real savings"[129].

Das Vorhandensein ausreichender flüssiger Mittel bei den zyprischen Geldinstituten läßt sich durch die hohen **Liquiditätsraten** in den beiden Jahrzehnten nach der Unabhängigkeit belegen (s. Tab. 15). Nun kann sich eine hohe Liquidität ergeben sowohl durch einen hohen Zufluß von Sparkapital aus privaten und öffentlichen Einlagen als auch durch eine geringe Nachfrage nach Bankkrediten bzw. Hindernissen in der „Kanalisierung" von Geldmitteln für Investitions- oder Konsumzwecke. Wie noch zu zeigen sein wird, erklärt sich die meist übermäßig hohe Liquidität der zyprischen Banken aus der **Verwendung** von Geldkapital. Analysieren wir zunächst die Quellen, aus denen das Bankwesen seine Einlagen bezog: Ohne Zweifel hatte hier die private einheimische Spartätigkeit den höchsten Stellenwert, eine Spartätigkeit, die vor allem im Zusammenhang mit einem steigenden Nationaleinkommen zu sehen ist[130]. Die Rolle der öffentlichen Hand – im wesentlichen des Staates selbst – änderte sich dagegen im Laufe der Zeit grundlegend: Betrugen 1967 deren Einlagen noch fast 29 % des liquiden Kapitals, so wurde seit 1975 der Staat bald zum Hauptschuldner bei den zyprischen Banken; Ende 1981 belief sich die öffentliche Verschuldung bei den einheimischen Banken auf über 19 % der privaten Gesamtschulden, eine Tatsache, die auf die zunehmende Rolle staatlicher gegenüber privaten Investitionen im Wiederaufbau nach der türkischen Invasion hinweist[131]. Eine gewisse Bedeutung hatten auch die lokalen Bankeinlagen von Ausländern und Auslandszyprern: sie erreichten 1967 einen Anteil von knapp 9 % und Ende 1981 von mehr als 12 % der gesamten Bankeinlagen[132].

---

[127] Zur Geschichte des zyprischen Bankwesens s. THE CYPRUS POPULAR BANK (1978, 1979).

[128] Vgl. LANITIS (1944).

[129] KAMINARIDES (1973, S. 116). (Real savings bezeichnet Investitionen – Anm. d. Verf.).

[130] Vgl. PIKIS (1973, S. 59).

[131] Berechnet nach CENTRAL BANK OF CYPRUS (Dec. 1982). Die öffentlichen Schulden als Anteil am Bruttoinlandsprodukt stiegen von 8,7 % im Jahre 1975 auf 19,1 % im Jahre 1981. Die staatliche Auslandsverschuldung nahm nach der Invasion in noch weit größerer Geschwindigkeit zu. Der ausländische Schuldendienst in Relation zu den Einnahmen aus dem Export von Gütern und Dienstleistungen stieg im gleichen Zeitraum von 3,5 auf 7,5 % (CENTRAL BANK OF CYPRUS, 1984).

[132] CENTRAL BANK OF CYPRUS (Dec. 1982).

Die Allokation von Kapital an das verarbeitende Gewerbe und die Rolle des kommerziellen Bankwesens

Angesichts einer hohen – und in den letzten zwei Jahrzehnten meist überhöhten – Liquidität der Banken stellt sich die Frage nach den Mechanismen der Kanalisierung von Geldkapital an den potentiellen Investor und speziell das verarbeitende Gewerbe.

Probleme bei der Finanzierung von industriellen Projekten lassen sich erklären aus der Struktur des Bankwesens und dessen Kreditvergabepolitik (diese kann wiederum durch finanzpolitische Direktiven von staatlicher Seite gesteuert sein) sowie der Kreditwürdigkeit industrieller Investoren u. a. auch im Vergleich zu potentiellen nicht-industriellen Konkurrenten auf dem Kapitalmarkt. Bei einem bis heute völligen Fehlen eines organisierten Kapitalmarkts außerhalb des Bankwesens (z. B. Aktienbörse, Investment-Fonds) blieben industrielle Finanzierungen fast ausschließlich den zyprischen Geschäftsbanken vorbehalten – sieht man ab von der Genossenschaftsbank und der *Cyprus Development Bank*, die jeweils eine nur untergeordnete Rolle spielen.

Das Erbe des kolonialen Banksystems

Wie KAMINARIDES (1973, S. 155 ff.) überzeugend nachweist, war das koloniale Bankwesen auf Zypern ein getreues Spiegelbild der ökonomischen Interessen, die das koloniale Mutterland mit seiner Kolonie verfolgte. Finanziert wurden vor allem Handels-, Bergbau- und Plantagengesellschaften. Die einheimische Bildung von Sparkapital reflektierte die Einkommensdisparitäten in der zyprischen Bevölkerung: sie ging im wesentlichen aus von der einkommensstarken Händlerschicht. Die Defizite im Bankwesen der Kolonialzeit blieben bis Ende der 60er Jahre weitgehend bestehen[133]:

(1) Bis 1967 wurde ein Großteil der liquiden Mittel in London angelegt und war damit nicht für lokale Investitionen verfügbar;

(2) Die Sicherheitserfordernisse orientierten sich weiterhin an britischen Gepflogenheiten; ihnen konnten lokale Kleininvestoren nur selten Genüge leisten;

(3) Die zyprische Zentralbank gewann keine effektive Kontrolle über die kommerziellen Banken: zwar hätte sie bei den einheimischen Kreditinstituten theoretisch Einfluß auf die Kreditpolitik besessen, doch konnten jegliche Steuerungsmaßnahmen von den britischen Banken unterlaufen werden, die sich auf die Reserven ihrer kapitalkräftigen Stammhäuser zurückziehen konnten.

Nachdem 1968 ein Gesetz verabschiedet worden war, das die Repatriierung von Kapital aus dem Ausland und dessen Anlage bei der Zentralbank erzwang[134], und somit die Kontrolle der Zentralbank über die Einlagen der Geschäftsbanken zunahm, konnten staatliche finanzpolitische Maßnahmen erstmalig greifen. Sie bestanden vor allem in der Festlegung von Zinsniveaus und der Fixierung minimaler Liquiditätsraten[135] und dienten dem Ziel einer quantitativen Kontrolle von Investitionstätigkeiten und der Dämpfung inflationärer Tendenzen.

---

[133] S. auch DEMETRIADES (1984, S. 58).

[134] Der Anteil der ins Ausland fließenden Einlagen hatte zwischen 1960 und 1967 bei durchschnittlich 24,6 % gelegen und sank zwischen 1968 und 1971 auf 4,1 % (DEMETRIADES 1984, S. 58, Fußnote 1).

[135] Z. B. sollte mit einer graduellen Senkung der erforderlichen Liquiditätsrate von 26 % vor der Invasion auf 17 % im Jahre 1975 und einer gleichzeitigen Zinssenkung für überhöhte Einlagen der Geschäftsbanken bei der Zentralbank die Investitionstätigkeit angekurbelt werden.

Eine Sonderstellung schon in der Kolonialzeit nahm das kooperative Bankenwesen ein[136]. Sowohl bezüglich der Herkunft der Spareinlagen als auch der Kreditvergabe war es an der meist bäuerlichen kapitalschwachen Bevölkerung orientiert. Zwar betrug die Kreditvergabe aus genossenschaftlichen Einlagen im Jahre 1977 immerhin 17 % der Gesamtkreditvergabe auf Zypern, für das verarbeitende Gewerbe erfolgten Finanzierungen allerdings nur im Rahmen genossenschaftlicher Projekte.

Kreditvergabepolitik der kommerziellen Banken

Die Kreditvergabepolitik von Geschäftsbanken orientiert sich zweifellos nicht an volkswirtschaftlichen Notwendigkeiten einer Industrialisierungspolitik, sondern an der Profitabilität und der Rückzahlungssicherheit von Krediten. Hinsichtlich beider Kriterien ist der Sektor des verarbeitenden Gewerbes im Nachteil. Industrielle Investitionen versprechen im Vergleich zu den kurzfristigen Kapitalrealisierungschancen des Handels und der Immobilienspekulation sowohl **unsichere** als auch erst **langfristig realisierbare Gewinne.** Handels- und Spekulationskapitalisten genießen allein aufgrund ihres traditionellen wirtschaftlichen Erfolges wie auch aufgrund ihrer herausragenden Rolle als Sparer und ihrer sozialen Stellung ein hohes Ansehen bei den Banken. Sie verfügen darüber hinaus am ehesten über marktfähige Immobilien, deren Besitz bis heute die bestakzeptierte Sicherheit darstellt. Die Kreditwürdigkeit industrieller Unternehmen ist auch herabgesetzt durch Mängel in der Geschäftsorganisation der Betriebe selbst. Vor allem der typische kleine Familienbetrieb ist gekennzeichnet durch den Mangel an organisatorischer Transparenz (Buchführung); es bestehen darüber hinaus keine gesetzlichen Bestimmungen bezüglich des erforderlichen Grundkapitals einer Firma. So können aus einer Reihe von Gründen innerhalb des verarbeitenden Gewerbes große Firmen am ehesten den stringenten Erfordernissen der Kreditwürdigkeit entsprechen[137]. Untersuchungen von Bilanzen zyprischer Industriebetriebe bestätigten die Annahme einer äußerst schwachen finanziellen Basis, auf der diese arbeiten: das Verhältnis von Aktiva zu Passiva liegt bei etwa 1 : 1, und in manchen Fällen übersteigen die Passiva die Höhe der Aktiva[138]. PIKIS nennt folgende Gründe für dieses Mißverhältnis[139]:

- die Unfähigkeit, Bestände und ausstehende Forderungen zu kontrollieren, mit der Folge, daß die Notwendigkeit für die Neuaufnahme von immer neuen Betriebsmittelkrediten übermäßig hoch wird;
- die Praktik, Geldmittel aus dem Unternehmen zu ziehen für Immobilienspekulationen;
- die Tendenz, **Investitionen** aus teuren Betriebsmittelkrediten zu finanzieren, die zusätzlich durch die Struktur des Bankensystems gefördert wird.

Mit dem letzten der genannten Punkte spricht PIKIS ein weiteres gravierendes strukturelles Hindernis für die Finanzierung industrieller Investitionen an. Die kommerziellen Banken auf Zypern vergeben fast generell nur kurzfristige Betriebsmittelkredite, die zwar in der Realität gewöhnlich automatisch verlängert werden, die aber gleichwohl für die Erfordernisse industrieller Investitionen ungenügend sind:

---

[136] Dieses wurde erst angesichts des drohenden Konkurses Anfang der 80er Jahre der Kontrolle der Zentralbank unterstellt (s. Kap. 5, S. 72 f.).

[137] "(...) the ruling oligarchy (...) can manipulate the flow of savings into the corporate sector at their wish and according to their personals interests (KAMINARIDES 1973, S. 163).

[138] PIKIS (1973, S. 63); in erfolgreichen Industriebetrieben in Industrieländern liegt dieses Verhältnis bei etwa 4 : 1 (ebd.).

[139] Ebd.

"It is true that commercial banks do lend long-term by means of renewable short-term overdrafts, but this is neither satisfactory nor desirable from the point of view of either the bank or the borrower. For the commercial bank, it means borrowing short and lending long, while for the borrower it is a dangerous form of financing the acquisition of fixed assets"[140].

DEMETRIADES (1984, S. 58, Fußnote 4) schätzt, daß im Jahre 1971 etwa 60 % der Finanzmittel der Industrie aus eigenen Ressourcen bezogen wurden. Kredite bei den kommerziellen Banken werden zum überwiegenden Teil für den laufenden Kapitalbedarf und weit weniger für Investitionen verwendet. Dieses Verhalten ist ein logisches Ergebnis des Risikos, das mit der Verwendung von Betriebsmittelkrediten für Anlageinvestitionen verbunden ist: Weder das investierte Kapital noch Warenbestände können kurzfristig flüssig gemacht werden, sollte ein Gläubiger auf der fristgerechten Rückzahlung eines Kredites bestehen.

Die Rolle von Bankkrediten im Industrialisierungsprozeß

Tab. 15 erlaubt folgende Schlüsse über die Bedeutung von Bankkrediten für die Industrieentwicklung sowie deren Anteile an den gesamten Krediten:

(1) Unter der Annahme, daß Bankkredite sowohl für die Finanzierung von Investitionen als auch für den laufenden Kapitalbedarf bezogen wurden, zeigt sich, daß nur ein geringer Teil des Kapitalbedarfs für Investitionen aus solchen Krediten stammte. Erst in den 70er Jahren und vor allem in der Nachinvasionszeit verbessert sich das Verhältnis zwischen der Kapitalbildung im verarbeitenden Gewerbe und der Netto-Kreditvergabe zusehends.

(2) Mit der wachsenden Bedeutung des verarbeitenden Gewerbes in der Gesamtökonomie wächst auch der Anteil der Kredite für die Industrie an der Gesamtkreditvergabe. 1976 überholte die Industrie erstmalig bezüglich des Kreditvolumens das Baugewerbe, 1981 trat sie gar an die erste Stelle vor dem bisher führenden Handelssektor[141].

In der Tat scheinen die o. g. Hindernisse, die einer Kanalisierung von Finanzmitteln an das verarbeitende Gewerbe entgegenstanden, nach 1974 in ihrer Relevanz stark zurückgegangen zu sein. Im folgenden ist die Bedeutung verschiedener von der zyprischen Regierung initiierter Institutionen bzw. Maßnahmen in diesem Zusammenhang zu analysieren.

Die Cyprus Development Bank

Auf staatliche Initiative hin wurde im Jahre 1963 die *Cyprus Development Bank (CDB)* gegründet, mit dem Ziel, mittel- und langfristige Finanzmittel in die Prioritätssektoren der Industrie, des Tourismus und der Landwirtschaft zu leiten und damit die offensichtliche Lücke zu schließen, die die Finanzierungen der Geschäftsbanken aufwiesen. Durch die Auswahl der zu finanzierenden Einzelprojekte sah man darüber hinaus in der Entwicklungsbank ein Mittel zur wirtschaftlichen Strukturverbesserung im Einklang mit den Zielen der jeweiligen staatlichen Entwicklungspläne.
Die *CDB* wurde dabei im Lauf der Jahre Inhalt heftiger Kontroversen in der zyprischen Öffentlichkeit und von wissenschaftlicher Seite massiv kritisiert[142].

---

[140] A. a. O., S. 60.
[141] R.O.C. 14 (1982).
[142] S. vor allem DEMETRIADES (1984, S. 126 ff.). Die folgenden Ausführungen zur *CDB* beziehen sich, sofern nicht anders vermerkt, auf diese Quelle.

Tab. 15: Bankkredite an das verarbeitende Gewerbe und Liquidität des Bankensystems, 1963-1981

Jahr	(1) Kapitalbildung im V.G. (in Mio. C£)	(2) Ausstehende Bankkredite an das V.G. (in Mio. C£)	(3) Netto-Kredit- vergabe an das V.G. (in Mio. C£)	(4) Ausstehende Kredite an das V.G. in% aller Bankkredite	(5) Liquiditäts- raten der Banken
1963	2,0	7,2	-	15,6	k.A.
1964	1,5	8,0	0,8	17,2	k.A.
1965	1,6	8,3	0,3	16,4	23,7
1966	2,7	9,4	1,1	15,5	21,8
1967	3,3	10,4	1,0	15,3	24,9
1968	4,1	9,9	-0,5	12,6	26,2
1969	6,1	12,7	2,8	14,1	26,6
1970	9,7	15,7	3,0	16,0	29,6
1971	7,5	18,1	2,4	16,4	35,9
1972	7,8	22,6	4,5	16,6	34,5
1973	8,0	26,5	3,9	15,7	27,7
1974	10,0	35,0	8,5	17,9	27,7
1975	6,6	39,6	4,6	19,7	24,3
1976	9,6	46,3	6,7	20,7	32,4
1977	20,3	63,6	17,3	22,3	25,3
1978	24,1	79,4	15,8	23,7	23,5
1979	26,8	100,7	21,3	25,2	21,0
1980	27,0	118,1	17,4	26,1	24,8
1981	24,4	139,3	21,2	27,1	25,9

Anmerkungen: - k.A. = keine Angaben   - V.G. = Verarbeitendes Gewerbe
- Angaben ab August 1974 nur für den griechischen Teil Zyperns
- Netto-Kreditvergabe:Änderung des Kreditvolumens gegenüber dem vorausgegangenen Jahr, ohne Berücksichtigung abgelaufener oder fälliger Kredite.

Quellen: (1) DEMETRIADES (1984, Appendix A 6, S. 265)

(2) (3) (4) Economic Report (R.O.C. 14), verschiedene Ausgaben

(5) CENTRAL BANK OF CYPRUS, Bulletin, verschiedene Ausgaben

Generelle Bedeutung für industrielle Finanzierungen

Obwohl mehr als 60 % der Finanzmittel der *CDB* in die Finanzierung des verarbeitenden Gewerbes gingen und trotz der augenscheinlichen Vorzüge, die die Gewährung längerfristiger Kredite für die Finanzierung von Anlageinvestitionen bot, war ihre relative Bedeutung bei der Kreditaufnahme des industriellen Sektor gegenüber den kommerziellen Banken sehr gering (Tab. 16)[143]. Der Anteil der Netto-Kredite aus der *CDB* sank Anfang der 70er Jahre noch im Vergleich zu den 60er Jahren und stagnierte in der Nachinvasionszeit auf einem Niveau um die 5 %. Kapitalmittel aus der *CDB* machten zwischen 1963 und 1974 einen Anteil von nur 5,9 % der Investitionssumme im verarbeitenden Gewerbe aus und

---

[143] Die Tab. 16 zugrundeliegende Statistik umfaßt neben der *CDB* auch die Institutionen der *Mortgage Bank of Cyprus*, der *Lombard Banking* (*Cyprus*) und der *Housing Finance Corporation*. Keines dieser Institute vergibt jedoch Kredite an Industrieunternehmen, so daß die Angaben für das verarbeitende Gewerbe eindeutig der *CDB* zugeordnet werden können.

Tab. 16: Vergabe von Krediten an das verarbeitende Gewerbe außerhalb des
kommerziellen Bankensystems, 1963-1981

Jahr	(1) Ausstehende Kredite nicht-kommerzieller Banken an das V.G. (in Mio. C £)	(2) Netto-Kreditvergabe nicht-kommerzieller Banken an das V.G. (in Mio. C £)	(3) Anteil von (2) a.d.ge= samten Netto-Kredit= vergabe an das V.G. (%)
1963	0,14	-	-
1964	0,31	0,17	22,5
1965	0,40	0,09	30,0
1966	0,50	0,10	9,1
1967	0,75	0,25	25,0
1968	1,16	0,41	-*
1969	1,59	0,43	15,4
1970	2,22	0,63	21,0
1971	2,61	0,39	16,3
1972	3,06	0,45	10,0
1973	3,20	0,14	3,6
1974	3,94	0,74	8,7
1975	4,20	0,26	5,7
1976	4,93	0,73	10,9
1977	5,91	0,98	5,7
1978	6,92	1,01	6,4
1979	8,33	1,41	5,6
1980	9,49	1,16	6,7
1981	10,24	0,75	3,5

V.G. = Verarbeitendes Gewerbe   * Netto-Kreditvergabe insges. negativ

Quellen: (1) (2) CENTRAL BANK OF CYPRUS, Bulletin, versch. Ausgaben
         (3) berechnet nach Tab. 15, Spalte (3)

zwischen 1974 und 1981 sank dieser Wert noch auf 4,5 %[144]. Die weiter oben festgestellte zunehmende Bedeutung von Bankkrediten für industrielle Finanzierungen nach der Invasion akzentuiert noch den Bedeutungsverlust der *CDB*.

Mobilisierung von Kapital und Profitabilität

Zur Übernahme einer adäquaten Rolle bei der Kreditvergabe in Konkurrenz zu den Geschäftsbanken war für die *CDB* vor allem die Fähigkeit entscheidend, selbst Kapital zu mobilisieren. In der Tat lag das größte Manko der *CDB* darin, daß sie sich weit mehr um die

---

[144] Berechnet aus Tab. 15 und 16.

Kreditvergabe selbst als um die Mobilisierung von Sparressourcen auf die eigenen Konten kümmerte.

Es war darüber hinaus erklärtes Satzungsziel der *CDB*, profitabel zu arbeiten, d. h. sich aus eigenen Erträgen zu finanzieren. Der Spielraum für diese Profitabilität war dabei äußerst gering: Wollte die *CDB* mit den kommerziellen Banken konkurrieren, so durften die Zinssätze für ihre Kredite keinesfalls über dem Niveau dieser Bankinstitute liegen[145]. Anders als die *CDB* verfügten die Geschäftsbanken aber über ein enges Netz von Filialen über ganz Zypern und konnten darüber hinaus ihr Kapital in profitträchtigen Sektoren wie der Immobilienspekulation oder durch die Mobilisierung von Einlagen von Ausländern mehren. Die *CDB* hingegen war von vergleichsweise teuren Krediten seitens der Regierung oder internationalen Institutionen (z. B. KfW, Weltbank) abhängig. Privates Kapital ließ sich nur mobilisieren durch die Ausgabe von Aktienbeteiligungen am Eigenkapital oder an Unternehmen, in deren Finanzierung die *CDB* engagiert war. Die geringen Profitmargen der Bank selbst wie auch von Unternehmen, für die sie Beteiligungen in Form von Aktien ausgegeben hatte, führten in der Öffentlichkeit zu einem weitgehenden Desinteresse an weiteren Anlagen, zumal die Dividenden weit unter dem lagen, was etwa andere Bankinstitute auf ihre Aktien ausschütteten. Somit kann auch ein sekundäres Ziel der *CDB*, nämlich der Aufbau eines zyprischen Kapitalmarktes, als gescheitert gelten.

Die finanzielle Lage der *CDB* verschlechterte sich dramatisch durch die Folgen der türkischen Invasion. Die Verluste an ausstehenden Krediten (an Betriebe im nunmehr türkisch besetzten Nordteil Zyperns) beliefen sich auf rund 50 % der ausstehenden Forderungen[146]. Im Jahre 1976 übernahm die Regierung selbst sämtliche stimmberechtigten Aktienanteile und damit die volle Kontrolle über die *CDB*. De facto bedeutete diese Maßnahme die Aufgabe des erklärten Zieles der Profitabilität. Sämtliche durch Invasionseinflüsse verlorenen Kredite wurden vollständig abgeschrieben und ein verstärkter Zugriff auf Auslandskredite und Staatsmittel eingeleitet[147]. Die Aufrechterhaltung der *CDB* fiel damit im wesentlichen zu Lasten der Allgemeinheit und ihre Finanzierung trug erheblich zur wachsenden staatlichen Auslandsverschuldung in der Nachinvasionszeit bei.

Kreditvergabepolitik

Bedeutende Hindernisse für einen relativen Bedeutungszuwachs der *CDB* gegenüber den kommerziellen Banken waren neben den genannten Faktoren die von der Bank geforderten Sicherheiten und ihre Kreditkonditionen und – im Zusammenhang hiermit – eine geringe Nachfrage nach deren Krediten.

Waren *CDB*-Kredite ohnehin schon nur unwesentlich günstiger als die der Handelsbanken, so führten vor allem die angewandten Kriterien für die Kreditwürdigkeit zu einem gravierenden Mangel an Projekten, die nach den Anforderungen der Bank überhaupt finanzierbar waren.

Neben den üblichen **persönlichen** Garantieforderungen, die, wie auch bei den kommer-

---

[145] Der Zinssatz lag in der Realität nominal auf der gleichen Höhe wie der der Geschäftsbanken, wobei letztere noch zusätzlich rund 1 % Kommission verlangten.

[146] IOANNIDES (1977, S. 263).

[147] Zwischen 1975 und 1978 wurden aus Staatsmitteln 1 Mio. C£ für die *CDB* aufgebracht, hinzu kamen zwei Kredite der Weltbank über jeweils 6 Mio. US$ und ein Kredit der KfW über 10 Mio. DM (OHNE VERFASSER, 1977, S. 123 und R.O.C. 35, S. 97).

ziellen Banken, schon für sich ein Hindernis für industrielle Finanzierungen darstellen konnten, stellte die *CDB* anders als jene konkrete Anforderungen an die volkswirtschaftliche Bedeutung eines industriellen Projekts wie auch an die Qualität seiner Durchführung. Das Selektionskriterium der volkswirtschaftlichen Bedeutung bezog sich vor allem auf die industriepolitischen Ziele der jeweiligen staatlichen Entwicklungspläne und beinhaltete u. a. die Vermarktungsaussichten, Neuartigkeit und Größe eines Projektes. Obgleich diese Kriterien keine verbindliche Operationalisierung erfuhren, schlossen sie doch eine Vielzahl von Unternehmungen von einer Förderung aus[148].

Von ebenso starker Restriktivität waren die Anforderungen an die organisatorische Qualität industrieller Unternehmungen. Sie beinhalteten ein effektives Management, die Vorlage von Geschäftsberichten und Bilanzen an die *CDB* und das Recht der Bank, mittels technischer Beratung über den effektiven Einsatz von Krediten zu wachen und im Extremfall selbst das Management zu ernennen, eine Maßnahme, von der in der Praxis allerdings kaum Gebrauch gemacht wurde. Sind schon sehr viele Industriebetriebe weder in der Lage noch willens, über ihre finanzielle Situation Rechenschaft abzulegen, so wird die von der *CDB* ausgeübte Kontrolle bzw. die vorbehaltenen Kontrollmöglichkeiten von der Unternehmerseite als ein unrechtmäßiger Interventionismus betrachtet, der in keinem Verhältnis zu den gebotenen Zinskonditionen steht.

Die Gesamtheit der Förderungskriterien schloß generell kleine Familienbetriebe von einer Finanzierung durch die *CDB* aus. Auf Seiten dieser Betriebe bestand darüber hinaus eher Nachfrage an Überbrückungskrediten für den laufenden Kapitalbedarf, die die *CDB* generell nicht deckte. Die Kontrolle der Betriebe durch die *CDB* erwies sich zudem als zu aufwendig und damit unrentabel.

Small-scale Industry Scheme

Als Reaktion auf die Finanzierungsschwierigkeiten speziell der zyprischen Kleinindustrie wurde 1977 mit finanzieller und logistischer Unterstützung der Weltbank innerhalb der *CDB* ein eigener Fonds für kleinbetriebliche Finanzierungen eingerichtet. Anders als bei den übrigen Krediten der *CDB* wurde dabei neben dem Kapitalbedarf für Investitionen auch der Bedarf an Betriebsmittelkrediten berücksichtigt. Die mittel- bis langfristigen Kredite wurden im Bedarfsfalle mit einer Garantie der Regierung über 50 % des Kreditvolumens abgesichert[149]. Zwischen 1977 und 1981 wurden in diesem Rahmen rund 4,9 Mio. C£ an 112 Kleinbetriebe ausbezahlt[150]. Die relativ geringe Zahl der geförderten Betriebe muß als Beleg dafür gelten, daß auch das *Small-scale Industry Scheme* die Hindernisse bei kleinbetrieblichen Finanzierungen nicht überwinden konnte. Angesichts der fehlenden Kreditwürdigkeit von Kleinbetrieben wurde deshalb 1979 auch die Obergrenze der förderungswürdigen Betriebsgröße von 19 auf 39 Beschäftigte angehoben. Auch nach dieser Erweiterung der Zielgruppe wurden noch 1981 von 60 Anträgen auf Kredite nur 9 positiv beschieden[151].

---

[148] Die Anwendung solcher Kriterien bewahrte im übrigen die *CDB* nicht vor Verlusten aufgrund von Fehlfinanzierungen. Bereits Ende der 60er Jahre mußte die *CDB* einige Kredite aufgrund drohender Konkurse abschreiben.

[149] ARISTIDOU (1979, S. 15).

[150] R.O.C. 36 und 39.

[151] CENTRAL BANK OF CYPRUS (1982 a).

Fund for Financing Priority Projects und Government Guarantee Scheme

Eine wichtige kreditpolitische Maßnahme der zyprischen Regierung zur Förderung der industriellen Investitionstätigkeit war die Einführung eines speziellen **Fund for Financing Priority Projects** (FFPP) im Jahre 1975. Dieser Fonds unterstellte einen Teil der liquiden Mittel des Bankensystems (1975: 3 %) der direkten Kontrolle der Zentralbank und war bezüglich seiner Verwendung zweckgebunden an die Prioritätssektoren des verarbeitenden Gewerbes, des Tourismus und der Landwirtschaft[152]. Im Jahre 1980 stammten rund 20 % der Neukreditvergabe an das verarbeitende Gewerbe aus diesem Fonds. 1981 betrugen die ausstehenden Kredite aus dem *FFPP* an die Industrie 6,9 Mio. C£, an den Tourismus 8,3 Mio. C£ und 1,3 Mio. C£ an die übrigen Sektoren[153]. Ohne Zweifel trug der *FFPP* in effizienter Weise den Notwendigkeiten der Kanalisierung von Finanzmitteln in produktive Wirtschaftssektoren Rechnung und leistete einen wichtigen Beitrag sowohl zur absoluten Erhöhung der Kreditvergabe an die Industrie in der Nachinvasionszeit als auch zu einer Verbesserung der relativen Position dieses Sektors in der Gesamtkreditvergabe[154].

Anfang 1975 initiierte die Regierung ein weiteres Programm zur Ankurbelung der stagnierenden Investitionstätigkeit in den gewerblichen Sektoren, das sog. **Government Guarantee Scheme**. Dabei ging es um die direkte Übernahme von Garantien durch die Regierung für Kredite der kommerziellen Banken an die Prioritätssektoren in Höhe von maximal 75 %. Ziel war es, denjenigen privaten Unternehmern, die ihre Produktionsstätten im Norden der Insel verloren hatten, einen schnellen Wiederaufbau ihrer Kapazitäten zu ermöglichen und weiterhin die Fertigstellung von im Aufbau befindlichen Betrieben zu gewährleisten. Das Programm unterstand direkt der Verwaltung des *Ministry of Commerce and Industry* und bezog sich sowohl auf die Investitionskosten als auch auf den Bedarf an Betriebsmittelkrediten.

Ein Vergleich von Tab. 17 mit Tab. 15 zeigt, daß besonders in den Jahren 1975/76 ein bedeutender Teil der Nettokreditvergabe an das verarbeitende Gewerbe durch Regierungsgarantien abgesichert waren. Mehr noch als der *FFPP* stand damit das *Guarantee Scheme* hinter dem schnellen industriellen Wiederaufbau der Nachinvasionszeit. Zusätzlich stellte dieses Projekt einen qualitativen Sprung gegenüber allen bisherigen Versuchen dar, Kapital in den Industriesektor zu lenken: explizites Ziel war, das unternehmerische Risiko auf die Gesamtgesellschaft umzuwälzen[155], was anders als herkömmliche kreditpolitische Maßnahmen de facto eine **Subventionierung** des Industriesektors bedeutete. Durch den Bezug auf Kredite der kommerziellen Banken beraubte das *Guarantee Scheme* zusätzlich die *CDB* zu einem guten Teil ihrer Bedeutung, eine Tatsache, die sich in den relativ geringen Anteilen der Entwicklungsbank bei den Krediten an das verarbeitende Gewerbe nach 1974 niederschlägt[156].

---

[152] Anfangs wurden zusätzlich Projekte im Baugewerbe finanziert.
[153] CENTRAL BANK OF CYPRUS (1983).
[154] Vgl. Tab. 15.
[155] R.O.C. 36 (S. 83).
[156] Vgl. Tab. 16.

Tab. 17: Garantieübernahmen der zyprischen Regierung für
das verarbeitende Gewerbe nach dem "Government
Guarantee Scheme", 1975–1981

Zeitraum	Kreditsumme mit Garan= tieübernahme (in C£)	Zahl der geförderten Betriebe
1975–76	4,26 Mio.	124
1977–78	1,38 Mio.	29
1979–81	2,80 Mio.	4
1975–1981	8,44 Mio.	157

Quelle: First, Second, Third Emergency Economic Action Plan
(R.O.C.34 , 35, 36)

8. Importsubstitution: Maßnahmen, Auswirkungen und Erfolge

Importsubstitution als primäres Ziel zyprischer Industrialisierungspolitik

Importsubstitution versus Exportorientierung?

Die Aussagen der verschiedenen Fünfjahrespläne und Notwirtschaftspläne legen nahe, daß das anfänglich im Zentrum der Industrialisierungsbemühungen stehende Ziel der Importsubstitution graduell durch die Option einer verstärkten Exportorientierung abgelöst wurde. Eine Analyse der offiziellen zyprischen Politik – jenseits der Papierebene – macht jedoch deutlich, daß die Maßnahmen zur Importsubstitution bis heute noch für die Erklärung der industriellen Struktur im Vordergrund stehen müssen. Die schon im 2. Fünfjahresplan vollzogene programmatische Wende zur Exportorientierung kann vor allem als Reaktion auf die bereits sichtbaren oder abzusehenden Folgen der Importsubstitutionspolitik gesehen werden:

(1) Die Expansion der führenden importsubstituierenden Industrien mußte schnell an die Grenzen eines größenmäßig beschränkten Binnenmarktes stoßen; für eine weitere Ausdehnung dieser ursprünglich importsubstituierenden Industriesektoren mußten folglich Exportmärkte erschlossen werden.

(2) Einer solchen Exportexpansion standen die protektiven Maßnahmen einer Importsubstitutionspolitik zum Teil selbst entgegen. Die Betonung der Exportorientierung als maßgeblicher Strategie fand aber zu keiner Zeit Ausdruck in einer **Diskriminierung** der importsubstituierenden Industrie zugunsten der exportorientierten. Sie verkörperte eher die Entschlossenheit, **unter Beibehaltung der Industrieprotektion** für eine reibungslose Erschließung von Exportmärkten zu sorgen.

Makroökonomische Legitimierung der Importsubstitutionspolitik

Die seit Erlangung der Unabhängigkeit verfolgte Politik der Importsubstitution bedeutete konkret eine Protektion der einheimischen Industrie gegenüber dem Weltmarkt. Sie stellte die mit Abstand wirksamste Maßnahme dar sowohl zu einer Stärkung der Stellung des verarbeitenden Gewerbes in der Gesamtökonomie als auch zu einer – gewollten oder ungewollten- Beeinflussung der Industriestruktur selbst.

Legitimiert wurden diese protektionistischen Eingriffe durch folgende Argumente der staatlichen zyprischen Planungsinstitutionen[157]:

(1) Aufgrund einer zu Beginn des Industrialisierungsprozesses vorherrschenden Unterentwicklung von Produktionsfaktoren (wie der Ausbildung von Arbeitskräften und der Verfügbarkeit von Know-how) sowie des Prestige- und Gewohnheitseffekts des Konsums importierter Waren kann ein junger Industriezweig nicht erfolgreich gegenüber dem Druck des Weltmarkts bestehen. In der **Aufbauphase** einer Industrie müssen deshalb konkurrierende Importprodukte solange mit **Erziehungszöllen** belegt werden, bis der betreffende einheimische Industriezweig selbst die Reife erreicht hat, diesem Konkurrenzdruck zu begegnen.

(2) Protektion ist ein Anreiz für ein beschleunigtes Wachstum der einheimischen Industrieproduktion. Dieses Wachstum – vermittelt über die Förderung **ausgewählter** Industriezweige – führt zu einer erhöhten Diversifizierung der Gesamtwirtschaft. Ein insgesamt gestärkter verarbeitender Sektor ermöglicht den Abbau des Handelsdefizits und der Abhängigkeit von den unsicheren Quellen der unsichtbaren Einnahmen zum Ausgleich der Zahlungsbilanz.

(3) Industrieentwicklung, die über die Importsubstitutionspolitik initiiert wird, dient der Nutzbarmachung ungenutzter Ressourcen: dies gilt sowohl bezüglich der verstärkten Verarbeitung einheimischer Rohmaterialien als auch im Sinne einer Schaffung von mehr und besseren – da produktiveren – Arbeitsmöglichkeiten.

(4) Protektion ist ein geeignetes Mittel zur Unterstützung **bestehender** Industrien, die im Verlauf eines **Rationalisierungs- oder Modernisierungsprozesses** erhöhter ausländischer Konkurrenz ausgesetzt sind[158].

(5) Protektive Maßnahmen – in ihrer konkreten Ausprägung die Erhebung von Zöllen – mehren die Steuereinkünfte des Staates und leisten auch damit einen Beitrag zur Verbesserung der Zahlungsbilanz.

Protektionismus versus Subventionen

Bei der Verfolgung des Zieles der Importsubstitution stellt der von der Regierung eingeschlagene Weg der **Zollprotektion** sicherlich eine wirksame Maßnahme dar.

Theoretisch gab es zu einer **generellen** Förderung der Industrie aber eine andere denkbare Möglichkeit, nämlich die direkte **Subventionierung** des Industriesektors. Für die Bevor-

---

[157] DEMETRIADES (1984, S. 64 ff.). Der Autor leistet in der zitierten Arbeit eine umfassende Analyse der zyprischen Importsubstitutionspolitik und ihrer Auswirkungen in der Vorinvasionszeit. Das vorliegende Kapitel lehnt sich deshalb in wesentlichen Punkten an die Argumentation von DEMETRIADES (a. a. O.) an.

[158] Diese Argumentation läuft in der Tendenz auf die Legitimation von Erhaltungszöllen hinaus.

zugung von Subventionen gegenüber rein protektionistischen Maßnahmen spricht eine Reihe von Gründen:

- Sie können gezielter eingesetzt werden – u. a. auch für die Exportindustrie – und hinsichtlich ihrer konkreten Auswirkungen und tatsächlichen Kosten besser beurteilt werden;
- Sie führen zu geringeren Verzerrungen der Marktstruktur, indem sie etwa die Konsumentenpreise auf dem Binnenmarkt im Gegensatz zur Wirkung von Zolltarifen niedrig halten[159].

Die Tatsache, daß die zyprische Regierung sich im ersten Jahrzehnt nach der Unabhängigkeit überwiegend des Instruments der Zollprotektion bediente, erklärt sich vor allem aus den Möglichkeiten, die Kosten für die jeweilige Art der Industrieförderung aufzubringen. Gemeinsam ist beiden Förderungsalternativen, daß sie die Profiterwartungen des einheimischen Industriekapitals auf Kosten der Verbraucher erhöhen. Subventionen bedeuten nun aber eine **Belastung** für das staatliche Budget, während die Erhebung von Zöllen zu den staatlichen Einnahmen beiträgt[160]. Während die Zollprotektion den Konsumenten über eine Erhöhung der Preise vor allem für Konsumgüter (importierte **und** einheimische) nur indirekt und quasi unmerklich belastet, hätte ein alternativ dazu durchgeführtes Subventionsprogramm den Wegfall der Zolleinnahmen für den Staatshaushalt bedeutet. Dieser Verlust und die zusätzlich aufzubringenden Subventionsmittel hätten die Notwendigkeit einer erheblichen Erhöhung der direkten Einkommensbesteuerung nach sich gezogen; diese wiederum wäre auf den entschiedenen Unwillen eines Großteils der zyprischen Bevölkerung gestoßen, die direkte Steuern ohnehin als eine unmäßige staatliche Pression begreift.

Die Einnahmen aus den Importzöllen verschafften dem Staat nicht zuletzt auch die Mittel, den Industriesektor indirekt und **zusätzlich** zu protektiven Maßnahmen subventionieren zu können. Über die seit den 70er Jahren graduell immer mehr ausgeweiteten steuerlichen Anreize, Übernahme von Finanzierungsgarantien etc.[161] konnte der Staat nunmehr auch massiv der Exportindustrie unter die Arme greifen[162], die bisher durch die protektiven Maßnahmen eher benachteiligt war.

Importzölle als Hauptinstrument der Importsubstitutionspolitik

Schutzzölle werden auf importierte Güter erhoben, die durch ihre identische oder ähnliche Verwendung eine Konkurrenz für lokal produzierte Waren darstellen. Sie waren im gesamten Verlauf des Industrialisierungsprozesses das wichtigste Instrumentarium im Rahmen der staatlichen zyprischen Importsubstitutionspolitik und generell der Industrialisierungspolitik.

Gegenwärtig kommen zwei verschiedene Zolltarife zur Anwendung: ein Normalzoll und ein in der Regel um 35 % niedrigerer Präferenzzoll für Importe aus der EG[163].

---

[159] S. ausführliche Diskussion bei DEMETRIADES (1984, S. 66 ff.).

[160] Zwischen 1960 und 1971 stammten rund 35 % der staatlichen Einnahmen aus Importzöllen (a. a. O., S. 67). Die absolute Höhe dieser Einnahmen belief sich 1981 (ohne die auf die Einfuhr von privaten Kfz erhobenen Sondersteuern) auf 30,9 Mio. C£ (CENTRAL BANK OF CYPRUS, 1984).

[161] Vgl. Kap. 5, S. 66 f. und 7, S. 89 f.

[162] S. auch die speziellen Maßnahmen zur Exportförderung, Kap. 9, S. 121 f.

[163] Seit der Assoziierung Zyperns an die Europäische Gemeinschaft im Juni 1973. Bis zur Erlangung der Vollmitgliedschaft Großbritanniens und Irlands (1978) gab es auch für diese Staaten ebenso wie für alle übrigen Commonwealth-Staaten spezielle Präferenztarife.

Die Höhe des Zolltarifs wird für jedes Produkt separat festgesetzt. Wie in vielen anderen Entwicklungsländern wird der Zolltarif gestuft nach der ökonomischen Bestimmung und der Verarbeitungsstufe eines Produktes, eine Maßnahme, die in der Analyse der Industriestruktur und deren Veränderungen von herausragender Bedeutung ist. Das folgende Schema verdeutlicht in idealtypischer Weise das System der Anwendung von Zolltarifen auf Zypern:

SCHEMA B

Zollhöhe	Produktkategorie
niedrig bzw. zollfrei	Maschinen u.a. Ausrüstungsgüter
	Rohmaterialien
	Halbfertigwaren niedrige Verarbeitungsstufe hohe Verarbeitungsstufe
	Konsumgüter nicht dauerhafte dauerhafte
hoch	Luxusgüter

Am Beispiel der Lederherstellung und (z. T.) nachgelagerter Schuhindustrie soll das derzeit gültige System der Tarifstaffelung veranschaulicht werden[164]: Für den Import von Maschinen in der Lederherstellung wie in der Schuhindustrie wird keinerlei Zoll erhoben. Für Rohleder und Häute (als Inputs für die Gerbereien) kommt ein (Normal-) Zolltarif von 5 % zur Anwendung. Für Fertigleder (Input der Schuhindustrie) werden je nach Sorte 8–24 % erhoben. Der Import von Lederschuhen wird dagegen mit 77 % Zöllen belegt[165].

Generell können gewerbliche Anlagen, Maschinen, Rohmaterialien und Halbfertigwaren zollfrei eingeführt werden, sofern sie nicht lokal verfügbar sind. Die maßgeblichen Gesetzesvorschriften sehen auch andere wichtige Möglichkeiten für eine Befreiung oder Verringerung der jeweiligen Zollraten vor[166]:

– Die Rückzahlung der erhobenen Importzölle auf Rohmaterialien und Halbfertigwaren (die nicht einer generellen Befreiung unterstanden) im Falle des Exports von Waren, in deren Produktion diese Materialien Eingang gefunden haben (*Export Drawback System*). Diese wesentliche Maßnahme zur Verminderung der Benachteiligung der Exportindustrie durch die Zollpolitik wurde erst graduell auf fast den gesamten Industriesektor ausgedehnt;

---

[164] R.O.C. 2.
[165] Für einzelne Luxusartikel aus Leder (z. B. Puderdosen) wird bis zu 100 % Zoll erhoben.
[166] S. R.O.C. 2.

– generelle Befreiung für Güter, die reexportiert werden oder die Verwendung in der *Free Zone* oder *Bonded Factories* (als Investitionsgüter oder Inputs) finden;
– eine bedingte Befreiung oder Ermäßigung für staatliche, andere offizielle und gemeinnützige Institutionen, die meisten touristischen Einrichtungen, sog. *Offshore Companies*, die Erdölraffinerie und die beiden zyprischen Zementwerke.

Die Festlegung von Zolltarifen im einzelnen

Über die Bedeutung der praktischen Umsetzung mehr oder weniger abstrakter Vorgaben der Industrialisierungspolitik in eine konkrete Zollpolitik schreibt DEMETRIADES (1984, S. 73):

> "(…) tariff-making is no mere technical detail, for the ability of the tariff to achieve the policy aims for which it is introduced depends very much on the procedure followed in making it. Tariff-making is essentially the application of certain criteria to particular requests for tariff assistance and it involves the difficult translation of economic policy into practical measures in the form of tariff rates. The success or failure, in terms of national economic welfare, of the tariff policy depends on the correct formulation of the criteria used, the nature and method of investigation and the follow up of a system of protection."

Zolltarife werden festgesetzt auf Antrag der lokalen Industrieunternehmer, die ein Produkt bereits herstellen oder dies beabsichtigen. Die Anträge werden vom *Ministry of Commerce and Industry* begutachtet, das ein beratendes Komitee aus betroffenen oder interessierten Kreisen[167] zu Rate zieht. Über das Finanzministerium und den *Council of Ministers* landet der Protektionsvorschlag des Industrieministeriums bei den Parlamentsausschüssen und wird abschließend vom Parlament als Gesetz verabschiedet.

Bei der Festsetzung der Zoll**höhe** werden vor allem berücksichtigt
– die Kosten der inländischen Produktion,
– die c. i. f.-Preise konkurrierender Importe,
– die abzusehenden Auswirkungen der Protektionsmaßnahme auf den Einzelhandelspreisindex,
– die zu erwartenden Folgen für zyprische Importeure bzw. deren zu erwartender oder artikulierter Widerstand.

Der so ermittelten Zollhöhe wird in der Regel ein Bonus zugeschlagen, aus der Überlegung heraus, daß die meisten der bisher importierten Güter aufgrund massiver Werbekampagnen und der generellen Präferenz, die sie beim zyprischen Konsumenten genießen, einen Konkurrenzvorteil haben, den es auszugleichen gilt.

Prinzipiell unterliegt die Anwendung von Protektionsmaßnahmen für einen spezifischen Antragsteller einem relativ strengen Kriterienkatalog, der sich sowohl auf die interne Organisation eines Betriebes bezieht (finanzielle Basis, Management etc.) als auch auf dessen gesamtwirtschaftliche Bedeutung (Vor- und Rückwärtskopplungseffekte, Beschäftigungseffekt, Wertschöpfungsquote, zu erwartende Marktanteile bei der Importsubstitution, Exportleistung etc.).

---

[167] Dieses umfaßt neben den betroffenen Ministerien auch Vertreter der Zentralbank, der Industrie- und Handelskammer und Repräsentanten der beteiligten Industriebranchen.

Analysiert man die **tatsächliche** Anwendung solcher Kriterien in der Vergangenheit, so läßt sich folgendes feststellen:

(1) Keine der zugrundegelegten Bedingungen wurde bisher als Conditio sine qua non gehandhabt, d. h. das Fehlen einer Bedingung konnte durch das Vorhandensein eines anderen Positivfaktors ausgeglichen werden.

(2) Der institutionelle Rahmen, in dem die Festsetzung von Zöllen ablief, ließ Raum für die lobbyistische Durchsetzung der Interessen vor allem des zahlenmäßig stärksten und mächtigsten Industriekapitals der Konsumgüterproduzenten.

(3) Diese Tatsache im Zusammenhang mit der o. g. Bevorzugung der Konsumgüterindustrie durch die Tarifstaffelung gewährleistete, daß die **gesamte** Konsumgüterindustrie von einer erheblichen Protektion profitierte. Variabel war einzig die **Höhe** des Zollschutzes.

(4) Im Gegensatz hierzu war die Erlangung eines Zollschutzes für Fabrikanten von Investitionsgütern von deren Fähigkeit abhängig, praktisch den gesamten Inlandsmarkt mit einem Produkt abzudecken. Hier – ebenso wie bei der Protektion von Halbfertigwaren für die Industrie – stieß das Ansinnen nach Protektion auf den Widerstand der gewerblichen Nachfrager solcher Produkte, die ein erhebliches Interesse daran hatten, die betreffenden Güter weiterhin zollfrei zu importieren [168].

Dauer der Protektion und Kontrollmechanismen

Ebenso wie in vorausgehenden Entwicklungsplänen, wurde auch im *Second Emergency Economic Action Plan* die Entschlossenheit der staatlichen Institutionen artikuliert, Protektionsmaßnahmen nicht als permanente Einrichtung im Sinne von Erhaltungszöllen zuzulassen [169]:

> "Government will continue to follow a liberal tariff policy and does not intend to employ tariffs as a permanent protective measure. (...) The size of the domestic market dictates an unbound export orientation which presupposes the creation of competitive units with low costs. (...) high tariffs protect marginal business units operating uneconomically and give the possibility to efficient industries to reap monopoly profits, thus becoming a serious obstacle in the modernization of enterprises. Tariff protection will be granted selectively to special cases for a limited period of time in order to give sufficient time to new manufacturing units to improve their organisation, the quality of products or to be protected from unfair foreign competition."

So exakt die vorstehende Aussage die Negativwirkungen einer hohen und endlos verlängerten Protektion der einheimischen Industrie beschreibt, so wenig unternahm die Regierung bisher, ihren expliziten Willen zu einer Einschränkung der Protektion in die Tat umzusetzen. Die Lobby des Industriekapitals, wie auch die schwerfällige parlamentarische Prozedur einer Neufestsetzung von Zolltarifen haben bisher erfolgreich verhindert, daß

---

[168] Im Industriebereich sind diese Nachfrager ohnehin fast immer identisch mit den mächtigen Konsumgüterproduzenten. Gerade kleine und innovative Maschinenbaubetriebe mit einer Produktion für den Investitionsgüterbedarf der Industrie, des Bau- oder Dienstleistungssektors müssen in der Regel ohne Protektion mit Weltmarktpreisen konkurrieren. Zu den wenigen Ausnahmen gehören hier die Produzenten gewerblicher Kühlanlagen und von Betonmischern der untersten Kapazitätsklasse, mit einem z. Zt. gültigen Normaltarif von 24 resp. 20 %.

[169] R.O.C. 35 (S. 96).

auch nur einzelne protektive Maßnahmen rückgängig gemacht oder eingeschränkt wurden. Bis heute wurden die großteils unter dem Argument vorübergehender Erziehungszölle eingeführten protektiven Mechanismen generell auf unabsehbare Zeit verlängert. Die den Erziehungszöllen inhärente Logik erfordert deren absehbare Aufhebung oder zumindest eine relativ strikte staatliche Kontrolle bezüglich eventueller Negativwirkungen. Eine unabsehbare Verlängerung der Zollprotektion nimmt entweder die Beibehaltung der anfänglichen Ineffizienzen der Produktion und/oder übermäßige Profite in Kauf. Die Kosten der Protektion trägt der Konsument zumindest solange, wie nicht durch effektive Preiskontrollen eine unmäßige Ausnutzung **möglicher** Profitraten verhindert wird. Zwar können Preiserhöhungen für lokal produzierte Produkte im Falle eines Zollschutzes theoretisch nicht ohne Konsultation des *Ministry of Commerce and Industry* durchgeführt werden. Es fehlt jedoch erstens eine gesetzliche Grundlage für die Festsetzung von Preislimits und zweitens können industrielle Unternehmer im Zweifelsfalle wohl unschwer einen – wenn auch objektiv vielleicht unhaltbaren – Nachweis über die Notwendigkeit von Preiserhöhungen z. B. aufgrund gestiegener Faktorkosten erbringen. Das Risiko, den Zollschutz zu verlieren, kann schon allein angesichts der bisherigen Verwaltungspraxis als gleich null bewertet werden.

Weitere protektive Maßnahmen

Importlizenzen werden in den folgenden Fällen erforderlich:

– für sämtliche Güter, die auch auf Zypern produziert werden; diese Art von Lizenz wird in aller Regel nicht verweigert. Nur der Import einiger Güter aus Landwirtschaft und Tierproduktion unterliegt Verboten bzw. quantitativen Restriktionen [170];

– für jegliche Art von Kapitalgütern; Ziel dieser Maßnahme ist die Verhinderung weiterer Überkapazitäten. Bisher wurde nur in sehr seltenen Fällen von der Möglichkeit einer Verweigerung für eine solche Lizenz Gebrauch gemacht.

Ebenso selten und meist nur temporär kommen Importquoten in Form quantitativer Importrestriktionen für die Produktion der lokalen Industrie zur Anwendung.

Zollprotektion, industrielles Wachstum und Branchenstruktur

Die Staffelung des Zollschutzes nach der ökonomischen Bestimmung der Güter und weit mehr noch die quasi endgültige Fortschreibung dieser Staffelung setzte selbst die entscheidenden Grenzen für einen **langfristigen** Erfolg der Importsubstitutionspolitik. Diese war an schnellen Ergebnissen orientiert, insofern war es folgerichtig, diejenigen Sektoren der verarbeitenden Industrie zeitlich am frühesten und dem Umfang nach am stärksten zu protektionieren, die am schnellsten das Ziel einer Substitution bisher importierter Güter durch eine einheimische Produktion zu bewerkstelligen versprachen. Das waren zunächst Konsumgüter, für die bereits ein ausreichend großer einheimischer Markt vorhanden war und/oder die bei einem gegebenen geringen technischen Know-how und ohne hohe Investitionsaufwände zu produzieren waren.

DEMETRIADES (1984, S. 82 ff.) liefert für das Jahr 1967 einen empirischen Nachweis der Diffe-

---

[170] Ein generelles Importverbot gilt derzeit auch für Waren aus Südafrika und Albanien. Ähnlichen Verboten unterliegen gewisse gefährliche Stoffe (explosive Stoffe etc.).

Tab. 18: Nominale und effektive Höhe der Zollprotektion auf Zypern
produzierter Güter, 1967

Güterkategorie	Nominale Protektion (in %)		Effektive Protektion (in %)	
Konsumgüter	35,2		111,3	
dauerhafte	39,4		149,7	
nicht-dauerhafte	35,0		109,2	
Nahrungs- u. Genußmittel		34,7		109,2
Sonstige		35,7		109,2
Intermediäre Güter	13,3		43,8	
für den Bausektor	16,7		36,0	
Steine und Erden		16,4		30,9
Sonstige		17,4		56,5
Sonstige	9,4		76,6	
Investitionsgüter	19,5		40,8	
G e s a m t	28,6		86,9	

Quelle: DEMETRIADES (1984, S.99, Tab.13)

renzierungen im Umfang der damals gültigen nominalen und effektiven Protektion[171] (Tab. 18.) Hieraus wird deutlich:

(1) Die Höhe der effektiven Protektion liegt auf dem Aggregationsniveau von Tab. 18 in allen Fällen noch weit über dem der nominalen Protektion. Grund hierfür ist das Fehlen bzw. die geringe Höhe des Zollschutzes auf die Inputs der Betriebe;

(2) Der nominale und effektive Zollschutz weist auf eine erhebliche Protektion bei allen Kategorien von Konsumgütern hin. Demgegenüber genießen intermediäre Güter sowie Investitionsgüter nur einen moderaten Zollschutz.

Nach der 2-stelligen ISIC-Klassifikation (1958) verzeichneten folgende Industrien eine überdurchschnittlich hohe effektive Protektion[172]: Textilien (123,8), Bekleidung und Schuhe (151,8), Möbel und Einrichtung (148,4), Papier und -verarbeitung (190,9), Gummiprodukte (90,9), Chemie und chem. Produkte (132,4) und Sonstige (163,9).

---

[171] Die nominale Protektionsrate mißt den nach der Zusammensetzung des Output gewichteten durchschnittlichen Wert des Zollschutzes nach den gültigen Zolltarifen. Die effektive Protektionsrate gibt an die mögliche Höhe der Wertschöpfung pro produzierte Einheit angesichts der gültigen Inlandspreise gegenüber der Wertschöpfung unter der Annahme eines völlig offenen Marktes (eff. Protektion = O). Bei der Ermittlung dieses Wertes werden auch die gesamten Inputs einer Industriebranche berücksichtigt, die ihrerseits durch Zölle etc. protektioniert sein können.

[172] In Klammern sind die von DEMETRIADES (1984, S. 99, Tab. 13) angegebenen Raten der effektiven Protektion aufgeführt.

Welche Zusammenhänge zeigen sich nun zwischen dem Grad der Zollprotektion und dem industriellen Wachstum und speziell der Entwicklung der Einzelbranchen?

Die bedeutenden **Wachstumserfolge des gesamten verarbeitenden Gewerbes** (s. Kap. 2) legen es zunächst nahe, von einem Erfolg der zyprischen Importsubstitutionspolitik zu sprechen. Der Zusammenhang zwischen Importsubstitutionspolitik und industriellem Wachstum ist aber aus verschiedenen Gründen in Zweifel zu ziehen:

(1) Zwar hatten die genannten hochprotektionierten Konsumgütersektoren im Lauf des Industrialisierungsprozesses durchaus besonders hohe Wachstumsraten zu verzeichnen (vgl. Tab. 4–7, S. 39 ff.), dennoch zeigte sich auf der niedrigsten (4-stelligen) Ebene der ISIC-Klassifikation keine signifikante positive Korrelation zwischen der Höhe der Protektion (1967) und den Output-Indices für die Zeit zwischen 1962 und 1971[173].

(2) Dies deutet darauf hin, daß viele Betriebe des verarbeitenden Gewerbes – unterstellt man einmal, daß sie die ihnen gebotenen Spielräume bezüglich der Preisfestsetzung für ihre Produkte ausgenutzt haben – entweder sehr hohe Profite eingestrichen und/oder in hohem Maße ineffizient gearbeitet haben.

(3) Mit zunehmendem Fortschritt des Industrialisierungsprozesses und speziell seit Anfang der 70er Jahre wurde die Exportproduktion zur entscheidenden Determinante des **gesamtindustriellen** Wachstums. Solange ein überhöhter und andauernder Zollschutz Ineffizienzen in der Produktion förderte und damit die internationale Konkurrenzfähigkeit herabsetzte, stellte er eher ein Hindernis für die Exportorientierung dar, als daß er zu einer Erklärung für das der Exportproduktion zuzuschreibende Wachstum beitrug. Die so geschaffenen Hürden für die Exportproduktion mußten erst durch spezielle Gegenmaßnahmen – so z. B. ein erweitertes *Drawback System* und Anreize für die Exportindustrie – graduell abgebaut werden[174].

Unter der Annahme einer besonders hohen und permanenten Protektion der **Konsumgüterindustrie** stellt sich zunächst die Frage, inwiefern und in welchem Umfang diese das **Ziel der Importsubstitution erreichte**. Bezüglich der einheimischen Nachfrage muß dabei folgendes vorausgesetzt werden:

– Im Laufe des Industrialisierungsprozesses steigt die Gesamtnachfrage aufgrund des gestiegenen Lebensstandards[175];

– Das Nachfragemuster verschiebt sich zugunsten höherwertiger, längerlebiger Konsumgüter[176].

Die auf Einzelhandelspreisen beruhenden Marktversorgungsanteile der einheimischen Güterproduktion (Tab. 19) erlauben folgende Schlüsse:

(1) Zieht man in Betracht, daß ein Teil der einheimischen Nachfrage aufgrund von auf ausländische Waren fixierten Konsumgewohnheiten nicht substituierbar ist, so ist festzu-

---

173 DEMETRIADES (1984, S. 113).

174 S. Kap. 9, S. 122 f. Die Negativwirkungen der Zollschutzpolitik auf die Konkurrenzfähigkeit auf dem Exportsektor sind ausführlich beschrieben bei DEMETRIADES (1984, S. 110 ff.).

175 Das Bevölkerungswachstum auf Zypern trug nur wenig hierzu bei. Zwischen 1961 und 1981 stieg die De-jure-Bevölkerung (nach 1974 im griechischen Teil) nur um durchschittlich 0,5 % jährlich (R.O.C. 13, 1982). Von großer Bedeutung ist dagegen der Verbrauch einer wachsenden Zahl von Touristen.

176 S. Tab. 19, Sp. 3 u. 4.

Tab. 19: Anteile im Inland produzierter Güter am privaten Endverbrauch (ausgewählte Güterkategorien), 1971 und 1981

Güterkategorie	Anteil d. inländischen Produktion am privaten Endverbrauch (in %)		Anteil d. Güterkategorien an den Gesamtausgaben der privaten Endverbraucher (%)	
	1971	1981	1971	1981
Nicht - alkoholische Getränke	99,6	98,9	1,4	1,3
Alkoholische Getränke	86,3	81,4	2,4	1,8
Tabakwaren	95,5	96,7	3,0	2,0
Bekleidung	52,1	77,4	7,2	8,4
Schuhe	89,9	80,8	1,9	1,7
Möbel / Einrichtung / Teppiche	68,2	76,9	2,1	2,9
Haushaltstextilien / and. Einrichtg.	62,1	79,2	0,9	1,0
Elektr. Haushaltsgeräte / Beleuchtung	15,5	15,4	1,6	2,1
Geschirr / Glaswaren / and. Haus=haltswaren	37,3	14,7	1,8	1,8
Nicht-dauerhafte Haushaltswaren (Waschmittel etc.)	59,4	55,7	2,2	2,6
Medizinische u. pharmazeut. Prod.	0,0	4,2	0,7	0,9
Private Kraftfahrzeuge	0,0	0,0	4,6	6,0
KfZ-Zubehör / -Ersatzteile (incl. Reparaturleistungen)	45,0	68,2	1,8	1,7
Treibstoffe, Motorenöle u.ä.	0,0	99,7	2,4	6,0
Radio- u. Fernsehgeräte, Platten=spieler, Tonbänder u.ä.	0,0	3,1	1,0	2,1
Bücher, Zeitungen, Zeitschriften	58,3	30,3	1,8	1,2
Kosmetika, Parfümerieartikel	30,4	34,3	0,6	0,7
Schmuck, Juwelen, Uhren u.ä.	51,9	83,1	0,7	1,1
Schreibwaren	9,0	19,2	0,1	0,1

Anmerkungen: - Der private Endverbrauch bezieht sich ausschließlich auf Ausgaben von Inländern auf Zypern
- Angaben für 1981 nur für den griech. Teil Zyperns

Quelle: Economic Report (R.O.C. 14), 1972, 1982

stellen, daß einige der besonders unproblematisch herzustellenden einheimischen Konsumgüter (Getränke, Tabakwaren, Schuhe) bereits 1971 die vorhandene Nachfrage voll decken konnten. Dies waren allerdings durchwegs Produkte, die bereits 1962 einen hohen Grad der Marktversorgung erreicht hatten, für die also eine Importsubstitution nur begrenzt notwendig war[177]. Die Tatsache, daß bei einem Teil dieser Güter die Importanteile bis 1981 wieder angestiegen sind, weist nicht hin auf Engpässe in der einheimischen Produktion, sondern (bei alkoholischen Getränken und Schuhen) auf eine Veränderung des Konsumverhaltens in Richtung eines erhöhten Verbrauchs importierter Waren trotz eines ausreichenden einheimischen Angebots.

(2) In den meisten Teilbereichen der Konsumgüterversorgung konnten in den 70er Jahren die bisherigen Erfolge in der Importsubstitution fortgesetzt werden. Damit wurden bis

---

[177] S. R.O.C. 16.

1981 die Möglichkeiten einer bezüglich Marktgröße und Technologieniveau leicht erreichbaren Importsubstitution weitgehend ausgeschöpft[178];

(3) Ansätze zur Importsubstitution blieben völlig aus oder stagnierten auf einem niedrigen Niveau in den für Zypern kritischen Bereichen der Importsubstitution. Fehlende Rohstoffe bei hohem Transportkostenaufwand für importierte Inputs, hohe erforderliche Skaleneffekte für eine rentable Produktion bei geringer Marktgröße, hohes erforderliches Niveau der Investitionskosten und des Know-how verhinderten einen Fortschritt der Importsubstitution etwa in den Bereichen der Produktion (dauerhafter) Haushaltswaren[179], vor allem aber in den Sektoren der Elektro-, Elektronik- und Kfz-Industrie, der Feinmechanik und der pharmazeutischen Industrie. Erste Ansätze in der Produktion von Fernsehgeräten und pharmazeutischen Produkten in den letzten Jahren sind ausschließlich zurückzuführen auf einzelne Verlagerungen der letzten Fertigungsstufe nach Zypern[180].

Die Expertenkommission der UNIDO (1971, S. 22 ff.) sah bereits Anfang der 70er Jahre die Grenzen des industriellen Wachstums auf der Basis einer importsubstituierenden Konsumgüterindustrialisierung für die nahe Zukunft erreicht. Auch angesichts einer steigenden Nachfrage infolge der allgemeinen Kaufkrafterhöhung würden die verbleibenden Potentiale nicht ausreichen, Industrialisierung im Sinne eines erhöhten Beitrags des verarbeitenden Gewerbes zum BIP voranzutreiben. Zur Lösung des abzusehenden Problems wurden zwei sich teilweise ergänzende Optionen vorgeschlagen:

(1) Die Ausrichtung des Protektionssystems mußte von der bloßen Orientierung auf das Endprodukt (Konsumgut) auf einen prozeßorientierten Ansatz umschwenken. Anstatt einer weiteren Diversifizierung des industriellen Outputs sollte eine Vertiefung des industriellen Produktionsprozesses angestrebt werden. Ziel der Industrialisierungsbemühungen müßte sein ein höherer Grad der vertikalen Integration bzw. eine stärkere Betonung von Kopplungseffekten zum Rohmaterialsektor und zu den Produzenten intermediärer Güter. Dies würde auf politischer Ebene die Umstrukturierung der Zolltarife im Sinne einer Berücksichtigung der effektiven Protektion und einen Abbau des bisher gravierenden Zollschutzgefälles zuungunsten der Konsumgüterindustrien bedeuten.

(2) Die Industrialisierungsbemühungen müßten in Richtung auf eine verstärkte Exportorientierung umgelenkt werden.

Es besteht kein Zweifel, daß die Industrialisierung in den 70er Jahren **zuungunsten** einer Vertiefung industrieller Produktionsprozesse auf eine verstärkte Exportorientierung hinauslief und daß diese Exportorientierung die Ventilfunktion übernahm für den Veränderungs-

---

178 Eine Ausnahme bildet die Totalsubstitution im Bereich der Treibstoffe im Rahmen einer hochtechnologischen Produktion. Die äußerst geringen Wertschöpfungsanteile der Raffinerieproduktion schmälern freilich diesen Erfolg ganz erheblich.

179 Der negative Verlauf der Importsubstitution lag hier wohl vor allem daran, daß die traditionellen Produzenten nicht in der Lage waren, ihre Produktion auf eine qualitativ veränderte Nachfrage umzustellen. Vgl. hierzu die Expertenkommission der UNIDO (1971, S. 23): "(...) the extent to which the local industry will capitalize on the increased demand potential will become increasingly dependent on its ability to meet the qualitative requirements of local consumers".

180 Daß solche Verlagerungstendenzen in den genannten Branchen nicht früher und nachhaltiger einsetzten, lag vor allem an den limitierenden Faktoren für die Ansiedlung ausländischer Produzenten auf Zypern (s. Kap. 6, S. 78 ff.).

druck, der sich ergeben hatte, nachdem die erste und leichteste Phase der Importsubstitution an ihre Grenzen zu stoßen gedroht hatte.

Greifen wir zurück auf die sektorale Aufschlüsselung des verarbeitenden Gewerbes nach der ökonomischen Bestimmung des Output in der Nachinvasionszeit (Tab. 10, S. 47), so wird noch einmal deutlich, daß die Industriestruktur auch in der jüngsten Wachstumsphase ihrer eklatanten Konsumgüterlastigkeit verhaftet blieb. Es ist also bis heute zu keiner nennenswerten qualitativen Verschiebung in Richtung auf ein höheres relatives Gewicht der Grundstoff- und Halbfertigwaren- und der Kapitalgüterproduktion gekommen. Immerhin partizipierten diese Sektoren durchaus am industriellen Wachstum, zogen doch die Entwicklungen in der Landwirtschaft, im Bausektor, im Tourismus und in der Konsumgüterindustrie selbst einen entsprechenden Bedarf nach sich[181]. Zudem muß ein erheblicher Teil ihres Wachstums ebenso wie im Falle der Konsumgüterindustrie auf das *Spill-over* in die Exportmärkte zurückgeführt werden[182].

Die wesentliche Ursache für die fehlende Vertiefung der industriellen Produktion ist wiederum zu suchen in der Staffelung der Zolltarife und in der Interessenlage der maßgeblichen Klasse der Konsumgüterproduzenten. Eine wirksame Veränderung der Industriestruktur zugunsten der Halbfertigwaren- und Investitionsgüterproduktion hätte grundlegende Veränderungen in der Zolltarifstaffelung vorausgesetzt – Veränderungen, die fast vollständig ausblieben. Die Profiterwartung und Konkurrenzfähigkeit der Fertiggüterproduzenten hing ganz entscheidend ab von der Verfügbarkeit wenig oder gar nicht protektionierter Inputs und Produktionsmittel und einer hohen Protektion des Endprodukts. Etablierte Konsumgüterproduzenten wehrten sich mit Erfolg gegen eine Verringerung des Tarifgefälles und generell gegen das Aufkommen von Halbfertigwarenindustrien. DEMETRIADES (1984, S. 125) faßt die Gründe für diesen Widerstand wie folgt zusammen:

> "This resistance arises from the lack of confidence in the quality and standardization of the domestic product, the fear of domination by a monopoly supplier, the higher prices they may have to pay for the domestically produced inputs (...), the more active domestic competition once the basic ingredients are produced within the country and the possible loss of prestige from the use of locally produced inputs."

Exkurs: Kopplungseffekte der Industrieentwicklung

Erstmalig wiesen, in Bezug auf die 50er Jahre, MEYER und VASSILOU (1962, S. 87) auf den **geringen Grad vor- und rückwärtsgerichteter Kopplungsbeziehungen** des verarbeitenden Gewerbes hin. Anfang der 70er Jahre kennzeichnete die UNIDO (1971, S. 24) die fehlenden *Linkages* der verarbeitenden Unternehmen als Enklaven-Struktur, eine Struktur, die heute noch als eines der wesentlichen Hauptdefizite des verarbeitenden Sektors in Zypern gelten muß.

Quantitativ sind Verflechtungsbeziehungen inner- wie auch intersektoraler Art nur durch eine sog. *Input-Output-Matrix* darzustellen, das notwendige Datenmaterial fehlt in der amtlichen Statistik allerdings weitgehend[183]. Dennoch kann die Existenz bzw. das Fehlen von *Linkages* annäherungsweise zumindest deskriptiv bestimmt werden.

Folgende Tatsachen sprechen für einen Mangel an Verflechtungen auf der **Output-Seite**:

– die Dominanz der Produktion für den Endverbrauch gegenüber den intermediären Gütern und Kapitalgütern;

---

181 Vgl. auch Kap. 4, S. 56 f.
182 S. Kap. 9.
183 Einen Versuch in dieser Richtung unternahmen MEYER / VASSILIOU (1962, Appendix) für die 50er Jahre.

– bei den intermediären Gütern die wachsenden Exportanteile [184] sowie der hohe Beitrag der Erdölraffinerie zum Gesamt-Output bei minimaler Wertschöpfung [185].

Verflechtungen mit nachgelagerten Sektoren wie der Landwirtschaft, dem Energiesektor, dem Baugewerbe und dem Tourismus sind in der Regel als Rückwärtskopplungseffekte dieser Sektoren zu verstehen [186].

Verflechtungen auf der **Input-Seite** erfaßt die amtliche Statistik für die Jahre 1972 und 1976 [187]. Gemessen am Wert waren von den im industriellen Produktionsprozeß eingesetzten Rohmaterialien und Halbfertigwaren 1972 69,4 % und 1976 bereits 72,6 % importiert. Klammert man den Nahrungsmittelsektor aus, die wichtigste rohstoffnahe Branche, so ist der Anteil sogar noch höher: 73,2 % (1972) bzw. 89,3 % (1976). In Anhang 1 wurden die (4-stelligen) Einzelbranchen nach ISIC 1968 nach der Herkunft ihrer Rohmaterialien klassifiziert. Ein erheblicher Teil des zyprischen verarbeitenden Gewerbes ist nach dieser Aufstellung praktisch ohne Kopplungen zu vorgelagerten Branchen oder Wirtschaftsbereichen. Kopplungen auf der Input-Seite treten noch weitaus am häufigsten in der Weiterverarbeitung agrarischer Rohstoffe auf. Bei den einheimischen mineralischen Rohstoffen ist die Rohstoffgewinnung in der Regel in den Betrieb integriert, bei entsprechend rohstofforientierten Standorten.

Bedeutende Verflechtungen zu anderen Industriebereichen treten nur in zwei Fällen auf: Die Backwarenindustrie bezieht ihre wichtigsten Inputs aus Getreidemühlen (mit Kopplung zur Landwirtschaft), die Möbel- und Einrichtungsbranche einen Teil ihrer Materialien aus Sägewerken bzw. den *Forest Industries* (mit Kopplung zur Forstwirtschaft) [188].

Die Annahme liegt nahe, daß sich die schon 1976 gravierende Importabhängigkeit seither noch verstärkt hat. Nennenswerte Neuinvestitionen in vorgelagerte Verarbeitungsbereiche fanden nicht statt, dagegen hatte sich der Anteil der 1976 als ganz importabhängig gekennzeichneten Industrien (Kategorie IV in Anhang I) am BPW 1981 erheblich erhöht.

Die Hauptwachstumsbranchen der Nachinvasionszeit, wie Bekleidung und Schuhe, Papierverarbeitung, Erdölraffinerien und Kunststoffverarbeitung hängen alle nahezu ausschließlich von importierten Rohstoffen /Halbfertigwaren ab. Daß große Verflechtungspotentiale nicht genutzt wurden, zeigt das Beispiel der Bekleidungsindustrie. Trotz ihres hohen Bedarfs an Textilien als Halbfertigprodukt blieben Rückkopplungen auf vorgelagerte Spinnereien, Webereien oder Färbereien praktisch völlig aus. Die Textilindustrie beschränkte sich auf die Herstellung von Strick- und Wirkwaren, d. h. Fertigwaren, und importierte ihrerseits Garne als Vorprodukt. Neben dem Fehlen von Rohstoffen, vor allem Baumwolle [189] sowie Wasser als wichtige Voraussetzung für die Produktion, spielte auch hier die fehlende Aussicht auf eine Zollprotektion des Endprodukts eine große Rolle. Auch in den

---

[184] S. Kap. 9.

[185] Vgl. Tab. 10, S. 47.

[186] Beispiele für solche Verflechtungen sowie eine Erörterung der *Economies of Scale* bei der Produktion intermediärer Güter s. Kap. 4, S. 56 ff.

[187] R.O.C. 9 (1972 und 1976). Angaben schließen Verpackungsmaterialien sowie Hilfs- und Betriebsstoffe nicht mit ein.

[188] Hinzu kommen die vorgelagerten Verpackungsindustrien. Bereits 1972 stammten 55 % der in der verarbeitenden Industrie verwendeten Verpackungsmaterialien aus einheimischer Produktion (R.O.C. 9, 1972).

[189] Das BATTELLE MEMORIAL INSTITUTE (1963a, S. 9) berichtete: "Industrial crops, in particular cotton, have practically disappeared from the Island. A few years ago this crop supplied a fully integrated textile factory, which has now to cease production".

Fällen, in denen die Rohstoffsituation aussichtsreicher war, blieben mögliche Kopplungen auf niedrigem Niveau: die Schuhindustrie und die Lederwarenherstellung deckten z. B. beide ihren Lederbedarf überwiegend aus dem Ausland anstatt bei zyprischen Gerbereien. Ist ein solcher Mangel an *Linkages* volkswirtschaftlich schon bedenklich, indem er sich u. a. negativ auf die Zahlungsbilanz auswirkt, so bedeutet die Importabhängigkeit auch eine Abhängigkeit von schwankenden Weltmarktpreisen und damit ein betriebswirtschaftliches Risiko.

Ein ebenso wichtiger Faktor der Außenabhängigkeit bei den Inputs sind die Energiekosten[190]. Die gewerbliche Wirtschaft ist vollkommen abhängig von Ölimporten, sei es über direkt eingeführte oder über die Verarbeitungsstufe der Erdölraffinerie bezogene Treibstoffe oder die ausschließlich aus der Mineralölverbrennung gewonnene elektrische Energie. Die Folge sind generell hohe Energiepreise[191] und eine hohe Empfindlichkeit gegenüber Ölpreissteigerungen. Der wichtigste auf einheimischen Rohstoffen basierende Industriezweig der Nachinvasionszeit, die Zementindustrie, war am nachhaltigsten betroffen von der zweiten Ölkrise Ende der 70er , Anfang der 80er Jahre. 1981 summierten sich dort die betrieblichen Ausgaben für Elektrizität und Treibstoffe auf 50 % des BPW[192].

Wir können feststellen, daß es auf der zwischenbetrieblichen Ebene in Zypern kaum Ansätze zu einer vertikalen Spezialisierung kam, zum Aufbau von Zulieferindustrien, Produktion von Komponenten und Accessoires etc. Wie sieht es nun mit der Produktionstiefe **innerhalb** der zyprischen Industriebetriebe aus, inwiefern gibt es Ansätze zu innerbetrieblichen vertikalen Vertiefungen?

Die in Tab. 20 dargestellten Wertschöpfungsquoten als Maß für die durchschnittliche innerbetriebliche Produktionstiefe sind nach internationalen Maßstäben hoch. Generell gilt, daß der typische Handwerksbetrieb mit seiner Orientierung auf ein Fertigprodukt ein relativ großes Spektrum von Verarbeitungsstufen umfaßt. Im Laufe der jüngeren Industrieentwicklung lassen sich verschiedene – einander entgegengesetzte – Tendenzen ausmachen: Einerseits kommt es zum Aufbau von Betrieben mit sehr geringer Produktionstiefe, wie z. B. Montagebetriebe in der Elektrotechnik, Erdölraffinerie, Teile der chemischen Industrie und der Papierverarbeitung. Andere Teile der verarbeitenden Industrie tendieren zu einer Vertiefung des Produktionsablaufs, so größere Betriebe der Schuhindustrie (Herstellung von Plastikabsätzen) und der Möbelbranche (Verchromen, Galvanisieren etc.). Eine solche vertikale Erweiterung geht freilich zu Lasten größerer Skaleneffekte, die bei einer vertikalen Spezialisierung erreichbar wären. Ansätze dieser Art sind in ihrer Reichweite sehr limitiert und laufen keineswegs auf eine Integration aller in einem modernen Großbetrieb eines Industrielandes möglichen Verarbeitungsstufen hinaus.

Protektionismus und Ineffizienz

Ein Zusammenhang zwischen protektionistischen Maßnahmen und strukturellen Mängeln in der verarbeitenden Industrie besteht sowohl im Sinne einer konservierenden Wirkung –

---

190 Energiekosten zählen nicht zu den Rohmaterialien und Halbfertigwaren im oben verwendeten Sinn, gehen aber als Hilfs- und Betriebsstoffe ebenso in die Vorleistungen ein.

191 Nach DEMETRIADES / HOUSE (o. J., S. 9, Tab. 5) galten für die Industrie gleich hohe Durchschnittsstromtarife wie für den privaten Elektrizitätsbedarf.

192 1976: 36 % (R.O.C. 9, 1976, 1981).

Tab. 20: Wertschöpfungsquoten in den Branchen des
verarbeitenden Gewerbes, 1962–1983

Branche (ISIC 1958)	Wertschöpfungsquote (BWS / BPW)					
	1962	1967	1972	1976	1981	1983
20 Nahrungsmittel	0,19	0,20	0,26	0,26	0,27	0,28
21 Getränke	0,55	0,51	0,51	0,39	0,39	0,42
22 Tabakverarbeitung	0,11	0,27	0,39	0,32	0,38	0,42
23 Textilien	0,31	0,47	0,48	0,43	0,43	0,45
24 Schuhe u. Bekleidung	0,48	0,47	0,42	0,41	0,39	0,42
25 Holzverarbeitung	0,47	0,37	0,39	0,48	0,40	0,37
26 Möbel u. Einrichtung	0,52	0,43	0,53	0,49	0,48	0,47
27 Papier	0,42	0,25	0,27	0,26	0,28	0,29
28 Graph.Gew., Verlage	0,57	0,58	0,56	0,44	0,46	0,48
29 Leder (außer Schuhe)	0,29	0,28	0,31	0,31	0,35	0,38
30 Gummi	0,56	0,45	0,48	0,37	0,41	0,51
31 Chemie	0,44	0,44	0,39	0,33	0,33	0,30
32 Erdölraffinerie	–	–	0,28	0,11	0,03	0,03
33 Steine u. Erden	0,67	0,58	0,55	0,42	0,38	0,34
34 Hüttenindustrie	–	–	0,23	–	–	–
35 Metallwaren	0,49	0,58	0,44	0,34	0,37	0,37
36 Maschinenbau	0,63	0,59	0,53	0,49	0,47	0,49
37 Elektrotechnik	0,69	0,61	0,61	0,55	0,44	0,42
38 Fahrzeugbau u. -Rep.	0,86	0,69	0,79	0,73	0,72	0,77
39 Sonstige	0,39	0,35	0,44	0,39	0,36	0,36
Gesamt	0,39	0,38	0,42	0,35	0,34	0,35

BWS = Bruttowertschöpfung; BPW = Bruttoproduktionswert
Anmerkungen und Quellen: s.Tab. 4 – 8

in der Beibehaltung anders verursachter Defizite – als auch im Sinne einer mehr oder weniger unmittelbaren Verursachung, etwa dann, wenn ökonomisch fragwürdige Unternehmen auf der Basis einer hohen Protektion aufgebaut werden[193]. Die Effekte der Protektionspolitik sollen im folgenden daran beurteilt werden, inwiefern durch die Maßnahmen einer solchen Politik Skaleneffekte in der Industrieproduktion gefördert oder behindert wurden. Wesentliche Determinanten für das Erreichen von *Economies of Scale* sind die Struktur des nationalen Marktes[194] wie auch die Möglichkeiten zu einer Spezialisierung auf dem Exportsektor und deren Wahrnehmung. Innerhalb solcher marktabhängigen Rahmenbedingungen können Skaleneffekte zum Tragen kommen[195]

– durch eine Reorganisation der Betriebsgrößenstruktur hin zu größeren Betrieben und gleichzeitig

– durch eine höhere horizontale Spezialisierung, d. h. durch Reduktion der Produktpalette eines Betriebes;

– durch vertikale Spezialisierung (Aufbau von Zulieferindustrien); die hier relevanten Zusammenhänge zwischen Zollprotektion und Enklavenstruktur der Industrie wurden bereits erläutert.

Betriebsgrößenstruktur und Überkapazitäten

Die Betriebsgrößenstruktur des verarbeitenden Gewerbes war – wie in Kap. 4 erörtert – weitgehend durch die für Zypern typische Marktstruktur bedingt. Für das heute noch charakteristische Vorhandensein einer großen Zahl kleiner und kleinster Betriebe in den Einzelbranchen vor allem der Konsumgüterproduktion war die Überprotektion gleichwohl von zentraler Bedeutung. Das Protektionssystem wirkte hier in zweifacher Weise:

(1) Bei einem verminderten externen Konkurrenzdruck hatten die Besitzer von Industrieanlagen[196] wenig Veranlassung zu produktivitätssteigernden Maßnahmen durch Innovationen und Rationalisierungen, durch Verbesserungen der Produktqualität oder der innerbetrieblichen Organisation. Steigerungen in der Effizienz von Produktionsprozessen hätten in den meisten Branchen den Aufbau von größeren Betriebseinheiten begünstigt bzw. Konkurrenzvorteile für größere Betriebe bewirkt. In dem Maße wie solche Verbesserungen ausblieben, blieb auch der Konkurrenzdruck auf die handwerklichen Kleinproduzenten begrenzt[197].

(2) Neben den steuerlichen und sonstigen Investitionsanreizen stellte das Protektionssystem selbst einen dauerhaften Anreiz für den unternehmerischen Einstieg in die hochprotektionierten Konsumgüterindustrien dar. Ein einmal bestehendes und bezüglich der Profitabilität bewährtes Zolltarifsystem legte viel mehr Investitionen in herkömmliche, bereits hochprotektionierte Güterproduktion nahe, als daß es Innovationen in neue Branchensegmente förderte, für die eine Protektion erst beantragt werden

---

[193] Diese Wirkungszusammenhänge sind freilich analytisch nicht zu trennen.

[194] S. Kap. 4, S. 53 ff.

[195] Vgl. DEMETRIADES (1984, S. 118).

[196] Diese Kennzeichnung beruht auf der von der UNIDO-Kommission karikierten Klasse der „industrial proprietors" als industrielles Pendant zu den (unproduktiven) Klassen der Händler und Landbesitzer (UNIDO, 1971, S. 29).

[197] Siehe hierzu die Ausführungen zu den betriebsgrößenspezifischen Produktivitätsniveaus (Kap. 4, S. 59 ff.), insbesondere auch Tab. 13, S. 60.

mußte. Die zyprische Importsubstitutionspolitik leistete damit der „Kopiermentalität"[198] des Unternehmertums Vorschub, einer Mentalität, die auch in einem Informationsdefizit wurzeln konnte bezüglich der Möglichkeiten, für Zypern neuartige Güter zu produzieren. Neuinvestitionen in bestehende und als lukrativ erkannte, aber bereits überfüllte Einzelbranchen waren die Folge und damit ebenfalls ein Beitrag zu einer großen Zahl von Betriebsstätten, häufig unterhalb einer zur Ausnutzung von *Economies of Scale* optimalen Betriebsgröße.

Aus dem *investment bias* zugunsten der leichten Konsumgüterindustrien[199] im Zusammenhang mit der Kopiermentalität ergab sich auch fast zwangsläufig das Problem von **Überkapazitäten**, die die Relation zwischen Output und Investitionskosten negativ beeinflußten. Zusätzlich zu den genannten Gründen war die Entstehung von Überkapazitäten durch folgende weitere Faktoren bedingt:

- die unkontrollierte Vergabe von Importlizenzen für Materialien und Industrieanlagen seitens der Regierung wie auch deren (undifferenzierte) Förderung industrieller Investitionen mittels Abschreibungsmöglichkeiten etc.;
- die beschränkten Möglichkeiten zu einer Erhöhung der Kapazitätsauslastung durch die Einführung von Schichtarbeit[200]: als Gründe hierfür zu nennen sind die generelle Arbeitskräfteknappheit, die fehlende Bereitschaft der Arbeitnehmer aufgrund beruflicher Doppelverpflichtungen (z. B. Hausfrauentätigkeit bei weiblichen Arbeitskräften) und fehlender öffentlicher Verkehrsverbindungen außerhalb der normalen Arbeitszeiten zu den peri-urbanen und ländlichen Gemeinden als häufigsten Wohnstandorten der Arbeitnehmer.

In der Nachinvasionszeit kam es – vor allem wohl durch den Exportboom – zu einer Verbesserung der Kapazitätsauslastung in den führenden Konsumgüterindustrien[201]. Gravierende Überkapazitäten (50 % und mehr) blieben 1981 auf einige – vorwiegend durch Probleme in der Rohstoffversorgung in Folge der türkischen Invasion betroffene – Sektoren der Nahrungsmittelproduktion (z. B. Frucht- und Gemüsekonservierung) beschränkt. Entsprechend hohe Überkapazitäten gab es außerdem in den – teils bereits als Fehlplanungen charakterisierten – Betrieben der Produktion intermediärer Güter (Düngemittelfabrik, Papierfabrik, Futtermittelproduktion)[202].

Spezialisierung und Diversifikation

Das Postulat einer höheren Produktspezialisierung des Einzelbetriebes ist zunächst streng zu trennen von der Forderung nach einer erhöhten Diversifikation der gesamtindustriellen Produktion. Innerhalb der in dieser Arbeit bereits vielfach analysierten Grenzen der industriellen Expansion kam es auf Zypern unbestritten zu einer solchen Diversifikation in der industriellen Gesamtproduktion. Stellten 1962 die drei wichtigsten Hauptsektoren (nach ISIC

---

[198] Vgl. UNIDO (1971, S. 23).
[199] DEMETRIADES (1984, S. 122).
[200] Im Jahre 1981 arbeiteten nur 41 Betriebe im 2-Schicht- und 23 im 3-Schichtbetrieb. Unternehmen mit Schichtarbeit fanden sich vor allem in der Nahrungsmittelbranche, in der Papierverarbeitung und der Chemischen Industrie (v. a. Kunststoffverarbeitung) (R.O.C. 9, 1981).
[201] Bezogen auf eine 8-Stunden-Schicht schätzte DEMETRIADES (1984, S. 120) für das Jahr 1967 eine Kapazitätsauslastung von 65 % für den gesamten Industriebereich. 1981 lag die Kapazitätsauslastung bei durchschnittlich 80 % (R.O.C. 9, 1981).
[202] Vgl. Kap. 5, S. 69 ff. Zur Kapazitätsauslastung in den Einzelbranchen s. R.O.C. 9 (1981).

1958) noch 62,3 % des gesamten BPW, so reduzierte sich deren Anteil auf 46,4 % im Jahre 1972 und 37,6 % im Jahre 1981[203].

Demgegenüber blieben in den meisten Branchen der Konsumgüterindustrie Skaleneffekte durch eine erhöhte Spezialisierung ungenutzt. Ausnahmen waren fast ausschließlich in größeren Betrieben der Nahrungsmittel-, Getränke- und Tabakwarenindustrie zu finden, in denen Kapazitäten bereits in den 60er Jahren auf eine relativ hochspezialisierte Produktion eingerichtet wurden. Was für den traditionellen Kleinbetrieb einen großen Vorteil bedeutet, nämlich eine hohe Flexibilität bezüglich differenzierter Kundenwünsche, wurde inhaltlich auch von den meisten größeren Betrieben weitergeführt: man orientierte sich an der Gesamtnachfrage innerhalb einer bestimmten Branche und nutzte Betriebserweiterungen vor allem dahingehend, die Produktpalette zu erweitern[204].

9. Exportorientierung im zyprischen Industrialisierungsprozeß

Die gesamtwirtschaftliche Exportstruktur im Wandel

Die Exportstruktur Zyperns trug noch zu Beginn der 70er Jahre wesentliche Züge der kolonialen Vergangenheit. Der Export größtenteils unverarbeiteter Nahrungsgüter und ebenso unverarbeiteter Bergbauprodukte betrug bis zum Jahre 1970 wertmäßig mindestens 80 % der Gesamtausfuhren mit leicht schwankenden aber durchschnittlich etwa konstanten Anteilen[205]. Die Ausfuhren von Nahrungsgütern erreichten zu Beginn der 70er Jahre ihren relativen Höhepunkt (1972: 52 %), eine Tatsache, die auf eine erfolgreiche Intensivierung der Landwirtschaft – vor allem durch den Ausbau der Bewässerungslandwirtschaft – zurückzuführen war[206]. Gleichzeitig erfuhr der Export von Bergbauprodukten erhebliche Rückschläge, bedingt durch den Fall der Weltmarktpreise einerseits und durch die sich andeutende Erschöpfung der bisher wichtigsten Vorkommen an Eisen- und Kupferpyriten andererseits. Bis zur türkischen Invasion wiesen die Ausfuhren von Produkten der Industrie zwar eine steigende Tendenz in den Anteilen am Gesamtexportwert auf, blieben aber in ihrer Gesamthöhe von untergeordneter Bedeutung.

Die türkische Invasion muß als Wendepunkt in der Entwicklung der Exportstruktur der zyprischen Wirtschaft gesehen werden (s. Tab. 21 sowie Abb. 4): Die Invasion und Teilung Zyperns bedeutete einen empfindlichen Rückschlag für die Produktionskapazitäten und damit das Exportvolumen der traditionell maßgeblichen Ausfuhrgüter. In der Landwirtschaft war dies bedingt durch den Verlust eines Teils des wertvollen Bewässerungslandes, im Bergbau durch den Wegfall wichtiger Förderkapazitäten. In der Nachinvasionszeit nahmen die beiden ehemaligen Exportführer eine konträre Entwicklung: Durch fortgesetzte Intensivie-

---

[203] Berechnet nach Tab. 6, S. 41. Es handelt sich um die Sektoren Nahrungsmittel, Getränke und Schuhe / Bekleidung. Für 1981 bleibt der damals drittstärkste Sektor der Erdölraffinierung unberücksichtigt.

[204] Einen Einblick in das zersplitterte Angebot der Einzelbetriebe geben die verschiedenen *Directories* der zyprischen Industrie- und Handelskammer (z. B. CYPRUS CHAMBER OF COMMERCE AND INDUSTRY, 1982).

[205] R.O.C. 14 (verschiedene Ausgaben). Im Gegensatz zu vielen kolonialen oder peripherkapitalistischen Ökonomien war der Exportwarenkorb innerhalb dieser Kategorien relativ breit gefächert.

[206] Zitrusfrüchte, Frühkartoffeln, Tafeltrauben und andere Produkte der Bewässerungslandwirtschaft hatten bereits zu Beginn der 60er Jahre eine führende Bedeutung vor dem traditionellen „schwarzen Gold" Zyperns, dem Karob, gewonnen.

Tab. 21: Struktur und Wachstum der zyprischen Gesamtausfuhren (ohne Re-Exporte), 1973-1982

Güterkategorie	Anteile am gesamten Exportwert f.o.b. in %										DjV d. Exportwerts in %		
	1973	1974	1975	1976	1977	1978	1979	1980	1981	1982	1973-76	1976-79	1979-82
Nahrungsgüter /Getränke	68,2	60,7	47,1	48,2	45,8	39,3	38,8	34,7	33,0	39,7	5,5	6,4	16,4
unverarbeitet	50,1	39,8	34,6	34,0	33,2	26,3	26,5	23,1	21,8	27,2	4,0	1,7	16,5
weiterverarbeitet	18,1	20,9	12,5	14,2	12,6	13,0	12,3	11,6	11,2	12,5	9,3	9,0	16,2
Rohstoffe / Zwischen= prod. ("non food")	24,7	28,7	35,2	27,8	25,7	24,9	24,9	25,3	24,1	22,3	23,3	10,3	11,3
unverarbeitet	22,2	22,7	17,0	10,3	8,3	7,2	7,0	5,8	5,6	3,9	-6,5	0,5	-5,1
weiterverarbeitet	2,5	6,0	18,2	17,5	17,4	17,7	17,9	19,5	18,5	18,4	124,6	15,4	16,6
Kapitalgüter u. Teile (ohne KfZ)	0,5	0,4	1,5	1,1	1,9	2,2	1,2	1,9	3,1	3,7	10,8	20,7	66,4
Kraftfahrzeuge und Zubehör	0,2	0,2	0,7	1,0	1,3	0,6	1,3	0,9	0,4	0,4	113,8	25,3	-23,9
Konsumgüter	6,0	9,8	15,0	21,6	25,0	32,8	33,6	37,0	39,2	33,7	81,3	32,5	15,6
dauerhafte	0,1	0,1	0,2	0,6	0,7	0,5	0,7	1,3	1,3	0,6	137,8	15,3	12,3
nicht-dauerhafte	5,9	9,7	14,8	21,0	24,3	32,3	32,9	35,7	37,9	33,1	80,5	33,0	15,6
Sonstige	0,5	0,2	0,5	0,3	0,4	0,2	0,2	0,2	0,2	0,2	3,1	-0,1	15,2
G e s a m t	100	100	100	100	100	100	100	100	100	100	18,4	14,4	15,5
Gesamt (absolut, Mio C£)	51,3	46,6	48,8	85,2	109,5	103,6	122,6	148,5	193,3	196,5			

Anmerkungen: - DjV = durchschnittliche jährliche Veränderung
- dauerhafte Konsumgüter: Lebenszeit mind. 3 Jahre
- Angaben ab Aug. 1974 nur f.d. griech. Teil Zyperns

Berechnet nach: Economic Report (R.O.C.14), 1976, 1982

Abb. 4
Ausfuhren in den Haupt- Exportgüterkategorien (ohne Re - Exporte), 1973 - 1982

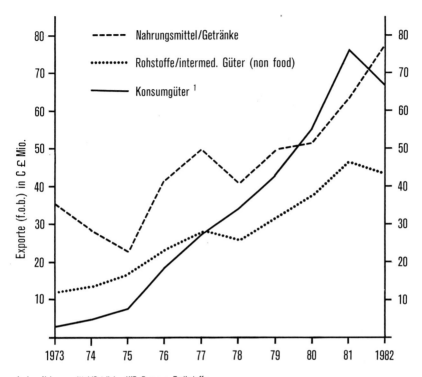

1 ohne Nahrungsmittel/Getränke, KfZ, Brenn- u. Treibstoffe
Quelle: Economic Report (R.O.C. 14), versch. Ausgaben

rungsanstrengungen wie auch durch günstige Absatzbedingungen auf den Exportmärkten kam es nach 1975 zu weiteren (wert- und mengenmäßigen) Steigerungen in den Ausfuhren landwirtschaftlicher Güter. Dagegen setzte die Förderung und der Export von Mineralien den Trend fort, der sich schon in der Vorinvasionszeit abgezeichnet hatte. Die stetige Erschöpfung abbauwürdiger Vorkommen ließ diesen Sektor bis Anfang der 80er Jahre an den Rand der Bedeutungslosigkeit herabsinken[207].

Die eigentliche Wende in der Exportstruktur war bedingt durch den **spektakulären Exporterfolg weiter Teile der zyprischen Industrie**, ein Erfolg, der das Kernstück des auf der Insel vielzitierten zyprischen Wirtschaftswunders der Nachinvasionszeit ausmachte. Bemerkenswert erscheint daran insbesondere, daß sich die invasionsbedingten Verluste an Produktionskapazitäten des verarbeitenden Gewerbes nicht – wie in den übrigen Sektoren – in Einbrüchen bei den Exporten niederschlugen.

Das Muster der industriellen Exporte entfernte sich dabei grundlegend von den bisherigen Ansätzen der Exportorientierung im verarbeitenden Gewerbe, die fast ausschließlich auf

---

[207] S. „unverarbeitete Rohstoffe" in Tab. 21.

der Weiterverarbeitung agrarischer Produkte beruht hatten (vor allem Früchte- und Fruchtsaftkonserven, Wein, Sherry). Aufgrund der schwierigen Rohstoffsituation seit der Invasion erlebte vor allem die exportorientierte Konservenindustrie Einbußen, und neue Ansätze zu einer Verarbeitung landwirtschaftlicher Nahrungsrohstoffe blieben aus. Entsprechend sank der Anteil der Exporte dieses Industriesektors von 18 % (1973) auf ein weitgehend konstantes Niveau von 12 % in der Nachinvasionszeit.

Der Export von *non-food*-Rohstoffen bzw. intermediären Gütern – im wesentlichen mineralische Produkte – blieb in der Zeit nach der Invasion anteilsmäßig in etwa auf dem Stand von 1973 (rund 25 % der Gesamtausfuhren). Grundlegend verändert hat sich dabei das Verhältnis zwischen den Güterausfuhren im unverarbeiteten und verarbeiteten Zustand. Hatten 1973 die Exporte im unverarbeiteten Zustand noch 90 % in dieser Kategorie ausgemacht, so verringerte sich deren Anteil bis 1981 auf 23 %. Dieser Wandel erklärt sich durch die großen Exporterfolge der Zementindustrie, die ausgehend von einer fast völlig binnenmarktorientierten Produktion innerhalb weniger Jahre zu einem der wichtigsten Exporteure der verarbeitenden Industrie und der Gesamtwirtschaft wurde.

Die grundlegende Veränderung der zyprischen Exportstruktur ergab sich durch das **Vordringen der leichtindustriellen (*non-food*) Konsumgüterproduktion** von nur 6 % des Gesamtausfuhrwertes (1973) auf die **Vorrangstellung in der zyprischen Exportwirtschaft**. Ausgeführt wurden dabei fast ausschließlich nicht-dauerhafte Produkte[208]. In diesem Faktum sowie in der Tatsache, daß die Exporte von Investitionsgütern und Kfz (Karosseriebau) – trotz erheblicher Steigerungen bei den Investitionsgütern – relativ unbedeutend geblieben sind, ist der entscheidende Mangel des zyprischen Ausfuhrprofils zu sehen.

In jedem Falle trugen die Exporterfolge der zyprischen Industrie entscheidend zu einer **höheren Diversifizierung** des gesamtwirtschaftlichen **Exportwarenkorbes** bei. Dies macht ein Vergleich der zehn wichtigsten Exportprodukte in den Jahren 1967 und 1980 deutlich (Tab. 22):

(1) Die wichtigsten Exportgüter bestanden 1967 ausschließlich aus Erzeugnissen landwirtschaftlicher und bergbaulicher Herkunft. An weiterverarbeiteten Gütern umfaßten sie allein Wein und Spirituosen sowie Karob (Johannisbrot)[209]. 1980 fanden sich bereits 6 Kategorien von Industrieprodukten unter den 10 wichtigsten Exportgütern.

(2) Die fünf wichtigsten Ausfuhrgüter erbrachten 1967 mehr als ¾ (76,3 %) der Exporterlöse, mehr als die zehn Hauptexportgüter im Jahre 1980 (70,3 %). Durch die Expansion des Industriesektors in Richtung Exportwirtschaft gelangte Zypern innerhalb kurzer Zeit zu einer relativ ausgeglichenen Exportstruktur – auch im Vergleich zu anderen Mittelmeeranrainerstaaten wie etwa Griechenland oder Marokko[210].

Das verarbeitende Gewerbe auf dem Weg zur Exportorientierung

Das Eindringen des verarbeitenden Gewerbes in den Exportsektor soll nun in einer detaillierten Betrachtung des Industriesektors selbst für den gesamten Untersuchungszeitraum spezifiziert werden. Die sich wandelnde Bedeutung der Exportproduktion für die Branchen

---

[208] Mit einer Lebensdauer von max. 3 Jahren.

[209] Karob wird vor der Ausfuhr nur teilweise – und in jedem Fall nur sehr geringfügig – weiterverarbeitet (Brechen, Entkernen).

[210] S. GERMAN INDUSTRIAL ADVISORY GROUP (1977, S. 97).

Tab. 22: Exportwarenkorb der zyprischen Gesamtwirtschaft, 1967 und 1980

Wichtigste Ausfuhrgüter (in der Reihenfolge ihres Exportwerts):

Rang	1967	Anteil am Gesamtexport (%)	1980	Anteil am Gesamtexport (%)
1	Zitrusfrüchte	20,4	Bekleidung	18,8
2	Kupferkonzentrat, -zement, -pyrit	19,7	Zement	8,9
3	Speisekartoffeln	18,3	Speisekartoffeln	8,5
4	Eisenpyrit	9,2	Schuhe	7,9
5	Wein / Spirituosen	8,7	Zitrusfrüchte	5,5
6	Karob	3,1	Wein / Spirituosen	5,4
7	Asbest	2,9	Zigaretten	4,7
8	Tafeltrauben	2,5	Papierprodukte	4,5
9	Karotten	1,4	Asbest	3,1
10	Rosinen	1,2	Tafeltrauben	3,0
1-10	G e s a m t	87,4	G e s a m t	70,3

Anmerkung: Angaben für 1980 nur f.d. griech. Teil Zyperns
Berechnet nach: Analysis of Foreign Trade (R.O.C. 3), 1967, 1980

des verarbeitenden Gewerbes läßt sich durch die jeweiligen Exportquoten veranschaulichen. Mit dieser je unterschiedlichen Exportentwicklung verändern sich auch die Anteile der Branchen am Gesamt-Exportwert des verarbeitenden Sektors. Der Wandel der zyprischen Industrie in Richtung auf eine partielle Exportorientierung soll im folgenden anhand der in Tab. 23 erfaßten Fünfjahreszeiträume verdeutlicht werden[211]:
Die Industrieentwicklung steht **1962–1964** ganz im Zeichen der Importsubstitution, bzw. des Aufbaus einer rohstoffverarbeitenden Industrie für den Binnenmarkt. Der Exportanteil am Gesamtoutput von nur 10 % geht zu über ⅘ auf das Konto der Nahrungsmittel- und Getränkeindustrie. Wichtigste Exportgüter in diesen Branchen sind Frucht(saft)konserven, Johannisbrot sowie Wein und Sherry. Die Produktion dieser Güter beruhte z.T. auf einer langen Tradition und war von Beginn an exportorientiert. Innerhalb der Nahrungsmittelindustrie erreichten auch die primär binnenmarktorientierten Branchen der Milch- und Fleischverarbeitung überdurchschnittliche Exportquoten.
Bei den übrigen Branchen mit nennenswerter Exportproduktion – in der Regel von Beginn an exportorientiert – handelt es sich durchweg um Güter aus der Agrarwirtschaft (z. B. fermentierte Tabakblätter, getrocknete und gesalzene Tierhäute) und mineralischer Herkunft (*Terra Umbra*) in der ersten Verarbeitungsstufe.
Der Exportanteil am Gesamtoutput steigt **1967–1971** nur unwesentlich, nach wie vor richtet sich das industrielle Wachstum primär auf den Binnenmarkt. Mit der Diversifikation des Output in einzelnen Sektoren verringern sich in manchen der (2-stelligen) ISIC-Branchen

---

[211] S. auch Battelle Memorial Institute (1963a) sowie Unido (1971).

Tab. 23: Exportquoten in den Branchen des verarbeitenden Gewerbes und Beitrag der Branchen zum Exportwert auf Zypern produzierter Industriegüter, 1962–1981

Branche (ISIC 1958)	Exportquote *				Beitrag zum Exportwert des V.G.			
	1962-66	1967-71	1972-76	1977-81	1962-66	1967-71	1972-76	1977-81
20 Nahrungsmittel	12,3	13,0	15,6	17,8	43,4	31,1	16,1	9,0
21 Getränke	31,0	42,6	41,1	40,5	39,2	40,4	22,9	9,6
22 Tabakverarbeitung	5,0	9,7	36,7	61,1	2,8	3,2	5,2	6,7
23 Textilien	3,7	3,8	1,9	2,8	0,7	0,8	0,3	0,3
24 Schuhe u. Bekleidung	1,2	13,4	34,5	59,4	1,7	13,0	22,6	36,0
35 Holzverarbeitung	0,7	2,8	18,1	4,8	0,1	0,4	1,7	0,2
26 Möbel u. Einrichtung	0,0	0,2	1,7	3,6	0,0	0,1	0,3	0,4
27 Papier	17,3	17,0	46,5	63,3	0,7	1,4	3,6	5,7
28 Graph.Gew., Verlage	1,4	0,7	0,6	1,8	0,4	0,2	0,1	0,2
29 Leder (außer Schuhe)	75,7	35,1	49,2	74,6	7,0	3,6	3,3	4,0
30 Gummi	0,0	0,0	0,0	0,1	-	-	0,0	0,0
31 Chemie	1,0	2,1	7,6	24,3	0,3	0,5	1,3	3,2
32 Erdölraffinerie	-	-	0,3	0,0	-	-	0,1	-
33 Steine uund Erden	4,7	3,5	37,7	40,9	2,8	2,0	15,3	13,3
34/35 Hüttenind., Metallwaren	0,1	3,9	13,2	24,8	0,0	1,5	3,3	4,2
36 Maschinenbau	3,6	7,2	13,9	38,3	0,6	1,1	1,4	3,1
37 Elektrotechnik	0,1	0,3	5,7	23,9	0,0	0,0	0,3	1,3
38 Fahrzeugbau u. -Reparatur	0,0	0,0	6,2	5,8	-	0,0	1,1	0,7
39 Sonstige	2,1	2,7	6,5	14,4	0,4	0,6	1,0	2,0
G e s a m t	10,0	12,8	19,9	28,9	100	100	100	100

* Anteil der Exporte f.o.b. am Bruttoproduktionswert   V.G. = Verarbeitendes Gewerbe

Anmerkung: Angaben ab Aug.1974 nur f.d. griech. Teil Zyperns
Quelle: Industrial Production Survey (R.O.C. 17), verschied. Ausg.

sogar die Exportquoten gegenüber der 1. Hälfte der 60er Jahre; so im Falle der Leder-verarbeitung mit dem Aufbau einer binnenmarktorientierten Produktion von Lederfertig-artikeln.

Eine beachtliche Steigerung der Exportquote wie auch des Anteils am Exportwert des Gesamt-Industriesektors weist der Sektor Schuhe und Bekleidung auf, eine Tatsache, die vor allem den Exporterfolgen der Schuhindustrie zuzuschreiben ist. Die Schuhindustrie wird damit Ende der 60er Jahre zum Vorreiter einer Entwicklung, die im Laufe der 70er Jahre einen Großteil des verarbeitenden Sektors erfassen sollte: nachdem sie als erste die Mög-lichkeiten der Importsubstitution ausgeschöpft hatte und damit an die Absorptionsgrenzen des kleinen zyprischen Marktes gestoßen war, kommt es zu einem *Spill-over*[212] in die Exportproduktion.

Im Zeitraum **1972–1976** vollzieht sich der eigentliche Durchbruch der verarbeitenden Indu-strie in den Exportsektor. Eindrucksvoll sind hierbei weniger die Veränderungen gegenüber dem vorangegangenen Fünfjahreszeitraum als vielmehr ein Vergleich der Situation 1976 gegenüber 1972. Das zeigt eine Gegenüberstellung von absoluten Exportwerten und Exportquoten in den Einzelbranchen[213] für die beiden Jahre (Tab. 24).

Tab. 24 verdeutlicht die für viele Branchen zutreffende enorme Erhöhung von Exportwerten und -quoten zwischen 1972 und 1976. Freilich ist diese Steigerung auch innerhalb des Be-trachtungszeitraumes keineswegs Ergebnis eines kontinuierlichen Prozesses: Der Anstieg findet sprunghaft und nahezu synchron für das ganze Branchenspektrum in der direkten Folgezeit der Invasion und Teilung Zyperns statt. 1976 verdoppelte sich der Wert der indu-striellen Exporte gegenüber dem Vorjahr[214].

Schlüsselindustrien in diesem Exportboom sind dabei nicht mehr die bisher dominanten Exporteure der Nahrungsmittel- und Getränkeindustrie; diese konnten ihre Exportquoten nur unmaßgeblich steigern. Abgelöst wurden sie durch die Schuh- und Bekleidungsindu-strie sowie die Zementproduktion. Für die letztgenannten Branchen stellt die Invasion von 1974 einen markanten Wendepunkt dar: Von einer stark dominierenden Binnenmarktorien-tierung sind sie zu überwiegend exportorientierten Branchen einerseits und zu industriellen Exportführern andererseits geworden.

Die gleiche Tendenz, bei geringerem absolutem Gewicht, zeigt sich in der Tabak- sowie in der Papierverarbeitung. Bei den meisten übrigen Branchen blieb zwar die überwiegende Orientierung auf den Binnenmarkt erhalten, in fast allen Fällen gewinnt jedoch die Produk-tion für den Export erhöhte Bedeutung. Das *Spill-over* in den Exportsektor betrifft dabei auch Branchen mit einer überwiegenden Herstellung von Investitionsgütern und interme-diären Produkten. Abgesehen von dem herausragenden Ausfuhrerfolg der Zementindu-strie[215] können Metallverarbeitung, Elektrotechnik, Fahrzeugbau und vor allem auch der Maschinenbau ihre Exportquoten und -anteile erhöhen[216].

Mit einem durchschnittlichen jährlichen Wachstum von 22,4 % von **1977–1981** hält der

---

[212] Vgl. DEMETRIADES (1984, S. 202).
[213] Angesichts der erheblichen Heterogenität der Entwicklung innerhalb der (2-stelligen) ISIC-Bran-chen wurde die entsprechend der amtlichen zyprischen Statistik höchstmöglichen Differenzierung in Einzelsparten gewählt.
[214] Vgl. Abb. 3, S. 36.
[215] Das Export**volumen** der Zementindustrie stieg zwischen 1973 und 1976 um das 64-fache (R.O.C. 14, 1982).
[216] Vgl. hierzu auch Tab. 21, S. 108.

Tab. 24: Exportwerte und -quoten in den Einzelbranchen des verarbeitenden
Gewerbes, 1972 und 1976

Branche (ISIC 1958)		Exporte f.o.b. (in 1.000 C £)		Exportquote (Exporte / BPW)	
		1972	1976	1972	1976
20	Nahrungsmittel	3.314	4.836	14,4	17,2
1	Fleischverarbeitung	5	65	1,0	6,1
2	Milchprodukte	297	549	9,9	12,8
3	Konservierung v. Früchten u. Gemüse	1.604	2.182	70,1	73,2
5	Getreidemühlen	6	35	0,1	1,0
6	Backwaren	1	139	0,0	3,6
8	Süßwaren	16	261	2,6	29,1
9	Verschiedene	1.385	1.605	14,6	14,1
21	Getränke	4.526	7.606	44,3	49,0
1-3	Alkoholische Getränke	4.493	7.354	59,8	61,6
4	Nichtalkoholische Getränke	33	252	1,2	7,1
22	Tabakverarbeitung	205	3.361	7,0	56,1
23	Textilien	9	103	0,3	1,7
1	Spinnerei und Weberei	9	24	1,7	2,9
2-9	Strickwaren und Wirkwaren	-	79	0,0	1,6
24	Schuhe, Bekleidung, Fertigtextilien	2.297	12.972	18,8	53,9
1	Schuhe	903	4.592	23,1	63,4
3	Bekleidung	1.393	8.278	18,4	52,4
4	Fertigtextilien (ohne Bekleidung)	1	102	0,2	11,3
25	Holzverarbeitung	99	1.224	5,5	39,3
26	Möbel und Einrichtung	19	199	0,4	3,8
27	Papier und Papierprodukte	200	1.464	14,7	57,1
28	Graphisches Gewerbe, Verlagswesen	6	65	0,2	1,1
29	Ledererzeugung und -verarbeitung	487	1.151	39,0	49,0
1	Gerbereien	405	538	65,6	61,3
3	Fertigwaren aus Leder (außer Schuhe)	82	613	13,4	41,6
30	Gummiverarbeitung	-	1	0,0	0,1
31	Chemische Industrie	79	966	2,7	16,2
1	Chemische Grundstoffe	-	-	0,0	0,0
3	Farben und Lacke	6	98	5,0	9,1
9	Verschiedene chemische Produkte	73	868	2,8	18,3
32	Erdölraffinerie	147	-	2,1	0,0
33	Steine und Erden	381	9.575	5,3	59,8
1	Ziegel und Fliesen	-	-	0,0	0,0
2	Glasprodukte	-	-	0,0	0,0
3	Töpferei, Keramik	-	-	0,0	0,0
4	Zement	127	8.977	4,4	72,6
9	Verschiedene	254	598	20,3	36,9
35	Metallverarbeitung	208	1.697	3,8	25,5
36	Maschinenbau	119	760	5,5	24,9
37	Elektrotechnik	13	238	1,5	12,6
38	Fahrzeugbau	6	832	0,2	15,1
39	Sonstige	185	670	6,0	12,9
4	Schmuckwaren, Juwelen	3	11	0,3	0,6
9	Sonstige	182	659	9,8	20,8
20-39	G E S A M T	12.300	47.720	12,7	29,4

Anmerkung: Angaben für 1976 nur für den griech. Teil Zyperns

Berechnet nach: - Industrial Production Survey (R.O.C. 17), 1972
                - Census of Industrial Production (R.O.C. 9), 1976

Exportboom bis 1981 an. Die Exportquoten stabilisieren sich weitgehend auf dem bereits 1976 erreichten Niveau[217].

Besonders eklatant treten nun die Veränderungen in der Struktur der industriellen Gesamtexporte im Vergleich zu den Anfängen der zyprischen Industrialisierung hervor (Tab. 23 und 25). Augenfällig ist dabei die höhere **Diversifizierung der industriellen Exporte.** Sie zeigt sich einerseits in einer stärkeren Streuung der Exportanteile über das Branchenspektrum. Sie wird andererseits deutlich in einer ganzen Zahl neuer Produkte mit beachtlichen Exporterfolgen (s. Tab. 25). Zu solchen neuen Produkten gehören nicht nur Konsumgüter, sondern in wachsendem Maße auch intermediäre und Kapitalgüter. Bedeutsam bei den intermediären Gütern sind, neben der Zementproduktiom, vor allem die Erfolge der Verpackungsindustrie (aus Papier/Kartonagen, Kunststoff sowie Textilgewerben), die mit einem Exportwert von insges. 10,8 C£ (1981) annähernd an die Ausfuhrerlöse der Zementproduktion heranreicht. Hingegen sind zwei ehemals bedeutsame Exporteure intermediärer Güter, die Tabak- sowie die lederverarbeitende Industrie, nunmehr zu überwiegenden Konsumgüterexporteuren von großer Bedeutung geworden (Zigaretten bzw. Taschen/Koffer etc.). Bei den Ausfuhren von Investitionsgütern, die ebenso gesteigerte Bedeutung erlangt haben, dominieren 1981 die Hersteller von Flüssigkeitspumpen und von gewerblichen Kühlanlagen.

Insgesamt betrachtet kommt auch auf dem Höhepunkt des Exportbooms der Nachinvasionszeit, im Jahre 1981, der Exportanteil am gesamten Output nicht über die 30 %-Marke hinaus; demnach **bleibt die zyprische Industrialisierung überwiegend auf den Binnenmarkt gerichtet.** Das hohe gesamtindustrielle Wachstum zwischen 1976 und 1981 geht aber eindeutig auf diesen Boom zurück, ebenso wie die nach 1981 sichtbare Stagnation mit Einbrüchen bei den Exporten in Verbindung steht[218]. Industrielles Wachstum und exportorientierte Industrialisierung standen auf Zypern in einem wechselseitigen Zusammenhang. Einerseits war das Exportwachstum **Folge** eines vorangegangenen binnenmarktorientierten Wachstums, die Ausfuhr wurde zum Ventil für die wachsenden Outputs bei wachsenden Kapazitäten und einem begrenzten Binnenmarkt[219]. Andererseits wurden die Erfolge der zyprischen Industrie auf den Exportmärkten zur **Ursache** weiteren Wachstums: sie waren Anreiz für den Aufbau neuer Kapazitäten und eine entsprechende Erhöhung des Outputs. Besonders auch der industrielle Wiederaufbau in der direkten Folgezeit der türkischen Invasion stand unter dem Vorzeichen besonders guter Exportchancen. Erstmalig entstanden in großer Zahl Betriebe, die ihre Produktion zu 100 % auf den Exportmarkt richteten. Für diese Betriebe wurde ein Anhalten der guten Exportaussichten vielfach zu einer Überlebensfrage.

Interne und externe Rahmenbedingungen für eine exportorientierte Industrialisierung

Welches sind nun die Gründe und Rahmenbedingungen für die spektakulären Exporterfolge der zyprischen Industrie? Wie ist die Dauerhaftigkeit dieser Exporterfolge einzuschätzen?

---

[217] Ausnahmen hierbei sind die ISIC-Sektoren 208 (Süßwaren) und 25 (Holzverarbeitung). Die 1976 erreichten Exportquoten (s. Tab. 24) basierten auf quasi einmaligen Exporterfolgen, die in den folgenden Jahren nicht wiederholt werden konnten.

[218] Vgl. Tab. 4–8, S. 39 ff. In den Einzelbranchen existieren durchaus Ausnahmen von dieser Regel, so z. B. in der Möbelindustrie, die ihr überdurchschnittliches Wachstum fast ausschließlich infolge einer stark gestiegenen Binnenmarktnachfrage erreicht.

[219] Die Ereignisse der türkischen Invasion von 1974 führten zu einer zusätzlichen Depression der Binnennachfrage, was viele Firmen vor die Alternative stellte, die Produktion drastisch zu drosseln oder aber nach Exportmöglichkeiten zu suchen (vgl. GERMAN DEVELOPMENT INSTITUTE 1979, S. 4).

Tab. 25: Exporte von Gütern des verarbeitenden Gewerbes (ohne Re-Exporte), 1973-1983

Güterkategorie	Exportwert (in Mio. C£)								Anteil (in %)				Wichtigste Ausfuhrgüter 1981 (Wert= anteil a.d. Güterkategorie in %)
	1973	1977	1978	1979	1980	1981	1982	1983	1973	1977	1981	1983	
Verarbeitete Früchte	2,2	2,2	1,7	2,3	2,2	2,7	2,7	3,1	17,6	3,5	1,9	2,4	
Wein / Spirituosen	5,2	7,2	6,4	8,0	8,1	10,3	10,7	11,0	40,7	11,6	7,4	8,5	Wein/Traubenmost (77); Spirituosen (23)
Zigaretten	-	3,8	5,9	5,7	6,9	8,8	9,0	6,0	-	6,1	6,3	4,6	
Schuhe	0,6	5,9	7,1	8,3	11,7	16,3	15,8	15,8	4,7	9,5	11,7	12,2	
Bekleidung	2,0	12,0	16,3	22,1	27,9	39,5	31,7	38,4	16,1	19,3	28,3	29,6	
Papierprodukte / Kartonagen	0,3	2,0	3,0	5,2	6,8	9,8	9,0	5,3	2,5	3,3	7,0	4,1	Zigarettenschachteln (13); andere Verpackungen (79)
Koffer / Taschen (vorwiegend aus Leder)	0,1	1,1	1,7	3,7	3,3	4,6	3,1	3,1	0,9	1,7	3,3	2,4	
Chem. Erzeugnisse / Parfümerieartikel / Kunstst.	0,2	3,9	2,5	1,9	4,1	5,6	6,2	9,0	1,7	6,3	4,0	6,9	Kosmetika, Parfümerie (36); Kunststoffprod. (ohne Verp.)(15); Medizin/Pharmazie (12)
Zement	0,1	10,6	8,3	10,3	13,1	12,8	13,3	10,2	0,8	17,0	9,2	7,9	
Erzeugnisse aus Holz / Metall	0,3	3,7	3,6	3,9	4,3	7,2	7,0	4,7	2,1	6,0	5,1	3,6	Fertigbauten (48); Metallkonstruktionen (Fenster, Türen etc.)(31)
Maschinenbau / Fahrzeugbau	0,3	3,4	2,8	3,3	4,2	6,7	8,1	9,0	2,7	5,4	4,8	6,9	Pumpen (62); gewerbl. Kühlanlagen (14)
Sonstige	1,3	6,4	7,1	7,5	11,3	15,2	17,8	14,2	10,1	10,3	10,9	10,9	Käse (15); Installationen (12); Kunststoff= verp. (8); Karob/-Prod. (5)
G e s a m t	12,6	62,2	66,4	82,2	103,9	139,5	134,4	129,8	100	100	100	100	

Anmerkung: Angaben ab 1977 nur f.d. griech. Teil Zyperns

Quellen: - CENTRAL BANK OF CYPRUS (1981, 1984), Annual Report 1980, 1983
- Statistics of Imports & Exports (R.O.C. 23), 1981

Alte und neue Märkte und Exportchancen: Die EG und der arabische Markt

In bezug auf die gesamten zyprischen Exporte läßt sich feststellen, daß sich noch 12 Jahre nach Erlangung der Unabhängigkeit die Ausfuhren primär auf das ehemalige koloniale Mutterland richteten (s. Tab. 27). Die Handelsströme zwischen Zypern und Großbritannien waren gekennzeichnet durch ein ähnliches ungleiches Tauschverhältnis wie zur Kolonialzeit. Zypern lieferte Rohstoffe und Nahrungsmittel und bezog seinerseits meist hochwertige Konsumgüter, Investitions- sowie intermediäre Güter, u. a. für den steigenden Bedarf der Industrie[220].

Der bevorstehende EG-Beitritt Großbritanniens Anfang der 70er Jahre barg für Zypern die Gefahr eines Verlustes der Handelspräferenzen, die der Inselstaat als Commonwealth-Mitglied gegenüber Großbritannien noch genossen hatte. Damit drohten die zyprischen Agrarexporte an die Briten, als wichtigste Säule der damaligen Exportwirtschaft, ins Wanken zu geraten. Ein im Jahre 1973 in Kraft getretener Assoziierungsvertrag zwischen Zypern und der EG bannte aber zunächst die Gefahr einer aprupten „Abnabelung" vom ehemaligen Mutterland. Die erste Phase dieses Vertrages sah vor[221]:

Tab. 26: Zielregionen zyprischer Exporte (incl. Re-Exporte), 1972 und 1981

Zielregion	Exportwert			
	1972		1981	
	in 1.000 C £	in %	in 1.000 C £	in %
EG – Staaten*	29.619	57,7	62.164	26,5
COMECON – Staaten	8.189	16,0	14.648	6,2
Arabische Staaten	3.539	6,9	108.496	46,2
Andere	9.958	19,4	49.465	21,1
G e s a m t	51.305	100	234.773	100

* Mitgliederstand 1980, d.h. incl. Großbritannien (EG/9)

Anmerkung: Angaben für 1981 beziehen sich nur a.d. griech. Teil Zyperns

Quelle: CENTRAL BANK OF CYPRUS, Bulletin No.64 (Sept.1979), Bulletin No.81 (Dez.1984)

---

[220] Das ungleiche Tauschverhältnis drückte sich auch in einem hohen Handelsdefizit Zyperns gegenüber Großbritannien aus: 1972 deckten die Ausfuhren nach Großbritannien gerade 65,6 % des Einfuhrwertes aus diesem Land (CENTRAL BANK OF CYPRUS, Sept. 1979).

[221] S. ausführlich bei NEOKLEOUS (1980, S. 26 ff.). Die 2. Phase der Assoziierung sollte bereits 1977 vollzogen werden, steht aber bis heute noch aus. Angestrebt ist in dieser Phase eine völlige gegenseitige Zollfreiheit für sämtliche Waren.

Tab. 27: Wichtigste Zielländer zyprischer Exporte
(incl. Re-Exporte), 1972 und 1981

1972				1981			
Rang	Name	Exportwert in 1.000 C £	Anteil an den gesamten Exporten (%)	Rang	Name	Exportwert in 1.000 C £	Anteil an den gesamten Exporten (%)
1	Großbritannien	21.234	41,4	1	Großbritannien	44.188	18,8
2	Sowjetunion	3.251	6,3	2	Libyen	22.840	9,7
3	BR Deutschl.	3.212	6,3	3	Saudi Arabien	19.688	8,4
4	Frankreich	1.516	2,9	4	Libanon	15.024	6,4
5	CSSR	1.487	2,9	5	Irak	14.914	6,4
1-5		30.700	59,8	1-5		116.654	49,7

Anmerkung / Quelle: s. Tab.26

- ein teilweises Offenhalten des EG-Marktes für zyprische Agrarprodukte. Formal geschieht das durch die Anwendung einer Kombination von Präferenzzöllen (gemessen an den Konditionen für andere Nicht-EG-Staaten) und Quotenregelungen;
- eine graduelle Senkung der Zollsätze für nach Zypern zu importierende EG-Güter auf 65 % des Normaltarifs (seit 1977);
- Zollsenkungen bzw. – ab 1978 – volle Zollfreiheit für verarbeitete Produkte zyprischer Herkunft auf dem EG-Markt.

Die bei oberflächlicher Betrachtung sehr weitreichenden Konzessionen der EG an zyprische Industrieprodukte waren jedoch keineswegs so generös: Wie NEOKLEOUS (1980, S. 32) überzeugend darstellt, kam es dabei vor allem auf die genaue rechtliche Definition des Terminus „zyprischer Herkunft" an. Unter diese Kategorie fielen nämlich nur Produkte aus zyprischen Rohmaterialien oder aber aus der EG importierten Rohstoffen bzw. intermediären Gütern. Eine solche Richtlinie stellte die Mehrheit der zyprischen Produzenten vor die Wahl, ihre Inputs aus der EG zu beziehen oder aber auf Exporte an den Gemeinsamen Markt zu verzichten. Die faktische Bedeutung der EG-Assoziation für zyprische Produkte im allgemeinen und Industriewaren im besonderen wird am besten deutlich, wenn wir die Bedeutung der Zielregionen zyprischer Exporte im Jahre 1981 mit derjenigen des Jahres 1972 vergleichen (Tab. 26 und 27):

(1) Die EG-Staaten (einschließlich Großbritannien) haben 1981 ihre führende Rolle als Hauptabnehmerregion für zyprische Ausfuhren an die arabischen Staaten verloren;

(2) Großbritannien bleibt zwar wichtigster einzelner Abnehmerstaat für zyprische Exporte, doch hat es seine noch Anfang der 70er Jahre ausgeprägte monopolartige Stellung verloren. Mit dem Bedeutungsverlust Großbritanniens und dem Bedeutungsgewinn einer Reihe von anderen Zielländern kam es (bezogen auf einzelne Zielländer) zu einem höheren Grad der Diversifikation der Exportmärkte. Dabei wurden auf den Rängen 2–5 der wichtigsten Exportpartnerstaaten die 1972 dominierenden europäischen Länder der UdSSR, der Bundesrepublik, Frankreichs und der CSSR sämtlich durch arabische Staaten ersetzt.

Tab. 28: Exporte zyprischer Produkte (ohne Re-Exporte) nach sektoraler Herkunft und Zielregion, 1981

Zielregion	Sektorale Herkunft			
	Agrarische Rohstoffe 1000 C£ %	Mineralien 1000 C£ %	Verarb. Prod. agrar. Herk. 1000 C£ %	Verarb. Prod. mineral. Herk. 1000 C£ %
EG - Staaten *	29.599 69,9	4.719 52,3	6.625 34,4	206 18,9
COMECON-Staaten	2.787 6,6	123 1,4	6.158 32,0	- -
Arabische Staaten	7.054 16,7	2.488 27,6	5.103 26,5	473 43,4
Andere Staaten	2.914 6,9	1.687 18,7	1.379 7,2	410 37,6
G e s a m t	42.354 100	9.017 100	19.265 100	1.089 100

Zielregion	Sektorale Herkunft		
	Verarb. Prod. industr. Herk. 1000 C£ %	nicht klassifiziert 1000 C£ %	G e s a m t 1000 C£ %
EG - Staaten *	21.581 17,8	1 0,2	62.731 32,5
COMECON-Staaten	5.544 4,6	29 6,3	14.641 7,6
Arabische Staaten	90.289 74,6	9 1,9	105.416 54,5
Andere Staaten	3.695 3,1	425 91,6	10.510 5,4
G e s a m t	121.109 100	464 100	193.298 100

*Mitgliederstand 1980, d.h. incl. Großbritannien (EG / 9)

Quelle: Economic Report (R.O.C.14), 1981

Die Verteilung der zyprischen Ausfuhren (kategorisiert nach deren sektoraler Herkunft) auf die Haupt-Exportregionen im Jahre 1981 (Tab. 28) zeigt, daß die EG wichtigster Abnehmer von agrarischen Rohstoffen, Mineralien und Industriegütern agrarischer Herkunft bleibt. Für die restlichen Industriegüter, die nunmehr zum dominierenden Ausfuhrposten der zyprischen Wirtschaft geworden sind, ist die EG als Zielregion von sekundärer Bedeutung. Die arabischen Staaten, 1972 als Märkte für zyprische Produkte noch fast völlig unerschlossen, sind 1981 – auf dem bisherigen Höhepunkt des industriellen Exportbooms der Nachinvasionszeit – zur herausragenden Hauptabnehmerregion für die Ausfuhren der zyprischen verarbeitenden Industrie geworden. Damit wird deutlich, daß der Exportboom im Anschluß an die türkische Invasion und damit das hohe industrielle Wachstum in dieser Zeit maßgeblich in Verbindung stand mit einer geradezu spektakulären Erschließung arabischer Märkte. Der Eroberungsfeldzug zyprischer Industrieprodukte auf den arabischen Märkten war die entscheidende Voraussetzung für eine exportorientierte Industrialisierung. Welche Faktoren ermöglichten nun diesen Erfolg?

Beginnen wir mit der Entwicklung der **Nachfrage auf den arabischen Märkten**: Hohe Exporteinnahmen hatten in den ölproduzierenden Ländern des Nahen Ostens seit Anfang der 70er Jahre eine erhebliche Kaufkraftsteigerung bewirkt, die sich wiederum in einer Erhöhung der Importe dieser Staaten ausdrückte. Von dem so entstandenen Importsog hatte zunächst vor allem die Industrie in dem Zypern benachbarten Libanon, der damaligen „Schweiz des Nahen Ostens" profitiert. Der seit 1975 im Libanon herrschende Bürgerkrieg führte dort schnell zum allgemeinen politischen und wirtschaftlichen Zusammenbruch und damit auch zum Niedergang der Exportwirtschaft. Dieser Zusammenbruch sollte zu einer wesentlichen Voraussetzung für den schnellen Wiederaufschwung der durch die Invasionsfolgen schwer betroffenen zyprischen Ökonomie und insbesondere der Industrie werden: Innerhalb kürzester Zeit füllten zyprische Industrielle und Händler die Lücke, die ihre libanesischen Konkurrenten hinterlassen hatten. Quasi über Nacht war ein bisher unbedeutender Markt für zyprische Industrieprodukte erschlossen worden, der für das beschränkte Exportvolumen der zyprischen Industrie fast unbegrenzte Absatzmöglichkeiten zu eröffnen schien.

Die zyprische Wirtschaft profitierte dabei von einem Faktor, der in der Geschichte der Insel – zuletzt durch die Invasion von 1974 – den Bewohnern oft genug zum Unheil gereicht hat: die geographische **Lage** im östlichen Mittelmeer an der Schwelle zum Nahen Osten. Zyperns Lage bedeutete kurze Transportwege zu allen Zentren der arabischen Welt, zumal 1975 der Suez-Kanal und damit der Seeweg zur Arabischen Halbinsel und zum Persischen Golf wiedereröffnet wurde. Die geographische Position im östlichen Mittelmeer erweist sich als der entscheidende Vorzug, den der arabische Markt für die zyprische Wirtschaft gegenüber dem EG-Markt bietet. Stellt der Inselstaat eine ideale Plattform für den Handel mit dem Vorderen Orient dar, so ist er aus der Sicht der EG-Zentren nur ein unbedeutender peripherer Satellit. Die Struktur der Handelsströme zwischen Zypern und den beiden genannten Handelsregionen reflektiert die unterschiedliche Rolle, die Zypern hier spielt:

(1) An die EG liefert Zypern vorwiegend Rohstoffe bzw. gering verarbeitete Industrieprodukte und bezieht vor allem hochwertige Konsumgüter, intermediäre Güter und Kapitalgüter.

(2) In den arabischen Raum liefert Zypern Konsumgüter sowie Grundstoffe für die Bauindustrie (Zement) und importiert dafür vorwiegend Rohstoffe, vor allem Rohöl.

(3) Anders als zur EG weist der Inselstaat gegenüber dem arabischen Raum eine positive Handelsbilanz auf[222].

Die Struktur des verarbeitenden Sektors: Chance oder Hindernis?

Eine ganze Reihe von – in dieser Arbeit bereits größtenteils angesprochenen – Defiziten in der zyprischen Industriestruktur ließen die internationale Konkurrenzfähigkeit zyprischer Industrieprodukte noch zu Anfang der 70er Jahre keineswegs in einem günstigen Licht erscheinen[223]. Zu diesen Defiziten zählten u. a.:

– eine klein- und kleinstbetriebliche Betriebsgrößenstruktur mit ungünstigen Aussichten bei der Nutzung von Skaleneffekten in Produktion und Vermarktung;

– hohe Lohnkosten im internationalen Vergleich;

– Abhängigkeit von importierten Rohmaterialien und hohe Energiekosten;

– geringe Qualitätsstandards bzw. wenig standardisierte Produktion;

---

[222] Im Jahre 1981 weist die Statistik für die einzelnen Handelsregionen folgende Relationen zwischen Import- und Exportwerten (ohne Re-Exporte) auf (Importe/Exporte; in Mio. C£): EG 241/63; COMECON 32/15; Arab. Staaten 66/105; übrige: 150/11 (R.O.C. 14, 1982).

[223] Vgl. KARLETTIDES (1980).

– eine Angebotsstruktur, die derjenigen einer Vielzahl von anderen Spätindustrialisierern entsprach, unter ihnen viele ausgesprochene Billiglohnländer.

Nun sind solche Defizite keineswegs von genereller Relevanz: Sie unterliegen zeitlichen Veränderungen, kommen je nach Art des produzierten Gutes unterschiedlich zum Tragen und hängen stark vom spezifischen Nachfrageprofil des potentiellen Marktes ab. Ebenso können sie durch andere komparative Vorteile aufgewogen werden (z. B. höhere Produktionskosten durch niedrigere Transportkosten).

Die Konstatierung struktureller Defizite der zyprischen Industrie im Hinblick auf eine exportorientierte Industrialisierung geschah vor allem aus dem Blickwinkel der EG-Märkte. Ohne Zweifel hätte eine vorrangig auf die EG-Märkte ausgerichtete Exportindustrialisierung, räumt man ihr überhaupt eine Chance ein, einen grundlegenden Strukturwandel der zyprischen Industrie vorausgesetzt, etwa im Sinne einer Umorientierung der Produktion auf hochspezialisierte Produkte hoher Qualität, für die Marktnischen auszumachen waren[224]. Zumindest unter einer kurzfristigen Perspektive konnte eine strukturelle Anpassung der zyprischen Industrie an die hohen europäischen Ansprüche durch die Orientierung auf den arabischen Markt umgangen werden. Die Eroberung des arabischen Marktes war möglich allein durch eine geschickte Nutzung je spezifischer, bereits bestehender Kostenvorteile. Das schnelle Erkennen der sich bietenden Exportchancen und deren prompte und flexible Wahrnehmung war das eigentliche Verdienst des zyprischen Industriekapitals. War etwa beim Zementexport die räumliche Nähe als transportkostenminimierender Faktor bedeutsam, so war es bei den Exportführern Schuhe und Bekleidung vor allem die Übereinstimmung der Angebotsstruktur mit der Struktur der arabischen Nachfrage: Gefragt war hier billige Ware bei niedrigen Ansprüchen an Qualität und Standardisierung, und genau diesen Kriterien entsprach das zyprische Angebot. Insbesondere die Schuhindustrie zeigte eine geradezu ideale Entsprechung auf den arabischen Bedarf. Sie kombinierte ein Design nach europäischen Vorbildern mit billigster Ausführung (Plastiksohlen etc.). Im Gegensatz zu anderen Industriezweigen konnte sie aufgrund der z. T. lokalen Produktion der Inputmaterialien Kosten sparen und mit einer schnellen Auftragsausführung brillieren.

Von Bedeutung war auch, daß viele zyprische Industrielle mit einer eher handelsbezogenen Tradition über gute persönliche Beziehungen zum arabischen Raum verfügten – ein Faktor der ein entscheidender Vorzug sein konnte. Hier kombinierten sich mentalitätsmäßige Verwandtschaft, die Beherrschung des orientalischen *Way of Business* wie auch fehlende Sprachbarrieren aufgrund der englischen Sprachtradition auf Zypern zu einem ganz spezifischen komparativen Vorteil.

Sicherlich blieben auch nach 1974 einer großen Zahl von Kleinstbetrieben Exportmöglichkeiten verschlossen. Eine Erhebung im *Census of Industrial Production* von 1976 (R.O.C. 9, 1976) deutet etwa auf den engen Zusammenhang zwischen Betriebsgröße und Beteiligung am Exporthandel hin. Danach gab es 1976 in der Bekleidungsbranche bei insgesamt 1 278 Betrieben[225] 102 mit mindestens 10 Beschäftigten und 139 Betriebe mit Exportgeschäften. In der Schuhproduktion fanden sich unter 135 Betrieben 44 mit mindestens 10 Beschäftigten und 34 exportierende Unternehmen. In diesen Zahlen zeigt sich einerseits ein enger Zusammenhang zwischen Betriebsgröße und Beteiligung am Exportgeschäft; auf der anderen Seite wird deutlich, daß zumindest auch ein – unter zyprischen Verhältnissen – mittelständischer Betriebe gegenüber dem nahöstlichen Markt durchaus exportfähig war. Bemer-

---

[224] Vgl. hierzu die Empfehlungen der GERMAN INDUSTRIAL ADVISORY GROUP (1977).
[225] Nach ISIC 1968.

kenswerterweise wurde in beiden Branchen jeweils mehr als 80 % des Gesamtexportwerts durch die jeweiligen Firmen selbst exportiert[226], eine Tatsache, die wiederum auf den hohen Grad des persönlichen Engagements der Firmeninhaber in der Vermarktung hinweist. Hier konnten gute persönliche Kontakte häufig *Diseconomies* in der Produktion ausgleichen und die Einsparung von Handelsspannen erhöhte den Spielraum des Produzenten. Die direkte Kontaktaufnahme ermöglichte eine schnelle Rückkopplung von Konsumentenwünschen auf die Produktionsplanung und gerade der kleinere, eher handwerklich orientierte Betrieb zeigte sich hier besonders flexibel und besaß darüber hinaus die für den orientalischen Markt vorteilhafte Fähigkeit, auch kleinste Aufträge zu erledigen. Die genannten Fühlungsvorteile verschafften etwa der zyprischen Bekleidungsindustrie einen wichtigen Konkurrenzvorteil vor den fernöstlichen Anbietern billiger Massenware.

Wohl **der** entscheidende **endogene Faktor** für die boomartigen Exporterfolge arbeitsintensiver Industrien wie der Schuh- und Bekleidungsbranche in der Folge der türkischen Invasion war der plötzliche Wegfall der wichtigsten limitierenden Faktoren sowohl in Hinsicht auf die notwendigen Produktionssteigerungen als auch auf die Produktionskosten und damit die internationale Konkurrenzfähigkeit. Als solche limitierenden Faktoren mußten die noch vor der Invasion ausgeprägte Arbeitskräfteknappheit[227] und die damit im Zusammenhang stehenden hohen Lohnkosten gelten. In der Folge der Invasion konnte sich die bestehende wie auch die neuerrichtete arbeitsintensive Industrie auf einen Pool billiger **Flüchtlingsarbeitskraft** im allgemeinen und noch billigerer **Frauenarbeitskraft** im besonderen stützen[228]. Die konsequente Nutzung der hier entstandenen Lohnkostenvorteile ist einer der wichtigsten Schlüssel zum Verständnis des zyprischen Exportbooms und generell des Wirtschaftsbooms in der Nachinvasionszeit. So konnte 1980 ein zyprischer Wirtschaftsplaner zurecht behaupten:

"In the time being low wages constitute the main advantage of Cyprus vis-a-vis other countries"[229].

Aus der Verfügbarkeit billiger Arbeitskraft ist es auch erklärbar, daß einige größere zyprische Unternehmen der Bekleidungungsindustrie in der Nachinvasionszeit auf der Basis reiner Lohnfertigungsaufträge für westeuropäische Unternehmungen – u. a. ein großes deutsches Versandhaus – entstanden sind[230].

Die Rolle des Staates

Mit der schrittweisen **Einführung von fiskalischen, zollpolitischen und institutionellen Maßnahmen** versuchte der Staat, ein der Exportorientierung günstiges Klima zu schaffen. Als wichtigste Maßnahmen eines solchen *Export Incentive Scheme* sind zu nennen:

– als zollpolitische Maßnahme das *Export Drawback System*[231], mit dem Ziel, die Benachteiligung der Exportindustrie durch die protektionistische Zollpolitik abzubauen[232];

---

[226] R.O.C. 9 (1976).
[227] 1973 betrug die Arbeitslosenquote 1,2 % (R.O.C. 14, 1976).
[228] S. ausführlicher Kap. 10.6 und 10.7, S. 146 ff.
[229] KARLETTIDES (1980, S. 15).
[230] Diese Tatsache führte zwar zu beachtlich hohen Exporten von Bekleidung in die EG; die gesamtwirtschaftlichen Effekte einer solchen Integration in die Auslagerungsdynamik westeuropäischer Betriebe müssen insgesamt jedoch äußerst skeptisch beurteilt werden. Vgl. hierzu: FRÖBEL / HEINRICHS / KREYE (1986, vor allem Teil II, S. 73 ff.).
[231] S. Kap. 8, S. 93.

- als fiskalische Maßnahme eine Einkommenssteuerbefreiung auf bis zu 6 % der Exporteinkommen[233];
- (seit 1975) Übernahme von Exportausfallbürgschaften durch das *Ministry of Commerce and Industry*[234].

Neben diesen direkt exportbezogenen Maßnahmen sind als indirekte exportfördernde Programme vor allem die Errichtung von *Trade Centres* im Ausland, die Organisation des *Cyprus International State Fair* in Nicosia sowie die Teilnahme an Handelsmessen im Ausland zu nennen. Auch infrastrukturelle Vorleistungen des Staates, wie etwa die *Industrial Estates*, sollten besonders der Exportindustrie zugute kommen.

Entscheidende Steuerungsmöglichkeiten im Hinblick auf eine Förderung der Exportorientierung erhielt der Staat erst in der Phase des Wiederaufbaus nach der türkischen Invasion. Die staatliche Planung hatte nach 1974 die günstigen Entwicklungen auf den arabischen Märkten erkannt und sah in der Exportindustrie **den** Garanten für eine schnelle Reaktivierung der Industrieproduktion. Im Sinne einer möglichst schnellen Absorption einer großer Masse arbeitsloser Flüchtlinge erhielten die arbeitsintensiven Exportindustrien oberste Priorität bei den staatlichen Wiederaufbauprogrammen[235]. Favorisiert wurden die Bekleidungs-, Schuh- und Lederwarenindustrie sowie generell Produktionen, die sich auf die letzte Verarbeitungsstufe beschränkten (Lohnveredelung)[236] – der Staat zielte weniger auf Innovationen als vielmehr auf schnelle Erfolge. Mit den Wiederaufbauprogrammen setzte er das Flüchtlingsunternehmertum in die Lage, komplementär die damalige Gunstlage auf Zypern in Form billiger Arbeitskraft und die externen Marktchancen zu nutzen.

Eine für die zyprischen Exporterfolge gleichfalls zentrale Rolle spielte die **Öffnung und Erhaltung von Exportmöglichkeiten mit diplomatischen Mitteln**. Vor den Augen der Weltöffentlichkeit war Zypern Opfer imperialer Aggressionen geworden[237]; die Erinnerung an diese Ereignisse wachzuhalten, dies wurde – bewußt oder unbewußt – zu einer effektiven Marketingstrategie für zyprische Produkte. Die Erinnerung an das Schicksal der Insel konnte manches politische und wirtschaftliche Entgegenkommen begünstigen. Solidarität, Mitleid und nicht zuletzt ein schlechtes Gewissen waren hier gleichermaßen von Bedeutung. Staatsbesuche brachten vielfach als Nebeneffekt das Zustandekommen eines bilateralen Handelsabkommens, das dem Inselstaat einige günstige Konditionen einräumte[238]. Hier, wie generell bei den Handelsbeziehungen Zyperns, gewinnt der Faktor Maßstäblichkeit eine große Bedeutung. Für den im Vergleich zu Zypern meist weit größeren Handelspartner bedeutete die Einräumung von Exportmöglichkeiten für die zyprische Industrie oft nur eine kleine freundschaftliche Geste; der Wirtschaft des Inselstaats konnten solche Gesten jedoch von großem Nutzen sein. An der ausgeprägten Reisediplomatie beteiligten sich

---

[232] Für das Jahr 1967 berechnete Demetriades (1984, S. 110 ff. sowie Appendix B1) für die zyprische Industrie aufgrund der Struktur der Zollprotektion einen hohen „bias against exporting".
[233] Coopers & Lybrand et. al. (1984, S. 71).
[234] S. detailliert: Sosylos (1979).
[235] Vgl. Kap. 7, S. 89.
[236] S. R.O.C. 34 (S. 54).
[237] Vgl. Kadritzke / Wagner (1976).
[238] Laut Demetriades (1984, S. 199, Fußn.) lag der Anteil der Exporte, die im Rahmen bilateraler Handelsabkommen mit gegenseitiger Verrechnung (*clearing*) geliefert wurden, bereits 1971 bei 16 %. Für die Nachinvasionszeit sind keine entsprechenden Angaben verfügbar.

im übrigen neben Politikern auch Geschäftsleute und Funktionäre von Parteien, Gewerkschaften und anderen Verbänden. Ihre Kontakte konnten nicht nur der Schaffung eines guten politischen Klimas bei arabischen Revolutionsführern, sozialdemokratischen Parteien oder den Machtzentralen von COMECON-Staaten dienen; sie fruchteten oft genug auch in Aufträgen für zyprische Industrieunternehmer.

Exportorientierung als Unsicherheitsfaktor

Wie ist nun die mittel- und langfristige Dauerhaftigkeit der Exporterfolge der zyprischen Industrie zu beurteilen angesichts der hohen Abhängigkeit dieser Erfolge von externen und internen Gunstbedingungen? Der Rückgang der Exporte des verarbeitenden Gewerbes nach 1981[239] verwies bereits auf die Grenzen des Exportbooms und auf dessen unstabile Grundlagen. Die Gründe für die Schwierigkeiten der Exportindustrie sind dabei ähnlich komplex wie die Ursachen ihres bisherigen Erfolges.

Der entscheidende interne Grund liegt in der Erhöhung der Produktionskosten vor allem der arbeitsintensiven Leichtindustrien aufgrund der gestiegenen Löhne. Die zyprischen Industrieunternehmen bekamen zu spüren, daß das Angebot billiger Arbeitskräfte in großer Zahl auf Zypern nicht strukturell bedingt war, sondern vielmehr auf einem einmaligen politischen Ereignis beruhte. Mit der Verknappung der Arbeitskraft, zu der der Aufschwung selbst maßgeblich beitrug, stiegen auch die Lohnkosten überproportional an, was sich wiederum nachteilig auf die Konkurrenzfähigkeit zyprischer Produkte auswirkte. Unter verschärften internationalen Konkurrenzbedingungen mußten erhöhte Produktionskosten und damit höhere Preise ebenso wie qualitative Mängel eine erhebliche restriktive Wirkung auf die Exportchancen ausüben. Solchen verschärften Konkurrenzbedingungen ist die zyprische Industrie heute in fast allen Bereichen des Angebotsspektrums ausgesetzt. Hinter der zyprischen Exportindustrialisierung stand keine Strategie, die über eine Analyse der längerfristigen Marktentwicklungen eine innovative Anpassung der Produktion an vorhandene Marktnischen ermöglicht hätte.

Eine große Zahl von *Newly Industrializing Countries* baute ihre Exportanstrengungen auf eine leichtindustrielle Angebotspalette, die derjenigen Zyperns glich[240], oft unter günstigen internen Voraussetzungen wie niedrigen Lohnkosten und der Verfügbarkeit eigener Rohmaterialien.

Im folgenden sollen die Entwicklungen in den beiden Hauptexportregionen Zyperns, der EG und dem arabischen Raum, hinsichtlich ihrer Implikationen für die zyprische Industrie näher beschrieben werden.

Beginnen wir mit der **Europäischen Gemeinschaft**. Hier stellt die Süderweiterung der EG, d. h. die Aufnahme Griechenlands, Spaniens und Portugals eine bedeutende Gefährdung zyprischer Exportinteressen dar. *Eine Studie des Deutschen Instituts für Entwicklungspolitik* prognostiziert folgende Auswirkungen der Süderweiterung für Zypern:

> "Obviously, the coming enlargement of the EC by the three Mediterrean Countries will have considerable influence on the EC's margin in trade policy towards associated third countries. (...) the difficulty lies in the fact that

---

[239] Rückgang des Exportwerts von 1981 auf 1982 um 3,7 % und von 1982 auf 1983 um 3,5 % (s. Tab. 25).
[240] Vgl. GERMAN INDUSTRIAL ADVISORY GROUP (1977).
[241] GERMAN DEVELOPMENT INSTITUTE (1979, S. 1).

- in the fields of agriculture, industry and services, Greece, Portugal and Spain will push onto the European market the same or similar products as Cyprus; and
- with respect to those products of interest to Cyprus, which are mainly so-called 'sensitive' products, Greece, Portugal and Spain are likely to intensify the protectionistic hardening of the EC towards third countries"[241].

Das Beispiel der zyprischen Sherry-Exporte zeigte, daß die oben formulierten Befürchtungen bereits im Vorfeld des tatsächlichen EG-Beitritts des potentiellen Konkurrenten zutreffen konnten. Nachdem Großbritannien dem EG-Kandidaten Spanien den Marktzugang für Sherry geöffnet hatte, fielen die zyprischen Exporte des Traditionsprodukts von 14 Mio. Litern (1979) auf 8 Mio. Liter (1980)[242]. Eine umfassende Einschätzung der Auswirkungen der EG-Süderweiterung auf die zyprische Exportindustrie ist sicherlich derzeit noch nicht möglich. Unbestritten ist, daß Zypern als nur assoziierter Staat einem erhöhten Verdrängungswettbewerb ausgesetzt ist, dem zyprische Wirtschaftskreise mit großer Sorge gegenüberstehen:

> "The rationale that the quantities exported from Cyprus to the Community are too small to distort the demand-supply equilibrium, so that it would not be a problem for the Community to grant special concessions, is, too risky to adopt; on the contrary, as a question of principle, the Community has granted priority to Spanish and Portuguese products"[243].

Hinzu tritt auch auf den europäischen Märkten ein verschärfter Konkurrenzdruck von seiten nicht EG-assoziierter Staaten. So mußte etwa die relativ einseitig auf den britischen Markt ausgerichtete Lederartikelindustrie dort nach 1981 erhebliche Einbußen hinnehmen, nachdem sie sich unerwartet der Konkurrenz fernöstlicher Billiganbieter ausgesetzt sah.
Wie ist nun die Stabilität des arabischen Marktes, der Hauptsäule der zyprischen Industrieexporte, einzuschätzen? Die Entwicklungen der letzten Jahre zeigen, daß hier – mehr noch als bezüglich der EG-Märkte – Pessimismus angebracht ist. Einer der wesentlichen Gründe für die Verminderung der Exportaussichten in dieser Region wurde bereits einige Jahre vor dem Höhepunkt des Exportbooms prognostiziert:

> "The take-off and developing countries in the Mediterrean basin as well as some of the petrol exporting countries will indeed build up their own industries and protect them by customs tariffs"[244].

Die Industrialisierungsanstrengungen in den mediterranen Schwellenländern wie Israel und Jugoslawien, in den nordafrikanischen Entwicklungsländern wie Marokko, Tunesien und Ägypten und schließlich in den erdölexportierenden Staaten der Region bedeuten eine unmittelbare Bedrohung der zyprischen Exportinteressen: Sofern diese Anstrengungen auf Importsubstitution gerichtet sind, sind sie verbunden mit protektionistischen Maßnahmen, die den Interessen der zyprischen Exporteure massiv zuwiderlaufen. Dort, wo diese Strategien (vorrangig oder gleichermaßen) auf Exportorientierung abzielen, wird der Konkurrenzdruck auf zyprische Exportwaren verstärkt.
In den für zyprische Exporte besonders wichtigen erdölexportierenden Staaten führt der Verfall der Ölpreise in den letzten Jahren zusätzlich zu einem Rückgang bei den privaten

---

[242] R.O.C. 21 (1984).
[243] THE CYPRUS POPULAR BANK (1983b, S. 11).
[244] GERMAN INDUSTRIAL ADVISORY GROUP (1977, S. 9).

und öffentlichen Ausgaben und damit zu einer stagnierenden oder gar rückläufigen Nachfrage nach Importgütern. Die Entwicklung des zyprischen Zementexports kann in mehrfacher Hinsicht als Beispiel für die Problematik des arabischen Marktes dienen. Nach der Invasion gingen (gemessen am Ausfuhrwert) jeweils mehr als die Hälfte der zyprischen Zementexporte nach Syrien. Der Rest wurde an ständig wechselnde Abnehmerstaaten im arabischen Raum abgesetzt, wie etwa den Libanon, Saudi Arabien und Ägypten[245]. Die zyprischen Anbieter bewiesen eine erstaunliche Flexibilität und Findigkeit bei der Eröffnung jeweils neuer Märkte in der Region. Auf der anderen Seite war der ständige Wechsel der Marktpartner Ausdruck für die auf den arabischen Märkten durchaus charakteristische Unberechenbarkeit, die es kaum erlaubte, zukünftige Nachfrageentwicklungen auf einzelnen Märkten realistisch einzuschätzen. Auf dem Höhepunkt des zyprischen Exportbooms 1981 waren die Zementexporte im Vergleich zum Vorjahr bereits rückläufig[246]. An die Seite Syriens (68,4 % d. Wertes) war der Irak als zweitwichtigster Abnehmer (27,7 %) getreten[247]. In den darauffolgenden Jahren führte der Verlust dieser beiden Absatzmärkte die zyprische Zementindustrie in eine tiefe Krise[248]. Der bisher wichtigste und dauerhafteste Abnehmer Syrien konnte nunmehr seinen Bedarf aus eigener Produktion decken, nachdem dort entsprechende Produktionsanlagen in Betrieb gegangen waren. Der Ausfall des irakischen Marktes dagegen war eine Folge des irakischen Engagements im Golfkrieg mit dem Nachbarn Iran. Hier kam ein weiterer Aspekt der Instabilität des arabischen Marktes zutage. Politische Krisen, in der Region an der Tagesordnung, konnten nicht nur – wie im Fall des Libanon 1975 – Exportchancen eröffnen, sondern sie auch schnell zunichte machen.

Industrielle Exporterfolge: Lösung für die Handelsbilanz?

Angesichts eines hohen Außenhandelsdefizits der zyprischen Wirtschaft als negative Erbsubstanz der jungen Republik aus der Kolonialzeit war an die Exporterfolge der zyprischen Industrie vor allem die Erwartung geknüpft, gesamtwirtschaftliche Ausfuhrüberschüsse herbeizuführen. Aus Abb. 5 wird deutlich, daß diese Erwartung in keiner Weise erfüllt wurde. Das Verhältnis zwischen Exporten und Importen von Gütern ist zu Beginn der 80er Jahre sogar weitaus ungünstiger als zwei Jahrzehnte zuvor.

Um die Gründe für das wachsende Defizit der Handelsbilanz zu erkennen, empfiehlt es sich, einen Blick auf die Struktur der Gütereinfuhr nach Zypern in den Jahren von 1976 bis 1984 zu werfen (Abb. 6)[249].

Eine sehr große Rolle für die zyprische Handelsbilanz spielten die wachsenden Aufwendungen für **Mineralölimporte**. Bezogen auf die Erlöse aus dem Export einheimischer Güter stiegen die Devisenausgaben für Mineralöleinfuhren von durchschnittlich 18,3 % (1960–73)

---

[245] R.O.C. 23 (versch. Ausgaben).

[246] Der empfindliche Rückgang der Exportmengen von 646 000 to (1980) auf 494 000 to (1981) konnte durch die günstige Preisentwicklung (von 20,4 C£ auf 26,0 C£ pro to) etwas ausgeglichen werden (R.O.C. 23, 1981).

[247] A.a.O.

[248] 1984 wurden nur mehr insges. 288 000 to exportiert (R.O.C. 23, 1984). In einem der beiden zyprischen Zementwerke, das seine Kapazitäten noch 1980 für die Exportproduktion erheblich erweitert hatte, wurde die Belegschaft von rund 350 Beschäftigten (1982) auf 200 (1985) reduziert (eigene Erhebungen d. Verf.).

[249] Eine entsprechende Aufschlüsselung der Importdaten liefert die amtliche Statistik erst seit 1976.

Abb. 5
Handelsbilanz Zyperns 1962 - 1983

C £ Mio.

a) 1962 - 1972

Importe (c.i.f.)

Exporte (f.o.b.)

Anteil der Exporte an den Importen

Quelle: CENTRAL BANK OF CYPRUS, Bulletin, versch. Ausg.

C £ Mio.

b) 1972 - 1983

Importe (c.i.f.)

Exporte (f.o.b.)

Anteil der Exporte an den Importen

Anmerkung: Angaben ab Aug. 1974 nur für den griech. Teil Zyperns
Quelle: CENTRAL BANK OF CYPRUS, Bulletin, verschied. Ausg.

127

Abb. 6
Struktur der Güterimporte nach Zypern, 1976 - 1984

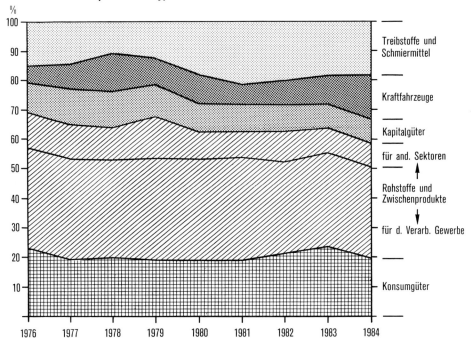

Quelle: CENTRAL BANK OF CYPRUS, Bulletin, versch. Ausg.

über 34,4 % (1974–79 auf 59,0 % (1980–84)[250]. Vorrangig war diese Entwicklung die Folge aus den beiden Ölkrisen der Jahre 1973 und 1979. In dem auf dem Energiesektor von Erdölimporten praktisch völlig abhängigen Zypern mußten sich die Preissprünge in diesen Jahren über die Verteuerung des Importwarenkorbs besonders negativ auf die *Terms of Trade* im Außenhandel auswirken (s. Abb. 7).

Neben der Erhöhung der Weltmarktpreise war der überproportionale Anstieg der Ausgaben für Mineralöl auch auf eine stetige Steigerung der Importmengen zurückzuführen. In den zwei Jahrzehnten zwischen 1962 und 1981 hat sich die Quantität der auf Zypern vermarkteten Mineralölprodukte von 288 000 to auf 785 000 to verdreifacht[251]. Dieser Mehrverbrauch war Ausdruck eines erhöhten allgemeinen Lebensstandards (Elektrifizierung, Motorisierung etc.) und zugleich Folge eines wachsenden Energiebedarfs in allen Wirtschaftssektoren, so auch der verarbeitenden Industrie[252].

Die Industrialisierung selbst trug nicht nur zu wachsenden Devisenausgaben für den Energiebedarf bei. Dadurch, daß die importsubstituierende wie auch die exportorientierte Industrie in immer höherem Maße abhängig von importierten Rohstoffen und Halbfabrikaten

---

[250] Berechnet nach R.O.C. 18.

[251] A.a.O.

[252] 1981 verbrauchte das verarbeitende Gewerbe z. B. 20 % der elektrischen Energie auf Zypern (212 Mio. KWh), genauso viel wie die privaten Haushalte (a. a. O.).

Abb. 7

Terms of Trade im zyprischen Außenhandel, 1960 - 1983

Anmerkung: Terms of Trade = (nach d. Warenkorb gewichtete) Exportpreise/Importpreise
Quelle: Economic Report, 1981 (R.O.C.14)
      CENTRAL BANK OF CYPRUS, Bulletin, Nr. 85, Dez. 1984

wurden, lösten sie quasi einen „Importsog" auf diese Güterkategorien aus. Die Zusammensetzung des zyprischen Importwarenkorbs (Abb. 6) zeigt die anhaltend hohe **Belastung der Handelsbilanz durch den Import von Rohstoffen und Halbfertigwaren für die industrielle Weiterverarbeitung.** Aus Abb. 8 wird deutlich, daß die Einfuhr solcher Güter in einer Phase hohen industriellen Exportwachstums proportional zu den Ausfuhren wuchs und im übrigen per Saldo weit über den gesamten Ausfuhrerlösen lag. Hinzu kommt der Devisenbedarf für den Kauf von Investitionsgütern, ein Bedarf, der freilich innerhalb des Darstellungszeitraums aufgrund der nachlassenden Investitionstätigkeit im Industriesektor stagnierte[253].

Eine grundlegende Verbesserung der zyprischen Handelsbilanzen scheiterte schließlich auch an dem **anhaltenden Devisenbedarf für Konsumgütereinfuhren.** Wenn 1983 die Einfuhren von Verbrauchsgütern den gleichen Anteil an den Devisenausgaben erforderten wie 1976 (s. Abb. 6), so bedeutete dies ein sehr hohes reales Wachstum der entsprechenden Importe: Immerhin stieg der gewichtete Index des **gesamten** Einfuhrvolumens im betreffenden Zeitraum von 73,6 auf 173,0 (1977 = 100)[254]. Bei den Konsumgüterimporten erhöhte sich dabei der Anteil dauerhafter Verbrauchsgüter von 17,1 % (1976) auf 31,7 % (1983)[255]. Diese Zahlen reflektieren eine wachsende Nachfrage nach höherwertigen Konsumgütern infolge der breiten Kaufkraftsteigerung in der zyprischen Bevölkerung, eine Nachfrage, die nur zu einem geringen Teil durch eine einheimische Produktion befriedigt werden konnte. Zu den Konsumgütereinfuhren kamen noch erhebliche Ausgaben für den Kauf privater Kfz – dies trotz empfindlich hoher Luxussteuern in diesem Bereich.

---

[253] Der Anteil der verarbeitenden Industrie an den Gesamtimporten von Kapitalgütern sank von 53 % (1977) auf 31 % (1983) (R.O.C. 14, 1983).

[254] CENTRAL BANK OF CYPRUS (Dec. 1984).

[255] A. a. O.

Abb. 8
Exporte von Industriegütern und "Importsog" des verarbeitenden Gewerbes, 1976 - 1984

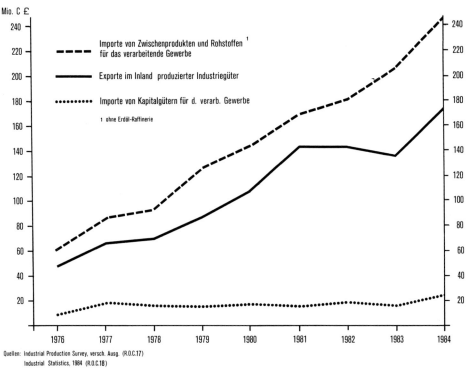

Mio. C £

Importe von Zwischenprodukten und Rohstoffen [1]
für das verarbeitende Gewerbe

Exporte im Inland produzierter Industriegüter

Importe von Kapitalgütern für d. verarb. Gewerbe

[1] ohne Erdöl-Raffinerie

Quellen: Industrial Production Survey, versch. Ausg. (R.O.C.17)
Industrial Statistics, 1984 (R.O.C.18)
CENTRAL BANK OF CYPRUS, Bulletin, verschied. Ausg.

Ähnlich wie schon zur britischen Kolonialzeit **ist die zyprische Wirtschaft auch in den 80er Jahren hochgradig abhängig von sog. unsichtbaren Einnahmen**, d. h. vom Export von Dienstleistungen und Übertragungen aus dem Ausland (s. Abb. 9).

Die schnell voranschreitende touristische Inwertsetzung der Insel garantiert dabei die heute wichtigste Devisenquelle: 1983 gaben ausländische Besucher 175 Mio. C£ auf Zypern aus. Die bedeutendsten übrigen Aktivposten in der Dienstleitungs- und Übertragungsbilanz gingen (1983) zurück auf[256]:

– die Ausgaben ausländischer Militärkontingente (62,1 Mio. C£)

– die Rücküberweisungen zyprischer Arbeitskräfte im Ausland (29,4 Mio. C£)

– die fortdauernden Leistungen an nicht rückzahlbarer Entwicklungshilfe (26,8 Mio. C£)

– den Passagierverkehr (18,5 Mio. C£)

– das sog. *Offshore Business*[257] (12,8 Mio. C£).

---

[256] Angaben nach a. a. O.

[257] Es handelt sich hierbei um geschäftliche Transaktionen, die von Nicht-Ansässigen ohne Berührung nationaler Interessen oder Institutionen, d. h. rein international, abgewickelt werden. S. MICHAELIDES (1986, S. 77).

130

Abb. 9
Entwicklung der Zahlungsbilanz Zyperns, 1971 - 1983

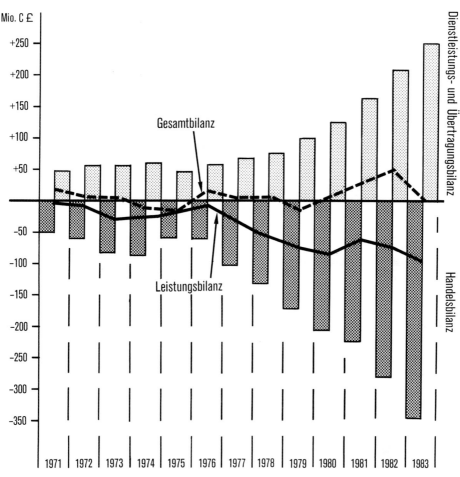

Anmerkung: Angaben ab Aug. 1974 nur für den griech. Teil Zyperns   Quelle: CENTRAL BANK OF CYPRUS, Bulletin, versch. Ausg.

Seit der zweiten Hälfte der 70er Jahre können dabei auch die hohen unsichtbaren Devisenzuflüsse das Außenhandelsdefizit nicht wettmachen, dies verdeutlicht die zunehmend negative Leistungsbilanz (Saldo aus Handels-, Dienstleistungs- und Übertragungsbilanz – Abb. 9). Notwendig zum Ausgleich der Gesamtbilanz waren vermehrte Kapitalzuflüsse aus dem Ausland. Neben dem Zufluß bedeutender ausländischer Investitionsmittel[258] kam es vor allem zu einer hohen staatlichen Kreditaufnahme im Ausland[259], mit der Folge wiederum einer wachsenden **Auslandsverschuldung**. Wenngleich diese Verschuldung im internatio-

---

[258] 1983 36,0 Mio. C £ (CENTRAL BANK OF CYPRUS Dec. 1984).
[259] 1983 47,3 Mio. C £ (a. a. O.).

nalen Vergleich keine dramatischen Dimensionen annahm, wurden doch Schuldentilgung und Zinszahlungen zu einer zunehmenden zusätzlichen Belastung der Devisenbilanz[260]. Zusammenfassend läßt sich feststellen: Angesichts des begrenzten Erfolges der zyprischen Industrie im Hinblick auf eine umfassende Importsubstitution und vor allem angesichts einer anhaltend hohen Abhängigkeit von importierten Inputs und Kapitalgütern war auch ein Boom in den industriellen Exporten keineswegs ausreichend, die stark negative Handelsbilanz zum Ausgleich zu bringen. Von der Erhaltung bewährter und der Eröffnung neuer Deviseneinnahmequellen hängt letztlich die Finanzierbarkeit einer **bis heute in sich hoch defizitären Industrialisierung** ab. Die zyprische Wirtschaft muß dabei auf eine höchstmögliche Diversifizierung dieser Quellen und damit eine hohe Streuung der Risiken bauen. Der Devisenzufluß seinerseits beruht nicht nur auf einer Vermarktung der objektiven Lagequalitäten der Insel sondern in hohem Maße auch auf einem im Ausland vermittelten Image von der zyprischen Realität. Zu diesem Image gehört ebenso die Vorstellung vom Ferienparadies wie die von einer anhaltenden Hilfsbedürftigkeit eines zum Märtyrer gewordenen Volkes. Die zunehmende Diskrepanz zwischen Image und Realität ist nur eines der Risiken, denen die zyprische Entwicklung ausgesetzt ist.

10. Der Faktor Arbeitskraft im zyprischen Industrialisierungsprozeß

Bereits zu Beginn der 60er Jahre bezeichnete das BATTELLE MEMORIAL INSTITUTE (1963a, S. 26, 34) das Fehlen eines nennenswerten Problems zyklischer oder struktureller Arbeitslosigkeit als eines der wichtigsten Charakteristika der zyprischen Ökonomie. Zugleich verwiesen die Autoren auf den sehr hohen Grad gewerkschaftlicher Organisiertheit der zyprischen Arbeitnehmer und die daraus resultierenden relativ hohen Lohnkosten gemessen am Niveau der Produktivität. Die Arbeitslosenstatistik[261] (Tab. 29) belegt, daß Marginalisierungsprozesse auch in den folgenden beiden Jahrzehnten ausgeblieben sind und im Gegenteil der Zustand einer annähernden Vollbeschäftigung vorgeherrscht hat.

Die gewaltsame Entwurzelung von etwa 160 000 griechischen Zyprern im Verlauf der türkischen Invasion von 1974 führte freilich unvermeidlich zu einem gravierenden Arbeitslosigkeitsproblem[262]. In der Folge war es eine der erstaunlichsten Leistungen der zyprischen Ökonomie, die Flüchtlinge – immerhin ein Viertel der Gesamtbevölkerung – innerhalb von nur 2 bis 3 Jahren wirtschaftlich voll zu reintegrieren und wiederum eine Situation der Vollbeschäftigung herzustellen. Die Zusammenhänge zwischen der Verfügbarkeit einer großen Zahl von Flüchtlingsarbeitskräften und dem vorwiegend exportorientierten Wachstum der zyprischen Industrie wurden bereits angesprochen. Generell bleibt im folgenden in Bezug auf den zyprischen Arbeitsmarkt zu fragen:

---

260 Die **Schuldendienstquote** (staatlicher Schuldendienst als Anteil der Exporterlöse aus Gütern und Dienstleistungen) lag 1983 bei 9 % gegenüber 3,1 % im Jahre 1971 (a. a. O. sowie CENTRAL BANK OF CYPRUS, 1984).

261 Die Angaben der Arbeitslosenstatistik können als hoch zuverlässig gelten, zumal seit 1957 alle beschäftigten Personen (incl. selbständige Landwirte und Landarbeiter) der Sozialversicherungspflicht unterstehen und infolgedessen entsprechend registriert sind.

262 Vgl. BREY, 1983.

Tab. 29: Arbeitslosigkeit auf Zypern, 1962-1983

		Zahl der Arbeitslosen			
Jahr	absolut	in % d. ökonomisch aktiven Bevölkerung	Jahr	absolut	in % d. ökonomisch aktiven Bevölkerung
1962	5.600	2,3	1973	3.300	1,2
1963	5.300	2,2	1974 Jan.-Juli	4.100	1,5
1964	5.700	2,3	1974 Aug.-Dez.	59.200	29,6
1965	4.000	1,6	1975	33.500	16,1
1966	3.500	1,4	1976	16.800	8,2
1967	2.800	1,1	1977	6.100	3,0
1968	3.200	1,2	1978	4.000	2,0
1969	2.700	1,0	1979	3.700	1,8
1970	2.800	1,1	1980	4.300	2,1
1971	2.800	1,1	1981	5.900	2,8
1972	2.500	0,9	1982	6.400	2,7
			1983	7.800	3,2

Anmerkungen: - Angaben bis 1974 (Jan.-Juli) incl. Zyperntürken (ab 1964 geschätzt);
- Angaben ab 1974 (Aug.-Dez.) nur f.d. griech. Teil Zyperns
- Angaben ab 1974 (Aug.-Dez.) incl. nicht-registrierte Arbeitslose (geschätzt)

Quellen: - (1962-1969): DEMETRIADES (1984, App.A, Tab. D4)
- (1970-1983): Economic Report (R.O.C.14), 1984

- Wie hat das quantitative und qualitative Angebot an Arbeitskräften und deren Kosten den Verlauf der Industrieentwicklung beeinflußt?
- Welche Faktoren haben dieses Angebot bestimmt?
- Welche Beschäftigungs- und Einkommenseffekte gingen von der zyprischen Industrialisierung aus?

Technologie und Beschäftigungseffekt

Der geringe Beschäftigungseffekt der zyprischen Industrialisierung **in der Zeit vor der türkischen Invasion** wird durch folgende Zahlen deutlich: zwischen 1961 und 1972 stieg der Output – gemessen am Mengenindex der Industrieproduktion – um 158 %; im selben Zeitraum betrug der Zuwachs in der Zahl der Beschäftigten ganze 19 %[263]. DEMETRIADES (1984, S. 157) bemerkt zutreffend, daß eine derart geringe Beschäftigungswirkung des industriellen Wachstums den Erfahrungen einer Vielzahl anderer Entwicklungsländer in Lateinamerika, Asien und Afrika entspricht und fügt generalisierend hinzu:

"Less developed countries in their desire for rapid industrial growth accompanied by significant labour participation, seem to have made more progress towards output growth and labour productivity improvement, than towards labour absorption in manufacturing."

---

[263] R.O.C. 17 (1981).

Steigerung der Arbeitsproduktivität und Kapitalintensivierung sind nun Prozesse, die – unter verschiedenen Rahmenbedingungen – im Laufe einer jeglichen marktorientierten Industrieentwicklung vonstatten gehen. Die Unterschiede in den – im folgenden als Idealtypen dargestellten – Rahmenbedingungen zwischen Industrieländern und unterentwickelten Ländern sind zu suchen im Bezug solcher Prozesse auf die jeweiligen Arbeitsmarktverhältnisse[264]. Effizienzsteigerungen und technologischer Wandel sind im industriegesellschaftlichen Rahmen Reaktion auf die begrenzte Verfügbarkeit und die hohen Kosten des Produktionsfaktors Arbeit, u. a. infolge einer mehr oder weniger effektiven Arbeitnehmerorganisation. Die Übernahme der in den Industrieländern entwickelten arbeitssparenden technologischen Ausstattung – als gängiges Muster nachholender Industrialisierungsversuche – ist im Entwicklungsland jedoch keine logische Reaktion auf die tatsächliche Faktorausstattung; der geringe Bedarf an Arbeitskräften steht hier in krassem Gegensatz zu einem großen und wachsenden Heer billiger Arbeitskräfte, eine Beschäftigung im Industriebereich wird im Extremfall zu einem besonderen Privileg[265]. Aus diesem Muster leiten sich wiederum ab geringe Einkommenseffekte und mittelbar geringe Nachfrageeffekte der Industrialisierung. Entspricht Zypern in Bezug auf Arbeitsmarkt und Technologieeinsatz nun tatsächlich dem Idealtyp eines Entwicklungslandes?

Betrachten wir rein quantitativ das Angebot von Arbeitskräften für den Einsatz in der Industrie. Strukturell, d. h. unter Ausschluß nicht ökonomisch bedingter Faktoren, wie sie die türkische Invasion und deren Folgen darstellten, stellt die Arbeitskraft einen Minimumfaktor für die Industrie dar – dies beweist die Vollbeschäftigungslage bis zur Invasion und nur wenige Jahre danach. Für die Zeit zwischen 1961 und 1972 korrespondierte der Arbeitskräftemangel – wie gezeigt – mit einer erheblichen Steigerung der Arbeitsproduktivität, eine Steigerung, die durchaus als **Reaktion** des Industriekapitals auf die Verhältnisse am Arbeitsmarkt anzusprechen ist. Als in der Folge der Ereignisse von 1974 plötzlich ein Heer von Arbeitskräften verfügbar war, verbesserte sich die Beschäftigungswirkung der Industrie im eklatanten Gegensatz zur Vorinvasionszeit. Eine Steigerung des Mengenindex der Produktion zwischen 1976 und 1981 um 47 % brachte nun einen fast gleichermaßen hohen Zuwachs der Beschäftigtenzahlen von 45 %[266]. Die Zeit nach der Invasion zeigte, daß die zyprische Industrie keineswegs auf eine kapitalintensive Produktion festgelegt war, sobald sich der Faktor Arbeitskraft verbilligte und sich Absatzmöglichkeiten für Produkte arbeitsintensiver Branchen boten. Vielmehr war die Verfügbarkeit von billigen Arbeitskräften entscheidende Determinante für die Möglichkeit zur Expansion arbeitsintensiver Industriezweige einerseits und den Zwang zur Kapitalvertiefung andererseits. Ohne Zweifel war in einem Kleinstaat wie Zypern der Rückgriff auf importierte Technologien zumindest im Anfangsstadium der Industrieentwicklung eine unumgängliche Notwendigkeit, entsprechend wurde auch die Einfuhr von Ausrüstungsgütern von Zöllen freigestellt. Dabei blieb der Einsatz moderner Hoch-Technologie aus den Industrieländern sehr beschränkt; bis 1972 waren es einige wenige Einzelbranchen (v. a. Bier, Konserven, Papierverarbeitung, Lithographie, Zement, Erdölraffinerie) in denen – für zyprische Verhältnisse – industrielle Großanlagen mit neuerer Technologie entstanden.

---

[264] Vgl. MÜLLER-PLANTENBERG (1972).
[265] Vgl. den Begriff der „Arbeiteraristokratie" bei ARRIGHI (1973/1974).
[266] R.O.C. 17 (1981).

In der Regel limitierte allein die kleine Betriebsgröße und ihre Beschränkungen bezüglich Kapitalkraft, Marktzugang und Know-how den technologischen Einsatz[267]. Der durchschnittliche zyprische handwerklich orientierte Unternehmer adaptierte kleintechnologische Produktionsmittel aus den Industrieländern in genauer Abschätzung und Kenntnis des Gebrauchswerts für die spezifischen Erfordernisse seines Betriebes und mit Blick auf eine problemlose Handhabung und Wartung. Die angespannte Arbeitsmarktlage war auch Anlaß für Verbesserungen der Arbeitsproduktivität bei **bestehendem** Technologieniveau. Solche Verbesserungen in Reaktion auf den Arbeitskräftemangel während der 60er Jahre betrafen laut DEMETRIADES (1984, S. 186 ff.) u. a. Qualitätsstandards, betriebliche Organisation und Management sowie die innerbetriebliche Ausbildung von Arbeitskräften.

Im wesentlichen behalten die o.g. Aussagen auch für die Zeit nach 1974 ihre Gültigkeit. In einer Studie des Berliner *DIE* wird das zyprische Wirtschaftswunder nach 1974 auch auf die Fähigkeit des zyprischen Unternehmers zurückgeführt, sinnvolle Verbesserungen auf der Basis der vorhandenen Kapitalgüterausrüstung vorzunehmen:

> "The industrialization process as a whole is stimulated by upgrading of existing, in particular traditional plants rather than by superimposing a high-level technological structure from abroad (…). (…) the Cypriot entrepreneur managed to establish reasonable levels of technology suitable to produce successfully for his market[268].

Beschränkungen im Arbeitskraft-Angebot für die Gesamtwirtschaft

Wenn, wie bei der zyprischen Industrialisierung der Fall, das Angebot an Arbeitskräften einen entscheidenden Minimum-Faktor darstellt, so muß im folgenden erläutert werden, welche Mechanismen dieses Angebot bestimmen. Hier ist zunächst einzugehen auf die Verfügbarkeit von Arbeitskräften für die Gesamtwirtschaft, also unabhängig von deren sektoralem Einsatz. Die Zahl der Arbeitskräfte, die dem Arbeitsmarkt zur Verfügung stehen, wird bestimmt durch

– demographische Variablen, d. h. Größe, Wachstum und Altersaufbau der Bevölkerung

– soziokulturelle und politische Faktoren, d. h. der Grad der Partizipation der Bevölkerung am Arbeitsleben.

Die in Tab. 30 für die Zeit bis zur türkischen Invasion aufgeführten demographischen Daten zeigen einen Bevölkerungszuwachs von in der Regel unter 1 % jährlich[269]. Ein solcher Zuwachs muß im Vergleich zu anderen Entwicklungsländern als sehr gering bezeichnet werden – von einer Bevölkerungsexplosion kann nicht die Rede sein.

Die Elemente des zyprischen Musters des Bevölkerungswachstums sind im wesentlichen folgende:

---

[267] Vgl. KAMINARIDES (1973, S. 231); s. a. Kap. 4, S. 58 f.

[268] GERMAN DEVELOPMENT INSTITUTE (1979, S. 12 f.). Die Problematik teils hochtechnologischer Großprojekte auf Zypern wurde nach 1974 deutlich durch die beschriebenen Zusammenbrüche der Coop-Industrien und der Düngemittelfabrik (Kap. 5, S. 69 ff.). Solche Projekte waren allerdings keineswegs typisch für das zyprische Industrialisierungsmuster.

[269] Die demographischen Daten der offiziellen griechisch-zyprischen Statistik (R.O.C. 13) für die Jahre nach 1974 sind nur sehr bedingt brauchbar, da (aus offensichtlichen politischen Gründen) die türkische Seite als Schätzgröße in die Statistik mit eingerechnet wird, ohne freilich zwischen den Volksgruppen bzw. Teilen Zyperns zu differenzieren.

Tab. 30: Ausgewählte demographische Kennziffern, 1961–1974

Jahr	(1) Bevölkerung (in 1.000)	(2) Veränderungs= rate (%)	(3) Geborenenziffer (Lebendgeborene pro 1.000 d.Bev.)	(4) Sterbeziffer (Gestorbene pro 1.000 d. Bev.)	(5) Wanderungssaldo (in 1.000)
1961	579	-0,9	26,0	10,7	-13,3
1962	576	-0,5	25,7	10,6	-5,6
1963	582	1,0	25,1	10,4	-2,0
1964	587	0,9	24,2	10,6	-5,0
1965	591	0,7	23,2	10,3	-2,9
1966	595	0,7	22,3	10,1	-3,3
1967	599	0,7	21,3	10,0	-2,1
1968	604	0,8	20,5	9,9	-1,5
1969	609	0,8	19,8	9,8	-0,9
1970	615	1,0	19,2	9,8	-0,9
1971	620	0,8	18,8	9,7	0,5
1972	626	1,0	18,6	9,7	1,8
1973	634	1,3	18,3	9,5	1,8
1974	641	1,1	16,5	10,8	-19,0

Anmerkungen: – Bevölkerungszahlen beruhen auf Fortschreibungen bzw. Schätzungen;

– Spalten (1) – (4) beziehen sich auf die mittlere Jahresbevölkerung;

– Spalte (5) gibt die Veränderung im Laufe des Referenzjahres wieder.

Quelle: Demographic Report (R.O.C. 13), 1983

– eine (im internationalen Vergleich) mittlere Geborenenziffer, die bis 1974 deutlich im Sinken begriffen war. Grund für dieses Sinken ist vor allem eine Veränderung im generativen Verhalten, die ihren Ausdruck in sinkenden Fruchtbarkeitsraten findet[270];
– eine sehr niedrige Sterbeziffer bei einer relativ niedrigen Säuglingssterblichkeit[271] und einer relativ hohen mittleren Lebenserwartung[272];
– ein (mit Ausnahme der Jahre 1971 bis 1973) stark negatives Wanderungssaldo mit Maximalwerten des Auswanderungsvolumens in ökonomischen und politischen Krisenjahren (1961 bzw. 1964/1974). Die hohe Auswanderung führt zu einer erheblichen Reduzierung des durch natürliches Wachstum zu erwartenden Bevölkerungszuwachses.

Natürliches Wachstum und Wanderungen beeinflussen nicht zuletzt auch den Altersaufbau der zyprischen Bevölkerung. Interessant in diesem Zusammenhang sind die Veränderungen

[270] Die durchschnittliche Kinderzahl je Frau sank von 3,5 im Jahre 1960 auf 2,5 im Jahre 1971 (R.O.C. 13, 1983).
[271] Die Säuglingssterblichkeit lag 1973 bei 28,4 v. T. und ist bis 1983 auf 12,0 v. T. gesunken (R.O.C. 13, 1973, 1983).
[272] 1960: 66,2 Jahre; 1977: 73,4 Jahre (R.O.C. 1, S. 5, Tab.).

in den Anteilen der von der Statistik als Bevölkerung im erwerbsfähigen Alter (15–64 Jahre) definierten Altersgruppen an der Gesamtbevölkerung. Im Sinne einer Verstärkung dieser Gruppe wirken sich die höheren Geburtenüberschüsse in den Jahrzehnten vor der zyprischen Unabhängigkeit aus. Entgegengesetzt wirkt die altersmäßige Selektivität der Auswanderung: Unter den Auswanderern sind die erwerbsfähigen Altersgruppen, besonders die Gruppe der 15–29jährigen, stark überproportional (bezogen auf ihren Anteil an der Gesamtbevölkerung) vertreten[273].

Insgesamt kommt es von 1960 bis 1973 zu einer Verstärkung des Bevölkerungsanteils der erwerbsfähigen Altersgruppe: Dieser stieg von 57,3 % (1960) auf 61,7 % (1973)[274]. Damit zeigten die 15 – 64jährigen einen weit höheren Zuwachs (18,7 %) als die Gesamtbevölkerung (10,1 %)[275]. Freilich muß auch dieses Wachstum im Vergleich mit anderen Entwicklungsländern als sehr bescheiden bezeichnet werden.

Wenden wir uns nun der Erwerbsbevölkerung zu, demjenigen Teil der Bevölkerung, der tatsächlich am Arbeitsmarkt in Erscheinung tritt.

In der zyprischen Statistik umfaßt diese Kategorie

- Personen, die durch ihre Erwerbstätigkeit zur Erstellung des BIP beitragen[276];

- Arbeitslose;

- vorübergehend im Ausland Beschäftigte;

- zyprische Beschäftigte bei nicht-zyprischen Einrichtungen auf der Insel (z. B. *British Bases, UNFICYP,* Botschaften) sowie Angehörige der Nationalgarde.

Die beiden letztgenannten Kategorien von Erwerbstätigen sind dabei in gewisser Weise vom übrigen Arbeitsmarkt abgekoppelt. Temporäre Arbeit im Ausland[277], Beschäftigung bei den *British Bases*[278] oder die Aushebung junger Männer durch die Nationalgarde konnten in Zeiten hoher Arbeitslosigkeit zwar wichtige Erwerbsmöglichkeiten darstellen, bei einer vorherrschenden Vollbeschäftigungslage waren diese Arbeitskräfte aber nur eingeschränkt für den Einsatz in anderen Wirtschaftssektoren verfügbar[279].

Die Altersklassenstatistik der zyprischen Bevölkerung ergibt für das Jahr 1973 eine Zahl von 389 800 14–64jährigen, d. h. Personen im erwerbsfähigen Alter[280]. Die Zahl der Er-

---

273 ST JOHN-JONES (1983, S. 98 f.). Der Autor bietet eine ausführliche Darstellung der Demographie Zyperns.

274 Berechnet man R.O.C. 13 (1973); Im Jahre 1983 lag der entsprechende Wert bei 64,3 % (R.O.C. 13, 1983).

275 Berechnet nach R.O.C. 13 (1973).

276 Vorausgesetzt wird eine Mindestarbeitszeit von im Durchschnitt der Hälfte der üblichen Arbeitszeit.

277 Die Zahl der vorübergehend im Ausland beschäftigten Zyprer erreichte erstmals bedeutende Werte infolge der hohen Arbeitslosigkeit nach der türkischen Invasion: Für 1976 wird eine Zahl von 12 300 angegeben, für 1982 10 900 (R.O.C. 14, 1982).

278 Zahl der zivilen zyprischen Beschäftigten:
1967: 6500; 1976: 4500; 1981: 3600 (R.O.C. 14, 1971, 1983).

279 Einige Zahlen mögen dies belegen: 1976, also bereits in einer Phase der wirtschaftlichen Restaurierung, erreichte das genannte Arbeitsmarktsegment den höchsten absoluten und relativen Umfang mit 32 200 Personen bzw. 16 %. Als 1979 die niedrigste Arbeitslosenquote der Nachinvasionszeit erreicht war, war die entsprechende Zahl erst auf 28 500 (13 % der Erwerbsbevölkerung) zurückgegangen (R.O.C. 14, 1979).

280 R.O.C. 13 (1973).

werbspersonen beläuft sich dabei auf 279 700[281]. Bezogen auf die Gesamtbevölkerung ergibt sich für 1973 eine Erwerbsquote von 44,3 %, die bis 1982 auf 45,7 % angestiegen ist[282].

Wie viele Erwerbsfähige am Arbeitsmarkt tatsächlich in Erscheinung treten, hängt von mehreren Faktoren ab. Besonders wichtig ist dabei die eingeschränkte berufliche Tätigkeit des **weiblichen Bevölkerungsteils**. Frauen und Mädchen werden deshalb zur bevorzugten Zielgruppe bei der Aktivierung zusätzlicher Arbeitskraftreserven, deren Bedeutung allerdings nur zu erfassen ist, bezieht man die geschlechtsspezifischen Lohnniveaus mit in die Betrachtung ein. Der Komplex der Frauenarbeit wird weiter unten am Beispiel des verarbeitenden Sektors ausführlich behandelt.

Mit dem wachsenden Niveau der schulischen und universitären Ausbildung der Zyprer kommt es zu einer Verlängerung der Ausbildungszeiten und zu einem höheren **durchschnittlichen Eintrittsalter ins Berufsleben**[283]. Auch diese Tatsache wirkt sich negativ auf die Erwerbsquote aus, ihr steht jedoch eine u.U. bessere Qualifikation der Berufsanfänger gegenüber[284].

Eine weitere Einflußvariable auf die Erwerbsquote ist ausschließlich in der Zeit vor der Invasion und Teilung Zyperns von Bedeutung. Aus der Sicht der griechisch dominierten Wirtschaft zogen sich **türkisch-zyprische Arbeitnehmer** durch ihre Abkapselung in Enklaven in der Folge der interkommunalen Auseinandersetzungen 1963/64 aus dem Arbeitsmarkt zurück[285]. Seit 1967 erhielten die Türken dann eine um so wichtigere Funktion als billige Arbeitskraftreserve für griechische Unternehmen. Auch der Aspekt der türkischen Arbeitskräfte wird in den folgenden Abschnitten noch ausführlicher erörtert.

Verfügbarkeit von Arbeitskräften für das verarbeitende Gewerbe

Der wichtigste Grund für das angesprochene unterproportionale Wachstum der industriellen Beschäftigtenzahlen wird erkennbar, sobald wir den verarbeitenden Sektor im Zusammenhang sehen mit den übrigen Wirtschaftssektoren, uns also der Erwerbsstruktur und deren Entwicklung zuwenden (Tab. 31).

Die Zeit vor der Invasion

Für die Zeit vor der türkischen Invasion zeigt die Statistik, daß das verarbeitende Gewerbe im sektoralen Vergleich eine konstant niedrige Bedeutung beibehielt, die jeglichen Annahmen einer idealtypischen Entwicklung der Wirtschaftsgruppen im Übergang von der Agrarzur Industriegesellschaft entgegenläuft[286].

Analysiert man die Ursachen für den geringen relativen wie auch absoluten Zuwachs des verarbeitenden Sektors, so ist zunächst der bis 1974 nur **zögernde Rückgang der landwirtschaftlichen Erwerbsbevölkerung** zu nennen. Freilich war auch schon in den 60er Jahren nur der allergeringste Teil der Erwerbstätigen, die sich laut Tab. 31 vorwiegend aus agrarischen Einkünften ernährten, als Vollerwerbslandwirte anzusprechen. HEINRITZ (1975, S. 38) führt in Bezug auf landwirtschaftliche Grundbesitzer an, daß „(...) eine einfache

---

[281] R.O.C. 14 (1976).

[282] Berechnet nach R.O.C. 14 (1976, 1982); R.O.C. 13 (1973); R.O.C. 7.

[283] Vgl. St JOHN-JONES (1983, S. 140).

[284] S. S. 141 ff. im folgenden.

[285] Vgl. die Darstellung von DEMETRIADES (1984, S. 158 f.).

[286] Vgl. FOURASTIÉ (1952).

Tab. 31: Erwerbsstruktur auf Zypern, 1962-1981

Wirtschaftssektor	Beschäftigte											
	1962		1967		1972		1974 (Jan.-Juni)		1976		1981	
	in 1.000	in %	in 1.000	in %	in 1.000	in %	in 1.000	in %	in 1.000	in %	in 1.000	in %
Agrar- und Forstwirtschaft, Fischerei	98,4	44,3	97,6	42,5	95,6	38,3	93,0	36,3	45,2	29,4	44,8	22,9
Bergbau und Steinbrüche	5,4	2,4	5,1	2,2	3,9	1,6	3,8	1,5	2,3	1,5	1,5	0,8
Verarbeitendes Gewerbe (incl. "cottage industry")	31,5	14,2	31,8	13,9	37,5	15,0	38,3	14,9	30,4	19,8	43,1	22,0
Energie- und Wasserwirtsch.	1,0	0,5	1,1	0,5	1,6	0,6	1,9	0,7	1,3	0,8	1,5	0,8
Baugewerbe	19,9	9,0	23,5	10,2	26,6	10,6	28,1	11,0	10,9	7,1	23,0	11,7
Transport, Lagerhaltung, Verkehr	9,6	4,3	10,0	4,4	11,5	4,6	11,6	4,5	7,5	4,9	9,7	5,0
Groß- und Einzelhandel	16,5	7,4	19,8	8,6	21,5	8,6	22,8	8,9	17,0	11,0	22,9	11,7
Banken, Versicherungen, Immobilien	1,7	0,8	2,1	0,9	2,7	1,1	3,0	1,2	3,2	2,1	4,7	2,4
Öffentliche Verwaltung	6,9	3,1	6,6	2,9	9,7	3,9	11,0	4,3	10,7	7,0	11,9	6,1
Sonstige Dienstleistungen	31,3	14,1	32,0	13,9	39,2	15,7	42,8	16,7	25,4	16,5	32,5	16,6
Gesamt	222,2	100	229,6	100	249,8	100	256,3	100	153,9	100	195,6	100

Anmerkungen: - Beschäftigte bei den British Bases, der UNFICYP, anderen nicht-zyprischen Institutionen auf Zypern sowie der Nationalgarde sind nicht eingeschlossen;
- Angaben für 1962 bis 1974 incl. Zypern-Türken (für 1967-1972 geschätzt);
- Angaben für 1976 und 1981 nur für den griech. Teil Zyperns.

Quellen: - (1962): DEMETRIADES (1984, App.A, Tab. D4)
- (1967-1982): Economic Report (R.O.C. 14), versch. Ausgaben

Zuordnung zu einem Beruf oft kaum möglich ist, da das familiäre Einkommen sehr häufig aus einem höchst komplexen und im einzelnen nur schwer durchschaubaren Verbund von Einnahmequellen bezogen wird".

Bis heute gilt diese Komplexität auch für die Mehrheit der zyprischen erwerbstätigen Individuen: es ist geradezu ein Charakteristikum der Zyprer, gleichzeitig zwei oder mehreren Beschäftigungen nachzugehen[287]. So war auch die Beibehaltung der landwirtschaftlichen Erwerbsgrundlage bzw. die Aufnahme einer außerlandwirtschaftlichen Tätigkeit für die meisten zyprischen Landwirte bis 1974 keine Frage des „Entweder – Oder", sondern vielmehr des „Sowohl – Als auch".

Nicht nur das Betreiben eines dörflichen Gewerbes konnte ein zusätzliches Einkommen erschließen. Die Kleinheit Zyperns, verbunden mit einer guten Verkehrsinfrastruktur, ermöglichte es vielmehr sehr vielen Landwirten, ihre Flächen zu bewirtschaften und zugleich einer Arbeit in den städtischen Beschäftigungszentren nachzugehen[288].

Diese räumlich bedingten Gegebenheiten wurden – und werden – organisatorisch ergänzt durch ein diesen Verhältnissen perfekt angepaßtes System der Bewirtschaftung von Grundbesitz, etwa in der Form des sog. *Management Farming*[289]. Auf diese Weise blieben viele als alleinige Erwerbsgrundlage nicht mehr ausreichende Flächen mit einer ungenügenden physischen Ausstattung (Trockenfeldbau, Hängigkeit etc.) und bei ebenso unzureichenden Betriebsstrukturen (Kleinheit, Flurzersplitterung etc.) im Zu- oder Nebenerwerb unter Bewirtschaftung. Zudem führte die enorme Ausdehnung der Bewässerungsflächen[290], verbunden mit sehr hohen Verbesserungen in der Flächenproduktivität, dazu, daß eine große Zahl von Zyprern ein lukratives Einkommen in der Landwirtschaft finden konnten[291].

Die verhaltene Zunahme der Erwerbstätigen im verarbeitenden Gewerbe bis 1974 geht nicht allein zurück auf die nur zögernde Loslösung der Zyprer von ihrer traditionellen Erwerbsbasis. Der wirtschaftliche Aufschwung Zyperns seit Anfang der 60er Jahre lag keineswegs ausschließlich begründet in der Industrialisierung im Sinne eines Wachstums des verarbeitenden Gewerbes. Im sekundären und tertiären Sektor hatten zwischen 1962 und 1974 alle Bereiche der zyprischen Wirtschaft ein Wachstum in den Beschäftigtenzahlen zu verzeichnen. Die florierende Bauwirtschaft und der aufstrebende Tourismussektor belebten nicht nur die Gesamtwirtschaft, sondern brachten insbesondere auch **erhebliche Beschäftigungseffekte** mit sich. Mit dem Blick auf die Erwerbsstruktur und deren Entwicklung konnte man auf Zypern eher von einer Tertiärisierung anstatt einer Industrialisierung sprechen[292]. So traten aus der Sicht des verarbeitenden Sektors die übrigen Wachstumssektoren der zyprischen Ökonomie als Konkurrenten um knappe Arbeitskraft auf.

---

[287] Vgl. St John-Jones (1983, S. 142). Diese Feststellung relativiert auch die Aussagekraft jeder zyprischen Statistik zur Erwerbsstruktur.

[288] Vgl. die aufschlußreichen Studien zum zyprischen *Part-time Farming* bei Pearce (1981) sowie Bishop/Pearce/Upton (1982).

[289] Ausführlich beschrieben bei Heinritz (1975, S. 63 ff.).

[290] Die ganzjährig bewässerte Fläche wurde von 20 100 ha im Jahre 1960 auf 40 470 ha im Jahre 1971 ausgedehnt (R.O.C. 28).

[291] Von der Ausdehnung des Bewässerungsanbaus profitierten allerdings in großem Umfang sog. *Non-farmers*, die nicht auf ihr landwirtschaftliches Einkommen angewiesen sind (Heinritz, 1975, S. 68 f.) und auch in der Statistik der Erwerbsstruktur nicht als Landwirte geführt werden.

[292] S. Attalides (1981, S. 62) in Bezug auf die Stadt Nicosia.

Die Nachinvasionszeit

Einschneidende Veränderungen in der Erwerbsstruktur (des griechischen Teils) Zyperns brachte die türkische Invasion und die einhergehende Vertreibung von etwa 160 000 griechischen Zyprern mit sich. Während bis heute der Strukturwandel der zyprischen Wirtschaft sich mit ähnlichen Tendenzen in der Erwerbsstruktur wie vor 1974 weiter vollzieht, brachten Invasion und Heimatverlust für die meisten **Flüchtlinge** eine **abrupte Veränderung** der gesamten Lebenszusammenhänge und insbesondere der wirtschaftlichen Lebensgrundlage. Die Halbierung in der Zahl der agrarwirtschaftlichen Erwerbstätigen ist in diesem Zusammenhang augenfälligste Folge der Ereignisse von 1974. Der Verlust des Landbesitzes bedeutet für die meisten Flüchtlinge auch den endgültigen Verlust jeglicher agrarwirtschaftlicher Erwerbsbasis, eine „Zwangs-Abnabelung" vom agrarwirtschaftlichen Erbe.

Der durch die Invasion gewaltsam herbeigeführte Rückgang der agrarischen Erwerbstätigen bildete ohne Zweifel den maßgeblichen Arbeitskräfte-Pool für eine Expansion im verarbeitenden Sektor. Allerdings schlug dieser Rückgang auch nach 1974 nicht voll zu Buche der Industrie: in der Erwerbsstatistik blieb der tertiäre Sektor von überragender Bedeutung[293].

Ausbildung

Nicht nur der quantitative Mangel an Arbeitskräften konnte ein Problem für die industrielle Entwicklung werden. Engpässe waren ebenso dort zu erwarten, wo die verfügbaren Arbeitskräfte nicht die für einen spezifischen Produktionszweig erforderliche berufliche Qualifikation mitbrachten.

Im klassischen familiären Klein- und Kleinstbetrieb wurden die erforderlichen Kenntnisse über den Weg des *Learning by Doing* an die nächste Generation weitergegeben. Der *Working Proprietor* verfügte dabei meist über alle im Betriebsablauf notwendigen Kenntnisse technischer wie organisatorischer Art. Der Aufbau größerer Betriebe erforderte einen höheren Grad der Arbeitsteilung, und mit der Übernahme neuer Techniken wurden spezielle Kenntnisse notwendig, die neue Anforderungen an eine betriebliche oder außerbetriebliche berufliche Bildung stellten.

In einigen Branchen brachten die Arbeitskräfte die notwendigen Kenntnisse bereits in den Betrieb ein: Die Expansion der Bekleidungsbranche in der zweiten Hälfte der 70er Jahre war auch deshalb so reibungslos möglich, weil die weiblichen Arbeitskräfte durch die im hauswirtschaftlichen Rahmen erworbenen Kenntnisse im Nähen von Anfang an voll einsetzbar waren, für die Ausbildung also weder Zeit noch Kosten aufzuwenden waren.

Bei einer Analyse des auf Zypern verfügbaren Humankapitals gilt es zunächst, den Aspekt des **Erziehungswesens** zu beachten. Mittels einiger Indikatoren läßt sich ein **herausragend hoher Entwicklungsstand** auf diesem Sektor aufzeigen. Die Alphabetenrate (bezogen auf die Bevölkerung ab 15 Jahren) lag 1980 bei 89 %. Die allgemeine Schulpflicht gewährleistet eine praktisch lückenlose Elementarschulbildung, darüber hinaus besuchten

---

[293] Aus Tab. 31 errechnen sich folgende prozentualen Anteile des primären / sekundären / tertiären Sektors:
1962: 46,7 / 23,7 / 29,7
1972: 39,9 / 26,2 / 33,9
1981: 23,7 / 34,5 / 41,8

schon 1960 48 % der Kinder im schulpflichtigen Alter die *Secondary School*, 1980 gar 88 %. Mit einer Zahl von Studenten (*Third Level*) von 11 (1966) und 24 (1978) auf tausend Einwohner liegt Zypern im internationalen Vergleich in einer Spitzenposition[294]. ATTALIDES (1981, S. 82) bezeichnet die Entwicklungen auf dem zyprischen Bildungssektor seit der Unabhängigkeit zurecht als einen „educational boom". Eine gute Bildung wird von zyprischen Eltern vor allem für die männlichen Kinder – in jüngerer Zeit auch vermehrt für die Töchter – als der wichtigste Beitrag zur Zukunftssicherung betrachtet[295].

Bei den nach Zypern zurückgekehrten Akademikern wird deutlich, daß eine in einem hochindustrialisierten Land erworbene Fachausbildung für den Einsatz auf zyprischer Betriebsebene oftmals verfehlt ist. Gefordert sind bei den durchschnittlich kleinen zyprischen Betrieben breite Kenntnisse und eine starke Praxisorientierung: Dieser Anforderung kann meist allenfalls der familieneigene und mit dem Betrieb vertraute akademische Nachwuchs gerecht werden. Zu den kleinen Betriebsgrößen, bei denen die Verwendungsfähigkeit spezialisierter Akademiker generell schon aus Kostengründen eingeschränkt ist, kommt auch bei größeren Unternehmen ein qualitativer Aspekt: die Nachfrage nach Führungskräften beschränkt sich auf Managementpositionen mit Verwaltungsaufgaben, zumal eine **betriebseigene Forschung und Entwicklung praktisch nicht existiert**. Auf diese Weise bleibt ein auf Zypern vorhandenes großes Potential an hochqualifizierten Arbeitskräften ungenutzt. 1981 waren u. a. 205 graduierte Ingenieure arbeitslos gemeldet[296]. Weit verbreitet ist außerdem die Einstellung spezialisierter Fachkräfte auf Positionen mit niedrigeren Qualifikationsanforderungen und entsprechend geringerer Entlohnung[297].

Die zyprischen Kultusbehörden selbst reagierten relativ frühzeitig auf neue Qualifikationsanforderungen durch das verarbeitende Gewerbe und die Wirtschaft generell. Das Angebot des **Sekundarschulwesens** – traditionell stark auf praxisferne altphilologische Inhalte orientiert – wurde ergänzt durch wirtschaftliche und naturwissenschaftliche Fachrichtungen sowie spezielle technische und landwirtschaftliche Schulen. Daneben wurden verschiedene **Institutionen zur beruflichen Aus- und Fortbildung geschaffen**[298]:

- 1963 das sog. *Apprenticeship Training Scheme*. Berufsanfänger ausgewählter Sparten erhalten hier auf freiwilliger Basis eine Berufsschulausbildung. Bisher bleibt die Absolvierung einer solchen Ausbildung, die auch einen gewissen Abschluß ermöglicht, eher die Ausnahme als die Regel, und die berufliche Ausbildung ist nach wie vor den Betrieben überlassen[299].

- 1968 in Kooperation mit der *UNDP* das *Higher Technical Institute*, das auf dem *Third Level* Spezialisten in den Bereichen Elektrotechnik, Maschinenbau und Tiefbau ausbildet.

---

294 Daten aus R.O.C. 1.
295 Nur so sind die hohen Studentenzahlen zu erklären, zumal Zypern bislang über keine eigene Universität verfügt und ein Studium im Ausland entsprechend hohe Kosten für die Eltern verursacht.
296 R.O.C. 5. Insgesamt waren 1981 1304 arbeitslose Akademiker (*Third Level*-Absolventen) gemeldet, das waren 23 % aller Arbeitslosen (ebd.).
297 ATTALIDES (1981, S. 82) bezeichnet diese Entwicklung als "an increasing degree of 'credentialism'", die er als eine übersektoral gültige Konsequenz des hohen zyprischen Bildungsstandards sieht.
298 S. DEMETRIADES (1984, S. 142 ff.).
299 Zwischen 1963 und 1979 hatten erst 2040 junge Leute aller – auch nicht industriebezogener – Fachrichtungen das *Training Scheme* absolviert (R.O.C. 30).

- 1963, ebenfalls von den Vereinten Nationen gefördert, das *Cyprus Productivity Centre*, eine speziell auf die Anforderungen des verarbeitenden Gewerbes ausgerichtete Institution mit dem Ziel, die Arbeits- und Kapitalproduktivität in der Industrie zu steigern. Zur Förderung der betrieblichen Führungsstruktur werden Aus- und Fortbildungskurse angeboten für Manager sowie für Vor- und Facharbeiter[300]. DEMETRIADES (1984, S. 244 ff.) beurteilt den Erfolg des Programms bezüglich der Partizipation sehr positiv, kritisiert aber, daß die Angebote nur ungenügend auf die Anforderungen der Kleinindustrie eingehen, die einer solchen Förderung am meisten bedarf.

- 1976 das *Mediterranean Institute of Management (MIM)*: Angeboten werden Managementkurse mit Diplom-Abschluß. Zielgruppen sind Postgraduierte aus dem Ausland – das *MIM* versteht sich als zentrales internationales Dienstleistungsangebot – sowie Zyprer, die sich nach absolviertem Universitätsstudium eine Zusatzausbildung aneignen wollen.

Kosten des Faktors Arbeitskraft und Einkommenseffekt der Industrialisierung

Die seit Beginn der 60er Jahre vorherrschende Vollbeschäftigungslage bedeutete die Sicherung eines Einkommens für die breite Bevölkerung Zyperns, und sie war Voraussetzung für eine günstige Verhandlungsposition der Arbeitnehmerschaft zur Durchsetzung von Einkommensverbesserungen und eines gewissen Standards sozialer Absicherung[301]. Zumindest in Zeiten der Vollbeschäftigung war die machtvolle Gewerkschaftsorganisation[302] Garant für eine effektive Steigerung des allgemeinen Wohlstandsniveaus. Durchgesetzt wurde dabei nicht nur die laufende Anpassung der Löhne und Gehälter an den Index der Lebenshaltungskosten[303], sondern auch einschneidende Erhöhungen der Reallöhne (Tab. 32).

Industrialisierung – im Zusammenhang mit dem Wachstum anderer Wirtschaftssektoren – brachte also auf Zypern **erhebliche Steigerungen des Lebenshaltungsniveaus bei der Masse der Beschäftigten**, die vermittelt über eine erhöhte Kaufkraft belebend auf den Binnenmarkt wirken mußten. Die Verdoppelung der Reallöhne im Industriesektor zwischen 1976 und 1982 sind eindringlicher Beleg für die **Breitenwirksamkeit** des zyprischen „Wirtschaftswunders" der Nachinvasionszeit. In diesem Zeitraum verzeichnete der verarbeitende Sektor im übrigen die höchsten Reallohnzuwächse aller Wirtschaftssektoren, sicherlich Ausdruck für die Konkurrenzsituation um knappe Arbeitskraft auch zwischen den Wirt-

---

[300] Zusätzlich übernimmt das *CPC* Forschungs- und Beratungsaufgaben im industriellen Sektor.

[301] Seit 1957 sind alle Beschäftigten auf Zypern, einschließlich Bauern, Landarbeiter und Selbständige, sozialversichert. Das sog. *Social Insurance Scheme* entspricht nach einigen Erweiterungen in den 60er Jahren in der Bandbreite der Leistungen weitgehend dem Standard westlicher Industriestaaten, wenngleich auch in der Höhe der Leistungen und in den Versichertenzahlen der Einzelfonds bis heute keineswegs ein sozialstaatliches Niveau erreicht ist. Laut R.O.C. 24 betrugen im Oktober 1981 die durchschnittlichen für den Arbeitgeber anfallenden Lohnnebenkosten für Gehaltsempfänger 10,5 % und für Lohnempfänger 16 % des Bruttoverdienstes. Zu Geschichte und Inhalt der zyprischen Sozialgesetzgebung s. SLOCUM (1972).

[302] Nach Angaben des BATTELLE MEMORIAL INSTITUTE (1963a, S. 26) betrug der Organisationsgrad im verarbeitenden Gewerbe Anfang der 60er Jahre bereits 83 %.

[303] Ausgenommen hiervon waren die Jahre unmittelbar nach der türkischen Invasion, als die Gewerkschaften aufgrund der hohen Arbeitslosigkeit ihre Machtposition kurzfristig einbüßten und (u. a. durch gesetzliche Bestimmungen) zu entsprechenden Zugeständnissen an die Arbeitgeber gezwungen waren.

Tab. 32: Indices der realen Löhne und Gehälter, 1967–1982

I.   1967 - 1976 (1967=100)

	1967	1968	1969	1970	1971	1972	1973	1974	1975	1976
Verarbeitendes Gewerbe	100	101	107	112	121	132	144	143	140	148
Gesamtwirtschaft	100	103	113	120	129	141	155	151	147	154

II.   1976 - 1982 (1973=100)

	1976	1977	1978	1979	1980	1981	1982
Verarbeitendes Gewerbe	102	118	135	159	183	198	219
Gesamtwirtschaft	99	110	125	143	161	172	191

Anmerkung: Angaben ab Aug. 1974 nur für den griech. Teil Zyperns
Quelle: Economic Report (R.O.C. 14), verschiedene Ausgaben

Tab. 33: Anteil der Personalkosten an der Bruttowertschöpfung im
verarbeitenden Gewerbe, 1976–1983

Branche (ISIC 1968)	Personalkosten / Bruttowertschöpfung			
	1976	1979	1981	1983
31 Nahrungsmittel, Getränke, Tabak	36,2	42,8	47,7	50,2
32 Textilien, Bekleidung, Leder, Schuhe	51,8	57,1	63,8	64,2
33 Holz, Möbel, Einrichtung	56,3	64,7	70,7	68,9
34 Papier, Druck, Verlage	50,2	55,0	60,2	63,4
35 Chemie, Mineralöl, Gummi, Kunststoff	31,2	38,2	45,9	54,6
36 Steine, Erden, Glas, Keramik	26,9	37,0	43,6	62,0
38 Metallverarb., Maschinen= bau, Elektotechnik, Fahrzeugbau	47,6	57,1	58,3	61,7
39 Sonstige	28,3	35,2	45,0	39,6
G e s a m t	41,7	49,7	55,9	59,5

Berechnet nach: Industrial Production Survey (R.O.C. 17), 1983

144

schaftssektoren, der die industriellen Arbeitgeber durch besonders hohe Lohnzugeständnisse begegnen mußten.

Für die Zeit nach der türkischen Invasion kann anschaulich demonstriert werden, daß die Faktorkosten für die Arbeitskraft kontinuierlich wachsende Anteile an der BWS hatten (Tab. 33).

Vom zunehmenden Druck der Personalkosten betroffen waren alle Branchen der zyprischen Industrie, in besonderem Maße auch eher kapitalintensive Sektoren wie Steine und Erden[304]. Im gesamten verarbeitenden Sektor konnten Verbesserungen in der Produktivität, sofern sie stattfanden, den Anstieg der Personalkosten nicht ausgleichen. Die damit verbundene Schmälerung der Profitraten war ein durchaus berechtigter Anlaß für das Industriekapital, um die Konkurrenzfähigkeit der eigenen Produkte auf den Exportmärkten zu fürchten, insbesondere dort, wo man im Wettbewerb mit Billiglohnländern stand[305].

Die immer wieder artikulierten Klagen der Unternehmerseite über die hohen Lohnsteigerungsraten[306] drückten letztendlich die Anpassungsschwierigkeiten einer hinter protektionistischen Schranken entstandenen Industrie an sich ändernde gesellschaftliche Bedingungen aus. Der Hinweis auf die Kostensteigerungen für den Faktor Arbeitskraft ließ außer acht, daß die **absoluten Lohnniveaus** noch weit vom Stand westlicher Industrienationen entfernt waren. Dies zeigt, bei allen Einschränkungen der Vergleichbarkeit von Lohnniveaus unterschiedlicher Länder, ein Blick auf die folgende beispielhafte Zusammenstellung von Durchschnittslöhnen und -gehältern in ausgewählten betrieblichen Stellungen in der zyprischen Schuhindustrie (Tab. 34)[307].

Orientierungsrahmen für die Bemessung der Lohnkosten waren auf Zypern nicht unbedingt die Reproduktionskosten: das übliche Muster, nach dem das Haushaltseinkommen wie auch das Einkommen des einzelnen Erwerbstätigen durch jeweils mehrere Beschäftigungen bezogen wurde, bedeutete letztlich, daß sich diese Einkommensquellen gegenseitig subventionierten. In diesem Sinne bezeichnet es PEARCE (1981, S. 13) als einen Vorzug des auf Zypern üblichen *Part-time Farming*, daß durch das landwirtschaftliche Einkommen nicht nur eine ökonomische Absicherung in Zeiten der Rezession gegeben sei, sondern auch der Preis der Arbeitskraft für die gewerblichen Sektoren niedriger angesetzt werden könne.

Was für die Lohnniveaus männlicher Arbeitnehmer gilt, ist in weitaus krasserer Weise für weibliche Arbeitskräfte zutreffend. Deren Lohn – gleichwohl vielfach in schwerer und schwerster Arbeit erworben – war und blieb auf dem Niveau eines willkommenen und häufig notwendigen Zubrots zum Haushaltseinkommen stehen. Die Tatsache, daß auch Frauen in den Genuß der tariflich ausgehandelten Nominal- und schließlich Reallohnsteigerungen kamen, änderte wenig an dem Grundfaktum der **massiven Lohndiskriminierung von Frauen im privaten Sektor**.

Dieser Diskriminierungszusammenhang wird im übrigen bis heute von der fast ausschließlich männlichen Gewerkschaftsvertretung nicht ernsthaft in Frage gestellt – in der Tat würde

---

[304] Im Vergleich zwischen den Branchen kann der Anteil der Personalkosten am BWS (Tab. 33) auch als ein Indikator für die Kapitalintensität herangezogen werden.

[305] Vgl. CYPRUS CHAMBER OF COMMERCE AND INDUSTRY (1980, S. 12).

[306] S. z. B. CYPRUS EMPLOYERS' CONSULTATIVE ASSOCIATION (1969, S. 9).

[307] Die Lohn- und Gehaltsniveaus in der Schuhindustrie liegen im Vergleich mit anderen Branchen des verarbeitenden Gewerbes in etwa im Durchschnitt.

Tab. 34: Bruttogehälter und Bruttostundenlöhne in der
zyprischen Schuhindustrie, 1981

a) Gehaltsempfänger

Stellung im Betrieb	Durchschnittl. Bruttomonatsgehalt in C £	
	männlich	weiblich
Generalmanager	528	–
Verkaufsmanager	283	–
Buchhalter/ in	274	144
Lagerverwalter/ in	200	106

b) Lohnempfänger

Stellung im Betrieb	Durchschn. Bruttostundenlohn in C £	
	männlich	weiblich
Vorarbeiter/ in	1,59	1,08
Schuhnäher/ in	1,33	0,88
Arbeiterin a.d. Formpresse	–	0,54
Hilfsarbeiter/ in	0,98	0,71

Anmerkungen: – in der zugrundeliegenden Stichprobe sind nur
Personen ab 18 Jahren erfaßt
– 1 C £ (1981) = 5,24 DM

Quelle: Statistics of Wages, Salaries and Hours of Work
(No. 25, Oct. 1981) (R.O.C. 24)

eine bezahlungsmäßige Gleichbehandlung von Frauen den patriarchalischen Strukturen der zyprischen Gesellschaft einigen Boden entziehen. Die Frauen waren als die wichtigste Kategorie von Billiglohnarbeitskräften für die Industrieentwicklung insgesamt von großer Bedeutung. Auf den Stellenwert dieser und anderer **Billiglohngruppen** wird in den folgenden Abschnitten einzugehen sein.

Die Bedeutung weiblicher Arbeitskraft

Die Diskriminierung von Frauen im Berufsleben ist auch auf Zypern ein Phänomen, das quer durch alle Sektoren der Privatwirtschaft geht[308]. Eine Studie aus dem Jahr 1982 stellt fest,

---

[308] Bei der öffentlichen Hand herrscht zumindest das Prinzip der gleichen Bezahlung für gleiche Arbeit.

daß die Differenzen in den durchschnittlichen Einkünften männlicher und weiblicher Arbeitskräfte an die 100 % heranreichen [309]. Von Diskriminierung betroffen sind Frauen

- durch eine wesentlich geringere Entlohnung für gleiche oder vergleichbare Arbeit [310], auch bei identischen Voraussetzungen bezüglich der Schulbildung und der betrieblichen und beruflichen Erfahrung [311];
- dadurch, daß ihnen der Zugang zu höheren, gut bezahlten und prestigeträchtigen Positionen weitgehend verwehrt ist und sie sich meist mit Stellungen mit niedrigen Anforderungen an die Qualifikation begnügen müssen [312].

Welche Rolle spielte nun die weibliche Arbeitskraft im industriellen Aufbau des Inselstaates? Tab. 35 zeigt, daß der Anteil der Frauen an den Arbeitskräften des gesamten verarbeitenden Gewerbes bereits vor 1974 im Ansteigen war und nach der Invasion nochmals eine sprunghafte Steigerung erfuhr; 1980 herrschte rein numerisch bereits fast ein Gleichgewicht zwischen männlichen und weiblichen Arbeitskräften. Die zunehmende Frauenbeschäftigung spiegelte zunächst den quantitativen Arbeitskraft-Bedarf der Industrie angesichts einer Vollbeschäftigungslage wider, bei der auf seiten der Männer eine fast hundertprozentige ökonomische Aktivität erreicht war [313]. Dieser Nachfrage stand ein wachsendes Angebot an Frauen gegenüber, die außerhalb der klassischen Sphären weiblichen Engagements, der Hausarbeit und Kindererziehung, der Landwirtschaft und des Heimgewerbes, einer Beschäftigung nachgehen wollten oder mußten. Als Gründe hierfür sind zu nennen:

- der soziale Wandel im Laufe der graduellen Modernisierung der zyprischen Gesellschaft, der der Frau – zumindest der unverheirateten – einen gewissen Grad an ökonomischer Unabhängigkeit brachte;
- die Möglichkeit, angesichts des Angebots an Arbeit das Haushaltseinkommen aufzubessern und somit den gestiegenen Konsumbedürfnissen entsprechen zu können;
- der Rückgang des traditionellen Heimgewerbes und der Strukturwandel der Landwirtschaft;
- die Notwendigkeit für das Gros der Flüchtlinge nach 1974, angesichts des Verlustes der bisherigen Erwerbsquellen die gesamte familiäre Arbeitskraft für die Deckung des Lebensunterhalts und die Finanzierung eines Neubeginns einzusetzen.

Die Bedeutung weiblicher Arbeitskraft für die industrielle Expansion auf Zypern wird besonders deutlich, wenn wir die Frauenanteile in den einzelnen Branchen betrachten (Tab. 35). Fast ausnahmslos können wir einen kontinuierlichen Anstieg in der absoluten Zahl weiblicher Arbeitskräfte registrieren, in den meisten Branchen erhöht sich auch der relative Anteil von Frauen unter den Beschäftigten. Annähernd ¾ aller Frauen war 1980 in nur vier der Einzelbranchen (nach Tab. 35) beschäftigt: der Nahrungsmittel-, der Textil-, der Bekleidungs- und der Schuhindustrie. Unter diesen stechen wiederum die Schuh- und vor allem die Bekleidungsbranche heraus. Parallel zu dem boomartigen Wachstum dieser Industrien seit

---

[309] House (1982, S. 6). S. a. R.O.C. 25.
[310] Vgl. Tab. 34.
[311] R.O.C. 25 (S. 23).
[312] Vgl. Polemitou (1973, S. 82).
[313] Vgl. R.O.C. 19 (S. 45).

Tab. 35: Weibliche Beschäftigte in den Branchen des verarbeitenden Gewerbes, 1967–1980

a) 1967 und 1972

Branche (ISIC 1958)	Zahl der weiblichen Beschäftigten		Weibliche Beschäftigte / insges. Beschäftigte (%)	
	1967	1972	1967	1972
20 Nahrungsmittel	1.574	2.199	41,0	48,1
21 Getränke	386	413	24,6	23,5
22 Tabakverarbeitung	399	283	67,3	63,0
23 Textilien	577	1.346	71,1	80,9
24 Schuhe u. Bekleidung	3.563	4.303	55,3	61,1
25 Holzverarbeitung	137	233	25,6	36,1
26 Möbel u. Einrichtung	75	215	3,7	8,6
27 Papier	70	153	54,7	57,3
28 Graph.Gew., Verlage	179	299	17,2	22,1
29 Leder (außer Schuhe)	149	270	58,4	67,3
30 Gummi	11	29	6,5	16,7
31 Chemie	219	272	44,9	43,5
32 Erdölraffinerie	-	11	-	7,1
33 Steine u. Erden	482	585	23,4	26,0
34 Hüttenindustrie	6	12	11,3	17,9
35 Metallwaren	11,3	169	6,1	7,9
36 Maschinenbau	18	38	1,7	4,2
37 Elektrotechnik	11	33	3,4	6,5
38 Fahrzeugbau u. -Rep.	52	78	1,9	2,5
39 Sonstige	170	273	22,0	23,0
Gesamt	8.191	11.214	30,7	35,3

Anmerkung: Angaben schließen türkisch-zyprischen Bevölkerungsteil nicht ein

Quelle: Registration of Establishments (R.O.C. 20), 1967, 1972

den frühen 70er Jahren und insbesondere in der Nachinvasionszeit erhöhten sich die Anteile weiblicher Beschäftigter. Folge war, daß die Bekleidungs- und Schuhbranche ständig wachsende Teile der weiblichen Arbeitskraft im verarbeitenden Gewerbe an sich banden. Diese Tatsache wird verständlicher, wenn wir die Bedeutung weiblicher Arbeitskraft nach Betriebsgrößen spezifizieren. In Tab. 36 wird dieser Zusammenhang für die vier Industriezweige mit den höchsten Absolutzahlen weiblicher Beschäftigter dargestellt.

Indem in größeren Betrieben der Anteil manueller, ausführender gegenüber leitenden Tätigkeiten überproportional steigt, erhöht sich dort auch der durchschnittliche Frauenanteil. Besonders ausgeprägt ist das im Bekleidungssektor zu beobachten, in dem die manuellen Tätigkeiten fast ausschließlich den Frauen vorbehalten sind.

b) 1976 und 1980 Branche (ISIC 1968)			Zahl der weiblichen Beschäftigten		Weibliche Beschäftigte / insges. Beschäftigte (%)	
			1976	1980	1976	1980
31	311/312	Nahrungsmittel	1.889	1.898	50,2	45,9
	313	Getränke	376	539	25,6	33,2
	314	Tabakverarbeitung	273	332	65,6	65,7
32	321	Textilien	1.492	1.515	79,3	77,7
	322	Bekleidung	4.248	7.803	77,6	85,0
	323	Leder	309	544	66,9	69,4
	324	Schuhe	1.005	1.665	56,7	61,6
33	331	Holzverarbeitung	213	205	13,3	7,8
	332	Möbel u. Einrichtung	82	176	5,4	7,9
34	341	Papier	124	219	54,6	30,1
	342	Graph.Gew., Verlage	293	528	23,6	30,7
35	351	Chem. Grundstoffe	13	21	31,0	24,4
	352	andere chem. Prod.	271	416	44,4	43,9
	353	Erdölraffinerie	11	12	8,2	8,1
	355	Gummi	49	85	30,1	36,2
	356	Kunststoff	143	263	34,1	34,9
36	361	Ton u. Porzellan	13	28	33,3	43,8
	362	Glasverarbeitung	–	1	0,0	5,6
	369	Steine u. Erden	180	395	11,8	16,4
38	381	Metallverarbeitung	184	292	11,2	11,9
	382	Maschinenbau	41	80	5,7	7,5
	383	Elektrotechnik	38	169	24,8	47,8
	384	Fahrzeugbau	34	50	8,3	8,7
39		Sonstige	162	153	25,7	25,4
		Gesamt	11.443	17.389	43,5	45,9

Anmerkung: Angaben nur f.d. griech. Teil Zyperns

Quelle: Registration of Establishments (R.O.C. 20), 1976, 1980

Für den Boom der Bekleidungs- und Schuhindustrie, in dessen Verlauf eine Vielzahl von mittleren und großen Betrieben entstand, war nicht nur die Verfügbarkeit von weiblicher Arbeitskraft in quantitativer Hinsicht unabdingbar: In dem Maße, wie der Erfolg dieser Branchen vom Export abhing, durften auch die Lohnniveaus für die weibliche Arbeitskraft nicht über diejenigen der konkurrierenden Billiglohnländer hinausgehen[314]. Eine fortgeführte Lohndiskriminierung der Frauen war somit Voraussetzung für den Bestand der wichtigsten

---

[314] Schon die Autoren des BATTELLE MEMORIAL INSTITUTE (1963 a, S. 27) stellten fest, daß die Konkurrenzfähigkeit mancher Industriezweige mit niedrigem Produktivitätsniveau auf der vorrangigen Beschäftigung unterbezahlter weiblicher Arbeitskraft beruhte.

Tab. 36: Anteile weiblicher Arbeitskräfte in ausgewählten
Branchen nach der Betriebsgröße, 1980

Betriebsgrößenklasse (Zahl d. Beschäftigten)	Anteil weibl. Arbeitskräfte i.d. Branchen (%)			
	Nahrungs= mittel	Textilien	Bekleidung	Schuhe
1–4	36,1	64,4	53,8	26,5
5–9	39,9	74,6	80,3	57,6
10–29	43,8	82,0	90,1	62,9
30–49	54,0	87,8	92,5	63,6
50–99	51,4	80,6	92,1	62,3
ab 100	58,6	77,5	94,7	60,4

Quelle: Fifteenth Manpower Survey, May 1980 (R.O.C. 15)

großen Wachstumsbranchen, aber auch kleinerer Industriezweige wie z. B. der lederverarbeitenden und der elektronischen Montage-Industrie.

Arbeitskraftreserven als Nebenprodukt politischer Entwicklungen: Zyperntürken und zyperngriechische Flüchtlinge

Politische Krisen enthoben Menschen ihrer mehr oder weniger gesicherten ökonomischen Basis; in der Folge waren diese oft genug gezwungen, ihre Arbeitskraft unter Preis auf dem Arbeitsmarkt anzubieten. Diese bittere Logik galt auf Zypern durchaus über die Geschlechtsgrenzen hinweg. Die beiden hauptsächlichen politischen Krisen nach der Unabhängigkeit Zyperns, die interkommunalen Auseinandersetzungen von 1963/64 und die türkische Invasion von 1974 schufen jeweils einen Pool billiger und leicht dirigierbarer Arbeitskräfte.

Nach der Zypernkrise von 1963/64 geschah dies erst in mittelbarer Folge. Zunächst hatte der Rückzug eines Großteils der türkischen Bevölkerungsgruppe in Enklaven eine gegenteilige Wirkung: die griechische Seite und speziell die griechischen Unternehmer sahen die Türken schon vor 1963 häufig als ein Arbeitskraftreservoir, der türkische Rückzug wurde folglich als eine Art Fahnenflucht interpretiert[315].

Die von der jeweiligen Führung sowohl der türkischen als auch der griechischen Volksgruppe verfolgte Isolationspolitik führte die Mehrzahl der Zyperntürken in der wirtschaftlichen Ausweglosigkeit der Enklaven an die Armutsgrenze[316]. Die Öffnung der Demarka-

---

[315] Vgl. die Ausführungen der CYPRUS EMPLOYERS' CONSULTATIVE ASSOCIATION (1969); DEMETRIADES (1984, S. 158 f.) nennt eine Zahl von 17 000 türkischen Zyprern, die sich aus politischen Gründen ihrer bisherigen (außerlandwirtschaftlichen) Erwerbstätigkeit entzogen hätten. Angesprochen sind hier zweifellos türkische Arbeitskräfte, die bis dahin in **griechischen** Unternehmen gearbeitet hatten.

[316] Das BIP pro Kopf der zyperntürkischen Bevölkerung sank laut PATRICK (1976, S. 109, Abb. 4.3) von rund 85 % (1963) auf etwa ein Viertel der griechischen Seite zwischen 1964 und 1966. Zur Situation in den türkischen Enklaven s. BREY (1983) sowie BREY/HEINRITZ (1988).

tionslinien von griechischer Seite im Jahre 1967 erschloß den griechischen Unternehmern auch eine große Zahl von Arbeitskräften, für die es eine Existenzfrage bedeutete, Arbeit außerhalb der Enklaven bei griechischen Betrieben aufzunehmen. Welche Bedeutung die Zyperntürken zwischen 1967 und 1974 als Arbeitskräfte speziell für das verarbeitende Gewerbe hatten, ist nirgendwo dokumentiert[317]. Gesichert scheint nur, daß sie gegenüber ihren griechischen Landsleuten deutlich unterprivilegiert waren:

> "Als eine Art ‚Gastarbeiter im eigenen Land' hatten sie sich durchschnittlich mit minder qualifizierten und schlechter bezahlten Tätigkeiten zu begnügen und waren eher einem einseitigen Unternehmer-Diktat der Lohn- und Arbeitsbedingungen ausgeliefert, weil sie sich gewerkschaftlich kaum zu organisieren wagten[318]."

Mit der De-facto-Teilung Zyperns 1974 waren die beiden wichtigsten ethnisch-religiösen Gruppen auf Zypern entmischt und damit auch die türkischen Arbeitskräfte den griechischen Unternehmen entzogen. Die Invasion hatte freilich in den Flüchtlingen im griechischen Süden der Insel eine für Zypern neue soziale Klasse und gleichzeitig einen neuen Arbeitskräftepool geschaffen.

Die Not der Flüchtlinge, die hohe Arbeitslosigkeit und die Entschlossenheit der Regierung, durch Unterstützung der Unternehmerseite eine schnelle Reaktivierung der Wirtschaft zu erreichen, unterminierten in der direkten Folgezeit der Invasion eine gewerkschaftliche Regelung der Arbeitsbeziehungen. Viele Flüchtlinge mußten minimale Löhne und schlechte Arbeitsbedingungen akzeptieren, um überhaupt Arbeit zu bekommen[319]: Für die wenn auch kurze, so doch sehr bedeutsame Zeitspanne bis zur Wiederherstellung der Vollbeschäftigungslage war Zypern bezüglich der Verhandlungsposition der Arbeitnehmer gegenüber den Arbeitgebern auf ein typisches Drittwelt-Niveau zurückgeworfen. Die Funktion der Flüchtlingsarbeitskraft für den Exportboom der arbeitsintensiven Industrien nach 1974 wurde bereits beschrieben.

Der Zugriff der zyprischen Industrien auf die Flüchtlingsbevölkerung wurde dabei auch in räumlicher Hinsicht erleichtert. Soweit dies planungstechnisch möglich war, entstanden die öffentlich finanzierten Flüchtlingssiedlungen, die sog. *Low-cost Government Housing Estates* in unmittelbarer Nachbarschaft zu den bestehenden oder neu ausgewiesenen Industrieparks, den *Industrial Estates*[320]. Nicht nur durch ihre räumliche Nähe zu diesen Flächen, sondern auch durch ihre meist monotone architektonische Gestaltung erinnern sie oft an Werkssiedlungen eines Großbetriebes.

11. Zwischenergebnis: Hauptelemente, Erfolge und Defizite des zyprischen Industrialisierungsweges

Im folgenden werden die wichtigsten Ergebnisse der in Kap. II und III dieser Arbeit geleisteten Untersuchung der Industriestruktur und -entwicklung Zyperns und ihrer Rahmenbedin-

---

[317] Zu den Branchen, in denen diese Bedeutung sehr groß war, zählen die Gerbereien. Für einen Teil der Schwerarbeiten, die bis 1974 vorwiegend von türkischen Arbeitskräften ausgeführt wurden, werden heute Arbeitskräfte aus Ägypten herangezogen.

[318] KADRITZKE / WAGNER (1976, S. 63).

[319] Dies galt unabhängig von den allgemein gültigen gesetzlichen Regelungen zur Reduzierung der Lohn- und Gehaltsniveaus, die bis 1977 in Kraft waren.

[320] S. BREY (1983).

gungen und Determinanten zusammengefaßt. Mit dem Ziel, den Stellenwert des Fallbeispiels der zyprischen Industrialisierung für die Entwicklungsländer-Diskussion zu verdeutlichen und um eine Verwendung der Ergebnisse in länderübergreifenden Analysen zu erleichtern,

- orientiert sich die Zusammenfassung an einigen wichtigen thematischen Schwerpunkten der aktuellen wissenschaftlichen Diskussion;

- wird Bezug genommen auf die südost- und ostasiatischen *Newly Industrializing Countries (NICs)*, die vielfach als Prototypen einer erfolgreichen nachholenden Industrialisierung genannt werden;

- werden in Anhang II wichtige Eckdaten zur zyprischen Industrialisierung und Entwicklung aufgeführt und den Werten einiger ausgewählter Länder (darunter zwei der o. g. asiatischen *NICs*) gegenübergestellt[321].

Die Bedeutung des kolonialen Erbes

Die bis 1960 andauernde britische Kolonialherrschaft hatte eine hohe Abhängigkeit der Ökonomie von unsichtbaren Devisenzuflüssen (Militärausgaben, Tourismus, Rücküberweisungen etc.) hinterlassen. Das verarbeitende Gewerbe war eines der schwächsten Glieder der nationalen Wirtschaft geblieben. Die kolonialen Wirtschaftsaktivitäten hatten sich nach dem 2. Weltkrieg konzentriert auf den Bausektor (Errichtung von Militärbasen) und die Bergbau-Extraktionswirtschaft. Diese Aktivitäten brachten zumindest zu Ende der Kolonialzeit relativ breitgestreute Einkommenseffekte. Die Briten hinterließen im übrigen gute Infrastrukturen im sozialen, ökonomischen und Verkehrsbereich. Das im internationalen Vergleich heute hohe Niveau der sozio-ökonomischen Entwicklung (s. Anhang II) war in wesentlichen Aspekten der Grundbedürfnisbefriedigung bereits vor der staatlichen Unabhängigkeit erreicht. Die **sozio-politische Grundkonstellation**[322] zu Beginn der Unabhängigkeit war nicht nur gekennzeichnet durch die Dominanz des Handels- und des (Boden-) Spekulationskapitals, sondern auch durch die legitime Stellung und große Stärke der Gewerkschafts- und der ländlichen Genossenschaftsbewegung. Das am meisten negative Erbe der britischen Kolonialmacht bestand in der systematischen Spaltung der griechischen und türkischen Volksgruppen, eine Spaltung, die in der Verfassung der jungen Republik perpetuiert wurde.

Politische Rahmenbedingungen der Industrialisierung und Sozialstruktur

Unter einer demokratischen Verfassung und einer nach innen liberalen Wirtschaftsform ist es der staatlichen Planung gelungen, dem entstehenden Industriekapital günstige Voraussetzungen zu schaffen, während zugleich der gewerkschaftlichen Interessenvertretung ein großer Spielraum überlassen blieb. Letzteres war – unter dem Vorzeichen einer fast andauernden Vollbeschäftigungslage – Voraussetzung für den Wohlstand breiter Teile der Bevölkerung. Das Pro-Kopf-Einkommen und dessen Wachstumsdynamik erreichten eine Höhe, die der Entwicklung in den meisten asiatischen *NICs* nicht nachsteht. Für die Industrialisie-

---

321 Die in Anhang II verwendeten Indikatoren sind eine Auswahl aus einer synoptischen Zusammenfassung gängiger Schwellenländerabgrenzungen durch BERGMANN (1983). Je nach der spezifischen Vorstellung von Entwicklung wäre die Relevanz einzelner Indikatoren in Frage zu stellen bzw. die Indikatorenliste zu erweitern. Als sehr problematisch wird von der Autorin selbst die Festlegung von Schwellenwerten bezeichnet (a. a. O., S. 25 f.).

322 Vgl. MENZEL / SENGHAAS (1986, S. 49) sowie ELSENHANS (1981).

rung wurde das Kaufkraftpotential des Binnenmarktes umfassend erschlossen, eine Tatsache, die sich gerade auch für die exportorientierten NICs als bedeutsam erwiesen hat (vgl. MENZEL 1985, DEGE 1986).

Auch in Bezug auf die Förderung des wirtschaftlichen Umstrukturierungsprozesses als wichtige Voraussetzung einer nachholenden Industrialisierung (vgl. SCHÄTZL, 1986a, b; BALASSA, 1981) war die staatliche zyprische Politik erfolgreich. Durch die Errichtung von Zollschranken zum Schutz der einheimischen Konsumgüterproduktion und in zweiter Linie durch fiskalische Anreize, Garantieübernahmen, Infrastrukturpolitik und die Einrichtung industriefördernder Institutionen verstand es der zyprische Staat, unternehmerische Initiative und Investitionsmittel auf den Sektor des verarbeitenden Gewerbes zu lenken. Wie im Falle der meisten asiatischen NICs wurde ausländischen Direktinvestoren eine führende Rolle bei der Industrialisierung zugedacht. Anders als etwa in Singapur sind solche Investitionen auf Zypern jedoch weitgehend ausgeblieben. In Anbetracht der erheblichen Außenabhängigkeit der Wirtschaft in stark vom Auslandskapital dominierten Staaten[323] erscheint es als eine durchaus beeindruckende Leistung der zyprischen Politik, einen dynamischen Industrialisierungsprozeß fast ausschließlich auf das autochtone Unternehmertum und vorrangig auf einheimische Kapitalmittel begründet zu haben. Die traditionell führende Schicht des Handels- und Spekulationskapitals, aber auch das bestehende kleinhandwerkliche Unternehmertum wurden zu den wichtigsten Trägern des zyprischen Industrialisierungsprozesses, und die fortdauernde Existenz einer Vielzahl von kleinen und kleinsten handwerklichen Unternehmen wurde zu einem der Charakteristika dieser Industrialisierung.

Nachdem die etablierten griechisch-zyprischen Führungsschichten neben den Aktivitäten im Handel, der Immobilienspekulation, dem Bausektor, der Bewässerungslandwirtschaft und dem Tourismus verstärkt auch in industrielle Produktionsstätten investiert hatten, blockierten sie selbst mehr und mehr eine qualitative Weiterentwicklung des verarbeitenden Sektors, indem sie mit Erfolg eine Anpassung des Systems der Zolltarife an sich wandelnde gesamtökonomische Anforderungen verhinderten.

Entscheidend für die Richtung des industriellen Wachstums waren aber auch die Residuen an Billiglohnarbeitskraft, die – zeitweise oder kontinuierlich – keine effektive gewerkschaftliche Vertretung genossen. An ihnen offenbaren sich wesentliche Spaltungslinien der zyprischen Gesellschaft, die dieser eine Komplexität verleihen, die weit über Klassengegensätze hinausreicht. Zeitlich limitiert stellten solche Billiglohngruppen die Zyperntürken (vorwiegend seit 1967) und nach 1974 die Masse der räumlich wie ökonomisch entwurzelten griechisch-zyprischen Flüchtlinge dar. Von dauerhafter Bedeutung ist hingegen die eklatante Lohndiskriminierung der weiblichen Arbeitskraft. Die Verfügbarkeit billiger Arbeitskräfte war zwar der wichtigste komparative Vorteil für eine Ausrichtung der Produktion auf den Exportsektor, es zeigte sich aber, daß

(1) mit der Verknappung dieser Arbeitskräfte deren Kosten überproportional anstiegen und damit die Wettbewerbsfähigkeit gefährdeten (vgl. f. Südkorea: DEGE, 1986, S. 524 f.)

(2) eine gerade für die längerfristige internationale Wettbewerbsfähigkeit notwendige Kapitalisierung der Produktion und Erhöhung der Arbeitsproduktivität verzögert wurde (vgl. für die asiatischen NICs: SCHÄTZL, 1986 b).

---

[323] In Singapur beschäftigten 1981 ausländische Firmen 58 % der Arbeitskräfte, erwirtschafteten 76 % der Gewinne sowie 87 % des Direktexports (HEINEBERG, 1986, S. 506).

Industrialisierung und Außenwirtschaftsstrategie

Die auch im internationalen Vergleich außerordentlich hohen Wachstumsraten des verarbeitenden Gewerbes in den 70er Jahren und der schnelle industrielle Wiederaufbau nach der türkischen Invasion und Teilung der Insel 1974 können nicht über den nur eingeschränkten Erfolg der zyprischen Industrialisierung hinwegtäuschen: Die Industrialisierung hat die Abhängigkeit der Ökonomie von Devisen aus dem Tourismus u. a. Dienstleistungen, aus Wirtschaftshilfe und Krediten nicht verringern können, sondern verstärkte sie im Gegenteil[324]. Die unflexible Politik der Importsubstitution schützte den Konsumgütersektor einseitig und anhaltend vor der Weltmarktkonkurrenz. Sie bewirkte eine anhaltende Konsumgüterlastigkeit der Industrie und verhinderte Ansätze zu einer vertikalen Spezialisierung der Betriebe, zu einer Vertiefung der Industriestruktur und zu umfassenden Kopplungseffekten mit anderen Wirtschaftssektoren. Ansätze des Staates sowie halbstaatlicher Institutionen (wie der Kooperativen) zu Investitionen in den strategisch wichtigen Bereich der Produktion von Grundstoffen und Zwischenprodukten scheiterten z. T. aufgrund fehlender Durchführbarkeit und Mißwirtschaft. Ebensowenig vollzog sich in der zyprischen Industrie ein Übergang zu einer innovationsorientierten Industrialisierung, in welcher der Kapitalgütersektor ein hohes Gewicht erhält.

Sowohl in der fehlenden Vertiefung der Produktion als auch in der ausbleibenden grundlegenden Umstrukturierung des Industriesektors in Richtung auf kapital- und humankapital-intensive Fertigungen zeigen sich die wohl erheblichsten Defizite der zyprischen Industrialisierung gegenüber *NICs* wie etwa Südkorea (vgl. OCHEL, 1984; MENZEL, 1985). Die devisenzehrende Abhängigkeit der zyprischen Wirtschaft von importierter Technologie und Rohmaterialien sowie vom Import hochwertiger Konsumgüter blieb erhalten.

Wie im Falle Südkoreas folgte auf eine erste Phase einer leichtindustriellen binnenmarktorientierten Industrialisierung ein gradueller Übergang zur Exportorientierung, nachdem die Produktion an die Grenzen des kleinen Binnenmarktes gestoßen war (vgl. DEGE, 1986). Qualitativ blieb es aber auf Zypern – abgesehen von nur kurzfristigen Erfolgen beim Export von Zement – bei einer ersten leichtindustriellen Phase der Exportorientierung, mit Bekleidung und Schuhen als Hauptausfuhrgüter.

In quantitativer Hinsicht war die exportorientierte Industrialisierung allerdings (zumindest bis Anfang der 80er Jahre) enorm erfolgreich, war es doch seit 1975 zu einem regelrechten Exportboom gekommen. Die zyprischen Erfolge bei der Ausfuhr von Industriegütern (vorwiegend auf den arabischen Markt) beruhten auf einer geschickten und flexiblen Nutzung eines Ensembles von komparativen Kostenvorteilen (billige Arbeitsmarkt-Segmente), Nähe zu den Absatzmärkten, z. T. unverhofften Marktnischen und politischen Spielräumen.

Für die Entwicklungstheorie können die Exporterfolge des Zwergstaates Zypern gegenüber dem arabischen Markt als ein weiteres Beispiel gegen ein vereinfachendes Zentrum-Peripherie-Schema in der Erklärung moderner wirtschaftlicher und politischer Beziehungen gelten (vgl. auch MENZEL / SENGHAAS, 1986, S. 114 f.). Anders als in den prominenten Fällen der asiatischen *NICs* kann jedoch bei den zyprischen Exporterfolgen nicht die Rede sein von einer erworbenen Konkurrenzfähigkeit als „(...) Resultat gewachsener Qualifi-

---

[324] Immerhin wußte Zypern geschickt die (vorwiegend aus der Lagegunst resultierenden) Möglichkeiten zu nutzen, sich als Dienstleistungs- und Kommunikationszentrum zu etablieren und dadurch einen höheren Grad der Diversifizierung bei den unsichtbaren Einnahmen zu erreichen. Hierin zeigen sich deutliche Parallelen zu den Kleinstaaten Singapur (vgl. HEINEBERG, 1986, S. 504 f.) und Hongkong (vgl. BUCHHOLZ, 1986, S. 516).

kation der Arbeitskräfte, hoher Arbeitsproduktivität und wissenschaftlich-technischer Leistungsfähigkeit" (a. a. O., S. 195). Der Fortbestand einer exportorientierten Industrialisierung zeigt sich stark gefährdet, nicht nur durch den (intern bedingten) Verlust der Kostenvorteile, sondern in hohem Maße auch durch die Unsicherheit der arabischen Absatzmärkte und durch protektionistische Tendenzen der EG in der Folge deren Süderweiterung.

Die Bedeutung sozio-kultureller Faktoren

Sozio-kulturelle Faktoren, Eigenarten und Traditionen wirkten im zyprischen Entwicklungsverlauf immer wieder modifizierend, stellten manchmal eine nützliche Basis, manchmal ein Hemmnis für ökonomische Entwicklungen dar. Die Persistenz der kleinbetrieblichen Strukturen, die hohe Flexibilität auf den Exportmärkten, die andauernde Konkurrenz des Immobiliensektors mit dem Industriesektor um Investitionsmittel, die Lohndiskriminierung der Frauen, das hohe allgemeine Bildungsniveau: dies sind einige Beispiele von Teilaspekten der zyprischen Entwicklung, die nicht erklärbar sind ohne Bezug auf den mentalen Kontext als Motor für Handlungen, die auch im Gegensatz stehen können zu den von einem *homo oeconomicus* erwartbaren Handlungen [325].

Die Bedeutung der Kleinstaatlichkeit [326]

Ohne Zweifel bedeutete die Kleinheit von Territorium und Bevölkerung Zyperns Beschränkungen des Binnenmarktes für die Nutzung von Skaleneffekten in der verarbeitenden Produktion, und ein langfristig hohes industrielles Wachstum war nur auf der Grundlage einer teilweisen Exportorientierung möglich [327]. Entscheidend für die tatsächliche Größe des Binnenmarktes war jedoch auch dessen Erschließung für den Absatz von Produkten, die wiederum abhing vom Ausmaß sozialer Disparitäten bei Beschäftigung und Einkommen. Schon während der Kolonialherrschaft war es die Kleinheit der Insel gewesen, die zu einer hohen Breitenwirksamkeit kolonialer Wirtschaftsaktivitäten (Bergbau und Bau von Militärbasen) geführt hatte, Aktivitäten, die in großen Staatsräumen durch eine charakteristische enklavenartige Ausprägung gekennzeichnet sind. Die flächenmäßige Kleinheit ermöglichte nach Erlangung der Unabhängigkeit eine relativ umfassende infrastrukturelle Erschließung des Territoriums und eine entsprechend umfassende Nutzung verfügbarer Arbeitskräfte und Ressourcen [328].

Kleinstaatlichkeit im Sinne eines geringen geopolitischen Gewichts war für Zypern von ambivalenter Bedeutung. Im Zusammenhang mit der strategisch bedeutsamen Lage im östlichen Mittelmeer brachte sie die Gefahr von politisch-militärischer Einmischung und Fremdbestimmung, die einen tragischen Höhepunkt fanden in der Invasion und Teilung der Insel 1974. Im Bereich des Exporthandels war die Kleinheit Zyperns, wiederum in Verbindung mit der Lage zum arabischen Markt sowie der „kommunikativen Nähe" als soziokulturellem Faktor, in vielen Beziehungen von Vorteil. Sie erlaubte die Erlangung von Handelspräferenzen bei verschiedenen Handelspartnern und eine große Anpassungsfähigkeit der Produktion an individuelle Abnehmerwünsche.

---

[325] Vgl. die Würdigung konfuzianischer Traditionen als bedeutsame entwicklungspolitische Ausgangslage in den asiatischen *NICs* (s. RÖPKE, 1984).

[326] Vgl. NUHN (1978).

[327] Vgl. MENZEL / SENGHAAS (1986, S. 121 ff.), die im internationalen Vergleich den Zusammenhang zwischen territorialer Größe und Außenhandelsquote untersuchen.

[328] Auf die räumlichen Ausprägungen und Bedingungen dieser Erschließung wird in Teil IV. eingegangen.

Die Umweltverträglichkeit der Industrialisierung

Am zyprischen Beispiel konnte gezeigt werden, daß wirtschafts- und industriepolitisch wichtige Fortschritte bzw. Projekte nicht selten umweltzerstörerische Wirkungen hatten. HEINRITZ (1975, S. 20) hat bereits hingewiesen auf die u.U. verheerenden Auswirkungen durch die Übernutzung von Grundwasserressourcen in der hochproduktiven Bewässerungslandwirtschaft. Die Kunstdüngerproduktion – als wichtigstes Projekt im Sinne verstärkter agro-industrieller Verflechtungen – wurde als ein Beispiel für eine ökologisch katastrophale Industrieproduktion angeführt. Während heute die Umweltverträglichkeit von Industrieprojekten, öffentlichen Infrastrukturen etc. in den Industrieländern mehr und mehr diskutiert wird (und z. T. Berücksichtigung in der Planung findet), sind die gängigen Indikatorenkataloge[329] in der Entwicklungsländer- bzw. Schwellenländerdiskussion weiterhin rein ökonomistisch, werden Wachstumserfolge allenfalls unter dem Verteilungsaspekt relativiert.

Die sozialen Kosten, übersektoralen Negativwirkungen (z. B. für den Tourismus) und längerfristigen ökologischen Folgewirkungen der Industrieentwicklung konnten auch in der vorliegenden Arbeit nur in wenigen (deskriptiven) Ansätzen berücksichtigt werden. Eine der Aufgaben der Entwicklungstheorie wird es in Zukunft sein, die Umweltverträglichkeit als integralen Bestandteil eines Szenario gelungener Entwicklung einzubeziehen.

12. Fragestellungen für eine räumliche Analyse des zyprischen Industrialisierungsprozesses

Räumliche Verteilungen, Konzentrations- und Dezentralisierungsprozesse des verarbeitenden Gewerbes sind Hauptgegenstand des folgenden Teil IV dieser Arbeit. Bei der Erklärung räumlicher Struktur- und Entwicklungsmuster ist insbesondere der Stellenwert der (nunmehr bekannten) sektoralen Strukturen und Entwicklungen und deren sozialen und politischen Rahmenbedingungen herauszuarbeiten.

Zweifellos sind die Problemkomplexe in einer räumlich/regionalen Analyse der Industrialisierung auf je verschiedenen Maßstabsebenen unterschiedlicher Art. Bereits die Identifikation von räumlichen Konzentrations- und Ausgleichsprozessen hängt ganz erheblich von der Regionalisierung des Datenmaterials ab[330].

Aus diesem Grunde wird die räumliche Analyse des zyprischen Industrialisierungsprozesses im folgenden auf der regionalen, der innerregionalen sowie auf der lokalen Ebene einer spezifischen Standortgemeinschaft (*Industrial Estate*) durchgeführt. In Kap. IV.1 wird die räumliche Industrieentwicklung im Vergleich der sechs (bzw. seit 1974 fünf) Distrikte Zyperns untersucht und dabei vor allem der Frage nachgegangen, inwiefern diese Entwicklung durch ein regional ausgeglichenes (multizentrisches) oder aber ein eher monozentrisches Verteilungsmuster gekennzeichnet ist und welche Determinanten hinter den Verteilungen und deren Veränderung stehen. In der in Kap. IV.2 folgenden Analyse der Industrie-

---

[329] So z. B. von BERGMANN (1983) und von MENZEL / SENGHAAS (1986, S. 197 f.).

[330] Dies zeigen, explizit oder implizit, gerade diejenigen Fallbeispiele in der geographischen Fachliteratur, in denen die räumliche Industrieentwicklung in einem Entwicklungs- bzw. Schwellenland vorrangig aus den spezifischen nicht-räumlichen Merkmalen des jeweiligen nationalen Industrialisierungsmusters erklärt wird, so z.B. bei DEGE (1986) für Südkorea, KOSCHATZKY (1986a, b) für Malaysia und RAUCH (1981a) für Nigeria.

entwicklung innerhalb eines Einzeldistrikts (Limassol) wird vor allem auf die sich wandelnde Funktion des ländlichen Raumes im Industrialisierungsprozeß einzugehen sein sowie auf die Bedeutung der Industrialisierung im zyprischen Urbanisierungsprozeß.

Aufgrund der geringen Fläche des Inselstaates bleibt auch die kleinmaßstäbige regionale Betrachtung auf einer relativ kleinräumigen Ebene. Zweifellos können sich in einem Kleinstaat wie Zypern keine räumlichen Disparitäten in Ausmaßen herausbilden, wie sie aus großen Flächenstaaten bekannt sind. Gleichwohl haben sich innerhalb des zyprischen Territoriums ausgeprägte und hochdifferenzierte bevölkerungs- und siedlungsgeographische Differenzierungsprozesse vollzogen (vgl. BREY / HEINRITZ, 1988) und die Bedeutung der Industrialisierung für diese Prozesse scheint von hohem Interesse. Im Falle Zyperns muß die Fragestellung sich richten auf die räumlich differenzierende Wirkung sektoraler (sowie politisch-sozialer) Zusammenhänge in einem räumlichen Kleinsystem.

Im Hinblick auf die in Kap. III herausgearbeiteten Charakteristika des zyprischen Industrialisierungsmusters ergeben sich für Kap. IV.1 und 2 vor allem folgende Fragestellungen:

(1) Welche Standortpräferenzen zeigen die unterschiedlichen Träger des Industrialisierungsprozesses, also z. B. das Kleinhandwerk, das Handels- und Spekulationskapital (das nunmehr im Industriesektor aktiv wird), staatliche und halbstaatliche Träger, das Auslandskapital? Welche Ursachen haben die festgestellten Standortpräferenzen? Wie etwa wirken sich regional unterschiedliche vor- und außerindustrielle Akkumulationsmöglichkeiten aus (als auf Zypern wichtige Kapitalquelle für industrielle Investitionen)?

(2) Welche Standortrelevanz hat die Orientierung auf eine spezifische Nachfrage, so z. B. auf den (gesamt-) nationalen Markt, in Branchen, in denen sich bereits eine Massenproduktion durchgesetzt hat, gegenüber etwa der Orientierung an einem individuellen lokalen Bedarf bei der Mehrzahl der Kleinstbetriebe? Welche spezifischen Standortmuster ergeben sich aus einer räumlichen Konzentration gewerblicher Endnachfrager bei der Produktion von Grundstoffen und Zwischenprodukten?

(3) Welche Veränderungen in der Standortstruktur ergeben sich durch den relativen Bedeutungsverlust rohstofforientierter gegenüber importabhängigen Industriezweigen?

(4) Bringt die wachsende Exportorientierung der zyprischen Industrie wie in anderen Ländern eine verstärkte Küsten- und Hafenorientierung mit sich?

(5) Wirkt der vorherrschende Arbeitskräftemangel und speziell der Bedarf an billiger weiblicher Arbeitskraft in Richtung auf eine industrielle Dezentralisierung?

(6) Welche Standortrelevanz kommt dem frühzeitigen Ausbau der Verkehrsinfrastruktur auf Zypern zu, etwa im Hinblick auf Absatz und Beschaffung und auf die Mobilität der Arbeitskräfte?

(7) Kommt es über eine Verknappung von städtischen Industrieflächen zu einer Dezentralisierung der Industrie?

(8) Welche Steuerungsmaßnahmen ergreift der zyprische Staat zur aktiven Beeinflussung der räumlichen Industriestruktur?

Die Analyse von *Industrial Estates* als spezifische industrielle Standortgemeinschaften bedarf zunächst einer Klarstellung der mit ihrer Errichtung im zyprischen Falle verbundenen politischen Zielvorstellungen. In Kap. IV.3 werden deshalb zunächst diese Zielvorstellungen dargestellt und außerdem die Errichtung von Industrieparks auf Zypern unter raumzeitlichen Aspekten betrachtet. Fragestellungen für die Analyse einzelner Fallbeispiele

(Kap. IV. 4 und 5) lassen sich erst detailliert formulieren, wenn die o. g. politischen Intentionen bekannt sind. Es darf vorausgenommen werden, daß sich für eine Evaluierung eines *Industrial Estate* die Kenntnis sowohl der spezifischen Charakteristika und Probleme der nationalen Industrialisierung als auch der Dynamik der räumlichen Industrieentwicklung als notwendig erweist.

IV. Industrieentwicklung in räumlicher Perspektive

1. Industrieentwicklung im Vergleich der administrativen Distrikte

Die administrative Gliederung Zyperns nach Distrikten teilt die Insel relativ exakt in bestehende Wirtschaftsräume auf der Basis von Verflechtungsbeziehungen. Die Distriktgrenzen markieren den Einzugsbereich des jeweiligen Distrikthauptortes, wurde doch der Ausbau der Straßeninfrastruktur innerhalb dieser Grenzen in der Regel radial auf das Zentrum ausgerichtet. Entsprechend orientieren sich die Vermarktung landwirtschaftlicher Produkte, die Nachfrage nach zentralen Gütern und Dienstleistungen[1] wie auch die Pendlerströme stark auf den Distrikthauptort.

Im Laufe der bewegten Geschichte Zyperns hatte fast jeder der heutigen Distrikte bzw. deren Zentren einmal oder mehrfach die jeweils herausragende Stellung als Wirtschafts- und Siedlungsschwerpunkt angenommen. Von Beginn der Unabhängigkeit bis 1974 hatten zwei dieser Zentren eine besondere Bedeutung für die gesamte Insel: die Hauptstadt Nicosia als Verwaltungszentrum und Famagusta als Haupthafen.

Die De-facto-Teilung Zyperns 1974 bedeutete auch die Teilung des Distrikts sowie der Hauptstadt Nicosia, die Abtrennung des gesamten Kyrenia-Distrikts und vor allem auch eines Großteils des Famagusta-Distrikts und der Hafenstadt Famagusta. Für das Muster der räumlichen Verteilung des verarbeitenden Gewerbes muß seither der politische Faktor der Teilung Zyperns mitberücksichtigt werden. Von Wichtigkeit waren dabei zwei Aspekte:

- die Übernahme der Hafenfunktion, in erster Linie durch Limassol, in zweiter Linie durch Larnaca[2];

- die Wiederansiedlung der aus dem Nordteil Zyperns vertriebenen Bevölkerung (als Arbeitskräftepotential) sowie der von der türkischen Invasionsarmee requirierten oder entwurzelter Unternehmen.

Die Standortstruktur im Jahr 1972

Die regionale Verteilung des zyprischen verarbeitenden Gewerbes (Tab. 37) stellt sich – zunächst gemessen am Indikator der **Beschäftigtenzahlen** – wie folgt dar:

Mehr als die Hälfte der Beschäftigten konzentrieren sich im Distrikt Nicosia, der damit als industrieller Schwerpunktraum heraustritt. In der Bedeutung folgen Limassol und Famagusta mit zusammen knapp einem Drittel der Beschäftigten; in den Distrikten Larnaca, Paphos und Kyrenia finden sich dagegen zusammen nur ein Achtel der Arbeitskräfte.

Gegenüber dem Indikator der Beschäftigtenzahlen zeigt die regionale Verteilung bei anderen Variablen ein etwas abweichendes Bild.

Die **Betriebszahlen** weisen eine ausgeglichenere regionale Verteilung auf; dies deutet hin auf überdurchschnittliche Betriebsgrößen in Nicosia und Limassol gegenüber einer durchschnittlich kleineren Beschäftigtenzahl in Famagusta und Larnaca und – am ausgeprägtesten – in Kyrenia und Paphos.

---

[1] Eine zentralörtliche Hierarchiebildung aus den frühen 70er Jahren klassifiziert die Hauptstadt Nicosia als (einziges) I A-Zentrum, gefolgt von Limassol und Famagusta (jeweils I B) sowie Larnaca, Kyrenia und Paphos als II A (R.O.C. 26, S. 5).

[2] In Larnaca befindet sich zusätzlich seit 1974 der zyprische internationale Flughafen.

Tab. 37: Regionale Verteilungsstruktur in den Branchen des verarbeitenden Gewerbes, 1972

a) Betriebe und Beschäftigte

Branche (ISIC 1958)	Betriebe							Beschäftigte						
	abs. Zypern	Anteil der Distrikte (in %)						abs. Zypern	Anteil der Distrikte (in %)					
		Nic.	Kyr.	Fam.	Lar.	Lim.	Paph.		Nic.	Kyr.	Fam.	Lar.	Lim.	Paph.
20 Nahrungsmittel	777	38,1	5,0	17,1	9,5	23,0	7,2	4.689	43,1	3,0	16,0	7,2	26,3	4,3
21 Getränke	40	30,0	2,5	5	2,5	55,0	5	1.846	29,0	0,1	0,5	0,1	68,9	1,5
22 Tabakverarbeitung	7	28,6	-	71,4	-	-	-	412	64,6	-	35,4	-	-	-
23 Textilien	44	54,5	-	13,6	9,1	20,5	2,3	1.678	59,7	-	10,8	6,3	21,8	1,4
24 Schuhe u. Bekleidung	2.075	39,2	5,8	20,3	9,1	17,6	8,0	7.114	59,6	2,3	15,2	7,3	11,1	4,4
25 Holzverarbeitung	133	66,2	3,0	9,0	3,8	16,5	1,5	691	87,7	1,0	2,3	0,7	7,7	0,6
26 Möbel u. Einrichtung	556	46,2	2,7	14,9	13,1	16,7	6,3	2.457	48,5	1,4	17,7	10,2	19,1	3,1
27 Papier	20	60,0	-	20,0	20,0	-	-	261	57,9	-	35,2	6,9	-	-
28 Graph.Gew., Verlage	130	61,5	0,8	10,8	6,9	16,2	3,8	1.252	69,5	0,2	6,9	2,1	20,8	0,6
29 Leder (außer Schuhe)	56	64,3	1,8	8,9	10,7	12,5	1,8	396	76,3	0,3	3,0	10,4	9,8	0,3
30 Gummi	57	47,4	3,5	19,3	3,5	24,6	1,8	192	52,1	1,0	19,8	4,7	21,9	0,5
31 Chemie	61	55,7	1,6	13,1	6,6	18,0	4,9	683	66,8	0,9	14,8	6,1	10,7	0,7
32 Erdölraffinerie	1	-	-	-	100,0	-	-	155	-	-	-	100,0	-	-
33 Steine u. Erden	167	40,1	4,8	26,3	8,4	15,0	5,4	2.324	49,7	2,8	12,1	12,0	21,0	2,3
34 Hüttenindustrie	1	-	-	100,0	-	-	-	62	-	-	100,0	-	-	-
35 Metallwaren	639	41,8	5,2	21,4	8,0	16,4	7,2	2.138	46,3	2,1	21,6	6,1	20,2	3,8
36 Maschinenbau	202	50,0	2,5	19,8	7,4	13,4	6,9	996	45,6	1,7	27,1	3,8	19,0	2,8
37 Elektrotechnik	170	49,4	1,8	17,1	6,5	21,8	3,5	461	59,9	0,7	15,2	5,0	17,6	1,7
38 Fahrzeugbau u. -Rep.	964	47,1	2,8	20,8	8,3	17,0	4,0	3.250	51,9	1,5	17,5	8,2	17,7	3,2
39 Sonstige	321	47,4	3,7	14,0	19,9	11,5	3,4	1.222	38,3	1,1	31,1	18,2	10,1	1,1
Gesamt	6.421	43,7	4,3	18,7	9,5	17,7	6,2	32.279	52,0	1,7	15,6	7,7	20,1	2,9

Anmerkungen / Quellen: s. Teil b)

b) <u>Bruttoproduktionswert und Bruttowertschöpfung</u>

Branche (ISIC 1958)	Bruttoproduktionswert							Bruttowertschöpfung						
	abs. Zypern (1.000 C£)	Anteil der Distrikte (in %)						abs. Zypern (1.000 C£)	Anteil der Distrikte (in %)					
		Nic.	Kyr.	Fam.	Lar.	Lim.	Paph.		Nic.	Kyr.	Fam.	Lar.	Lim.	Paph.
20 Nahrungsmittel	21.578	49,4	3,2	13,6	5,8	22,5	5,6	5.704	49,9	3,0	14,5	5,8	24,2	2,7
21 Getränke	10.117	21,9	0,0	0,3	0,1	77,0	0,7	5.163	24,9	0,0	0,3	0,1	74,6	0,2
22 Tabakverarbeitung	2.060	90,3	-	9,7	-	-	-	797	91,6	-	8,4	-	-	-
23 Textilien	3.215	58,7	-	9,2	4,9	26,3	0,9	1.536	57,5	-	11,5	4,9	24,8	1,2
24 Schuhe u. Bekleidung	11.406	67,3	1,6	11,7	6,2	9,9	3,3	4.790	67,1	1,6	12,1	6,2	9,7	3,3
25 Holzverarbeitung	1.750	91,6	0,8	1,4	0,4	5,3	0,5	677	89,9	1,0	1,8	0,5	6,2	0,6
26 Möbel u. Einrichtung	4.270	48,7	1,3	18,9	9,1	19,3	2,8	2.271	49,1	1,3	18,8	9,1	18,8	2,9
27 Papier	1.323	47,1	-	49,8	3,1	-	-	353	54,2	-	39,5	6,2	-	-
28 Graph.Gew., Verlage	3.003	63,4	0,1	9,5	1,5	25,0	0,5	1.682	70,2	0,1	6,1	1,7	21,4	0,5
29 Leder (außer Schuhe)	1.193	85,1	0,1	1,7	6,5	6,4	0,2	375	80,8	0,2	2,1	8,7	8,0	0,2
30 Gummi	571	51,4	0,3	23,3	1,6	23,2	0,2	275	48,1	0,6	20,4	3,2	27,4	0,3
31 Chemie	2.845	67,2	0,9	13,5	9,3	8,9	0,2	1.096	64,4	0,4	16,5	8,8	9,5	0,3
32 Erdölraffinerie	7.152	-	-	-	100,0	-	-	2.004	-	-	-	100,0	-	-
33 Steine u. Erden	6.800	35,4	1,2	6,3	35,3	20,4	1,5	3.753	37,4	1,6	6,7	32,2	20,5	1,5
34 Hüttenindustrie	821	-	-	100,0	-	-	-	186	-	-	100,0	-	-	-
35 Metallwaren	4.669	52,0	1,6	19,1	5,5	18,8	2,9	2.068	49,7	1,9	19,9	5,5	19,5	3,5
36 Maschinenbau	2.368	50,1	1,6	24,1	3,6	17,8	2,9	1.265	48,5	1,4	25,4	3,8	18,0	2,9
37 Elektrotechnik	833	67,1	0,4	15,0	3,1	13,3	1,1	510	67,1	0,4	15,0	3,1	13,3	1,1
38 Fahrzeugbau u. -Rep.	3.922	53,5	1,6	16,2	7,4	18,5	2,8	3.092	54,4	1,4	16,5	7,5	17,3	2,8
39 Sonstige	2.961	35,0	1,0	39,2	17,2	6,8	0,8	1.296	31,4	0,1	57,5	2,2	8,4	0,4
Gesamt	92.857	46,8	1,4	12,7	14,7	22,0	2,5	38.893	48,2	1,2	12,4	12,7	23,7	1,8

Anmerkungen: - Nic. = Nicosia; Kyr. = Kyrenia; Fam. = Famagusta; Lar. = Larnaca; Lim. = Limassol; Paph. = Paphos
– Türkisch-zyprische Betriebe sind nicht erfaßt

Quelle: Census of Industrial Production (R.O.C. 9), 1972

Bezüglich **BPW** und **BWS** treten die Distrikte Kyrenia und Paphos noch weiter in ihrer Bedeutung zurück. Die relativ hohen Anteile in Limassol und Larnaca weisen hin auf die Existenz von Betrieben mit besonders hohem Output und Wertschöpfung.

Die hier festgestellte regionale Verteilung des **gesamten** verarbeitenden Gewerbes gibt einen verbesserten Aufschluß über Disparitäten in der industriellen Entwicklung, wenn die entsprechenden Daten in Relation zu einer anderen Meßgröße, hier der jeweiligen Distriktbevölkerung, gesetzt werden. Tab. 38 zeigt die unterschiedlichen Werte des **Industriebesatzes**: Der Nicosia-Distrikt verfügt über die höchste Zahl von industriellen Arbeitsplätzen pro hundert Einwohner, die beiden entgegengesetzten Extreme in dieser Skala, die Distrikte Kyrenia und Paphos, erreichen nicht einmal ein Viertel dieses Besatzes.

Tab. 38: Bevölkerung und Industriebesatz in den Distrikten Zyperns, 1972/ 73

Distrikt	Bevölkerung (abs.)	Anteil a. d. Ges.bevölkerung (in %)	Städtische Bevölkerung (abs.)	Industrie= besatz
Nicosia	232.700	36,8	115.700	7,2
Kyrenia	32.600	5,2	3.900	1,7
Famagusta	123.900	19,6	39.000	4,1
Larnaca	60.700	9,6	19.600	4,1
Limassol	124.800	19,8	79.600	5,2
Paphos	57.100	9,0	9.000	1,7
Zypern	631.800	100	266.800	5,1

Anmerkungen: – Bevölkerungszahlen (für das Jahr 1973) beruhen auf einem Mikro–Zensus bzw. auf Schätzungen bezügl. der türkischen Bevölkerungsgruppe
– Angaben für die Städte Nicosia und Limassol incl. "suburbs"
– Industriebesatz: Beschäftigte im verarbeitenden Gewerbe in nicht–türkischen Betrieben (1972) pro 100 der Gesamtbevölkerung (1973)

Quellen: – Demographic Report (R.O.C. 13) , 1978
– Census of Industrial Production (R.O.C. 9) , 1972

Die Distrikte Kyrenia und Paphos

Eine Betrachtung der Distrikte **Kyrenia und Paphos** ist von großem Interesse für die Standortdynamik des zyprischen verarbeitenden Gewerbes. Bei den 1972 hier vorhandenen Betrieben handelt es sich fast ausschließlich um (städtisches und ländliches) Kleinhandwerk. Für diese vorindustriellen Betriebe sind eine **lokal** vorhandene Nachfrage, u. U. auch lokal verfügbare Rohstoffe (wie in der Nahrungsmittelherstellung) standortbestimmend. Die Ähnlichkeit in der Branchenstruktur der Distrikte Kyrenia und Paphos ist dabei nicht zufällig (Abb. 10). Die hier vorfindbaren Betriebe repräsentieren quasi den Grundbestand eines in allen Distrikten Zyperns vorhandenen Inventars handwerklicher Klein- und Kleinstbetriebe. Ansätze zu einer darüber hinausgehenden Industrialisierung blieben – anders als in den anderen Regionen – praktisch aus und zwar aus folgenden Gründen:

(1) Es fehlte eine kapitalkräftige Unternehmerschicht, die die finanzielle Potenz zu größeren Investitionen im industriellen Bereich gehabt hätte. Dies wiederum beruhte auf fehlenden Möglichkeiten zu einer Kapitalakkumulation in nicht-industriellen Sektoren. Die Kleinstädte Paphos und Kyrenia waren als Binnenhandelsplätze nur von geringer Bedeutung und für den Außenhandel bedeutungslos; entsprechend fehlte eine Schicht von begüterten Handelskapitalisten.
Die Landwirtschaft war geprägt durch den Trockenfeldbau mit entsprechend ungenügenden Erlösen. Allein in Kyrenia war der Tourismus und eine damit in Zusammenhang stehende Baulandspekulation und Bautätigkeit in Gang gekommen[3] – das dadurch gewonnene Kapital fand aber keine Anlage im Industriesektor[4].

(2) Die kaufkräftige Nachfrage als möglicher Motor für eine – vor allem importsubstituierende – Industrialisierung blieb innerhalb der Distrikte Kyrenia und Paphos gering angesichts einer kleinen Bevölkerungszahl und einer geringen gesamtökonomischen Dynamik. Dies trifft sowohl für den privaten Verbrauch als auch für den gewerblichen Bedarf zu. Für eine Produktion für einen größeren nationalen Markt wirkte die periphere Lage[5] prohibitiv, ebenso wie die fehlende Hafeninfrastruktur Ansätzen zu einer exportorientierten Produktion entgegenstand.

(3) Die Weiterverarbeitung von regional verfügbaren bzw. produzierten Rohstoffen blieb in der Regel auf der Stufe kleinhandwerklicher Betriebe (vor allem in der Nahrungsmittelherstellung) stehen. Während es – wie beschrieben – an endogener unternehmerischer Initiative mangelte, blieben Investitionen von im agroindustriellen Sektor wichtigen überregional tätigen Großunternehmen vor allem aufgrund der Standortnachteile im Absatzbereich aus. So waren etwa in Bezug auf den wichtigsten Rohstoff des Paphos-Distrikts, den Weintrauben, die dortigen Anbauregionen im Zuge der allgemeinen Zentralisierung der Weinproduktion weitgehend in das Rohstoff-Einzugsgebiet der großen Kellereien in Limassol integriert worden[6].

---

[3] S. Heinritz (1972).

[4] Es ist ohnehin zu bezweifeln, daß die in Kyrenia realisierten Gewinne mehrheitlich dort ansässigen Unternehmern zufielen; die meisten Hotels in Kyrenia waren jedenfalls nicht im Besitz autochtoner Unternehmer.

[5] Diese Feststellung gilt in besonderem Maße für den durch das Troodos-Massiv von den östlichen Distrikten abgeschirmten Paphos-Distrikt. Die Stadt Kyrenia und ein Großteil des zugehörigen Distrikts waren seit den interkommunalen Unruhen 1963/64 durch eine türkische Enklave (für Zyperngriechen nur dreimal täglich im Konvoi passierbar) von der Hauptstadt Nicosia abgetrennt.

[6] Einzige rohstoffgebundene Betriebe (ab 20 Beschäftigten) waren im Kyrenia-Distrikt je eine Fabrik für Olivenöl und für Fliesen, in Paphos je eine kleine genossenschaftliche Weinkellerei sowie eine Karobverarbeitungsanlage.

Regionale Verteilung und Struktur des verarbeitenden Gewerbes in den Distrikten Zyperns 1972   Abb. 10

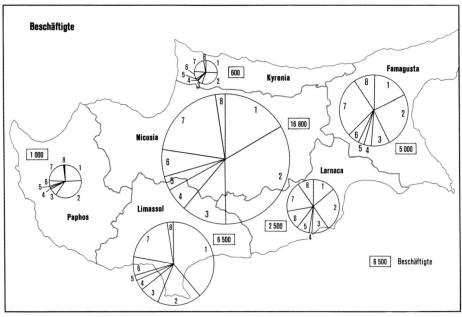

Beschäftigte

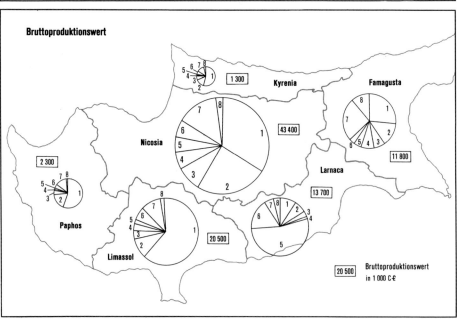

Bruttoproduktionswert

Die genannten Defizite in den Voraussetzungen für eine Industrialisierung in den Distrikten Kyrenia und Paphos bilden nun gleichsam eine „Negativmatrix" für die mehr oder weniger feststellbaren Industrialisierungserfolge in den übrigen Distrikten Zyperns. In jedem dieser Distrikte hatten sich bis 1972 über das in Kyrenia und Paphos fast ausschließlich bestandsbildende Kleinhandwerk hinaus Industriezweige nicht nur von regionaler, sondern auch von inselweiter Bedeutung etabliert.

Larnaca-Distrikt

Punktuell, wenngleich von großem Einfluß auf die regionale Industriestruktur, blieben Investitionen im Larnaca-Distrikt. **Rohstofforientierte Verarbeitungszweige** waren hier bereits vor der Unabhängigkeit Zyperns entstanden. Es handelte sich hierbei um die Produktion von Erdfarben für den Export sowie – von wesentlich höherer Bedeutung – von Zement für den Bedarf der zyprischen Bauindustrie. 1956 war in unmittelbarer Nähe zu den Rohstoffvorkommen, an der westlichen Grenze des Distrikts bei Vassilikos, die erste zyprische Zementfabrik etabliert worden. Investor war die damals noch festlandsgriechische *Hellenic Mining Company*.

Ein weiteres – für zyprische Verhältnisse – industrielles Großprojekt war die 1972 soeben in Betrieb gegangene **Erdölraffinerie** bei Larnaca, mit einem Output, der bereits im ersten Betriebsjahr annähernd die Hälfte der am Wert gemessenen Gesamtproduktion im Distrikt ausmachte. Die Wahl des Standortes östlich der Stadt Larnaca ist hier keineswegs auf klassische Standortvorteile des betreffenden Küstenstriches zurückzuführen; sie wird vielmehr nur aus der spezifischen Interessenlage der an dem *Joint Venture* beteiligten Investorgruppen verständlich. Als Investor von zyprischer Seite trat neben der zyprischen Regierung eine Gesellschaft auf, die bisher marktführend beim Import und Handel mit Mineralölprodukten war. Gründer und Besitzer dieser Firma waren mehrere Brüder der Familie **Lanitis**, der führenden Händler- und Unternehmerfamilie Larnacas und gleichzeitig einer der einflußreichsten Zyperns. Ihr unternehmerisches Engagement reichte bis in die 30er Jahre zurück und umfaßte neben dem Mineralölhandel u. a. auch den Import von Kraftfahrzeugen sowie Besitz und Betrieb einer der größten zyprischen Transportgesellschaften. Zweifellos war bei der Standortentscheidung für Larnaca die stark auf die Stadt und Region bezogene Identität und Loyalität dieser Unternehmerfamilie mitentscheidend; für die nicht-zyprischen Partner des *Joint Venture*, verschiedene multinationale Mineralölgesellschaften, dürfte dieser Standort vor allem unter Sicherheitserwägungen als relative Gunstlage gegolten haben, befindet er sich doch unweit der britischen Militärbasis von Dhekelia.

Limassol – Distrikt

Die Industriestruktur des Distrikts Limassol, der zweitgrößten zyprischen Industrieregion, im Jahr 1972 war geprägt durch die Schwerpunktfunktion Limassols als Standort der zyprischen **Wein- und Spirituosenindustrie** und einer **agrarnahen** Industrie generell.

Als Zentrum der Weinverarbeitung für den Weinanbau im Distrikt sowie im angrenzenden Paphos-Distrikt hatte sich Limassol bereits früh in diesem Jahrhundert etabliert. Die Investoren waren dabei in der Regel große überregionale Gesellschaften, so die *Hellenic Mining Company*, die Genossenschaften oder die Kommunistische Partei Zyperns (*AKEL*). Von vornherein war die Produktion vorrangig exportorientiert, und diese frühen Exportaktivitäten begründeten die Bedeutung Limassols als Ausfuhrhafen[7].

Andere exportorientierte und gleichzeitig an regional verfügbare Rohstoffe gebundene Industrien waren die Weiterverarbeitung von Johannisbrot und die Konservierung von Früchten, vor allem Zitrusfrüchten; konservierte Früchte waren 1973 nach Wein und Spirituosen das zweitwichtigste industrielle Exportgut Zyperns[8]. Die Investoren waren auch hier zunächst bei den überregionalen Gesellschaften zu finden.

Die frühe Entwicklung der Bewässerungslandwirtschaft im Küstenbereich westlich der Stadt Limassol, vorwiegend für den Agrumenanbau, bildete dabei nicht nur die Rohstoffbasis für die wichtigsten Betriebe der zyprischen Konservenindustrie. Die dortige Bewässerungslandwirtschaft war auch eine der Quellen des Reichtums einiger Limassoler Unternehmerfamilien, Quellen, die auch hier ergänzt wurden durch das Engagement im Handel und in der Schiffahrt sowie in der vor allem durch den Bau der britischen Basen von Akrotiri in den 50er Jahren in Gang gebrachten Bauwirtschaft und Landspekulation.

Bis 1972 waren, vorwiegend auf der Basis des so erwirtschafteten privaten Kapitals, auch größere industrielle Investitionen in vielfältigen, vorwiegend binnenmarktorientierten, Produktionszweigen entstanden, von denen einige eine inselweite Bedeutung erlangt hatten. Hier sind zu nennen:

- im Konsumgütersektor eine Nudelfabrik, große Betriebe zur Herstellung von *Soft Drinks* sowie mehrere Großbetriebe zur Herstellung von Strick- und Wirkwaren (mit mehr als 350 Beschäftigten);
- eine große Maschinenfabrik (Pumpen für die Bewässerung, Baumaschinen, Knetmaschinen für Bäckereien);
- die Produktion von Lacken und Aluminiumprodukten für die Bauwirtschaft;
- Fabriken für den Verpackungsbedarf der verarbeitenden Industrie (Lithographie, Konservendosen);
- die Produktion von Bier im Rahmen einer Erweiterung der Produktpalette einer großen Weinkellerei mit Produktion für den nationalen Markt;
- bei den **rohstofforientierten** Standorten die Errichtung des zweiten zyprischen Zementwerks sowie einer großen Ziegelei.

Famagusta – Distrikt

Im Distrikt Famagusta war die Industrialisierungsdynamik am deutlichsten von der Existenz eines lokalen Unternehmertums abhängig. Es hatte über die vielfältigsten ökonomischen Aktivitäten Kapital akkumuliert, für dessen Verwertung nunmehr auch Investitionen in industrielle Unternehmungen als lukrativ erschienen. Elemente in diesem Akkumulationsmuster waren der Geldverleih (bis zu dessen Abschaffung durch die Briten) und darüber die Aneignung von Landbesitz, Handelstätigkeiten (u. a. mit Agrumen), die Bewässerungslandwirtschaft – die Stadt Famagusta war Mittelpunkt eines ausgedehnten Orangenanbaugebietes

---

[7] 1970 wurden über den Hafen von Limassol, bemessen an der Tonnage, 38 % der zyprischen Exporte verfrachtet.

[8] Die Konservenindustrie in Limassol beschäftigte dabei mehr als 500 Arbeitskräfte; in der Wein- und Spirituosenindustrie fanden annähernd 1000 Personen Arbeit. Die Dominanz bei der exportorientierten Nahrungsmittel- und Getränkeproduktion machte Limassol zum wichtigsten Exportzentrum für Industrieprodukte.

geworden – und die Spekulation mit Grund und Boden, die in jüngerer Zeit mit der Herausbildung Famagustas als Hauptfremdenverkehrszentrum einen ergiebigen Nährboden
gefunden hatte[9].

Zyprischer Haupthafen war Famagusta vor allem aufgrund der guten Erreichbarkeit von der
Hauptstadt Nicosia wie auch aufgrund der Tatsache geworden, daß die lokale Unternehmerklasse erheblichen politischen Einfluß in Nicosia genoß und dadurch auch die zyprische Infrastrukturpolitik entsprechend beeinflussen konnte[10].

Die Richtung der im Famagusta-Distrikt seit den 60er Jahren verstärkt getätigten Investitionen war ein Spiegelbild der Interessenlage und des „ökonomischen Aktionsraums" der hier
maßgeblichen Unternehmerschicht.

Die Profitabilität von Investitionen in neue Bereiche der **Importsubstitution** wurden dabei
klar erkannt ebenso wie der Markt, den eine florierende Bewässerungslandwirtschaft bot,
in der man selbst engagiert war. So wurde Famagusta zum Zentrum der zyprischen Kunststoffindustrie. Produziert wurden hier sowohl Verpackungsmaterialien für die exportorientierte Bewässerungslandwirtschaft als auch Güter für deren Investitionsbedarf wie Plastik-
rohre und Kunststoffolien zur Anlage von sog. *Hot Houses*[11]. Nach und nach wurden hier
fast alle im Kunststoffsektor vorhandenen Marktsegmente abgedeckt, so der private Bedarf an Haushaltsartikeln und die Produktion von Kunststoffrolläden für die Bauindustrie.
Wichtige Investitionen für den Bedarf vorwiegend der Landwirtschaft waren daneben die
erste und einzige Fabrikation von Metallrohren auf Zypern, eine große Kartonfabrik sowie
die Herstellung von Verpackungsmaschinen.

Anders als in Limassol-Distrikt lag damit das Hauptgewicht der landwirtschaftsnahen Industrialisierung in Famagusta nicht auf der Weiterverarbeitung von Agrarprodukten[12], sondern in der Produktion von Investitionsgütern und Verpackungsmaterialien für die Landwirtschaft.

Ähnlich wie in Limassol entstanden auch in Famagusta in verschiedenen Branchen Fabrikationen von Konsumgütern mit teils überregionalen Märkten: zu nennen sind hier eine
Keksfabrik, Produktionen von Spirituosen, Metallmöbeln und eine große Anlage zur Herstellung von Haushaltsreinigungsmitteln.

Nicosia – Distrikt

Die Tatsache, daß der Nicosia-Distrikt 1972 der am stärksten industrialisierte Raum war, erklärt sich nicht nur aus dessen Rolle als Bevölkerungsschwerpunkt, der Funktion als Verwaltungszentrum und der Mittelpunktlage der Stadt in Bezug auf die wichtigsten übrigen
städtischen Zentren. Als Standortvorteil waren Funktion und Lage insofern und solange
von Relevanz, als die Industrieproduktion vorwiegend auf den Binnenmarkt ausgerichtet
war, eine Voraussetzung, die 1972, bei einem Exportanteil der Gesamtindustrie von nur
12,7 % des BPW, gegeben war.

Selbstverständlich war aufgrund der viele Jahrhunderte alten Tradition, die die Stadt als
Hauptstadt hatte, Nicosia auch 1972 Zentrum des Handelskapitals, das auch hier mit vielfältigen ökonomischen „Standbeinen" ausgestattet war. Zu diesem Potential an Industrie-

---

9   Vgl. HEINRITZ (1972, S. 272).
10 1970 wurden hier jeweils knapp 45 % der Tonnage verladen bzw. abgefertigt.
11 Für deren Innovation und Verbreitung bei den Landwirten wurde in diesem Falle selbst gesorgt.
12 Von Bedeutung war in diesem Sektor allein die Fermentierung von Tabakblättern in den Anbau-
    gebieten der Halbinsel Karpasia.

unternehmern kamen andere Investorgruppen, denen Nicosia als Standort attraktiv erschien. Hierzu zählten u. a. Regierung und Genossenschaften, die *Hellenic Mining Co.* und ausländische Investoren. Schließlich nutzten auch die größten Unternehmerfamilien Famagustas und Limassols Nicosia für Investitionen, mit denen sie auf den gesamtzyprischen Markt abzielten[13], ebenso wie es diese Unternehmer nicht versäumten, sich dort in der Immobilienspekulation und im Baugewerbe oder im größten Zentrum der Bewässerungslandwirtschaft Zyperns (um Morphou im Westen des Distrikts) zu engagieren.

Eine relativ geringe Rolle spielten im Nicosia-Distrikt Industriezweige, die auf **einheimischen Rohstoffen** basierten. Für die Gerbereien, deren fast alleiniger Standort Nicosia darstellte, war die Funktion der Stadt als Schlachthofzentrum entscheidend. Bei der ebenso fast ausschließlich auf den Distrikt beschränkten Sägewerksindustrie waren es sicherlich die Absatzmöglichkeiten, die für eine Bevorzugung Nicosias als Standort im Gegensatz zu den von der Rohstofflage ebenso in Frage kommenden Distrikten Limassol oder Paphos sprachen.

Dominierend im Bild der Industrie des Distriks Nicosia war aber – ähnlich wie in Famagusta – die **importsubstituierende Industrie** auf der Basis importierter Rohstoffe. Die wichtigsten Produktionszweige waren dabei die folgenden:

– die Produktion von *Soft Drinks (Coca-Cola* etc.) und Bier auf der Basis ausländischer Lizenzen;

– die Zigarettenindustrie; der alleinige Standort Nicosia weist auf eine stringente Orientierung der dominanten ausländischen Investoren auf den für den Absatz optimalen Standort;

– die Bekleidungs- und Schuhindustrie; 1972 waren in diesen Branchen 57 bzw. 86 % des BPW im Nicosia-Distrikt konzentriert. Das *Spill-over* in den Exportsektor hatte in diesen Produktionszweigen bereits begonnen und in Nicosia eine entsprechende Wachstumsdynamik ausgelöst;

– das Druck- und Verlagswesen; hier bot das Verwaltungs- und Kommunikationszentrum Nicosia besondere Standortvorteile;

– die chemische Industrie (u. a. Kosmetika, Batterien, Streichhölzer).

Bezüglich der industriellen Entwicklung der zyprischen Distrikte im Jahre 1972 können wir folgendes zusammenfassen:

In den Distrikten Kyrenia und Paphos blieb eine über den traditionellen kleinhandwerklichen Bestand hinausgehende Industrialisierungsdynamik weitgehend aus.

In Bezug auf die übrigen Distrikte der Insel läßt sich hingegen eine multizentrische Industrieentwicklung feststellen. In einigen Branchen zeigt sich dabei, gemessen an der Größe des regionalen Marktes, eine ausgeglichene regionale Verteilung. Dies gilt etwa für die Möbel- und Einrichtungsbranche, für die Metallverarbeitung und für das Kfz-Reparaturgewerbe.

Im Gegensatz hierzu kommt es allerdings in den meisten Produktionszweigen zu einer ausgesprochenen regionalen Spezialisierung. Schwerpunkte bilden dabei Limassol für die rohstoffverarbeitende und gleichzeitig exportorientierte Industrie sowie Nicosia für die rohstoffungebundene importsubstituierende Industrie.

---

[13] Z. B. betrieb die bedeutendste Limassoler Unternehmerfamilie in Nicosia Abfüllanlagen in Lizenz des *Coca-Cola*-Konzerns sowie eine Batteriefabrik.

Welche Relevanz sind in diesem Standortstrukturmuster nun einzelnen Standortfaktoren zuzuschreiben?

Am deutlichsten durch objektive Standortvoraussetzungen determiniert sind sicherlich die Standorte der **rohstoffverarbeitenden Industrie**: Rohstoffe sind hier auf regionale oder gar lokale Vorkommen begrenzt, überwiegend transportempfindlich und deshalb standortbestimmend. Nur in den Fällen, in denen angesichts der großen räumlichen Ausdehnung einer Rohstoffproduktion verschiedene Standorte in Frage kommen, werden Absatzmöglichkeiten als Standortfaktor ausschlaggebend, so bei der Weinindustrie und bei den Sägewerken.

Ungleich schwieriger ist die Frage zu beantworten nach den Standortdeterminanten für die auf Zypern 1972 dominierende **importsubstituierende Industrie** auf der Basis importierter Rohstoffe und Halbfabrikate. Hier ist zunächst die Relevanz der Importabhängigkeit auf der Beschaffungsseite zu erörtern. Die überwiegend **niedrige Transportempfindlichkeit** der benötigten Materialien wie auch die Kleinheit Zyperns mit entsprechend **kurzen Transportwegen** machen importierte Inputs aller Art zu ausgesprochenen „Ubiquitäten" im standorttheoretischen Sinn[14]. Nur so wird auch erklärlich, warum gerade der einzige nicht mit einem eigenen Hafen ausgestattete Distrikt Nicosia zum Zentrum vieler wichtiger importabhängiger Industriezweige wie etwa der Bekleidungs- und Schuhindustrie wurde.

Von größerer Bedeutung ist das **Absatzpotential**: Der Orientierung an einem überschaubaren lokalen Bedarf ist der kleinhandwerkliche „Grundbestand" der zyprischen Industrie zu verdanken, der sowohl jeden Distrikt als auch jedes größere Dorf auf Zypern charakterisiert. Dort, wo Industrialisierungsansätze auf eine solche handwerkliche Tradition aufbauen, wie in der Möbel- und Einrichtungsbranche und der Metallverarbeitung, stützen sie sich weiterhin auf ein relativ enges Absatzgebiet – Hauptgrund dafür, daß hier – gemessen an der jeweiligen Distriktbevölkerung – keine regionale Schwerpunktbildung stattgefunden hat.

Generell gab es für größere Investitionen, die auf einen entsprechend großen Markt zielten, zumindest bei der Wahl zwischen den Distrikten Nicosia, Famagusta und Limassol kaum stichhaltige, die Absatzchancen betreffende Argumente, die die Wahl eines bestimmten dieser Standorte zwingend notwendig gemacht hätten.

Greifen wir das Beispiel der Kunststoffindustrie auf, die sich vorrangig in Famagusta entwickelte: Unter dem Aspekt aller einzelnen Marktsegmente, auf die deren Produktion zielte, die Bewässerungslandwirtschaft, die Bauwirtschaft oder die Nachfrage privater Haushaltungen, wären neben Famagusta ebenso die Distrikte Nicosia oder Limassol als marktnahe Standorte in Frage gekommen. Zudem bewirkten auch hier die kurzen Distanzen, daß jedes der jeweils anderen Marktzentren unter vernachlässigbaren Transportkostenaufwänden mit dem Produkt versorgt werden konnte.

Ebensowenig aus der Absatzorientierung erklärbar waren die Standorte der **rohstoffunabhängigen Exportindustrie**. Eine Exportproduktion größeren Umfanges hatte 1972 nur in der Schuh- und Bekleidungsbranche begonnen, und gerade in diesen Produktionszweigen war eine Konzentration auf das Binnenmarktzentrum Nicosia besonders ausgeprägt. Die kurzen Wege und guten Straßenverbindungen zumindest von der städtischen Agglomeration Nicosia zum Haupthafen Famagusta bedeuteten minimale Transportkosten

---

[14] Ausnahme hiervon ist die Erdölraffinerie, die aufgrund der Art der Rohstoffe stark auf einen Küstenstandort festgelegt ist.

Tab. 39: Regionale Verteilungsstruktur in den Branchen des verarbeitenden Gewerbes, 1981

a) Betriebe und Beschäftigte

Branche (ISIC 1968)			Betriebe						Beschäftigte					
		abs. Zypern	Anteil der Distrikte (%)					abs. Zypern	Anteil der Distrikte (%)				
			Nic.	Fam.	Lar.	Lim.	Paph.		Nic.	Fam.	Lar.	Lim.	Paph.
31	311/312 Nahrungsmittel	643	38,6	3,9	21,3	28,5	7,8	4.330	53,8	1,5	16,0	23,9	4,9
	313 Getränke	42	33,3	-	7,1	59,5	-	1.893	30,0	-	2,1	67,9	-
	314 Tabakverarbeitung	4	50,0	-	25,0	-	25,0	528	83,0	-	2,1	-	15,0
32	321 Textilien	189	48,7	3,2	10,6	32,8	4,8	2.286	56,6	2,2	6,6	33,4	1,1
	322 Bekleidung	1.322	44,7	3,0	15,4	26,5	10,5	9.049	51,2	1,1	20,0	25,8	1,9
	323 Leder	79	62,0	-	13,9	22,8	1,3	920	80,0	-	7,1	12,8	0,1
	324 Schuhe	146	71,9	0,7	3,4	21,2	2,7	3.122	84,5	0,0	4,5	10,9	0,1
33	331 Holzverarbeitung	777	46,3	3,6	14,8	25,9	9,4	2.636	49,3	4,6	13,9	25,2	7,0
	332 Möbel u. Einrichtung	726	48,3	5,4	16,3	25,3	4,7	2.508	51,5	4,7	16,0	26,3	1,4
34	341 Papier	44	52,3	-	20,5	22,7	4,5	819	22,3	-	5,1	46,3	26,3
	342 Graph.Gew., Verlage	167	62,9	2,4	8,4	24,0	2,4	1.615	62,0	0,4	2,4	34,8	0,4
35	351 Chem. Grundstoffe	7	57,1	-	14,3	28,6	-	201	68,7	-	19,9	11,4	-
	352 andere chem. Prod.	91	57,1	-	13,2	25,3	4,4	974	61,1	-	8,1	25,6	5,2
	353 Erdölraffinerie	1	-	-	100,0	-	-	147	-	-	100,0	-	-
	355 Gummi	16	62,5	-	6,3	31,3	-	276	64,9	-	6,2	29,0	-
	356 Kunststoff	26	50,0	-	7,7	38,5	3,8	817	25,5	-	8,7	56,5	9,3
36	361 Ton u. Porzellan	26	30,8	3,8	11,5	46,2	7,7	64	25,0	1,6	4,7	54,7	14,1
	362 Glasverarbeitung	11	72,7	-	-	18,2	9,1	18	55,6	-	-	33,3	11,1
	369 Steine u. Erden	151	41,1	6,6	23,8	21,2	7,3	2.474	31,2	1,9	32,2	30,3	4,5
38	381 Metallverarbeitung	629	45,2	7,2	12,9	25,0	9,9	2.655	52,8	4,4	12,3	25,7	4,8
	382 Maschinenbau	184	51,1	2,7	12,0	26,6	7,6	1.309	55,5	1,5	5,7	35,4	1,8
	383 Elektrotechnik	36	44,4	2,8	11,1	38,9	2,8	499	62,1	3,2	12,6	21,8	0,2
	384 Fahrzeugbau	61	27,9	11,5	16,4	39,3	4,9	593	48,9	3,9	26,0	20,6	0,7
39	Sonstige	235	46,0	0,4	35,3	13,6	4,7	640	45,0	0,2	35,2	17,3	2,3
	Gesamt	5.613	46,6	3,8	15,9	26,1	7,6	40.373	52,9	1,7	14,3	27,8	3,3

Anmerkungen / Quellen: s. Teil b)

Tab. 39: Regionale Verteilungsstruktur in den Branchen des verarbeitenden Gewerbes, 1981

b) Bruttoproduktionswert und Bruttowertschöpfung

Branche (ISIC 1968)		Bruttoproduktionswert						Bruttowertschöpfung					
		Zypern (1.000 C£)	Nic.	Fam.	Lar.	Lim.	Paph.	Zypern (1.000 C£)	Nic.	Fam.	Lar.	Lim.	Paph.
			Anteil der Distrikte (%)						Anteil der Distrikte (%)				
31	311/312 Nahrungsmittel	64.194	51,2	1,5	20,7	21,4	5,2	17.372	57,0	1,2	16,0	21,8	4,0
	313 Getränke	29.593	25,7	-	2,1	72,1	-	11.649	31,5	-	2,2	66,4	-
	314 Tabakverarbeitung	14.843	95,1	-	0,3	-	4,6	5.620	94,2	-	0,4	-	5,4
32	321 Textilien	16.780	58,6	2,1	6,2	32,0	1,0	6.928	55,3	1,9	5,5	36,3	1,0
	322 Bekleidung	55.879	52,9	0,7	19,5	25,5	1,4	21.507	54,7	1,1	17,3	25,1	1,8
	323 Leder	6.815	80,1	-	6,2	13,6	0,2	2.383	77,3	-	7,6	15,0	0,1
	324 Schuhe	24.369	86,5	0,0	2,8	10,6	0,1	9.618	87,5	0,0	2,9	9,4	0,1
33	331 Holzverarbeitung	18.369	55,6	3,9	12,1	22,3	6,2	8.355	53,5	3,9	12,1	23,9	6,5
	332 Möbel u. Einrichtung	15.340	54,2	4,4	15,1	25,0	1,4	7.560	54,0	4,2	15,3	25,0	1,6
34	341 Papier	14.244	13,2	-	5,0	64,6	17,2	4.052	14,8	-	5,2	58,8	21,2
	342 Graph.Gew., Verlage	15.283	46,6	0,2	1,5	51,4	0,2	6.998	55,2	0,3	1,7	42,5	0,3
35	351 Chem. Grundstoffe	3.016	69,3	-	13,9	16,9	-	1.021	76,7	-	12,0	11,3	-
	352 andere chem. Prod.	15.278	59,5	-	10,7	24,6	5,1	5.040	62,6	-	8,3	24,4	4,8
	353 Erdölraffinerie	65.988	-	-	100,0	-	-	2.304	-	-	100,0	-	-
	355 Gummi	3.338	61,9	-	5,5	32,6	-	1.109	63,8	-	4,3	32,0	-
	356 Kunststoff	10.773	23,5	-	10,4	59,4	6,7	3.959	21,4	-	10,3	62,6	5,8
36	361 Ton u. Porzellan	219	21,4	1,3	3,8	57,8	15,6	162	23,9	1,4	4,2	56,7	13,8
	362 Glasverarbeitung	123	55,6	-	-	33,3	11,1	68	55,6	-	-	33,3	11,1
	369 Steine u. Erden	42.071	16,0	0,6	53,7	28,2	1,5	16.048	18,6	0,9	50,2	28,1	2,2
38	381 Metallverarbeitung	25.846	54,4	3,3	9,8	27,7	4,8	9.773	56,1	3,5	10,7	25,4	4,3
	382 Maschinenbau	11.986	48,0	0,7	4,3	45,8	1,2	5.604	51,0	0,9	4,9	41,6	1,6
	383 Elektrotechnik	7.232	49,5	3,3	29,8	17,3	0,1	2.581	54,7	2,2	26,8	16,3	0,1
	384 Fahrzeugbau	5.522	60,3	2,6	15,6	21,2	0,3	2.891	49,7	2,2	25,8	21,9	0,4
39	Sonstige	6.256	42,7	0,2	39,2	15,7	2,3	2.041	47,6	0,1	33,9	16,2	2,1
	Gesamt	473.357	42,3	1,0	28,1	26,0	2,6	154.643	50,7	1,2	16,1	29,1	2,9

Anmerkung: Angaben beziehen sich nur auf den griech. Teil Zyperns
Quelle : Census of Industrial Production (R.O.C. 9), 1981

171

selbst für Güter mit höherer Transportempfindlichkeit. Umgekehrt brachte die Hafennähe in Famagusta bis 1972 keine nennenswerten Investitionen in Exportindustrien hervor. Weder auf seiten des Gütereinsatzes noch auf der des Absatzes lassen sich somit für einen Großteil der zyprischen Industrie signifikante Determinanten des empirisch festgestellten Standortstrukturmusters finden – dies gilt bei einem Vergleich der Distrikte auch für andere potentiell relevante Faktoren wie z. B. Arbeitskraft, Boden oder staatliche Standortlenkungsmaßnahmen.

Zum Verständnis des Standortstrukturmusters müssen wir in Betracht ziehen, wer die **Träger des zyprischen Industrialisierungsprozesses** waren. Hier dominierten, was die rohstoffunabhängigen Produktionszweige angeht, private zyprische Unternehmer die Industrialisierungsdynamik. Während nun ein großer ausländischer Konzern den Standort für eine Produktionsstätte prinzipiell auf ganz Zypern suchen mochte, war der zyprische Unternehmer in hohem Maße in der Standortwahl regional gebunden. In dem Maße, in dem industrielle Investitionen sehr stark auf Eigenmitteln der Investoren basierten, wurden hier die **regional erheblich differenzierten** vor- und außerindustriellen **Akkumulationsmöglichkeiten** von Bedeutung. Eine Unternehmerfamilie aus Famagusta, die ihre wirtschaftliche Macht in der Vergangenheit auf Handel und Geldverleih gegründet hatte und heute dort im Baugewerbe, in der Spekulation mit Immobilien, im Tourismusgeschäft und im Bewässerungsfeldbau engagiert war, tendierte dazu, industrielle Investitionen ebenfalls in der Region Famagusta zu tätigen. Mit anderen Worten: Das Kapital war gekennzeichnet durch eine hohe sektorale und eine geringe regionale Mobilität. In jedem Distrikt, in dem so eine Schicht von kapitalkräftigen Unternehmern entstanden war, nutzten diese auch die Profitaussichten, die der Industriesektor bot. Auf diese Weise bildeten sich Nicosia, Famagusta, Limassol und (eingeschränkt) Larnaca als je unabhängige industrielle Innovationszentren heraus. So, wie mit Investitionen in den Industriesektor in oft spekulativer Weise versucht wurde, aussichtsreiche Marktsegmente zu erobern, so zufällig – im standorttheoretischen Sinne – war es meist, in welchem dieser Distrikte ein bestimmter Produktionszweig entstand oder dominierte.

Die Standortstruktur seit der De-facto-Teilung Zyperns 1974

Die türkische Invasion und De-facto-Teilung Zyperns im Jahre 1974 verursachte u. a. auch die „Auflösung" sämtlicher im seitdem türkischen Nordteil der Insel lokalisierten Industriestandorte, sofern sie sich in griechischer Hand befunden hatten. Der Wiederaufbau der verlorenen Betriebe auf dem in der Kontrolle der griechisch-zyprischen Regierung verbliebenen Territorium bedeutete räumlich eine „Infiltration" dieser Betriebe in das bestehende Standortsystem.

Eine Analyse des Standortstrukturmusters der Nachinvasionszeit muß deshalb ansetzen bei der **räumlichen Selektivität des Wiederaufbauprozesses**. Überlagert wird dieser Prozeß von einem äußerst dynamischen Wachstum der verarbeitenden Industrie, einem Wachstum, das wiederum branchenspezifisch von sehr unterschiedlicher Stärke ist und ebenfalls räumlich differenziert verläuft.

Betrachten wir zunächst die räumliche Verteilung der Gesamtindustrie im Jahre 1981, die als Ergebnis der oben genannten Prozesse gelten kann:

Tab. 39 zeigt, daß der südliche griechische Teil des Nicosia-Distrikts 1981 ziemlich exakt die gleichen Anteile an Betrieben, Beschäftigung, BPW und BWS auf sich vereinigte, wie der ganze Distrikt im Jahre 1972. Erhebliche „Gewinne" in ihren jeweiligen Anteilen an der

Gesamtindustrie zogen die Distrikte Limassol und – in noch stärkerem Maße – Larnaca aus der Teilung der Insel. **Absolut** bemaß sich etwa der Zuwachs von Industriebeschäftigten zwischen 1972 und 1981 auf 73 % in Limassol und auf 133 % in Larnaca. Annähernd gleich niedrig wie 1972 blieben die Anteile des Paphos-Distrikts.

Für alle Distrikte – mit Ausnahme der im griechischen Teil verbliebenen, rein ländlichen Restfläche des Famagusta-Distrikts – bedeutete das industrielle Wachstum der Nachinvasionszeit einen gegenüber 1972 erhöhten Industriebesatz (Tab. 40). Besonders große Zuwächse beim **Industriebesatz** zeigten sich in Larnaca (auf der Basis einer erheblich erhöhten Bevölkerungszahl) und in Paphos (bei einer stark zurückgegangenen Bevölkerung).

Tab. 40: Bevölkerung und Industriebesatz in den Distrikten Zyperns, 1982

Distrikt	Bevölkerung (abs.)	Anteil a. d. Ges.bevölkerung (in %)	Städtische Bevölkerung (abs.)	Industrie= besatz
Nicosia	210.564	41,1	149.071	10,3
Famagusta	25.653	5,0	–	2,9
Larnaca	84.599	16,5	48.376	7,1
Limassol	145.665	28,4	107.187	7,6
Paphos	45.616	8,9	20.786	3,2
Zypern	512.097	100	325.420	8,0

Anmerkungen: – Angaben beziehen sich nur auf den griechischen Teil Zyperns
– Angaben für die Städte beziehen sich auf die Stadtregion (Gebietsstand 1982)
– Industriebesatz: Beschäftigte im verarbeitenden Gewerbe pro 100 der Gesamtbevölkerung

Quellen: – Census of Housing 1982 (R.O.C. 7)
– Industrial Production Survey (R.O.C.17), 1982

Wie hatte sich nun die Bedeutung der zyprischen Distrikte in Bezug auf standortrelevante Strukturen durch Invasion, Teilung, Vertreibung und schließlich Reintegration und Wiederaufbau verändert?

Die **räumliche Verteilung der Flüchtlingsbevölkerung** war in doppelter Hinsicht von Wichtigkeit: als räumlich wie ökonomisch entwurzelte, **billige Arbeitskräfte** spielten die Flüchtlinge eine Rolle vor allem für neu aufzubauende Betriebe. Etwas vereinfacht läßt sich feststellen, daß sich die Flüchtlinge aus den Distrikten Nicosia und Kyrenia im Nicosia-Distrikt niedergelassen haben bzw. angesiedelt worden sind, während sich der Flüchtlingsstrom aus dem Famagusta-Distrikt in den Raum Larnaca und Limassol ergossen hat[15]. Die Lokalisation der verschiedenen Wohnungsbauprogramme der zyprischen Regierung

---

[15] Zur räumlichen Verteilung der Flüchtlingsbevölkerung und deren Determinanten s. ausführlich BREY (1983) sowie BREY / HEINRITZ (1988).

spielte hierbei eine maßgebliche Rolle. Der als Peripherraum geltende Paphos-Distrikt wurde hingegen von den Flüchtlingen selbst wie auch von den staatlichen Ansiedlungsprogrammen weitgehend gemieden.

Das beschriebene Ansiedlungsverhalten traf auch auf die **Flüchtlingsunternehmer** zu: Unternehmerfamilien aus Famagusta etablierten ihre neuen Betriebe in Larnaca und vor allem in Limassol. Dieser Sachverhalt läßt sich beispielhaft an der regionalen Verteilung der Papier- und Kunststoffbranchen im Jahre 1981 zeigen (Tab. 39): Innerhalb kurzer Zeit nach der Invasion hatten die meisten der vertriebenen Unternehmer aus Famagusta, die in diesen Produktionszweigen engagiert gewesen waren, neue Fabrikationsstätten im Limassol-Distrikt aufgebaut. Limassol übernahm folglich die Funktion Famagustas als Zentrum dieser Branchen. In manchen Fällen wurde dabei sogar ein Großteil des alten Personals am neuen Standort wiedereingestellt.

Angesichts eines vermehrten Drucks auf den zyprischen Bodenmarkt nach der Invasion gewann auch die Bereitstellung von Parzellen in den *Industrial Estates* zu günstigen Konditionen durch die öffentliche Hand zunehmende Standortrelevanz[16]. Bestehende *Industrial Estates* in Larnaca und Limassol wurden nunmehr schnell aufgefüllt, in Nicosia und Paphos wurden bald neue Industriezonen errichtet. Ein Beispiel für die hier ansetzende Standortlenkung durch den Staat ist etwa die Tatsache, daß die Parzellen im neu entstandenen *Industrial Estate* südlich der Stadt Nicosia vorrangig an Flüchtlingsbetriebe aus der ehemaligen Industriezone bei Mia Milea im nunmehr türkisch besetzten Norden vergeben wurden.

Von Bedeutung für die Herausbildung eines neuen Standortstrukturmusters waren auch die Funktionsgewinne, die den Regionen im Südteil der Insel bzw. deren Zentren als Kriegsfolge in unterschiedlicher Weise zuteil wurden. Solche Funktionsgewinne beinhalteten die Übernahme sowohl wichtiger im Norden Zyperns verlorengegangener Infrastrukturen als auch von zentralen Funktionen in den (nicht-industriellen) Wachstumssektoren. Unternehmerisches Potential und Investitionskraft einer Region im Industriesektor hingen genau wie in der Zeit vor der Invasion zum Teil von den Möglichkeiten ab, Gewinne in der Bewässerungslandwirtschaft, in Bauwirtschaft, Immobilienspekulation und Fremdenverkehr zu realisieren.

Die Stadt **Limassol** übernahm mit dem Bau neuer moderner Hafenanlagen, u. a. für die Containerabfertigung, die Funktion Famagustas als zyprischer Haupthafen, eine Funktion, die bei einer erheblich angewachsenen Exportorientierung der Industrie von gestiegener Bedeutung war. Entsprechend ausgebaut wurde die Straßenverkehrsachse Nicosia-Limassol als Pendant zu der früheren Hauptachse Nicosia-Famagusta. Zu der Schlüsselrolle, die Limassol damit für den gesamten Außenhandel spielte, kam die zentrale Binnenmarktlage im verkleinerten griechisch-zyprischen Staatsgebiet, als ein in Bezug auf die Lagegunst der Stadt Nicosia nunmehr zumindest ebenbürtiges Zentrum. Von Famagusta übernahm Limassol nicht nur die Funktion als Haupthafen, sondern auch die Funktion als Schwerpunktraum für den Fremdenverkehr mit einer rasanten Wachstumsdynamik. Die Bauwirtschaft wurde durch diese touristische Entwicklung ebenso angekurbelt wie durch den Wohnungsbedarf der Flüchtlinge. Hinzu kam der Wohnraumbedarf einer erheblichen Zahl von Libanesen, die ihr Land als Folge der dortigen Krisenereignisse verlassen hatten, sich nun schwerpunktmäßig auf die Stadt Limassol konzentrierten und nicht zuletzt „investitionswilliges" Kapital mitbrachten.

---

[16] S. Kap. 3.

Auch **Larnaca** erhielt Impulse durch eine Erweiterung des Hafens, den Bau des Internationalen Flughafens als Ersatz für den *Nicosia International Airport* und eine verstärkte Fremdenverkehrsentwicklung. Von besonders großer Bedeutung war hier die Expansion der Bauwirtschaft im Zusammenhang mit den großen Bevölkerungsgewinnen des Distrikts und speziell der Stadt als Folge von Invasion und Flüchtlingsbewegung.

Vergleichbare Anstöße wie in Limassol und Larnaca blieben bis zum Beginn der 80er Jahre im **Paphos**-Distrikt weitgehend aus. Die Fremdenverkehrsentwicklung, die Ausdehnung der Bewässerungsflächen sowie die Inbetriebnahme eines zweiten Internationalen Flughafens wurden hier erst in den letzten Jahren zu gewichtigen Faktoren. Es verwundert nicht, daß industrielle Investitionen von privaten Unternehmern in diesem Raum auch nach 1974 sehr begrenzt blieben. Wichtigste Industrieprojekte waren die Fehlinvestitionen der zyprischen Kooperativen, die 1981 dem Distrikt vorübergehend relativ hohe Anteile in der Papier- und Kunststoffbranche einbrachten[17].

Beziehen wir die sektoralen Entwicklungen im verarbeitenden Gewerbe nach 1974 in unsere Analyse ein, so lassen sich die Charakteristika des Standortstrukturmusters in den Jahren 1976 und 1981 wie folgt zusammenfassen (Abb. 11/12; Tab. 39):

Die an **agrarischen Rohstoffen** orientierten Industrien bleiben auf den Distrikt Limassol konzentriert. Dennoch nimmt deren relative Bedeutung dort nach 1976 stark ab, parallel zum Bedeutungsrückgang dieser Industrien im Gesamtbild des verarbeitenden Gewerbes.

Zunehmendes Gewicht hat ein anderer **rohstoffgebundener** Industriezweig in den Distrikten Larnaca und Limassol gewonnen: die Zementindustrie. Diese Bedeutung ist im Falle des Zementwerks im Larnaca-Distrikt vor allem dem Exportboom zu verdanken, bei der anderen Produktionsstätte im Raum Limassol hingegen vorwiegend der regen Binnenmarktnachfrage[18].

Der **Nicosia**-Distrikt bleibt führend in allen importabhängigen Produktionszweigen mit Ausnahme der Papier- und Kunststoffindustrie, also überall dort, wo bereits 1972 eine Dominanz bestanden hatte. Daran ändert auch nichts die Tatsache, daß im Zuge ihres boomartigen Gesamtwachstums Branchen wie die Schuh-, Bekleidungs- und Möbelindustrie auch in den Distrikten Limassol und Larnaca einen erhöhten Stellenwert gegenüber den 1972 dort dominierenden Industriezweigen gewonnen haben. Insgesamt zeigt die Industriestruktur im Nicosia-Distrikt damit eine hohe Konstanz. Diese Kontinuität ist beachtlich insofern, als sich die Grundvoraussetzungen der Industrieentwicklung auf der Vermarktungsseite in vielen Branchen grundlegend in Richtung auf eine vorrangige Exportproduktion geändert haben. Die damit verbundenen veränderten Ansprüche an die Standortqualitäten verminderten auch nun in keiner Weise die Wachstumsdynamik exportorientierter Industriezweige im Distrikt Nicosia.

Die industrielle Entwicklung des Distrikts Nicosia erhärtet noch einmal die generelle Gültigkeit des folgenden Sachverhalts: Der zyprische Privatunternehmer errichtete seine Betriebsstätte an einem Ort, an den ihn seine sozialen und – in ähnlicher Weise durch persönliches Engagement ausgezeichneten – wirtschaftlichen Bezüge am meisten banden. Die **Standortwahl** wird hier häufig zu einer **unabhängigen Variablen**: Am Anfang steht der Standort und an diesem Standort wird produziert, was die eigenen Fähigkeiten, die Kapitalkraft oder die Einschätzung der Marktchancen erlauben. Die Kleinheit und enge Ver-

---

[17] Vgl. Kap. III.5, S. 71 ff.
[18] Nach eigenen Befragungen d. Verf.

Regionale Verteilung und Struktur des verarbeitenden Gewerbes in den Distrikten Zyperns 1976   Abb. 11

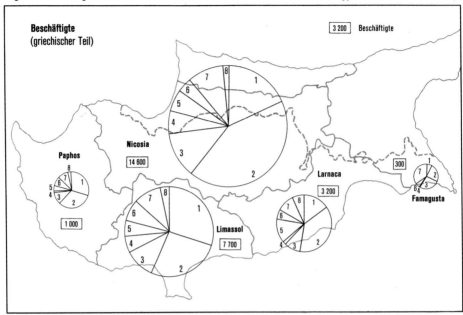

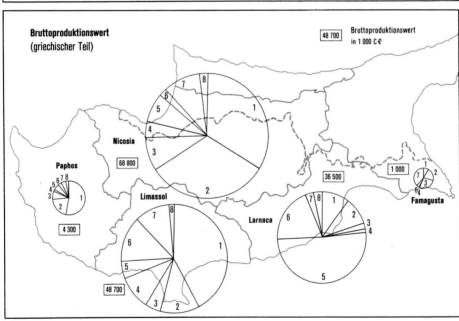

Regionale Verteilung und Struktur des verarbeitenden Gewerbes in den Distrikten Zyperns 1981   Abb. 12

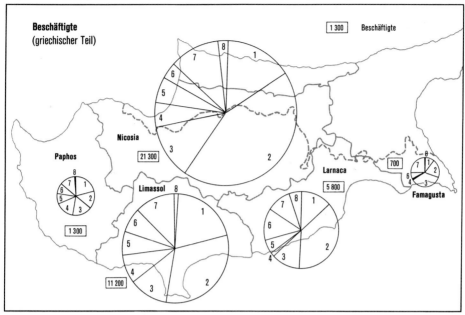

Beschäftigte
(griechischer Teil)

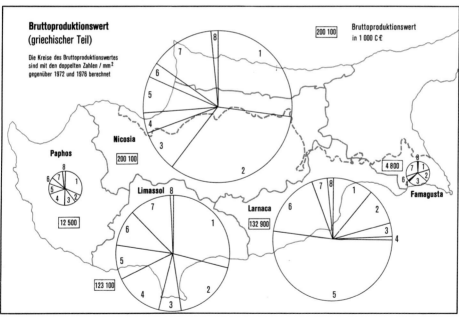

Bruttoproduktionswert
(griechischer Teil)

Die Kreise des Bruttoproduktionswertes
sind mit den doppelten Zahlen / mm²
gegenüber 1972 und 1976 berechnet

Branchenstruktur (nach ISIC 1968)		
1	Nahrungsmittel, Getränke, Tabak	5	Chemie, Gummi, Kunststoff, Mineralöl
2	Textilien, Schuhe, Bekleidung, Leder	6	Steine u. Erden, Glas, Keramik
3	Holz, Möbel, Einrichtung	7	Metallverarbeitung, Maschinenbau, Elektrotechnik, Fahrzeugbau, Feinmechanik, Optik
4	Papier, Druck, Verlage	8	Sonstige

Distriktgrenze
Demarkationslinie

0   10   20   30   40 km

Entwurf: H.Brey, 1987
Quelle: Census of Industrial Production (R.O.C. 9), 1981

177

flochtenheit der Insel erlaubt es, daß die Wahl eines Standortes, wenngleich sie nicht nach optimierenden Gesichtspunkten im betriebswirtschaftlichen Sinne vonstatten geht, auch objektiv in aller Regel zu keinen standortbedingten Konkurrenznachteilen führt.

2. Industrieentwicklung im Distrikt Limassol

Angesichts eines polyzentrischen Verlaufs der räumlichen Industrieentwicklung scheint es sinnvoll, die Entwicklung des Standortstrukturmusters auch auf der kleinräumigen Ebene, innerhalb eines Einzeldistrikts, zu untersuchen. Die Ergebnisse sind in dem Maße auf andere Distrikte übertragbar, wie hier ähnliche Rahmenbedingungen für die industrielle Entwicklung vorliegen. Für eine solche kleinräumige Betrachtung schien der Distrikt Limassol besonders geeignet, da er

- eine besonders ausgeprägte Wachstumsdynamik des verarbeitenden Sektors erlebte;
- bezüglich der Industriestruktur ein großes Spektrum von traditionsreichen rohstoffverarbeitenden sowie modernen rohstoffunabhängigen Produktionszweigen umfaßt;
- durch die türkische Invasion von 1974 nicht geteilt wurde und deshalb die unter zyprischen Verhältnissen größtmögliche Konstanz der territorialen Basis für Datenvergleiche der Zeiträume vor und nach 1974 gewährleistet ist.

Ausgeklammert wurde im folgenden die Standortdynamik innerhalb der Stadtregion Limassol (*Town* und *Suburbs*), da diese in Kap. IV.4 noch erörtert werden wird. In einem Exkurs am Ende des Kapitels wird – ebenfalls mit schwerpunktmäßigem Bezug auf den Limassol-Distrikt – auf den Zusammenhang zwischen Industrialisierung und Urbanisierung einzugehen sein.

Kleinräumig regionalisierte Daten zu Betrieben und Beschäftigten im verarbeitenden Gewerbe sowie generell zu den nichtlandwirtschaftlichen Wirtschaftssektoren werden auf Zypern erst seit Anfang der 70er Jahre erhoben und zwar in den auf Gemeindebasis durchgeführten Betriebsstättenzählungen (*Registration of Establishments* – R.O.C. 20). Die für 1976 und 1980 vorliegenden Daten können dabei nur eingeschränkt mit den Ergebnissen von 1972 verglichen werden, weil damals die türkisch-zyprischen Betriebe und ihre Beschäftigten nicht in die Zählung eingeschlossen waren. Als räumliche Bezugseinheit dient im folgenden die sog. *Statistical Area*, die nach der Einzelgemeinde nächsthöhere statistische Aggregationsebene auf Zypern.

Die Angaben der amtlichen Statistik wurden ergänzt durch Betriebsbefragungen des Verfassers (1985), bei denen schwerpunktmäßig nach den Determinanten der Standortwahl gefragt wurde. Die Befragung umfaßte einen Großteil der verarbeitenden Betriebe ab 5 Beschäftigten außerhalb der Stadtregion Limassol.

Die Entwicklung des Standortstrukturmusters

In Abb. 13 sind die Zahl der Betriebe sowie die durchschnittliche Betriebsgröße im verarbeitenden Gewerbe auf der Basis der *Statistical Areas* für 1976 und 1980 dargestellt.

Sowohl 1976 als auch 1980 waren demnach die Betriebe stark auf das Gebiet der Stadt Limassol und – in zweiter Linie – ihre Vororte konzentriert. Die Entwicklung der Betriebszahlen im Betrachtungszeitraum – einer Phase äußerst dynamischen industriellen Wachs-

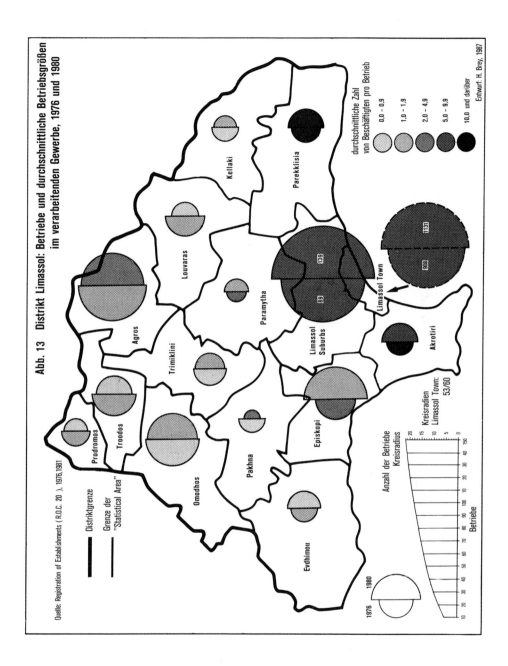

Abb. 13 Distrikt Limassol: Betriebe und durchschnittliche Betriebsgrößen im verarbeitenden Gewerbe, 1976 und 1980

Quelle: Registration of Establishments (R.O.C. 20), 1976, 1981

Distriktgrenze

Grenze der "Statistical Area"

durchschnittliche Zahl von Beschäftigten pro Betrieb

0,0 – 0,9
1,0 – 1,9
2,0 – 4,9
5,0 – 9,9
10,0 und darüber

Entwurf: H. Brey, 1987

Kreisradien Limassol Town: 53/60

Anzahl der Betriebe

Kreisradius

Kreisradius

Betriebe

1976

1980

Kellaki

Parekklisia

Louvaras

Paramytha

Agros

Trimiklini

Limassol Suburbs

Limassol Town

Akrotiri

Prodromos

Troodos

Omodhos

Pakhna

Episkopi

Evdhimou

179

tums – erhöht noch die Dominanz der Stadtregion Limassol[19] als bevorzugtem Standort. Eine Zunahme der Betriebszahlen, auf niedriger absoluter Basis, erlebten auch die Küstenregionen Parekklisia, Akrotiri, Episkopi und die aufgrund ihrer vorherrschenden Topographie und der relativ stadtfernen Lage im folgenden als Bergregion bezeichnete Region Evdhimou. Demgegenüber sind die nördlich gelegenen Bergregionen fast ausschließlich von einem Rückgang der Betriebszahlen betroffen.

Große regionale Unterschiede zeigen sich bei den durchschnittlichen Betriebsgrößen: diese erreichten ein Maximum in der östlich von Limassol gelegenen Region Parekklisia. Für zyprische Verhältnisse mittlere Betriebsgrößen finden sich in der Stadtregion Limassol sowie in der westlich angrenzenden Region Akrotiri. Im übrigen Distrikt sind die Betriebsgrößen als klein bis marginal zu kennzeichnen, in mehreren Fällen ist im Durchschnitt weniger als eine Arbeitskraft beschäftigt. Aus den sehr unterschiedlichen mittleren Betriebsgrößen ergibt sich eine gegenüber den Betriebszahlen regional noch unausgeglichenere Verteilung der Beschäftigten (Abb. 14). Die regionale Wachstumsdynamik bei den Industriebeschäftigten zwischen 1976 und 1980 zeigt hohe absolute und relative Zunahmen in der Stadtregion Limassol sowie in Parekklisia, ansonsten ein uneinheitliches Bild, das auf niedriger absoluter Basis von beachtlichem Wachstum (so in der Region Agros) über Stagnation bis hin zu gravierender Abnahme reicht.

In Abb. 14 wird zusätzlich der regionale Industriebesatz dargestellt, wobei die Zahl der Beschäftigten 1980 in Relation zur Bevölkerung im Jahre 1982 gesetzt wurde. Die Stadt Limassol und die Region Parekklisia weisen den höchsten Industriebesatz auf. Akrotiri nimmt eine mittlere Position ein, während die Vorortbereiche von Limassol überraschenderweise erst 1980 die Marke von 2,5 Industriebeschäftigten je 100 Einwohner übersteigen. Alle übrigen ländlichen Regionen verfügen über einen extrem niedrigen Industriebesatz zu beiden Stichdaten. In den meisten Fällen kommt auf 100 Einwohner nicht einmal ein ganzer Arbeitsplatz im verarbeitenden Gewerbe.

Somit gab es im Jahre 1980, als der industrielle Aufschwung der Nachinvasionszeit seinen Höhepunkt weitgehend erreicht hatte, im Distrikt Limassol nur wenige Teilregionen mit entweder einer nennenswerten absoluten Zahl von Industriebeschäftigten oder einem günstigen Industriebesatz. Diese waren die Stadtregion Limassol, Parekklisia, sowie, in geringerem Maße, Akrotiri.

Der gesamte restliche Distrikt Limassol zeigte mit nur punktuellen und kaum bedeutsamen Ausnahmen **keine Ansätze zu einer Industrialisierung**. Im Jahre 1972 wurden in diesem Raum 390 Beschäftigte im verarbeitenden Gewerbe (in griechisch-zyprischen Betrieben) gezählt. Das waren 6,2 % der Gesamtbeschäftigtenzahl im Distrikt (wiederum in griechisch-zyprischen Betrieben). 1980 war die Gesamtbeschäftigtenzahl mit 372 in etwa gleich geblieben, allerdings machte dies nurmehr 3,4 % der gesamten Industriebeschäftigung aus. Ein Großteil des ländlichen Raumes blieb damit von der industriellen Wachstumsdynamik Anfang der 70er Jahre und speziell nach 1974 vollkommen unberührt. Anders ausgedrückt: Sowohl der Bestand an verarbeitenden Betrieben und Arbeitsplätzen als auch das industrielle Wachstum seit Anfang der 70er Jahre waren räumlich stark konzentriert auf die Stadtregion Limassol und die daran angrenzenden Küstenregionen.

---

[19] Die *Areas Limassol Town* und *Limassol Suburbs* werden im folgenden als „Stadtregion" bezeichnet. Die Kennzeichnung der übrigen *Areas* als „ländlich" ist zu verstehen als hierzu komplementäre Kategorisierung (entsprechend der amtlichen zyprischen Statistik), nicht jedoch als Strukturbeschreibung.

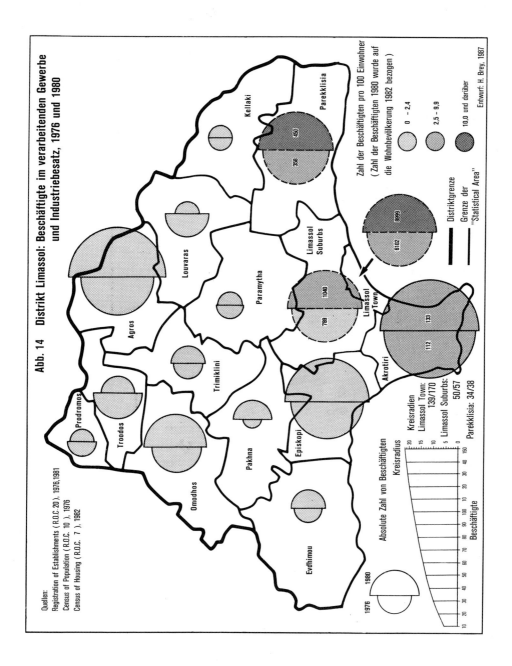

Abb. 14 Distrikt Limassol: Beschäftigte im verarbeitenden Gewerbe und Industriebesatz, 1976 und 1980

Quellen:
Registration of Establishments (R.O.C. 20), 1976;1981
Census of Population (R.O.C. 10), 1976
Census of Housing (R.O.C. 7), 1982

Zahl der Beschäftigten pro 100 Einwohner
(Zahl der Beschäftigten 1980 wurde auf
die Wohnbevölkerung 1982 bezogen)

0 – 2,4   2,5 – 9,9   10,0 und darüber

Distriktgrenze
Grenze der
"Statistical Area"

Entwurf: H. Brey, 1987

Kreisradien
Limassol Town: 139/170
Limassol Suburbs: 50/57
Parekklisia: 34/38

Absolute Zahl von Beschäftigten
Kreisradius

Beschäftigte

1976   1980

Die Industrialisierungsdynamik in den Bergregionen

Wenden wir uns zunächst dem nicht-industrialisierten, relativ stadtfernen Teil des ländlichen Raumes zu, ein Raum, der im folgenden aufgrund seiner vorherrschenden Topographie als Bergland – im Gegensatz zum Küstenraum – bezeichnet wird[20].
Hinter den in Abb. 13 ersichtlichen kleinen und kleinsten durchschnittlichen Betriebsgrößen steht eine homogene kleinhandwerkliche Struktur mit nur einigen wenigen Ausnahmen.
Die in Abb. 15 dargestellte Beschäftigungsstruktur nach Branchen für das Jahr 1972 zeigt, daß im Bergland der Nahrungsmittel- und Getränkesektor sowie die Textil-, Schuh- und Bekleidungsbranchen dominieren, ergänzt in den meisten Fällen durch Betriebe in Holzverarbeitung und Möbelhandwerk sowie Metallverarbeitung.
Eine Analyse der *Registration of Establishments* (R.O.C. 20, 1972) hinsichtlich der Streuung der Einzelbranchen auf die ländlichen Einzelgemeinden des Distrikts im Jahre 1972 ergibt folgendes Bild: In 39 von 94 Gemeinden mit griechisch-zyprischem Bevölkerungsanteil gab es einen Schuster oder Schneider; es folgten die Nahrungsmittelbranche (32)[21], die Metallverarbeitung (18), Möbelherstellung (12), Getränke (10), Holzverarbeitung (7), Steine und Erden (5) und Sonstige (2). Ausschließlich auf die Stadtregion konzentriert waren hingegen die Produktionszweige Textilien, Graphisches Gewerbe/Verlage, Leder, Gummi, Chemie, Maschinenbau sowie Fahrzeugbau und -reparatur.
Die in den Bergregionen anzutreffenden Klein- und Kleinstbetriebe, Bäcker, Schuster, Schneider, Schreiner oder Blechschmiede, waren nun keineswegs Träger einer jungen Industrialisierungsdynamik im ländlichen Raum. Eher repräsentierten sie ein Überbleibsel aus einer agrargesellschaftlichen Epoche, in der dem Dorf die hauptsächliche Rolle als sozialer und wirtschaftlicher Bezugsrahmen und Lebensraum zugekommen war. Die bescheidene aber individuelle lokale Nachfrage nach einfachen Bedarfsgütern war in dem Maße als ursprünglicher „Standortfaktor" im Rückgang begriffen, in dem sich die ländlichen Konsummuster den städtischen anglichen und ein Großteil der kaufkräftigen Nachfrage nun auch hier durch billige industrielle Massenware gedeckt wurde.
Der Lebensunterhalt der Betriebsinhaber hing vielfach von zusätzlichen Einnahmequellen, etwa aus der Landwirtschaft, ab. Oftmals handelte es sich um Betriebe alter Menschen ohne Aussicht auf Nachfolger. Das Überleben solcher Betriebe war vor allem erklärbar durch das hohe Prestige, das wirtschaftlicher Selbständigkeit anhaftet (vgl. Kap. III. 4). Eine Erweiterung oder Modernisierung wurde von den Inhabern entweder nicht angestrebt oder scheiterte am fehlenden Kapital.
Die Identifikation des ländlichen Kleinhandwerks in den Berggebieten Limassols als vorwiegende Persistenzerscheinung bietet nun noch keine hinlängliche Erklärung für das Ausbleiben einer Industrialisierungsdynamik in diesem Raum. Die geringe Bedeutung bzw. der Bedeutungsverlust des ländlichen Raumes als Standort für verarbeitende Industrie und Gewerbe muß auch auf der kleinräumigen Ebene des Einzeldistrikts als Ergebnis umfassender sektoraler Strukturveränderungen im Laufe des Industrialisierungsprozesses gewertet werden.

---

[20] Hierzu werden im folgenden alle Teilregionen mit Ausnahme der Stadtregion (Limassol *Town + Suburbs*) und der Küstenregionen Akrotiri, Episkopi und Parekklisia gezählt.
[21] In Klammern ist angegeben die Zahl der Gemeinden, in denen mindestens ein Betrieb der betreffenden Branche existierte.

Abb. 15

Distrikt Limassol:

Branchenstruktur im verarbeitenden Gewerbe nach Beschäftigtenzahlen 1972

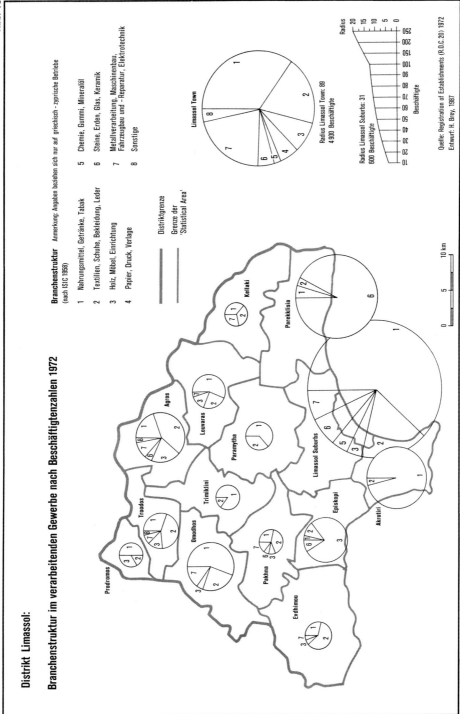

Branchenstruktur Anmerkung: Angaben beziehen sich nur auf griechisch - zyprische Betriebe
(nach ISIC 1958)

1 Nahrungsmittel, Getränke, Tabak

2 Textilien, Schuhe, Bekleidung, Leder

3 Holz, Möbel, Einrichtung

4 Papier, Druck, Verlage

5 Chemie, Gummi, Mineralöl

6 Steine, Erden, Glas, Keramik

7 Metallverarbeitung, Maschinenbau, Fahrzeugbau und - Reparatur, Elektrotechnik

8 Sonstige

Distriktgrenze

Grenze der 'Statistical Area'

Radius Limassol Town: 89
4900 Beschäftigte

Radius Limassol Suburbs: 31
600 Beschäftigte

Quelle: Registration of Establishments (R.O.C.20) 1972
Entwurf: H. Brey, 1987

Das Entstehen einer bedeutenden exportorientierten Agro-Industrialisierung in Limassol bereits lange vor der Unabhängigkeit Zyperns konzentrierte die Rohstoffströme schon früh auf die städtischen Verarbeitungsbetriebe mit relativ hohem Technologieniveau und großen Kapazitäten. Die wichtigste agrarische Ressource des südlichen Troodos-Vorlandes, die Weintrauben, war hierfür das beste Beispiel: Von den ehemals vielen kleinen dörflichen Weinkellereien sind heute nur zwei kleinere Betriebe in der Omodhos-Region übriggeblieben, die im übrigen Filialen großer Limassoler Unternehmen sind. Die Möglichkeit zu solch früher Zentralisierung der Verarbeitung landwirtschaftlicher Ressourcen ist zweifellos als eine Besonderheit der zyprischen Entwicklung zu werten: Sie wurde begünstigt durch die Kleinheit der Insel und den Ausbau der Verkehrsinfrastrukturen bereits zu britischer Zeit; die sternförmige Ausrichtung der Verkehrswege von der Peripherie auf das Zentrum war ein Spiegelbild der Funktionalisierung des ländlichen Raumes als „Lieferant" von Ressourcen[22].

Der Handel mit unverarbeiteten wie verarbeiteten Agrarprodukten wie auch der Importhandel begründeten nicht nur die Bedeutung der Stadt Limassol. Er war auch eine Quelle des wirtschaftlichen Wohlstandes einer städtischen Kapitalistenschicht, die sich zusätzlich noch bis in die ersten Jahrzehnte dieses Jahrhunderts bedeutenden Reichtum an Kapital und Land durch den ausbeuterischen Geldverleih an die ländlichen Agrarproduzenten angeeignet hatten[23]. In den Händen dieser städtischen Klasse konzentrierten sich Gewinne aus allen möglichen Geschäften, die als Kapitalbasis für Investitionen in das verarbeitende Gewerbe von wachsender Bedeutung wurden. In Limassol zählten hierzu die lukrative Bewässerungslandwirtschaft in der Küstenebene und, seit den 50er Jahren, die Bauwirtschaft und die Landspekulation aufgrund einer hohen Nachfrage auf dem städtischen Bodenmarkt. Die Funktionsgewinne Limassols als Folge der türkischen Invasion (Handelszentrum, Fremdenverkehr) und der hiermit verbundene neuerliche Aufschwung in der Baulandnachfrage und der Bauwirtschaft steigerten die geschäftlichen Möglichkeiten der städtischen Kapitalistenschicht noch ganz erheblich, die im übrigen um die maßgeblichen Flüchtlingsunternehmer aus Famagusta verstärkt wurde.

Welche Relevanz hatte die beschriebene **städtische** Konzentration der Wirtschaftskraft allgemein und des Potentials für Investitionen in verarbeitenden Betrieben im besonderen für die Industrialisierung der Berggebiete Limassols? Nachdem eine **endogene** Industrialisierungsdynamik in den Bergregionen nicht in Aussicht stand, hing die Industrieentwicklung dort weitgehend ab von den Standortentscheidungen des städtischen Unternehmertums und damit von den Standortvorteilen, die die ländliche Peripherie im Kontrast zu Stadtregion und Küstenraum zu bieten hatte.

Als Investoren von nachgeordneter Bedeutung und im eher kleinbetrieblichen Maßstab kamen zusätzlich in Frage

– Industriearbeiter bzw. Handwerker, die im ländlichen Raum wohnhaft waren, sich als Auspendler ausreichende Kapitalmittel zur Gründung eines eigenen Kleinbetriebes erworben hatten und über entsprechendes Know-how verfügten;

– nach 1974 Flüchtlinge, die sich im ländlichen Raum ansiedelten.

---

[22] Bestes Beispiel für diese Funktionalisierung sind die im Troodos-Gebirge gelegenen Asbestminen von Amiandos, die sich bis heute in ausländischer Hand befinden.
[23] LANITIS (1944, S. 63f.).

Die hier bezeichneten zusätzlichen potentiellen Investorgruppen sind dabei in ihrem Standortverhalten ähnlich einzuschätzen wie das städtische Unternehmertum: Investitionen in den Berggebieten sind auch von ihrer Seite nur zu erwarten, wenn sie durch eine spezifische Standortqualität begründet sind.

Angesichts einer bereits vollzogenen Zusammenführung der wichtigen agrarischen Rohstoffe der Region in zentrale städtische Industriestandorte bzw. fehlenden Ansätzen zu neuen rohstofforientierten Industrieprojekten verbleiben drei Faktoren, von denen eine potentielle dezentralisierende Wirkung auf das Standortmuster der Industrie im Limassol-Distrikt anzunehmen ist:

– die Verfügbarkeit von Arbeitskräften in den Bergregionen (angesichts eines vorherrschenden Arbeitskräftemangels);

– die Verfügbarkeit von Flächen für die Industrieansiedlung generell und speziell von günstigen Bodenpreisen für diese Flächen;

– planerische Eingriffe in die Standortstruktur.

Der strukturell bedingte **Mangel an Arbeitskräften** war zumindest theoretisch dazu geeignet, eine Dezentralisierung von Industriestandorten zu bewirken, die in anderen Staaten angesichts der Existenz einer marginalen städtischen Klasse ausblieb. ATTALIDES (1981, S. 107) stellt etwa in Bezug auf die Zeit vor 1974 fest, daß die Verfügbarkeit von Arbeitskräften der einzige Anreiz sei, den der freie Markt für eine Dezentralisierung der Industrie biete; der Autor fügt einschränkend hinzu, daß dieser Anreiz nicht wirksam sei:

"The entrepreneur normally expects that his labour will move or commute to where he locates his enterprise".

In der Tat waren bereits in den frühen 70er Jahren die Arbeitskraftreserven der Berggebiete, in ähnlicher Weise wie die Rohstoffreserven, für den städtischen Bedarf weitgehend funktionalisiert. Voraussetzung hierfür war einerseits das Fehlen von wirtschaftlichen Alternativen in den Berggebieten (s. u.), die einen dem allgemeinen gesellschaftlichen Niveau angemessenen Lebensstandard gewährleisten konnten. Die durch einen enormen Grad an Landspekulation bedingten hohen städtischen Bodenpreise und die Möglichkeit, einen Teil des Einkommens weiterhin aus der traditionellen agrarischen Wirtschaft zu gewinnen, hielten andererseits die Abwanderung in die Stadtregion in Grenzen. Schließlich sorgte die öffentliche Hand durch die Verbesserung der Verkehrserschließung – bei geringen absoluten Distanzen – für den Zugriff der städtischen Wirtschaft auf die ländliche Arbeitskraft, deren Mobilität sich auch durch einen hohen Grad der privaten Motorisierung erhöht hatte.

Die Bedeutung der ländlichen Arbeitskraft für die städtische Industrie Limassols kann durch die Ergebnisse einer Befragung veranschaulicht werden, die d. Verf. 1985 in einigen Betrieben des Industrial Estate am Stadtrand von Limassol durchführte[24].

Tab. 41 verdeutlicht, daß das Einzugsgebiet der Arbeitskräfte für die Limassoler Industrien heute bis an den äußersten Rand des Distrikts reicht, sofern dort noch entsprechende Arbeitskraftreserven zu finden sind[25]. So galt etwa der Raum Agros noch vor wenigen Jahren – neben großen Teilen des Paphos-Distrikts – als eine der letzten verbliebenen

---

[24] Die Angaben stammen teils von der Betriebsleitung, teils wurden die Arbeitskräfte selbst befragt. Erfaßt wurden dabei rund 400 Arbeitskräfte.

[25] Dies kann für den Raum Prodromos bezweifelt werden, dessen Bevölkerungsstruktur bereits als Ergebnis einer umfassenden „passiven Sanierung" gelten muß (s. Tab. 43).

Tab. 41: Wohnort der Arbeitskräfte ausgewählter Betriebe des Industrial
Estate Limassol

Wohnort (Area)	Wohnhafte Beschäftigte in Betrieben des Produktionszweigs			
	(1) Bekleidung (2 Betr.)	(2) Metallverarb. (2 Betr.)	(3) Holzverarb. (2 Betr.)	(4) Kartonagen/Kunstst. (2 Betr.)
Stadtregion Limassol	132	18	14	57
Akrotiri	6	2	-	1
Episkopi	41	1	-	8
Evdhimou	2	-	-	-
Paramytha	2	2	1	-
Parekklisia	-	-	-	-
Kellaki	1	-	1	-
Louvaras	5	2	-	-
Pakhna	33	-	-	1
Trimiklini	14	-	-	2
Omodhos	11	-	-	-
Troodos	4	-	-	-
Prodromos	-	-	-	-
Agros	12	-	2	4
Larnaca Distrikt	2	3	-	-
Arbeitskräfte insgesamt	265	28	18	73

Anmerkungen: – Erfaßt sind nur Lohnempfänger ("blue collar workers")
– Anteil der weiblichen Arbeitskräfte: (1): 100%, (2): 0%, (3): 0%, (4): ca. 25%
– (4) arbeiten vorwiegend in Schichtarbeit

Quelle: eigene Erhebungen (1985)

absolut peripher gelegenen Regionen im griechischen Teil Zyperns. Der Pendlereinzugsbereich eines bestimmten Betriebsstandorts zeigt sich dabei abhängig von seinem Anschluß an das radiale Straßennetz; dieser Anschluß ist im Falle des Standorts *Industrial Estate* am günstigsten in Richtung Norden und Nordwesten. Die Erhebung zeigt weiterhin, daß vor allem die völlig auf weibliche Billiglohnarbeitskraft basierenden Betriebe der Bekleidungsbranche in ganz hohem Maße von den Arbeitskraftreserven des ländlichen Raumes abhängen. Durchweg in der Stadtregion Limassol wohnhaft war im übrigen der gesamte *White-collar Staff* der untersuchten Betriebe[26].

Der hohe Grad der Erschließung der ländlichen Arbeitskraftreserven ist eine Ursache für das Ausbleiben einer Dezentralisierung der Industrie. In Bezug auf den Arbeitsmarkt trat hierzu nach 1974 noch ein weiterer ebenso entscheidender Grund: Der Flüchtlingszustrom in der Folge der Invasion von 1974 betraf fast ausschließlich die Stadtregion und den Küstenraum (incl. Evdhimou-*Area*)[27]. Maßgeblich dafür war die Standortwahl der ver-

---

[26] Die Kartonagen- bzw. kunststoffverarbeitenden Betriebe in Tab. 41 sind durch ihre vorwiegende Schichtarbeit generell auf relativ in der Nähe wohnende Arbeitskräfte angewiesen.

[27] Vgl. Tab. 43, S. 196.

schiedenen staatlichen Wohnungsbauprogramme zur Flüchtlingsansiedlung. Deren erklärtes Ziel war die Konzentration der Flüchtlingsbevölkerung in unmittelbarer Nähe bzw. Erreichbarkeit zu den städtischen Beschäftigungszentren[28]. Dadurch war in einer dynamischen Industriegründungs- und Expansionsphase, wie sie die Zeit unmittelbar nach der Invasion in Limassol darstellte, die Industrialisierung von der Inwertsetzung ländlicher Arbeitskraft weitgehend unabhängig.

Warum aber haben die **hohen städtischen Bodenpreise** als zentrifugale Kraft für die industrielle Standortwahl nicht gewirkt? Solche zentrifugalen Kräfte wurden in der Tat bereits in den 60er und frühen 70er Jahren wirksam, allerdings, entsprechend dem vorherrschenden Bodenpreisgefälle, **nur innerhalb von Stadtregion und Küstenraum** (s. u.). Als nach der türkischen Invasion der Nachfrage- und Preisdruck auf den dort verfügbaren Flächen stark zugenommen hatte, wurden für die Industrieansiedlung bestehende und teilweise erweiterte bzw. neu ausgewiesene staatliche Gewerbeflächen (*Industrial Estates*)[29] zunehmend interessant, die innerhalb der Stadtregion zu Pachtpreisen weit unter dem Marktniveau angeboten wurden. Solche Flächen fingen die zusätzliche Nachfrage der Industrie nach geeigneten Grundstücken weitgehend auf und wirkten dadurch quasi als Ventil für die ansonsten durch den städtischen Bodenmarkt zentrifugal ausgerichtete Standortwahl des verarbeitenden Gewerbes.

Den ländlichen Gemeinden (als bloße Verwaltungseinheiten) fehlte für eine entsprechende Ausweisung von Gewerbeflächen die planerische Kompetenz, denn die ländliche Infrastrukturentwicklung war weitestgehend Angelegenheit des Staates. Außer erschlossenen Flächen mangelte es dadurch in den Bergregionen häufig auch an anderen, für die Industrieansiedlung wichtigen Infrastrukturen, wobei fehlende private Anschlußmöglichkeiten an das Telefonnetz vielleicht als größtes Manko zu nennen sind.

Die vorangegangene Aussage mag bereits als Hinweis gelten auf das **Fehlen regionalpolitisch begründeter Steuerungsmaßnahmen** in Bezug auf die gewerbliche Standortwahl. Die Nicht-Existenz regionalplanerischer Instrumente ist letztlich das politische Spiegelbild einer heute weitgehend vollzogenen **Funktionalisierung** des ländlichen Raumes auf die Erfordernisse der städtischen Wirtschaft bzw. der **Mobilisierung** der ländlichen Ressourcen. Die agrarischen Ressourcen, sofern überhaupt noch als industrielle Rohstoffe relevant, sind in diese Funktionalisierung und Mobilisierung ebenso inbegriffen wie die ländliche Arbeitskraft, die noch zusätzlich durch die weitverbreitete Beibehaltung des landwirtschaftlichen (Neben-)Erwerbs einen Teil ihrer Reproduktionskosten selbst übernimmt und deren Nachfrage schon lange eine „Gleichschaltung" mit dem städtischen Konsummuster erfahren hat.

Während das ehemals blühende Kleinhandwerk aus agrargesellschaftlicher Zeit nur noch in letzten Resten vorhanden ist, haben die Berggebiete für die „moderne" Industrie eine Bedeutung als Standort erst gar nicht erlangt: Letztere ist entweder im Zuge der vorherrschenden sektoralen Entwicklungen von ländlichen Ressourcen unabhängig (Rohstoffe) oder sie kann sich auf die Mobilität dieser Ressourcen verlassen (Arbeitskraft).

---

[28] Vgl. BREY (1983) sowie Abb. 21, S. 214.
[29] S. Abschnitt IV. 4.

Exkurs: Industrieentwicklung in der ländlichen Kleinregion Agros

Die Struktur und Entwicklung von Betrieben und Beschäftigtenzahl im verarbeitenden Gewerbe weist im Raum Agros ein in einigen wesentlichen Merkmalen von den übrigen Bergregionen abweichendes Bild auf (vgl. Abb. 13, 14). Auffällig ist hier die starke Zunahme der Beschäftigtenzahlen zwischen 1976 und 1980 (von 78 auf 129) sowie eine relativ große und im übrigen wachsende durchschnittliche Betriebsgröße bei einem leichten Rückgang in der Zahl der Betriebe.

Die positive Entwicklungstendenz bei den regional verfügbaren Arbeitsplätzen erscheint insofern bemerkenswert, als es sich bei der Region Agros um einen relativ stadtfernen Raum handelt [30]. Es ergibt sich die Frage, welche konkreten betrieblichen Strukturen hinter diesem Wachstum stehen und inwiefern diese Entwicklung u.U. eine Trendwende in der ansonsten vorwiegend negativen Industrialisierungsdynamik in den Bergregionen markiert.

Eine erste empirische Voruntersuchung d. Verf. 1985 zeigte, daß der für die beschriebene Tendenz maßgebliche betriebliche Bestand im wesentlichen noch vorhanden war. Neben den „üblichen" Kleinstbetrieben mit vorherrschenden Kennzeichen der Stagnation fanden sich in der Region fünf Betriebe mit je mindestens 5 Beschäftigten. Bei den Inhabern bzw. Leitern dieser Betriebe wurden im selben Jahr (1985) Befragungen durchgeführt, die vor allem Aufschluß geben sollten über die Determinanten der **Standortwahl**, die den Betrieben zuzurechnenden regionalen **Entwicklungseffekte** sowie die zukünftige Entwicklungsdynamik. Die wichtigsten Ergebnisse dieser Befragung sollen im folgenden dargestellt und interpretiert werden (s. Übersicht).

Betrieb 1 (B 1) ist ein traditionsreiches Unternehmen, das die im engen Umkreis des Standorts verfügbaren Rohstoffe (Rosenblüten) zu einem spezialisierten, über Zypern hinaus bekannten Produkt verarbeitet (Rosenwasser). Der Betrieb ist einer der letzten auf der Insel, in dem kleinräumig angebaute „nachwachsende" Rohstoffe vor Ort weiterverarbeitet werden und die Einnahmen aus der Weiterverarbeitung zudem zum großen Teil den landwirtschaftlichen Kleinproduzenten zufallen. Das Unternehmen wird von einer Kooperative betrieben, in der sich auch Kleinanbauer von Rosen zum Zwecke der Weiterverarbeitung zusammengeschlossen haben. Die zyprische COOP-Organisation übernimmt die Vermarktung, z. T. auch für den Export. Da der Betrieb nur 1–2 Monate im Jahr arbeitet (während der Rosenblüte), beschränken sich die Beschäftigungseffekte auf den saisonalen Nebenerwerb für einige Männer und Frauen, die ansonsten vorwiegend in der Landwirtschaft bzw. als Hausfrauen tätig sind. Zur Zeit der Befragung wurde die Produktion auf eine modernere und effektivere Technologie umgestellt, ein Hinweis auf die Anpassungsfähigkeit und die durchaus günstigen Zukunftsperspektiven für diesen Produktionszweig.

Eine völlig andere, untereinander sehr ähnliche Struktur haben **B 2–5**. Sie alle produzieren Bekleidung (B 3 zusätzlich Strickwaren), sind unabhängig von regionalen Rohstoffen wie auch weitestgehend vom lokalen / regionalen Markt. Die technologische Ausstattung ist extrem einfach (vor allem z. T. veraltete Nähmaschinen) und weist hin auf den sehr geringen Investitionsaufwand, der mit den Betriebsgründungen verbunden war. Arbeitskräfte sind zu 100 % Frauen und Mädchen aus dem jeweiligen Ort oder dessen unmittelbarem Um-

---

[30] Die Fahrzeit mit dem Linienbus betrug 1985 vom Ort Agros etwa 1,5 Stunden nach Limassol und 2 Stunden nach Nicosia. Die Auspendler aus der Region Agros richten sich, laut Angaben eines lokalen Busunternehmers, in etwa gleichermaßen auf beide Zentren.

Übersicht: Betriebliche Strukturen im Raum Agros

Strukturmerkmal	Nummer des Betriebes (im Text)				
	(1)	(2)	(3)	(4)	(5)
Produktion	Rosenwasser	Kinderbekleidung	1. Bekleidung 2. Strickwaren	Oberbekleidung	Oberbekleidung
Betrieblicher Status	selbst./genoss.	Zweigbetrieb	selbst./privat	Zweigbetrieb	selbst./priv.
Herkunft Unternehmer (ggf.)	Region (COOP)	-	regionsfremd	-	lokal
Gründungsjahr	ca. 1920	1982	1979	1977	1979
Produktion saisonal ?	nur 1-2 Mon./Jahr	-	-	-	-
Wichtigste Inputs:					
Art	Rosenblüten	zugeschnitt. Stoffe	1. Stoffe 2. Garn/Wolle	Stoffe	Stoffe
Herkunft	regional	importiert (Hauptbetr.)	importiert (Großhandel)	imp. (Hauptbetrieb)	imp. (Großhandel)
Verarbeitung	Destillation Abfüllung	Nähen	1. Schneiden/Nähen 2. Masch. Stricken	Schneiden/Nähen	Schneiden/Nähen
Output	Fertigware / Konsumgut	Fertigware / Konsumgut	Fertigware / Konsumgut	Fertigware / Konsumgut	Fertigware / Konsumgut
Absatzmarkt					
Inland / Export (%)	65 / 35	0 / 100	vorwiegend Exp. (über Großhandel)	0 / 100	20 / 80
Inlandsmarkt (ggf.)	ganz Zypern	-	?	-	lokal/Nicosia/Limassol
Exportmarkt	v.a. arab. Länder	arab. Lä./Europa	?	arab. Länder	Ostblock
Arbeitskräfte					
Zahl	10 - 20	18	6 - 8	15 - 40	21
Geschlecht (% weiblich)	50	100	100	100	100
Anforderungen an Qualifikation	gering	gering	gering	gering	gering
Standortfaktoren					
primär	Rohstoff	Billig-Arbeitskraft	Billig-Arbeitskraft	Billig-Arbeitskraft	Billig-Arbeitskraft
sekundär	-	-	-	-	Örtl. Bindung/ Regionalpolitik

Anmerkung: Erfaßt sind Betriebe ab 5 Beschäftigten

Quelle: Eigene Erhebungen (1985)

kreis. Die nötige Ausbildung bringen diese entweder aufgrund ihrer hauswirtschaftlichen Kenntnisse bereits mit bzw. erhalten sie im Verlauf einer kurzen Anlernphase[31].

Je nach Betrieb, Dauer der Betriebszugehörigkeit und Leistung erhalten die Frauen einen wöchentlichen Lohn von 20–40 C£[32]. Die Verfügbarkeit billiger Arbeitskraft bzw. die Annahme einer solchen Verfügbarkeit war in allen Fällen ausschlaggebender Standortfaktor. Nicht nur zufällig wurden alle Produktionsstätten in einer Phase gegründet, die durch gravierenden Arbeitskräftemangel und eine boomartige Entwicklung der exportorientierten Bekleidungsindustrie gekennzeichnet war. Von einem Anhalten dieser beiden Voraussetzungen ist der Bestand dieser Betriebe zumindest zum Teil unverändert abhängig. Dies gilt in besonderem Maße für B 2 und B 4, bei denen es sich um Zweigbetriebe handelt, deren Hauptsitz in Nicosia bzw. Limassol steht. Gründungen solcher Filialbetriebe sind auf Zypern ein sehr junges und noch seltenes Phänomen, das bisher weitestgehend auf die Bekleidungs- und Textilbranche beschränkt geblieben ist. Die ohnehin geringen Einkommenseffekte (Billiglohnarbeit) bei B 2–5 werden bei den „verlängerten Werkbänken" (B 2 und B 4) weiter beeinträchtigt durch die stark schwankende Auftragslage (abhängig vom „Auftragsüberhang" der Hauptbetriebe). Zumindest in B 4, dem gemessen an der Kapazität größten Betrieb, drückt sich das in einer stark schwankenden Zahl von Beschäftigten und damit in einer sehr eingeschränkten Arbeitsplatzsicherheit aus. In vieler Hinsicht bemerkenswert ist **B 5**. Anders als bei B 2–4 handelt es sich bei dem Inhaber um einen lokalen Unternehmer, der im übrigen zugleich Bürgermeister am Ort ist. Die örtliche Bindung spielte bei der Standortwahl zumindest als sekundärer Faktor eine Rolle; der Inhaber will seine Standortwahl auch als aktiven regionalpolitischen Beitrag für seine Heimatregion verstanden wissen. Im Unterschied zu B 2–4 kümmert er sich um die Vermarktung der Fertigwaren selbst. Für den lokalen Markt unterhält er im Ort ein eigenes Einzelhandelsgeschäft sowie zusätzlich eine Textilreinigung. Den größten Teil der Waren aber exportiert er auf eigene Initiative an Abnehmer in verschiedenen Ostblockstaaten. Von Nutzen sind dabei die guten Beziehungen, die der Inhaber aufgrund seiner Parteizugehörigkeit zur kommunistischen Partei unterhält.

Wenn sich nun die Auslagerung bzw. Neugründung von Betrieben der Bekleidungsbranche Ende der 70er Jahre, Anfang der 80er Jahre ausgerechnet auf die relativ periphere Region Agros konzentriert hat, während in anderen Regionen solche Ansätze ausblieben, so war die periphere Lage eine Voraussetzung, nicht jedoch ein Hindernis für die Wahl des Standorts Agros. Man ging davon aus, daß hier noch ein „ungenutzter" Pool von weiblicher Arbeitskraft vorhanden wäre, alternative Beschäftigungsmöglichkeiten fehlten und ein Auspendeln nach Limassol oder Nicosia aufgrund des großen Aufwandes nur für einen kleinen Teil der Regionsbevölkerung in Frage kommen würde.

Diese letztgenannte Voraussetzung änderte sich nun aber Anfang der 80er Jahre. U.a. im Rahmen des von der Weltbank initiierten *Pitsilia Integrated Rural Development Project* wurden die Straßenverbindungen nach Limassol und Nicosia ganz erheblich ausgebaut und damit der Aufwand für das Auspendeln nach beiden Städten verringert. Ergebnis war, daß die rein arbeitskraftorientierten Bekleidungsindustrien im Raum Agros 1985 einen zunehmenden Arbeitskräftemangel beklagen mußten. Es zeigte sich, daß die „Zielgruppe" der regionsansässigen Frauen trotz des Arbeitsplatzangebots vor Ort in hohem Maße bereit

---

[31] Außer dem Betriebsinhaber / Betriebsleiter waren jeweils alle Arbeitskräfte ausschließlich in der Produktion tätig.

[32] DM 100–200; dies entspricht den in städtischen Betrieben bezahlten Löhnen.

war, den immer noch großen Aufwand des Pendelns auf sich zu nehmen. Zum einen lag das wohl an der Unsicherheit der Arbeitsplätze in einem Teil der Betriebe und den weitaus größeren Wahlmöglichkeiten in den städtischen Beschäftigungszentren. Die hohe Bereitschaft zur Mobilität hatte zum anderen aber auch eine ausgeprägte sozio-kulturelle Komponente: Mit der räumlichen Annäherung konnte der seit langem bestehende kulturelle *Pull-Effekt* dieser Zentren endgültig zur Wirkung kommen. Vor allem unverheiratete junge Frauen, auf deren Arbeitskraft die bezeichneten Industrien zunächst vorrangig „gebaut" hatten, ließen es sich nunmehr nicht entgehen, durch die Arbeit in der Stadt sich ein wenig von der als eng empfundenen sozialen Umwelt des Dorfes zu emanzipieren.

Der 1985 vorzufindende betriebliche Bestand erscheint als das Maximum dessen, was der regionale Arbeitsmarkt angesichts der verstärkten Eingliederung der Region in das Einzugsgebiet der beiden Städte Limassol und Nicosia noch an Arbeitskraft „hergab". Einige weitere Zweigstellen städtischer Unternehmen der Bekleidungsbranche hatten zu diesem Zeitpunkt bereits ihre Produktion eingestellt und die Region verlassen. Verfügbar als Arbeitskraft blieb vor allem der immobilere Teil der erwerbsfähigen weiblichen Bevölkerung, in der Regel verheiratete Frauen.

Das Beispiel des Raumes Agros mag verdeutlichen, wie extrem eng heute der Spielraum für eine Industrialisierung in den Berggebieten Limassols (und Räumen mit entsprechenden Lageverhältnissen auf Zypern) geworden ist, angesichts der fast vollständigen Mobilisierung und Funktionalisierung der materiellen und menschlichen Ressourcen dieser Räume für den Bedarf der städtischen Wirtschaft.

Die Industrialisierungsdynamik im „ländlichen" Küstenraum

Der betriebliche Bestand in den als Küstenraum definierten Regionen Parekklisia, Akrotiri und Episkopi ist weitgehend auf dezentralisierend wirkende Einflußvariablen bei der Standortwahl städtischen bzw. überregionalen Kapitals zurückzuführen.

Die Beschäftigungsstruktur nach Branchen 1972 (Abb. 15, S. 183) weist hin auf die Dominanz einiger weniger Großbetriebe, eine bis heute vorherrschende Struktur, flankiert von nur wenigen kleinen und kleinsten Handwerksbetrieben. Standortbestimmend bei den Großbetrieben war einerseits die günstige Lage in Bezug auf Rohstoffe und Absatzmarkt und ihr großer Flächenbedarf andererseits.

Inmitten der Zitrusanbauregion und zugleich in günstiger Absatzposition (u. a. Hafen Limassol) findet sich einer der größten Fruchtsaft-, Frucht- und Gemüsekonservenhersteller Zyperns in der Region **Akrotiri**.

Durch spezifische Standorterfordernisse geprägt waren die großen Standorte von umweltbelastenden Industrien und Energieversorgung in unmittelbarer Küstennähe der Region **Parekklisia**; der dortige Küstenraum war vor 1974 praktisch siedlungsleer und zudem touristisch bedeutungslos. Hier entstanden zunächst ein Zementwerk (mit gleichermaßen günstiger Lage zu den abbaufähigen Rohstoffvorkommen von Kalkstein und Tonerde) sowie ein thermisches Kraftwerk. An das Zementwerk in bezug auf Rohstoff und Fläche „angekoppelt" wurden die Anlagen der Verarbeitungsbetriebe auf Asbestzement-Basis. Der gesamte Standortkomplex wurde nach 1974 von der Flächennutzungsplanung als Zone für umweltschädliche Industrien ausgewiesen [33].

---

[33] Die nach 1974 rasant verlaufende touristische Inwertsetzung des östlichen Küstenraums von Limassol brachte es mit sich, daß Bauten von Hotels, Ferienwohnungen etc. heute bereits in unmittelbarer Nachbarschaft zu dieser Zone entstehen.

Im Raum **Episkopi** fällt das Wachstum der Betriebszahlen und die damit verbundene Verkleinerung der durchschnittlichen Betriebsgrößen zwischen 1976 und 1980 ins Auge (Abb. 13, S. 179). Zu zwei mittleren Unternehmen der Möbelindustrie und der Produktion von Bodenfliesen sowie einigen Kleinstbetrieben kamen hier nach der türkischen Invasion eine größere Zahl von neuen Klein- und Kleinstbetrieben. Hintergrund dieser Entwicklung war die Schwerpunktrolle, die der Raum Episkopi für die Flüchtlingsansiedlung spielte. Das Bestreben der Flüchtlinge, eine neue, wenn auch bescheidene Existenzgrundlage aufzubauen, brachte dort eine größere Zahl von Handwerksbetrieben hervor, die ihre Produktion auf die lokale Nachfrage richteten.

Exkurs: Industrialisierung und Urbanisierung am Beispiel des Distrikts Limassol

Die räumlichen Konzentrationsprozesse im verarbeitenden Gewerbe innerhalb des Distrikts Limassol wurden bislang aus standorttheoretischer Sicht betrachtet. Im Rahmen dieser Analyse wurden historisch-genetische Aspekte der Stadtentwicklung und Verstädterung nur insofern berücksichtigt, als sie von standortbestimmender Relevanz waren. Die Verstädterungsdynamik auf Zypern und speziell im Distrikt Limassol soll nunmehr aus einer zeitlich wie sektoral erweiterten Perspektive betrachtet werden. Begreift man die Verstädterung als ein Ergebnis übergeordneter gesellschaftlich-ökonomischer und politischer Faktoren, so werfen ihre Eigenarten zugleich auch ein Licht auf diese Faktoren selbst, ein spezifischer räumlicher Entwicklungsverlauf wird zum Spiegelbild gesellschaftlicher, sektoraler und politischer Strukturen und Veränderungen.

Ein nennenswertes städtisches Wachstum, über das allgemeine Bevölkerungswachstum hinaus, tritt auf Zypern überhaupt erst seit den 20er Jahren auf. Zum Zensusdatum 1921 lebten 80 % der Bevölkerung auf dem Lande und entsprechend war die Agrarwirtschaft fast ausschließliche Erwerbsquelle[34]. Diese konnte das hohe natürliche Bevölkerungswachstum nicht auffangen: die agrarische Entwicklung war gebremst durch physische Restriktionen, Minifundienwirtschaft, Tributpflicht und ausbeuterischen Geldverleih. Für die ländliche „Überschußbevölkerung" boten die Städte keine wirtschaftliche Alternative; als Ausweg aus einer Existenz in ländlicher Armut blieb vor allem die Auswanderung.

Die seit den 20er Jahren verstärkt einsetzende Verstädterung[35] lief bereits parallel zu tiefgreifenden Verbesserungen in der zyprischen Agrarwirtschaft (Abschaffung der Tributpflicht und schließlich des Geldverleihs, Entwicklung des Genossenschaftswesens, Verbesserung der Produktivität, Ausdehnung der Bewässerungsflächen). Durch diese Fortschritte hielt sich die Landflucht und damit die städtischen Wanderungsgewinne in Grenzen. Der Infrastrukturausbau, den die Briten bereits seit Ende des 19. Jhds. forcierten (Bau wichtiger Verkehrsachsen, Hafenanlagen von Famagusta und Limassol), war die Voraussetzung für die wachsende Bedeutung der größeren Städte als koloniale Wirtschafts- und Verwaltungszentren mit entsprechend größeren Beschäftigungsmöglichkeiten[36].

Wie Tab. 42 zeigt, erweist sich die Nachkriegszeit bis zur Erlangung der Unabhängigkeit 1960 im Verlauf der Urbanisierung Zyperns als die Phase mit der weitaus schnellsten Ver-

---

[34] Zudem hatten zwei der heutigen sechs zyprischen Städte weniger als 5000 Einwohner: Paphos mit 4100 und Kyrenia mit 1900 Bewohnern.

[35] Zwischen 1921 und 1931 wuchs die städtische Bevölkerung im Jahresdurchschnitt um 2,2 % gegenüber 0,9 % Wachstum bei der ländlichen Bevölkerung (R.O.C. 13, 1982).

[36] Vgl. ATTALIDES (1981, S. 49 ff.).

Tab. 42: Entwicklung der Einwohnerzahlen in den Städten Zyperns, 1946–1982

Stadt	Einwohnerzahl (Gebietsstand 1960)				Durchschnittl. jährliche Veränderung (in %)		
	1946	1960	1973	1982	1946–60	1960–73	1973–82
Nicosia (einschl. Vororte)	53.324	95.515	115.718	123.282 (griech.T.)	4,3	1,5	–
Limassol (einschl. Vororte)	28.773	57.741	79.641	100.231	5,1	2,5	2,6
Famagusta	16.194	34.774	38.960	–	5,6	0,9	–
Larnaca	14.772	19.824	19.608	35.850	2,1	-0,1	6,9
Paphos	5.803	9.083	18.984	13.112	3,3	-0,1	4,3
Kyrenia	2.916	3.498	3.892	–	1,3	0,8	–
G e s a m t	121.782	220.435	266.803	272.475	4,3	1,5	–

Anmerkungen: – 1973: Werte für den Anteil der türkisch-zyprischen Volksgruppe geschätzt
　　　　　　　– 1982: Werte beziehen sich nur auf den griechischen Teil Zyperns

Quellen: – 1946: Census of Population and Agriculture 1946 (GOVERNMENT OF CYPRUS, 1949)
　　　　　– 1960: Census of Population and Agriculture 1960 (R.O.C. 11)
　　　　　– 1973: Demographic Report (R.O.C. 13), 1982
　　　　　– 1982: Census of Housing 1982 (R.O.C. 7)

städterungsdynamik. Das städtische Wachstum setzt sich nach 1960 (bis 1973) in nur sehr verhaltener Geschwindigkeit fort und wird im Falle von Larnaca und Paphos sogar rückläufig. In der Folgezeit entwickeln sich die Einwohnerzahlen der im südlichen Teil Zyperns verbliebenen Städte sehr unterschiedlich: Während sich der bislang eher negative Trend in Larnaca und Paphos in eine hohe Zunahme umkehrt, bleiben in Limassol die Wachstumsraten auf dem mittleren Niveau der Vorinvasionszeit.

Eine Interpretation dieser Daten bedarf zunächst einer räumlichen Spezifikation: die internen Migrationsströme, von denen die räumliche Bevölkerungsentwicklung nach dem 2. Weltkrieg maßgeblich abhing, richteten sich nur sehr bedingt auf die Kernstädte bzw. ihre unmittelbaren Vorortzonen. Wachstumsräume waren zum einen ebenso diejenigen Gebiete, in denen es ausreichende Bewässerungsmöglichkeiten gab: hierzu zählten etwa das Gebiet der Akrotiri (Limassol), die Kokkinochoria östlich von Larnaca, das Gebiet südlich der Stadt Famagusta sowie das Morphou-Becken im westlichen Nicosia-Distrikt. Zum anderen trat zu der eigentlichen Urbanisierung das Phänomen der *Peri-Urbanisierung*, in der stadtnahe ländliche Gemeinden ein besonders hohes Wachstum verzeichneten, weil nur dort die Bodenpreise den Zuwanderern den Erwerb eines Grundstücks erlaubten. Das überproportionale Wachstum des „rural-urban fringe" (YIANGOULLIS, 1977) setzte dabei zeitlich am frühesten in Nicosia ein (bereits nach dem 2. Weltkrieg). In den 60er Jahren zeigten dann auch die peri-urbanen Gemeinden um Famagusta und Limassol ein überproportionales Wachstum und schließlich in der Nachinvasionszeit auch die Gemeinden um die Städte Larnaca und Paphos.

Zu der „Pufferfunktion", die die Entstehung bzw. das Wachstum der peri-urbanen Auspendlergemeinden für das eigentliche städtische Wachstum hatte, kam ein weiterer Faktor, der bremsend auf das städtische Wachstum wirkte: die bereits beschriebene graduelle Ausdehnung der städtischen Pendlereinzugsräume in den ländlichen Raum selbst.

Die große Wachstumsdynamik der städtischen Hauptzentren Nicosia, Limassol und Famagusta zwischen den Zensusdaten 1946 und 1960 war zu einem Teil darauf zurückzuführen, daß die Urbanisierung noch weitgehend nach einem „klassischen" Muster verlief. Die Städte erfuhren in diesem Zeitraum eine sechsfache jährliche Zunahme gegenüber den ländlichen Wachstumsraten. Das Auspendeln war aufgrund der mangelnden Verkehrserschließung und Motorisierung nur aus dem engen städtischen Umland möglich, und die Zuwanderung richtete sich noch überwiegend auf die Städte selbst (bzw. auch deren *Suburbs* im Falle Nicosia und Limassol).

Das relativ hohe Wachstum der größeren Städte stand dabei durchaus im Einklang mit den ökonomischen Möglichkeiten, die die städtische Wirtschaft anbot. Dem **verarbeitenden Gewerbe** konnte dabei, entsprechend seiner Stellung im Boom der Nachkriegszeit, nur eine sehr **untergeordnete Rolle** auf dem städtischen Arbeitsmarkt zukommen. Nicht die Industrialisierung war es also, die die Abwanderung von ländlicher Bevölkerung aus Regionen mit ungünstigen agrarischen Bedingungen stimulierte und deren wirtschaftliche Absorption ermöglichte, sondern vielmehr die Kommerzialisierung und Tertiärisierung, die der Wirtschaftsboom in der Endphase der britischen Kolonialzeit mit sich brachte[37].

Die Verstädterungsdynamik seit der zyprischen Unabhängigkeit läßt sich am deutlichsten nachvollziehen auf der Ebene eines einzelnen Distrikts, zumal erst auf dieser Maßstabsebene ein differenzierter Zusammenhang mit der Entwicklung des „ländlichen

---

[37] S. UNITED NATIONS ECONOMIC COMMISSION FOR EUROPE (1983, S. 1).

Raumes" aufzuzeigen ist. Auch hier soll beispielhaft der Limassol-Distrikt herangezogen werden[38].

Die kleinräumliche Bevölkerungsentwicklung innerhalb des Distrikts Limassol zwischen 1960 und 1982 (Tab. 43) zeigt hohe Bevölkerungsgewinne in der Stadtregion Limassol (und darin wiederum besonders ausgeprägt in den *Suburbs*) sowie in den stadtnahen Küstenregionen Akrotiri und Episkopi. Diesem Wachstum steht ein teils hoher Rückgang der Bevölkerung in den Bergregionen gegenüber. Im Ergebnis können wir von einer Netto-Bevölkerungsverschiebung von den Bergregionen in die Stadtregion und den stadtnahen Küstenraum sprechen.

Bei der Interpretation der hier beschriebenen regionalen Bevölkerungsentwicklung muß berücksichtigt werden, daß diese seit den frühen 60er Jahren nur teilweise durch Entleerungs- bzw. Ballungstendenzen in Reaktion auf räumliche Disparitäten zu erklären ist. Von immensem Einfluß waren die Bevölkerungsbewegungen in der Folge politischer Konflikte.

Zu kleineren Migrationswellen kam es bereits während der interkommunalen Auseinandersetzungen 1963/64. Der Abzug türkischer Bevölkerung aus bisher gemischten oder kleinen türkischen Gemeinden bedeutete hier bereits einen politisch bedingten Bevölkerungsverlust im „mittleren" Troodosvorland und einen Zustrom in die türkischen Enklaven der Stadt Limassol und der Regionen Evdhimou und Episkopi[39].

Weitaus bedeutsamer aber waren die bevölkerungsgeographischen Folgen der Zypernkrise von 1974. Während in diesem und im folgenden Jahr etwa 15000 Zyperntürken den Distrikt verließen und in den Nordteil der Insel übersiedelten, wurden im Jahre 1976 etwa 39000 griechisch-zyprische Flüchtlinge gezählt. Dies bedeutete für die Mitte der 70er Jahre einen positiven Saldo von 24000 zusätzlichen Personen[40]. Der Verlust an zypern-türkischer Bevölkerung im „ländlichen Raum" war dabei 1976 zahlenmäßig durch Flüchtlinge gerade ausgeglichen und der durch die Flüchtlingsbewegung erreichte Bevölkerungsgewinn ging vollkommen „auf das Konto" der Stadtregion Limassol. Die Flüchtlingsansiedlung war damit die Hauptursache für das hohe Wachstum der Stadt Limassol und speziell ihrer Randzone (*Suburbs*) sowie der stadtnahen Regionen Akrotiri und Episkopi.

Aus Tab. 43 (Spalte 5) wird deutlich, wie hoch einerseits die Bedeutung der Flüchtlingsbevölkerung in den genannten Wachstumsregionen ist und wie andererseits die meisten Bergregionen nur einen minimalen Anteil von Flüchtlingen an der Bevölkerung aufweisen. Die Ansiedlung der Flüchtlingsbevölkerung hat in ganz erheblichem Umfang die peripherzentralen Unterschiede der räumlichen Bevölkerungsentwicklung verstärkt, die im übrigen durch die Abwanderung aus relativ entlegenen ländlichen Räumen und entsprechende Wanderungsgewinne in Stadtregion und Küstenraum gekennzeichnet waren[41].

Abwanderung und räumlicher Verlauf der Flüchtlingsintegration reflektierten dabei vor allem den zunehmenden Produktivitätsrückstand, in den die traditionelle, vorwiegend auf dem Trockenfeldbau beruhende Landwirtschaft gegenüber den Wachstumssektoren der

---

[38] Für die anderen zyprischen Distrikte gilt ein ähnliches Entwicklungsmuster, dessen Ausprägung abhängig ist von der zeitlich und quantitativ je unterschiedlichen funktionalen Bedeutung des städtischen Zentrums.

[39] S. PATRICK (1976, S. 268, Abb. I.1).

[40] BREY (1983, S. 197, Tab. 17).

[41] Bereits zwischen 1960 und 1973 hatte der „ländliche Raum" Limassols einen Bevölkerungsschwund von jährlich 2,7 % im Durchschnitt zu verzeichnen (R.O.C. 13, 1982) und in den relativ peripheren ländlichen Regionen war dieser Rückgang zweifellos noch erheblich krasser.

Tab. 43: Distrikt Limassol: Kleinräumige Bevölkerungsentwicklung 1960-1982 und Bevölkerungsstruktur 1981/82

Area	(1) Wohnbevölkerung 1960	(1) Wohnbevölkerung 1982	(2) Bevölkerungs=entwicklung 1960-82 (Veränderung in %)	(3) Anteil an der Distriktbevölkerung (in %) 1960	(3) 1982	(4) Altersstruktur %-Anteil der Bev. i.d. Altersgruppen 0-14	(4) 15-64	(4) ab 65	(5) %-Anteil der Flüchtlinge a.d. Wahlberechtigten (31.12.1981)
Limassol Town	44.270	72.145	+ 63,0	41,3	49,5	24,6	66,9	8,5	28,2
Limassol Suburbs *	15.183	35.042	+ 130,8	14,2	24,1	27,4	65,2	7,4	38,5
Akrotiri	1.528	2.697	+ 76,5	1,4	1,9	29,2	63,6	7,2	8,1
Episkopi	4.033	6.359	+ 57,7	3,8	4,4	25,9	63,2	10,9	58,0
Evdhimou	4.087	2.555	- 37,5	3,8	1,8	20,1	61,4	18,5	46,3
Paramytha	2.861	2.257	- 21,1	2,7	1,5	20,4	59,9	19,7	3,0
Parekklisia	3.864	3.908	+ 1,1	3,6	2,7	26,1	61,1	12,8	18,1
Kellaki	2.099	1.127	- 46,3	2,0	0,8	17,6	58,8	23,6	4,3
Louvaras	2.576	2.300	- 10,7	2,4	1,6	23,9	60,8	15,3	5,9
Pakhna	3.463	2.962	- 14,5	3,2	2,0	22,4	60,4	17,2	1,2
Trimiklimi	2.601	1.455	- 44,1	2,4	1,0	15,9	58,5	25,6	5,4
Omodhos	7.101	3.436	- 51,6	6,6	2,4	11,3	57,1	31,6	6,7
Troodos	2.482	1.842	- 25,8	2,3	1,3	19,1	65,2	15,7	4,4
Prodromos	2.564	1.127	- 56,0	2,4	0,8	10,9	53,3	35,8	1,7
Agros	8.587	6.453	- 24,9	8,0	4,4	23,6	61,2	15,2	2,6
Distrikt Limassol	107.299	145.665	+ 35,8	100	100	24,6	64,9	10,5	37,8

* Gebietsstand 1976

Quellen: (1) - Census of Population and Agriculture 1960 (R.O.C. 11); - Census of Housing 1982 (R.O.C. 7)
(4)- Census of Housing 1982, Vol.III (R.O.C. 8); (5) - Wählerlisten (unveröff.) (R.O.C. 3)

Abb. 16

Distrikt Limassol:

Außerlandwirtschaftliche Beschäftigungsstruktur 1972 und 1980

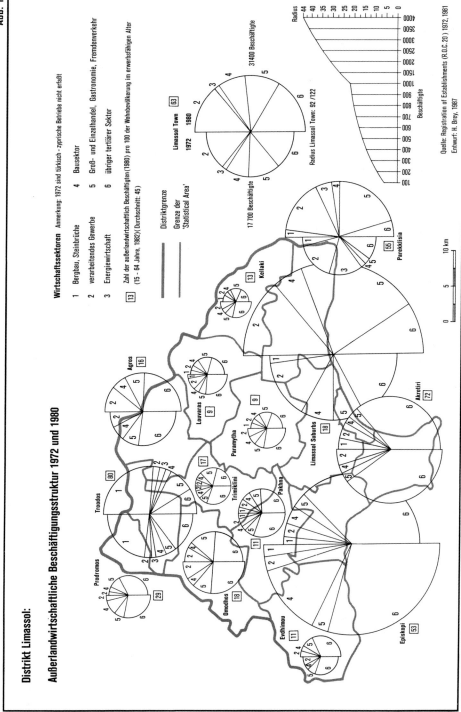

Wirtschaftssektoren Anmerkung: 1972 sind türkisch - zyprische Betriebe nicht erfaßt

1 Bergbau, Steinbrüche
2 verarbeitendes Gewerbe
3 Energiewirtschaft
4 Bausektor
5 Groß- und Einzelhandel, Gastronomie, Fremdenverkehr
6 übriger tertiärer Sektor

13 Zahl der außerlandwirtschaftlich Beschäftigten (1980) pro 100 der Wohnbevölkerung im erwerbsfähigen Alter
(15 - 64 Jahre, 1982)(Durchschnitt: 45)

Distriktgrenze
Grenze der 'Statistical Area'

31400 Beschäftigte

Limassol Town 63
1972 1980

17700 Beschäftigte

Radius Limassol Town: 92 /122

Quelle: Registration of Establishments (R.O.C. 20) 1972, 1981
Entwurf: H. Brey, 1987

Beschäftigte

Radius
0 5 10 15 20 25 30 35 40 44

0 100 200 300 400 500 600 700 800 900 1000 1500 2000 2500 3000 3500 4000

0 5 10 km

Bewässerungslandwirtschaft und des sekundären und tertiären Sektors geraten war, zumal sich Flächen bzw. Arbeitsplätze in diesen Wachstumssektoren in der Stadtregion und an der Küste konzentrieren.

Abb. 16 zeigt den Grad der räumlichen Konzentration von außerlandwirtschaftlichen Arbeitsplätzen im Limassol-Distrikt sowie deren Entwicklung zwischen 1972 und 1980. Die 1972 bereits sehr hohe Konzentration von Arbeitsplätzen in Stadtregion und Küstenraum hat sich in der Folgezeit ganz erheblich verstärkt. In fast allen Bergregionen ging die absolute Zahl der Beschäftigten zurück, mit Ausnahme der Region Troodos, in der der überwiegende Teil der Arbeitsplätze einer einzigen Asbestmine[42] zuzuschreiben war, und der Region Agros mit einem geringfügigen Anstieg der Beschäftigtenzahlen infolge der o. g. Ansiedlung von Bekleidungsindustrien. Dem vorherrschenden Rückgang der Arbeitsplätze in den Bergregionen steht eine Steigerung von 79 % in der Stadtregion Limassol gegenüber.

Hierbei wird deutlich, daß die Arbeitsplätze im verarbeitenden Gewerbe nur einen sehr begrenzten Anteil an den disparitären Beschäftigungsmöglichkeiten ausmachen. Trotz der erheblichen industriellen Wachstumsdynamik in Limassol und dessen Nahbereich nach 1974 ist der Anteil des verarbeitenden Gewerbes an der außerlandwirtschaftlichen Beschäftigung 1980 gegenüber 1972 dort praktisch unverändert. Die ohnehin vorrangige Bedeutung des tertiären Sektors bleibt erhalten, und das weist hin auf ein mit dem Industriesektor vergleichbares Wachstum, bedingt durch die infrastrukturellen Funktionsgewinne Limassols und den Fremdenverkehrsboom in der Folge der Invasion. Stark zurückgegangen sind hingegen die relativen Anteile der Beschäftigten im Baugewerbe, was vor allem zurückzuführen ist auf die Einführung arbeitssparender Technologien in diesem Sektor[43].

Die Kenntnis der kleinräumigen Entwicklung des außerlandwirtschaftlichen Arbeitsplatzangebots und der Bevölkerungsentwicklung erlaubt es, die Urbanisierung im Limassol-Distrikt als einen komplexen Vorgang zu identifizieren, der vor allem durch weit ausgreifende Stadt-Umland-Verflechtungen charakterisiert ist. Als wichtige Information wurde hierzu in Abb. 16 zusätzlich die Zahl der entsprechenden Arbeitsplätze (1980) pro 100 der Wohnbevölkerung im erwerbsfähigen Alter (1982) angegeben.

Wichtigste Einpendlerräume sind Anfang der 80er Jahre das Kerngebiet (Limassol *Town*) mit einer starken Verdichtung von Arbeitsplätzen sowie die Küstenregionen Akrotiri, Episkopi und Parekklisia. Das Kerngebiet zeigt dabei gleichzeitig eine positive Dynamik bei der Entwicklung sowohl der Arbeitsplätze als auch der Einwohnerzahlen. Die Küstenregion Parekklisia gewinnt zwischen 1972 und 1980 stark an Bedeutung als Beschäftigungszentrum; hingegen sind die Gemeinden im Raum Akrotiri und Episkopi vom bereits beschriebenen Phänomen der Peri-Urbanisierung betroffen, d. h. sie werden vorwiegend als Wohnstandorte bedeutsam, während die Zahl der Arbeitsplätze nach 1972 stagniert[44]. Die

---

[42] Die Asbestmine von Amiandos stand im Frühjahr 1987 kurz vor der Stillegung.

[43] Auslöser für die schnelle und umfassende Kapitalisierung des Baugewerbes nach der Invasion war vor allem der völlige „Ausfall" der Zyperntürken, die bislang bevorzugt als schlecht bezahlte Hilfskräfte im Bausektor engagiert worden waren. Interessant ist in diesem Zusammenhang auch der Rückgang der Beschäftigtenzahlen in der Region Episkopi. In den dort lokalisierten Einrichtungen der *British Bases* waren vorwiegend Türken aus den angrenzenden Enklaven beschäftigt worden, und diese wurden nach ihrem Abzug in den Norden der Insel nur zum Teil durch neue Arbeitskräfte ersetzt.

[44] Zur Bevölkerungsentwicklung der Einzelgemeinden zwischen 1960 und 1982 s. die Karte von HEINRITZ (1986).

unmittelbar an das Kerngebiet angrenzenden Vororte (*Suburbs*) sind diejenigen Teilräume, die das Gros des städtischen Bevölkerungszuwachses seit den 60er Jahren aufgenommen haben. Trotz eines hohen Zuwachses von Arbeitsplätzen nach 1972 handelt es sich funktional um Gemeinden, deren Bewohner zur Arbeit vorrangig in das Kerngebiet auspendeln. Ähnliches gilt nun – und dies offenbart die eigentlichen räumlichen Dimensionen des Phänomens Urbanisierung in Limassol und auf Zypern generell – für einen Großteil des ländlichen Raumes im Distrikt. In dem in einem Halbkreis um Stadtregion und stadtnahem Küstenraum liegenden Gebiet zwischen der Region Evdhimou im Westen über die Räume Pakhna, Trimiklini, Paramytha, Louvaras bis Kellaki im Osten stehen jedem außerlandwirtschaftlichen Arbeitsplatz zwischen fünf und zehn wohnhafte Personen im erwerbsfähigen Alter gegenüber. Diese Zahlen werden dann bedeutsam, wenn man in Betracht zieht, daß eine ausschließliche Existenz von der Agrarwirtschaft in diesem vorwiegend durch Trockenfeldbau geprägten Raum (hauptsächlich Weinbau im Westen und Johannisbrot / Ölbaum / Getreide im Osten) heute nur noch in Ausnahmefällen vorkommt[45]. In einem Gürtel mit einem äußeren Radius von 30 km Luftlinie sind die meisten der ehemals rein dörflichen Gemeinden heute Trabantensiedlungen, deren Bewohner zur Arbeit an die Küste pendeln. Entsprechend zeigt auch die Altersstruktur in diesem Raum längst nicht den Grad der Überalterung, wie er aus anderen mediterranen Peripherräumen bekannt ist (Tab. 43, Spalte 4).

Strukturell uneinheitlich ist der Raum jenseits dieses Gürtels. Die Asbestminen von Amiandos in der Troodos-*Area* stellen ein sekundäres Beschäftigungszentrum dar, das zweifellos auch über die Regionsgrenzen hinaus von Bedeutung ist. Für den Raum Agros gilt, daß die Landwirtschaft noch eine relativ starke Rolle als Erwerbsbasis spielt (u. a. Obstbau), ansonsten orientiert man sich auf die Arbeitsstätten im Raum Limassol sowie der Troodos-Region. Die Bevölkerungsstruktur der Regionen Omodhos und Prodromos ist Anfang der 80er Jahre bereits als Ergebnis einer weitgehend abgeschlossenen „passiven Sanierung" zu werten: beide Regionen haben seit Anfang der 60er Jahre zahlenmäßig mehr als die Hälfte der Bevölkerung verloren und zeigen einen hohen Grad der Überalterung. Die verbliebene Bevölkerung ist relativ stark von den regionalen sowie in der Troodos-Region vorhandenen Beschäftigungsmöglichkeiten abhängig, zumal das Auspendeln nach Limassol auch heute noch für die meisten Bewohner aufgrund der großen Entfernung nicht in Frage kommt.

Fassen wir die Eigenarten des zyprischen Musters urbaner Entwicklung zusammen, so kommen wir zu dem folgenden Ergebnis:

(1) Das Wachstum der Städte bleibt weit hinter den Werten zurück, die von den städtischen Agglomerationen typischer „Entwicklungsländer" bekannt sind; die absoluten Größenordnungen sind entsprechend der geringen Größe der Insel ohnehin nicht dramatisch.

(2) Grund für das Ausbleiben von Marginalisierungstendenzen in der Frühphase der Urbanisierung (rund 1920 bis 1960) ist eine relativ harmonische Entwicklung städtischer Beschäftigungsmöglichkeiten einerseits und Verbesserungen in der sozialen und ökonomischen Situation auf dem Lande andererseits. Der „Überschuß" ländlicher Bevölkerung, der nicht in der städtischen Wirtschaft beschäftigt werden kann, verläßt die Insel

---

[45] Bereits Ende der 60er Jahre fanden sich Vollerwerbslandwirte in größerer Zahl nurmehr in absolut peripheren Regionen wie der Pitsilia, dem ländlichen Paphos-Distrikt und der Karpasia (HEINRITZ 1975, S. 34 ff.).

als Auswanderer. Die hier beschriebenen Zusammenhänge erinnern an die Frühphase der Industrialisierung in Mitteleuropa.

(3) Anders als im gängigen Entwicklungsverlauf hochindustrialisierter Staaten spielt das verarbeitende Gewerbe in den Stadtregionen zu Zeiten des höchsten städtischen Wachstums (zwischen 1946 und 1960) nur eine sehr untergeordnete Rolle, zumal es nicht zu den in der Endphase der Kolonialherrschaft maßgeblichen Boomsektoren gehört.

(4) Nach Erlangung der Unabhängigkeit 1960 schreitet die Konzentration von Beschäftigungsmöglichkeiten in den sekundären und tertiären Wachstumssektoren in den Städten bzw. im stadtnahen Raum schnell voran. Gleichwohl steht die Intensität und der räumliche Verlauf der Urbanisierung nicht in unmittelbarem Zusammenhang mit dieser Konzentration. Das Wachstum vor allem des suburbanen und peri-urbanen Raumes wird nach 1974 enorm vorangetrieben durch die Ansiedlung von Flüchtlingen, bei der die durch die staatlichen Behörden verantwortete Standortplanung für Flüchtlingssiedlungen eine große Rolle spielt. Die Flächennachfrage der Flüchtlinge selbst (bzw. der öffentlichen Hand für den Bau von Flüchtlingssiedlungen) läßt die ohnehin durch spekulativen Druck überhöhten Bodenpreise in Stadtregion und Küstenraum weiter ansteigen. Die für die unteren sozialen Klassen häufig unüberwindbare „Kostenschwelle" des städtischen Bodenmarktes begrenzt damit die Zuwanderung aus dem ländlichen Raum. Im Zusammenhang mit Verbesserungen in der Verkehrserschließung werden stattdessen die Pendlereinzugsräume in immer stadtfernere ländliche Räume ausgedehnt. Die weit ausgreifende Einbindung ehemals rein dörflicher Siedlungen in das städtische Umland ist damit ein wichtiger und typischer Aspekt des zyprischen Urbanisierungsmusters[46]. Im heutigen griechischen Teil Zyperns gibt es jenseits dieses Umlandbereiches nur noch wenige durch starke Überalterung und anhaltende Abwanderung gekennzeichnete „Resträume"[47], deren verbliebene Bevölkerung vorwiegend von den meist bescheidenen lokal nutzbaren Ressourcen abhängt.

3. Industrial Estates auf Zypern

Ziele von Industrial Estates international und auf Zypern

Nach einer Definition der UNITED NATIONS, DEPARTMENT OF ECONOMIC AND SOCIAL AFFAIRS (1966, S. 4) handelt es bei einem *Industrial Estate*[48] um ein „(...) planned clustering of industrial enterprises, offering developed sites, pre-built factory accomodation and provision of services and facilities to the occupants". Mit Ausnahme der hier angesprochenen Mietfabriken, die eher als fakultative Einrichtung anzusehen sind[49], kann diese Beschreibung heute noch als eine gültige Minimal-Definition eines *I.E.* bezeichnet werden.

---

[46] Das große Verkehrsaufkommen in den heutigen zyprischen Städten und deren Ausfallstraßen führt zu erheblichen Umwelt- und planerischen Problemen.

[47] Zu diesen Resträumen gehören heute vor allem weite Teile des Paphos-Distrikts. Erst seit Ende der 70er Jahre entstehen dort (abgesehen von den Fortschritten in der Bewässerungslandwirtschaft) vor allem bei Paphos und in Polis größere Fremdenverkehrszentren mit entsprechenden Beschäftigungsmöglichkeiten.

[48] Im folgenden „*I.E.*" abgekürzt.

[49] Vgl. die Definition von HÜTTERMANN (1985, S. 10 f.).

Die mit der Anlage von *I.E.* im allgemeinen verbundenen Zielvorstellungen sind sehr unterschiedlicher Art[50]:

(1) Als **sektorales Instrument der Industrialisierungspolitik** dienen sie der Umsetzung je unterschiedlicher industriepolitischer Ziele, wie z. B. der Förderung spezifischer Betriebsgrößenklassen (z. B. *Small-scale Industry*), spezifischer Segmente der Industrie („Zulieferindustrie"), bestimmter Träger der Industrialisierung („Auslandskapital"), bestimmter problemorientierter Zielvorgaben („Nutzung von einheimischen Rohmaterialien, Devisenersparnis"). Als solche Instrumente sektoraler Politik werden sie vor allem in den „Entwicklungsländern" verstanden, wo allgemeine Wachstumsziele in der Regel Präferenz genießen vor raumordnerischen Gesichtspunkten.

(2) Als **Instrumente der räumlichen Planung** haben die *I.E.* oder Industrieparks eine lange Tradition in vielen Industrieländern, gewinnen aber seit den 60er und vor allem den 70er Jahren als solche auch zunehmende Bedeutung in den „Entwicklungsländern". Vorwiegend als räumliches Planungsinstrument rückten sie auch ins Interesse der geographischen Fachwissenschaft.

Innerhalb der räumlichen Planung ist zu unterscheiden zwischen der kommunalplanerischen und der regionalplanerischen Funktion, die der Einrichtung von Industrieparks zugemessen wird.

Im Kontext der **kommunalen Planung** dienen sie vor allem der „Förderung der Entflechtung bzw. Kompatibilität von Gewerbe- und Industriegebieten mit Gebieten anderer Nutzung (z. B. Wohnen)" (HÜTTERMANN 1985, S. 18)[51]. Als **regionalplanerische** Maßnahme dient die Einrichtung von *I.E.* als „Instrument der industriellen Dispersion" (KOSCHATZKY 1987, S. 12) in industriell rückständige Gebiete[52].

Welche Rolle spielten nun die *I.E.* in der zyprischen Entwicklungsplanung? Eine Analyse der zyprischen Fünfjahrespläne läßt folgende unterschiedliche Zielkategorien hervortreten[53]:

(1) **Allgemeine Ziele**: Zielgruppe im weitesten Sinne sind bestehende oder zu gründende Betriebe des verarbeitenden Gewerbes. Die Bereitstellung von erschlossenen und mit wichtigen Infrastrukturen versehenen Grundstücken zu subventionierten Mietpreisen soll die finanziellen Schranken abbauen helfen, die industriellen Neugründungen oder betrieblichen Erweiterungen entgegenstehen. Für die Betriebe bringt der *I.E.* externe Ersparnisse und fördert interindustrielle Verflechtungen.

(2) **Industriepolitische Ziele** bestimmen die **Auswahl der Bewerber** für einen *I.E.* Der positive Beitrag eines Betriebes zur Gesamtökonomie bestimmt diese Auswahl. Entsprechend sich wandelnder Ziele der Industrialisierungspolitik ist die konkrete Fassung der Auswahlkriterien variabel[54] während andere (sich teils widersprechende) Anforderungen als „Entweder-Oder"-Bestimmungen zu verstehen sind.

---

[50] Vergleichende Studien finden sich bei UNITED NATIONS, DEPARTMENT OF ECONOMIC AND SOCIAL AFFAIRS (1962 und 1966), UNIDO (1968) sowie HÜTTERMANN (1985).

[51] S. in diesem Sinne (für München) RUPPERT et al. (1968) sowie (für Barbados) POTTER (1981).

[52] S. hierzu (für die Bundesrepublik) STARK (1980) (für Schottland) HOMMEL (1983), (für Irland) HÜTTERMANN (1978), (für die Karibik) HAAS (1976), (für Kenia) VORLAUFER (1976) sowie (für Malaysia) KOSCHATZKY (1987).

[53] R.O.C. 3, 32–39; s. auch OHNE VERFASSER (1976).

[54] Vgl. Kap. III. 5, S. 63 ff.

Im einzelnen gelten als solche Positivkriterien:

- die Produktion neuer Produktkategorien, die zu einer Diversifizierung der Industriestruktur beitragen und nicht Überkapazitäten in bestehenden Branchen fördern;

- ein signifikanter Beitrag zur Importsubstitution oder zur Erhöhung des Exportvolumens;

- die Nutzung einheimischer Rohmaterialien;

- ein hoher Beschäftigungseffekt;

- der Einsatz moderner Techniken bzw. die Kapitalintensität;

Umweltschädliche Betriebe, Betriebe mit hohem Wasserbedarf sowie mit hohem Brandrisiko sind nicht zugelassen.

(3) **Raumordnende Ziele** werden bei der **Auswahl der Standorte** für die *I.E.* mitberücksichtigt. Hierbei steht die stadtplanerische Funktion im Vordergrund. *I.E.* werden als geeignet betrachtet, der gängigen Planlosigkeit industrieller Standortwahl und in der Folge vorherrschenden Funktionsmischung im städtischen Bereich entgegenzuwirken und als Standortalternative für Betriebe zu dienen, die an ihrem ursprünglichen Standort nicht expansionsfähig sind.

Eine regionalplanerische Funktion von *I.E.* wird hingegen erst im 4. Notwirtschaftsplan (1982–86, R.O.C. 37) explizit genannt. Angesprochen wird hier die Dezentralisierung der industriellen Produktion von den städtischen Zentren in den ländlichen Raum.

Angesichts der hier zum Ausdruck kommenden Multidimensionalität der Zielvorgaben und des großen Erfolges, den die zyprischen Planungsbehörden dem seit 1967 laufenden Programm zusprechen[55], erschien eine Evaluierung dieses Programms besonders aufschlußreich. Die wichtigsten industrie- und raumplanerischen Zielvorgaben bilden den inhaltlichen Untersuchungsrahmen der in Kap. 4 und 5 vorgelegten Analysen. Methodisch wurde der Schwerpunkt gelegt auf eine vertiefte Fallstudie eines einzelnen *Estates* am Stadtrand von Limassol (Kap. 4), wobei die Gesamtbewertung der Ergebnisse auch auf die entsprechenden Einrichtungen in Nicosia und Larnaca in ähnlicher Lage und damit auf die Mehrzahl der *Estates* übertragbar ist. Eine Vergleichsstudie wurde in dem unter anderen Rahmenbedingungen errichteten *I.E.* von Paphos vorgenommen (Kap. 5). Zunächst wird im folgenden Abschnitt ein Überblick über die Entstehung und Belegung der zyprischen *I.E.* gegeben.

Die Entwicklung der zyprischen Industrial Estates im Überblick

Nahezu zwei Jahrzehnte nach der Eröffnung des ersten zyprischen *I.E.* im heute türkischen Sektor von Nicosia lassen sich, was die generelle **Akzeptanz** dieses infrastrukturellen Angebots betrifft, beachtliche Erfolge konstatieren. Mitte 1984 arbeiteten in den sechs im griechischen Teil vorhandenen *I.E.* 232 Betriebe mit insgesamt etwa 10–11 000[56] Beschäftigten; dies entsprach etwa einem Viertel der damaligen Beschäftigten im verarbeitenden Gewerbe. Die an der Akzeptanz des Programmes gemessene Erfolgsbilanz bedarf jedoch einer Korrektur auf einer räumlichen wie auch auf einer zeitlichen Ebene (s. Tab. 44 sowie Abb. 17):

---

55 Vgl. R.O.C. 34 (S. 56).
56 Nach Angaben des *Ministry of Commerce and Industry*, Nicosia (mündl. Inform.).

Tab. 44: Industrial Estates auf Zypern, 1984

Name des Ind.Est.	Distrikt	Fertigstellung Grundphase / Erweiterungsphase	Fläche (in ha) ges.	Grund= phase	Erw. phase	Zahl d. Betriebe 1976	1981	1984	Belegungs= dichte*	Besonderheiten	Betriebe in "Standard Factories"	Jahresmiete /donum (C £)
Mia Milea	Nicosia	1967	21,5	21,5	-	31(1973)	-	-	3 (1973)	heute im türk. Teil Zyperns	(vorhanden)	-
Strovolos	Nicosia	1979	37	37	-	-	66	66	4	belegt bereits 1980	6	327
Ergates	Nicosia	1986 (gepl.)	40	40	-	-	-	-	-		-	k. A.
Aradhippou	Larnaca	1970/ 1983	55	26	29	15	44	50	4 (Grund= phase)	Belegung d. Er= weiterungsfläche erst begonnen	8	293
Phrenaros	Famagusta	1978	12	12	-	-	4	4	1	2 weitere Betriebe im Bau, insg. 30 ha geplant	-	223
Limassol	Limassol	1970/1979	46,5	21,5	25	30	61	62	4		5	327
Ayios Athanassios	Limassol	1980/ 1985	58	27	31	-	21	34	4 (Grund= phase)		-	327
Paphos	Paphos	1977	20	20	-	-	13	15	2		-	159

* Belegungsdichte: 1= niedrig (<25%), 2= mittel (25 - <50%), 3= hoch (50 - ≦ 95%), 4= sehr hoch (> 95%)

Quellen: - Fünfjahrespläne/ Notwirtschaftspläne (R.O.C. 3, 32 - 39)

       - Angaben des "Ministry of Commerce & Industry", Nicosia

       - Eigene Erhebungen

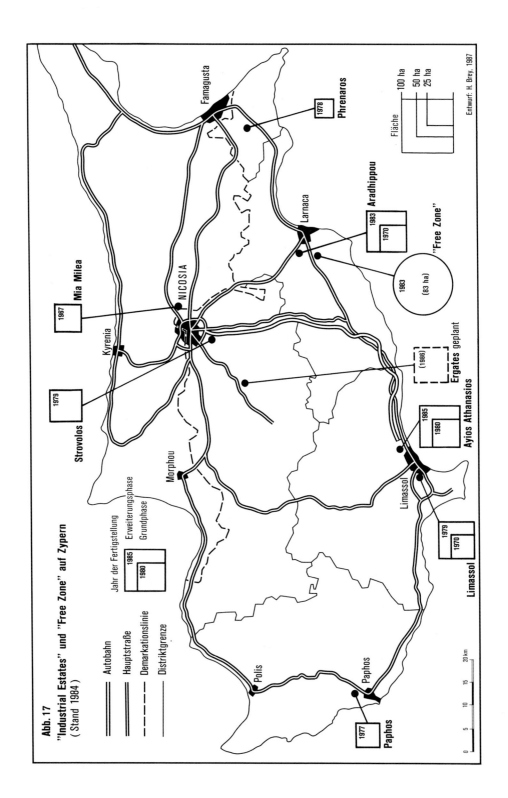

Abb. 17

"Industrial Estates" und "Free Zone" auf Zypern
(Stand 1984)

Autobahn
Hauptstraße
Demarkationslinie
Distriktgrenze

Jahr der Fertigstellung

1985 Erweiterungsphase
1980 Grundphase

Fläche
100 ha
50 ha
25 ha

Entwurf: H. Brey, 1987

Famagusta

Phrenaros

1978

Larnaca

Aradhippou

1983
1970

"Free Zone"

1983
(83 ha)

NICOSIA

Kyrenia

Mia Milea

1967

Strovolos

1979

(1986)

Ergates geplant

Morphou

1985
1980

Ayios Athanasios

Limassol

1979
1970

Limassol

Polis

Paphos

1977

Paphos

0   5   10   15   20 km

Im interlokalen Vergleich erfolgte die Errichtung zunächst nach einem fast klassischen Muster der Diffusion von Innovationen: Nach dem nationalen Zentrum (Nicosia) folgten die untereinander in etwa gleichrangigen Zentren „2. Ordnung" (Limassol, Larnaca sowie Famagusta, wo ebenfalls ein *I.E.* in Planung war). Schließlich wurden nach der Invasion *I.E.* auch in den relativ peripheren Regionen von Paphos und dem „Restraum" des Famagusta-Distrikts errichtet, während in Nicosia gleichzeitig Ersatz für den invasionsbedingten Verlust der Zone bei Mia Milea geschaffen wurde. Vorwiegend seit Beginn der 80er Jahre kam es dann zur Verstärkung der Standorte Limassol und Larnaca durch Neuanlagen bzw. den Ausbau bestehender *Estates*. Mit der Planung des *I.E.* von Ergates folgte wiederum ein ländlicher Standort als bisheriger Endpunkt des Programmes.

Die vor 1974 eröffneten Flächen entstanden dabei am Rand bestehender industrieller Zentren, in einer Lage, in der die besten Aussichten auf eine rasche Besetzung bestanden[57]. Dennoch wurden diese Aussichten bis zur türkischen Invasion nur sehr eingeschränkt erfüllt. 1973 war der *I.E.* von Mia Milea gerade gut über die Hälfte aufgefüllt, und in den jüngeren Anlagen von Larnaca und Limassol sah die Belegung mit nur 6 bzw. 13 Betrieben noch ungünstiger aus[58]. Erst in der Folge der türkischen Invasion nahm die Nachfrage nach Flächen in den *I.E.* in den Stadtrandlagen Nicosias, Limassols und Larnacas einen rapiden Anstieg. So war der neue *Estate* von Strovolos/Nicosia nur ein Jahr nach der Fertigstellung voll belegt, und die bestehenden Flächen in entsprechenden Lagen Limassols und Larnacas wurden in den ersten Jahren nach der Invasion weitgehend aufgefüllt, ebenso, wie die dort entstandenen großflächigen Erweiterungen und Neugründungen sich einer ungebrochenen Nachfrage gegenübersahen.

Von einem ähnlichen Nachfragedruck unberührt blieben hingegen die neuen *I.E.* von Paphos und Phrenaros. Dies scheint für die Erfolgsbilanz des Gesamtprogrammes der zyprischen *I.E.* insofern von Relevanz, als mit der Errichtung dieser Flächen (sowie der Neuplanung von Ergates) erstmals auch **regionalplanerische Zielsetzungen** verfolgt wurden. In den genannten Fällen wurden diese Zielsetzungen zwar verbunden mit gesamtwirtschaftlichen Argumenten (z. B. Verfügbarkeit weiblicher Arbeitskraft) bzw. erschienen als eine „offensive Auslegung" anders bedingter Notwendigkeiten, wie im Falle des *I.E.* Ergates, dessen Standort Ausdruck einer zunehmend eingeschränkten Verfügbarkeit von großen Flächeneinheiten im Stadtrandbereich ist. Der Versuch, Betriebe durch den Anreiz niedrigerer Flächenmieten in die peripheren Standorte zu ziehen, muß angesichts der Betriebszahlen und der Belegungsdichten in Paphos und Phrenaros als nur wenig erfolgreich bezeichnet werden. Ohnehin handelt es sich bei der Anlage dieser *Estates* allenfalls um eine nachrangige Ausgleichsmaßnahme zu der – aus der Sicht der zeitlichen Abfolge und des quantitativen Flächenangebotes – wesentlich bedeutsameren Stärkung der wirtschaftlich führenden Distrikte sowie der dortigen Agglomerationsräume durch die Wahl der Standorte für die *I.E.*

4. Der Industrial Estate Limassol

Der *I.E. Limassol*, heute der flächenmäßig drittgrößte Industriepark, zählt zu den ersten seiner Art auf Zypern. Von allen *I.E.* ist er der stadtnaheste, gelegen an der äußersten west-

---

57 Vgl. United Nations, Department of Economic and Social Affairs (1966, S. 19).
58 Zur Begründung dieser Tatsache s. Abschn. 4 im folgenden.

lichen Grenze von *Limassol Town* und zugleich direkt angrenzend an das Territorium der *British Bases* von Akrotiri (s. Abb. 20 und 21)[59].

Die ursprünglich erschlossene Fläche von 21,5 ha wurde nach 1976 um weitere 25 ha erweitert, nachdem in den ersten Jahren nach der türkischen Invasion eine volle Belegung erreicht worden war. Angesichts der hohen Nachfrage von seiten der Industrie planten die zyprischen Behörden gleichzeitig einen zusätzlichen *I.E.* in der Nähe des östlich der Stadt gelegenen Vorortes Ayios Athanasios; nach dessen Fertigstellung 1980 wurde auch hier umgehend eine Erweiterung notwendig (1985 abgeschlossen).

Zur Zeit der empirischen Untersuchungen d. Verf. im Frühjahr 1985 befanden sich auf dem *I.E. Limassol* 63 betriebliche Einheiten, von denen 60 dem verarbeitenden Gewerbe zuzurechnen waren, mit insgesamt rund 3100 Beschäftigten. Vier Betriebsgebäude standen leer. An der Gesamterhebung (halbstandardisierte Interviews bei den Betriebsleitern bzw. ggf. deren Stellvertretern) nahmen 55 von den 59 arbeitenden Betrieben teil; von den vier Verweigerern konnten darüber hinaus die wichtigsten Basisdaten (Branche, Zahl der Beschäftigten) erfragt werden.

Belegungsdichte, Investorgruppen und Motive der Standortwahl

Abb. 18 zeigt den Verlauf der Belegung des *I.E.* Einige wenige Betriebe konnten schon vor Fertigstellung der ersten Ausbauphase des *I.E.* zur Ansiedlung gewonnen werden. Die weitere Belegung verlief bis August 1974 nur sehr zögerlich. Nach der türkischen Invasion änderte sich die Nachfragesituation nach Flächen im *I.E.* grundlegend. Nicht nur die verbliebenen Grundstücke in der ersten Ausbauphase wurden umgehend belegt, sondern auch auf der Erweiterungsfläche begannen die meisten Betriebe schon mit der Produktion, noch bevor die Erschließungsarbeiten (1979) vollkommen abgeschlossen waren. Zur zweiten Ausbauphase gehörte auch ein Großbetrieb, der allein mehr als ¼ der Erweiterungsfläche beanspruchte.

Wie lassen sich nun die im *I.E.* angesiedelten Investoren charakterisieren, welche Faktoren machten für diese Investoren den Standort *I.E.* attraktiv?

Die Analyse der Betriebsgeschichten legte es zunächst nahe, nach autochtonen Unternehmern (aus der Stadt Limassol) und auswärtigen Investoren zu unterscheiden und diese beiden Investorgruppen weiter zu differenzieren. Die Bedeutung der Investorgruppen im zeitlichen Verlauf der Belegung des *I.E.* zeigt Abb. 19:

Die **autochtone Unternehmerschicht aus der Stadt Limassol** steht über den gesamten Belegungszeitraum hinter etwa ⅔ der Betriebsgründungen im *I.E.* Der weit überwiegende Teil dieser Investoren war bereits zuvor Inhaber eines verarbeitenden Industrie- oder Handwerksbetriebes gewesen, und die Ansiedlung im *I.E.* bedeutete eine räumliche Verlagerung (Suburbanisierung) des Betriebes, in einigen Fällen auch eine zusätzliche Gründung. Zu diesen Unternehmen mit industrieller Vergangenheit kam eine weitere Kategorie von *Newcomern* im Sinne der **selbständigen** Führung eines **verarbeitenden Industriebetriebes**. Unter diesen Erstgründern aus Limassol fanden sich

- Handels- und Transportunternehmer, die ihre ökonomischen Aktivitäten nunmehr in den Industriesektor erweiterten;

- leitende Angestellte bei großen Industriebetrieben;

---

[59] Das Gelände des *I.E.* befand sich ursprünglich auf dem Boden der Akrotiri-*Area* und wurde in die Stadt Limassol eingemeindet.

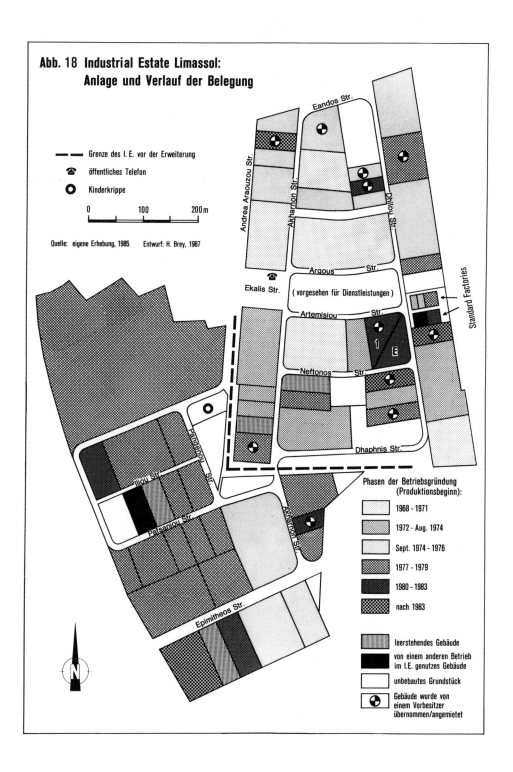

Abb. 18 Industrial Estate Limassol:
Anlage und Verlauf der Belegung

— — Grenze des I. E. vor der Erweiterung

☎ öffentliches Telefon

◯ Kinderkrippe

0   100   200 m

Quelle: eigene Erhebung, 1985   Entwurf: H. Brey, 1987

Eandos Str.

Andrea Araouzou Str.

Akharnon Str.

Dhiou Str.

Argous Str.

Ekalis Str.

(vorgesehen für Dienstleistungen)

Artemisiou Str.

Standard Factories

Neftonos Str.

Dhaphnis Str.

Pendepou Str.

Iliou Str.

Palsaniou Str.

Akheron Str.

Epimitheos Str.

N

Phasen der Betriebsgründung
(Produktionsbeginn):

1968 - 1971

1972 - Aug. 1974

Sept. 1974 - 1976

1977 - 1979

1980 - 1983

nach 1983

leerstehendes Gebäude

von einem anderen Betrieb
im I.E. genutzes Gebäude

unbebautes Grundstück

Gebäude wurde von
einem Vorbesitzer
übernommen/angemietet

207

Abb. 19
Betriebseröffnungen im Industrial Estate Limassol nach Jahr des Produktionsbeginns, vorherigem Standort/Herkunft und Investortypus

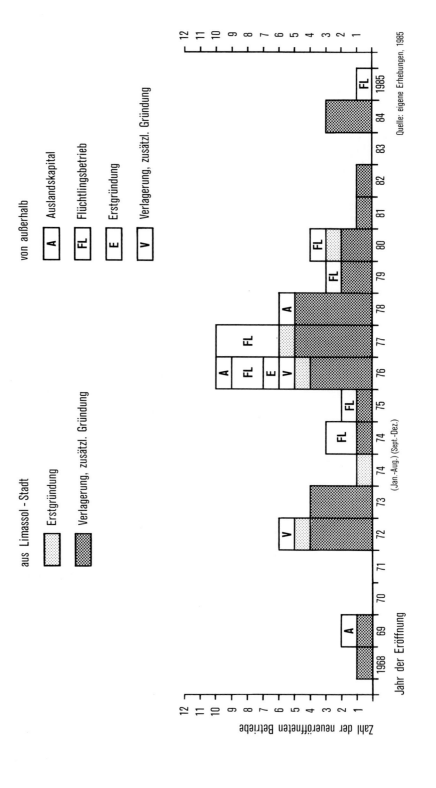

Quelle: eigene Erhebungen, 1985

– Universitätsabgänger, die einen Betrieb als Starthilfe von ihren wirtschaftlich potenten Eltern erhielten.

Bei den durch **auswärtige Unternehmer** gegründeten Betrieben spielten die **Flüchtlingsbetriebe** eine maßgebliche Rolle. Die Ansiedlung solcher Unternehmen in den ersten Jahren nach der türkischen Invasion trug entscheidend zur schnellen und vollständigen Auffüllung der in der Grundphase verfügbaren Flächen des *I.E.* bei. Von vergleichsweise geringer Bedeutung sind dagegen die übrigen auswärtigen Investoren. Insbesondere bleibt ein Zuzug **auswärtiger zyprischer** Unternehmer weitgehend aus, und auch dem **Auslandskapital** kommt (entsprechend seiner Rolle in der Gesamtindustrie) nur eine bescheidene Stellung zu.

Nach den obigen Investorgruppen getrennt werden im folgenden die Ergebnisse eines Fragenkomplexes dargestellt, bei dem die Motive sowohl für die interlokale als auch für die lokale Standortwahl erfragt wurden (Tab. 45).

Bei der **interlokalen Standortwahl**, der Entscheidung also für **Limassol** als Standort, waren primär betriebswirtschaftliche Gründe (Beschaffung, Absatz, Verkehr, etc.) nur von untergeordneter Wichtigkeit. Für die überwiegende Mehrheit der autochtonen Unternehmer bedeutete der Verbleib am Ort auch bei einem Wechsel des Mikrostandortes eine Selbstverständlichkeit, und der geringe Zuzug aus anderen Teilen der Insel unterstreicht die universelle Gültigkeit dieser Aussage in Bezug auf Zypern[60].

Im Gegensatz hierzu erweisen sich freilich die auswärtigen Betriebe als eher „standortoptimierend". Dennoch passen auch viele der auswärtigen Investoren nicht in ein Bild eines alle Standortalternativen abwägenden *homo oeconomicus*. Ein verlagerter Betrieb aus dem ländlichen Raum Limassols (Agros) zeigt sich wie selbstverständlich „seiner" Distrikthauptstadt verbunden; bei einem ausländischen Investor handelt es sich um einen vor langer Zeit emigrierten Zyprer, der an seinen Heimatort zurückgekehrt ist. Bei vielen Flüchtlingsbetrieben schließlich war die zunächst ebensowenig an einer zukünftigen Standortwahl orientierte Eigenschaft Limassols als ursprüngliches Fluchtziel bzw. der Zufall ausschlaggebend für die spätere Standortentscheidung.

Die Motive der **lokalen Standortwahl** (also der Entscheidung für den Standort *I.E.*) offenbaren zugleich die Hintergründe für die insgesamt hohe Akzeptanz der *I.E.* in den wichtigen industriellen Zentren Zyperns. Überragende Determinante für die Standortwahl im *I.E.* war die dortige **Verfügbarkeit von Flächen** und zwar in absoluter Sicht, aus der Perspektive des bisherigen nicht erweiterungsfähigen Standorts oder im Hinblick auf die gängigen Preise am Bodenmarkt. Besonders deutlichen Vorrang hatte diese Flächenbereitstellung für die bisher in Limassol ansässigen Industrie- und Handwerksbetriebe. Bei ihnen handelte es sich im wesentlichen um „entwicklungsgehemmte" Betriebe[61], die sich an ihrem ursprünglichen städtischen Standort nicht mehr erweitern konnten bzw. erheblichen Konflikten mit benachbarter Wohnbevölkerung ausgesetzt waren[62]. Die Bedeutung des *I.E.* in diesem Zusammenhang kann dabei nur in Relation zu den vorherrschenden Verhältnissen am allgemeinen städtischen Bodenmarkt gesehen werden, eine Thematik, auf die im folgenden Abschnitt detaillierter einzugehen ist.

Festzuhalten bleibt an dieser Stelle, daß das bloße Flächenangebot im *I. E.* **vor 1974** ein

---

[60] Vgl. Kap. IV. 1.
[61] Im Sinne von RUPPERT et al. (1968, S. 625).
[62] Vorwiegend Lärmemission bei metall- und holzverarbeitenden Betrieben.

Tab. 45: Industrial Estate Limassol: Motive für die Standortwahl nach vorherigem
Standort / Herkunft und Investortypus

| (Mehrfachnennungen möglich) | Zahl der Nennungen nach Herkunft der Investoren (N=58) | | | | | | Zahl der Nennungen insgesamt |
| | Aus Limassol-Stadt | | von außerhalb | | | | |
	Verlagerung /zusätzl. Gründung (N = 35)	Erst= gründung (N = 5)	Verlagerung /zusätzl. Gründung (N = 2)	Erst= gründung (N = 1)	Flüchtlings- Betrieb (N = 12)	Auslands= kapital (N = 3)	
Motive f.d. interlokale Standortwahl							
Herkunft aus Limassol / Distrikt	32	5	1	-	1	1	40
Standortgunst für zyprischen Binnenmarkt	1	-	-	-	-	-	1
Standortgunst für Verkehr (Hafen)	3	-	-	1	2	2	8
Standortgunst bezügl. spezif. Abnehmer	-	-	-	-	1	1	2
Marktexpansion in d. Limassol-Distrikt	-	-	1	-	-	-	1
Nähe zu Konkurrenzbetrieben	-	-	-	1	-	-	1
Zweigbetrieb eines bestehenden Betriebes in Limassol	-	-	-	-	1	-	1
Kopplung an bestehenden Schwesterbetrieb in Limassol	-	-	-	-	1	-	1
Fluchtziel nach der türkischen Invasion	-	-	-	-	5	-	5
Zufall	-	-	-	-	2	-	2
keine Angaben	2	-	-	-	-	-	2

Zahl der Nennungen nach Herkunft der Investoren (N=58)

(Mehrfachnennungen möglich)	Aus Limassol-Stadt		von außerhalb				Zahl der Nennungen insgesamt
	Verlagerung /zusätzl. Gründung (N = 35)	Erst= gründung (N = 5)	Verlagerung /zusätzl. Gründung (N = 2)	Erst= gründung (N = 1)	Flüchtlings- Betrieb (N = 12)	Auslands= kapital (N = 3)	
Motive f.d. Ansiedlung im Industrial Estate							
Fehlende Expansionsmögl. am vorher. Stand=ort; Verfügbarkeit von Flächen im I.E.	23	3	1	-	6	1	34
Emissionen/ Nutzungskonflikte am alten Standort	8	-	-	-	-	-	8
Niedrige Pachtpreise /-konditionen im I.E.	6	1	-	1	3	1	12
Infrastruktur im Industrial Estate	3	2	1	1	3	1	11
Angebot einer "Standard Factory"	-	1	-	-	-	-	1
Lagegunst bezügl. Arbeitskräften	2	1	-	-	-	1	4
Zweigbetrieb eines bestehenden Betriebes im I.E.	-	-	-	-	1	-	1
Kopplung an bestehenden Schwesterbetrieb im I.E.	-	-	-	-	1	-	1
Zwischenbetriebl. Beschaffungs- oder Ab=satzverflechtungen im I.E.	2	-	-	-	3	-	5
Zusätzliche Anreize/ Beihilfen d. Regierung	3	-	-	-	1	1	5
Druck / Überredung durch Regierung	2	-	1	-	-	-	3
keine Angaben	6	-	-	-	-	-	6

Quelle: eigene Erhebungen, 1985

Anreiz war, der nur auf wenige Betriebe seine Wirkung hatte. Dies zeigt nicht nur die sehr zögernde Belegung des *I.E.* in den Jahren nach dessen Gründung, sondern auch das Faktum, daß einige der vor 1974 angesiedelten Betriebe angeben, nur sehr unwillig in den *I.E.* gezogen zu sein und dies nur aufgrund von Druck oder großzügigen zusätzlichen Konzessionen der Regierung getan zu haben. Offensichtlich hatten die Regierungsbehörden damals zur Förderung der Akzeptanz des *I.E.*-Programmes zu spezifischen Mitteln gegriffen; genannt wurden hier die Zuweisung spezieller Kredite und Beihilfen, „Überredung" sowie die Versagung einer Genehmigung für die Ansiedlung an einem anderen Standort.

Das spezifische **Infrastrukturangebot** des *I.E.* spielte bei den verschiedenen Investorgruppen eine sehr unterschiedliche Rolle. Als relativ wichtiger Standortfaktor erscheint es für die auswärtigen Unternehmen sowie für die Erstgründer aus Limassol, während es für das autochtone Industrieunternehmertum nur wenig relevant ist.

Faktoren der **Lagegunst** des *I.E.* werden nur in Bezug auf das Angebot an Arbeitskräften genannt. Verwiesen wird hier sowohl auf die nahegelegenen Flüchtlingssiedlungen als auch auf den günstigen verkehrsmäßigen Zugang für Pendler aus dem ländlichen Raum. Beachtenswert ist die relativ häufige Nennung von **zwischenbetrieblichen Material-verflechtungen** als Motiv für die Ansiedlung im *I.E.*

Infrastruktur, Lage sowie zwischenbetriebliche Verflechtungen werden in den nachfolgenden Abschnitten noch näher zu erörtern sein.

Die Bedeutung des Industrial Estate unter den Rahmenbedingungen des städtischen Bodenmarktes

Die große Bedeutung der Flächenverfügbarkeit sowie der niedrigen Pachtpreise für die Standortwahl im *I.E.* wie auch der hohe Anteil von aus der Stadt Limassol verlagerten Betrieben führt hin auf die Frage nach den **Standortalternativen** im Raum Limassol. Diese Standortalternativen sind im wesentlichen bestimmt durch die Anwesenheit konkurrierender Nutzungen und Flächenansprüche, durch planerische Vorgaben und Restriktionen sowie durch die mit diesen Faktoren im Zusammenhang stehende Höhe der Bodenpreise.

Die wichtigsten lokalen Standorte des verarbeitenden Gewerbes in der Stadtregion Limassol sind dargestellt in Abb. 21. Die Standorte der großen traditionellen Industriebetriebe (vor allem Wein- und Spirituosenfabriken, Fabrikation von *Soft Drinks*, Karobmühle, Ziegelei) finden sich fast sämtlich an der Küstenlinie und zwar in erster Linie westlich des historischen Stadtzentrums (Abb. 20) zwischen dem alten und neuen Hafen sowie in zweiter Linie östlich des Stadtzentrums.

Die Standorte des handwerklichen Kleingewerbes konzentrieren sich dagegen in der alten und teils stark sanierungsbedürftigen Bausubstanz des historischen Stadtkerns. Mit dem dort vollzogenen Rückgang der Wohnbevölkerung breitete sich das Handwerk dabei – abweichend von der traditionellen Konzentration der Standorte – in die ehemaligen reinen Wohnviertel aus. Die meist kapitalschwachen Kleinhandwerker fanden dort billige Mieten vor[63]. Die Probleme in diesen Vierteln bestanden und bestehen in den schlechten sanitären Bedingungen und durch räumliche Enge gekennzeichneten Arbeitsbedingungen, den fehlenden Expansionsmöglichkeiten sowie in der Belastung für die verbliebene Wohnbevölkerung.

---

[63] Nach 1974 wurden auch im türkischen Viertel im Westen der Altstadt – mit ebenso stark degradierter Bausubstanz – durch Flüchtlinge zahlreiche handwerkliche Kleinbetriebe eröffnet.

Abb. 20 Limassol: Stadtentwicklung und administrative Gliederung

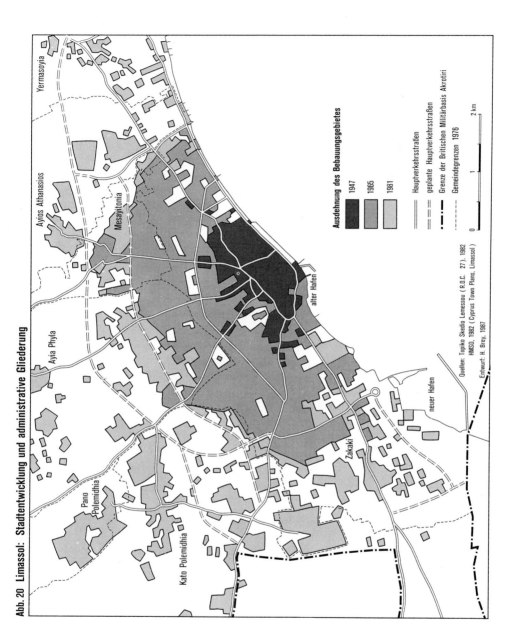

Ausdehnung des Bebauungsgebietes

1947
1965
1981

Hauptverkehrsstraßen
geplante Hauptverkehrsstraßen
Grenze der Britischen Militärbasis Akrotiri
Gemeindegrenzen 1976

0   1   2 km

Quellen: Topiko Skedio Lemessou (R.O.C.   27), 1982
HMSO, 1982 (Cyprus Town Plans, Limassol)

Entwurf: H. Brey, 1987

Yermasoyia
Ayios Athanasios
Mesayitonia
Ayia Phyla
Pano Polemidhia
Kato Polemidhia
alter Hafen
neuer Hafen
Zakaki

Abb. 21 Limassol: Industriestandorte und Flüchtlingssiedlungen (Stand: 1981)

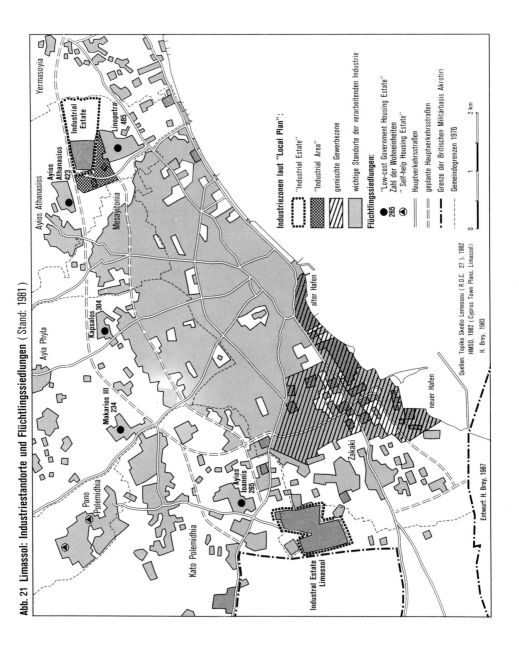

Industriezonen laut "Local Plan":

- "Industrial Estate"
- "Industrial Area"
- gemischte Gewerbezone
- wichtige Standorte der verarbeitenden Industrie

Flüchtlingssiedlungen:

- "Low-cost Government Housing Estate"
- ● 265 Zahl der Wohneinheiten
- ▲ " Self-help Housing Estate"

Hauptverkehrsstraßen
geplante Hauptverkehrsstraßen
Grenze der Britischen Militärbasis Akrotiri
Gemeindegrenzen 1976

0   1   2 km

Quellen: Topiko Skedio Lemessou (R.O.C. 27). 1982
HMSO. 1982 (Cyprus Town Plans, Limassol)
H. Brey. 1983

Entwurf: H. Brey, 1987

Um dem zunehmenden Flächenbedarf von Industrie, Großhandel, Reparaturgewerbe etc. zu entsprechen und gleichzeitig der in zyprischen Städten symptomatischen starken Funktionsmischung entgegenzuwirken, wurde in den 60er Jahren von der zyprischen Stadtplanungsbehörde eine gemischte Gewerbezone (*Mixed Industrial Zone*) ausgewiesen, in die man die entsprechende Flächennachfrage zu kanalisieren hoffte. Diese Zone umfaßt die wichtigsten alten Industriestandorte zwischen altem und heutigem neuen Hafen sowie ein Gebiet, das sich von der Küstenlinie bis zu 3 km in nordwestlicher Richtung erstreckt. Wie in den anderen größeren zyprischen Städten sollte es sich jedoch herausstellen, daß „(...) die Deklaration eines Stadtgebietes als Industriezone für die tatsächliche Industrieansiedlung nahezu prohibitive Folgen" hatte (HEINRITZ, 1975, S. 112). Nach einer Aufstellung im Stadtentwicklungsplan von Limassol bestand die Nutzung in der besagten gemischten Gewerbezone im Jahre 1970 zu 61 % aus landwirtschaftlich genutzten sowie brachliegenden Flächen, zu 15 % aus Wohnbebauung, 12 % Straßenflächen, Flüssen und Uferzonen und nur zu 12 % aus verarbeitendem Gewerbe, Lagerhallen u. ä. [64]. Die Aussicht auf eine hohe gewerbliche Nachfrage leistete der Spekulation mit diesen Flächen Vorschub und trieb die Bodenpreise in Höhen, die für gewerbliche Käufer unerschwinglich waren und es bis heute geblieben sind.

In der geschilderten Situation eines sehr angespannten Bodenmarktes schien die Etablierung eines *I.E.* mit vergleichsweise günstigen Pachtkonditionen eine umgehende Akzeptanz zu garantieren. Daß die Nachfrage zunächst hinter den Erwartungen zurückblieb, hatte die folgenden Ursachen:

(1) Die zyprischen Planungsgesetze für Limassol schlossen die industrielle Flächennutzung außerhalb der festgesetzten Gewerbezonen für einen Bereich aus, der sich innerhalb eines halbkreisförmigen Areals von etwa 4–5 km um das Stadtzentrum erstreckte. Außerhalb dieser Zone bestanden hingegen keinerlei Auflagen, die die gewerbliche Umnutzung z. B. bisher landwirtschaftlich genutzter Flächen beschränkten.

(2) Die Bodenpreise in den *Suburbs* jenseits dieses Areals waren für die meisten gewerblichen Nachfrager vor 1974 erschwinglich, wenngleich auch hier die Bodenspekulation angesetzt hatte.

(3) Die Erschließung eines Grundstückes für gewerbliche Bebauung erforderte gemäß den zyprischen Baugesetzen dieselben minimalen Investitionsaufwände wie für die Wohnbebauung. Erforderlich waren einzig ein Straßenanschluß sowie der Nachweis über die Verfügbarkeit von Trinkwasser [65].

(4) Anders als bei dem Pachtverhältnis im *I.E.* konnten auf dem eigenen Grundstück u. U. selbst Spekulationsgewinne realisiert werden. Als Sicherheit für Kredite wurden bei den Banken ebenso nur Flächen im Eigentum des Kreditnehmers akzeptiert.

Aus den beschriebenen Gründen zogen es bis 1974 die meisten Unternehmer vor, im Falle eines neuen oder zusätzlichen Flächenbedarfs selbst ein Grundstück im äußeren Bereich der *Suburbs* zu kaufen und zu bebauen. Auf diese Weise entstanden Industrieansiedlungen vor allem an der Straße nach Paphos, östlich des peri-urbanen Ortes Ypsonas.

Die beschriebene Situation und mittelbar die Attraktivität des *I.E.* veränderte sich quasi „über Nacht" durch die Folgen der türkischen Invasion von 1974. Der industrielle Boom

---

[64] R.O.C. 27 (S. 58, Tab.).
[65] Vgl. HEINRITZ (1975, S. 96 ff.).

bedeutete eine verstärkte Nachfrage nach Flächen für die betriebliche Expansion oder für Neugründungen. Zum Industriekapital aus Limassol kamen die Flüchtlingsunternehmer – vorwiegend aus Famagusta – für deren betrieblichen Neubeginn Flächen zu finden waren. Gleichzeitig drängten nicht nur gewerbliche Nutzungen, sondern vor allem auch die Wohnbebauung mit enormer Geschwindigkeit in den sub- und peri-urbanen Raum hinein, etwa mit dem Bau von Flüchtlingssiedlungen durch die öffentliche Hand (s. Abb. 20 und 21). Dies alles bedeutete eine Verknappung der verfügbaren Fläche und vor allem einen gravierenden Anstieg der Bodenpreise. In der östlichen Küstenzone waren die seit Jahrzehnten ansässigen Industrieunternehmen einer erheblichen Verdrängung durch Hotel- und Appartementbauten ausgesetzt – dort wurden 1981 Bodenpreise bis zu 2 Mio. C£ pro ha (1000 DM/qm) bezahlt[66]. Selbst im nördlichen bis westlichen peri-urbanen Bereich beliefen sich die gängigen Grundstückspreise auf Beträge zwischen 30–100000 C£ / ha. Eine Erklärung für die schnelle Auffüllung des *I.E.* nach 1974 bietet vor allem eine Gegenüberstellung dieser Kosten mit den Pachtkonditionen im *I.E.* Ein Beispiel – es kann als repräsentativ gelten – mag dies verdeutlichen: eine Bekleidungsfabrik im *I.E.* belegt zwei Grundstückseinheiten mit insgesamt 0,4 ha Grundfläche. Für diesen Betrieb mit einem Umsatz von rund C£ 1 Mio. / Jahr errechnet sich (auf der Basis der 1985 geltenden Preise) ein jährlicher Pachtpreis von 1000 C£ oder knapp 85 C£ im Monat. Dieser Betrag umfaßt sämtliche im Estate anfallenden Unterhalts- und Verwaltungskosten. Der Pachtvertrag wird zunächst für sieben Jahre abgeschlossen und danach für jeweils fünf Jahre verlängert. Bei der als geringfügig zu bezeichnenden absoluten Höhe der Pacht fällt auch die bei Vertragsverlängerung fällige Anpassung an das allgemeine Bodenpreisniveau kaum ins Gewicht[67]. Festzuhalten bleibt, daß das *I.E.*-Programm auf Zypern eine massive öffentliche Subventionierung der angesiedelten Industriebetriebe mittels minimaler Pachtpreise einschließt.

Das Ausmaß der Subventionierung schadet dabei eindeutig einer effektiven Nutzung der heute knappen Bodenressourcen des *Estates*. Dabei können zwei unterschiedliche Negativwirkungen festgestellt werden:

(1) Die geringen laufenden Kosten fördern eine in manchen Fällen feststellbare geradezu groteske Unternutzung der dem Einzelbetrieb zur Verfügung stehenden Grundfläche. Diese Unternutzung bezieht sich weniger auf die Dimensionierung der Betriebsgebäude – diese müssen in einer gewissen Größenrelation zum Grundstück stehen – als vielmehr auf die tatsächliche Ausnutzung der zur Verfügung stehenden Gebäudefläche. Bei einem Vergleich der Gebäudefläche pro Arbeitskraft im *I.E.* in Betrieben der je gleichen Branche mit ähnlicher Produktionsstruktur unterscheidet sich der Grad der Flächenausnutzung zwischen dem Betrieb mit dem höchsten und dem niedrigsten Dichtewert in der Bekleidungsbranche um den Faktor 4, in der Möbelbranche um den Faktor 9 und in der Metallverarbeitung gar um den Faktor 12. So stehen im *I.E.* Unternehmen mit einer starken Überbelegung, entsprechend schlechten Arbeitsbedingungen und fehlenden Möglichkeiten zur Expansion anderen gegenüber, die nur einen kleinen Teil der verfügbaren Fläche überhaupt nutzen.

(2) Unter den Rahmenbedingungen einer weit über das Angebot der Regierung an neuen Flächen in *I.E.* hinausgehenden Nachfrage nach 1974 werden die bestehenden An-

---

[66] R.O.C. 27 (S. 108).
[67] Zwischen 1974 und 1985 hat sich dieser Betrag vervierfacht. Dies wirft vor allem ein Licht auf die Preissteigerungen am städtischen Bodenmarkt.

rechte im *I.E.* selbst in einigen Fällen zum Spekulationsobjekt. Die Zahl derjenigen Unternehmen im *I.E.*, die als Jahr der Betriebsgründung 1976 oder früher angeben, stimmt annähernd überein mit den 1976 registrierten Betriebszahlen. Daraus folgt, daß es unter den rund 30 Unternehmen der „Grundphase" des *I.E.* bisher praktisch zu keinen Betriebsaufgaben gekommen ist. Wohl aber kam es seit 1976 im „alten Teil" des *Estates* zu insgesamt zehn Übernahmen bereits bestehender Betriebsgebäude (außerhalb der *Standard Factories*)[68].

Hinter dieser Beobachtung verbirgt sich die Aufteilung (oder Aufstockung) der ursprünglichen Gebäude und der Verkauf oder die Untervermietung der zusätzlich gewonnenen Einheiten durch die ursprünglichen Besitzer. Mit dem Verbleib in einem anderen Teil des Gebäudes (bei z. T. erheblicher Unternutzung – s. o.) wird der Anspruch auf eine Verlängerung des Pachtvertrages gegenüber den Regierungsbehörden erhalten und gleichzeitig können Mieten oder Verkaufserlöse realisiert werden, die dem derzeitigen Marktwert entsprechen.

Inwiefern kann nun – angesichts der nach 1974 rapide gestiegenen Nachfrage und einer schnellen Erweiterung der angebotenen *I.E.*-Kapazitäten- das Programm der *I.E.* in Limassol als erfolgreich im Sinne der darin verfolgten **stadtplanerischen Zielsetzungen** beurteilt werden?

(1) Als Erfolg ist im untersuchten *I.E. Limassol* der hohe Anteil verlagerter („entwicklungsgehemmter") Betriebe zu werten. Hier leistete der *I.E.* einen Beitrag zur Verhinderung einer weiteren Zersiedelung und Belastung des städtischen Außenbereiches.

Tab. 46 zeigt die Entwicklung der Betriebs- und Beschäftigtenzahlen in der Stadt Limassol und den einzelnen *Suburbs* in einer Phase äußerst dynamischen industriellen Wachstums zwischen 1976 und 1980. In dieser Phase eröffneten im *I.E. Limassol* rund 30 Betriebe, darunter die meisten heutigen Großbetriebe mit über 100 Beschäftigten. Der überwiegende Teil des industriellen Beschäftigtenzuwachses in der Stadt Limassol ist ohne Zweifel dem *I.E.* zuzuschreiben, zumal neben den vorwiegend im alten türkischen Viertel neu entstandenen kleinen Flüchtlingsbetrieben Neugründungen größerer Unternehmen innerhalb des Stadtgebietes nicht stattfanden. In den *Suburbs* entstanden z. T. Kleinbetriebe in den neu gebauten Flüchtlingssiedlungen. Nennenswerte Beschäftigungzuwächse blieben beschränkt auf den neuen *I.E.*-Standort Ayios Athanasios[69] und auf Kato Polemidhia, wo als einzigem Standort noch einige größere Betriebe „in freier Landschaft" errichtet worden sind. Angesichts der heutigen Konzentration von Beschäftigten im *I.E.* scheint der planlose „Auszug" von Betrieben in die Außenbereiche jedoch weitgehend bedeutungslos geworden.

(2) Weniger eindeutig ist der Beitrag des *I.E.* zu einer funktionalen Entmischung in den innerstädtischen Herkunftsgebieten „entwicklungsgehemmter" Betriebe. Von einer solchen Positivwirkung ist nur auszugehen, wenn die ehemaligen Gebäude bzw. Flächen nicht wieder gewerblich genutzt werden. Angesichts der geringen Durchsetzungskraft des zyprischen Planungsrechts kann eine gewerbliche Nachfolgenutzung in der Regel aber sicherlich nicht verhindert werden.

---

[68] Vgl. Abb. 18.
[69] In Ayios Athanasios wurde in räumlichen Anschluß an den neuen *I.E.* eine auf gewerbliche Nutzung beschränkte *Industrial Area* ausgewiesen (s. Abb. 21).

Tab. 46: Betriebe und Arbeitsplätze im verarbeitenden Gewerbe in Limassol Town und den "Suburbs", 1976 und 1980

Gemeinde	Zahl der Betriebe		Zahl der Beschäftigten	
	1976	1980	1976	1980
Limassol Town (+ Ayia Phyla +Linopetra Housing Estate)	944	1.136	6.264	9.012
Kato Polemidhia	8	30	18	236
Pano Polemidhia	–	8	–	13
Ypsonas	17	30	309	299
Mesayitonia	17	13	87	26
Ayios Athanasios	12	39	194	422
Yermasoyia (+ Amathounda)	8	14	19	31

Quellen: Registration of Establishments (R.O.C. 20), 1976, 1981

Infrastrukturelle Ausstattung, Lage und Verkehrsanbindung

Bei der Beurteilung der infrastrukturellen Ausstattung des *I.E.* ist in Betracht zu ziehen, daß diese Ausstattung für die betriebliche Ansiedlung zwar in manchen Fällen eine Rolle spielte, gegenüber dem Aspekt der reinen Verfügbarkeit bzw. den Kosten von Flächen in günstiger Lage jedoch nur nachrangige Bedeutung hatte. Die Bewertung des infrastrukturellen Angebots im *I.E.* durch den aktuellen oder potentiellen Nutzer – mit Ausnahme vielleicht des Auslandskapitals – richtet sich im übrigen nicht aus an objektiven internationalen Standards der Ausstattung von *I.E.* Da bei der privaten gewerblichen Baulanderschließung kaum je über gesetzlich vorgeschriebene Minimalstandards hinausgegangen wird, orientiert sich diese Einschätzung eher an der durch die Übernahme eines erschlossenen Grundstücks erreichten Kostenersparnis und dem Funktionieren der für den Produktionsablauf wichtigsten Einrichtungen. Die Duldung offensichtlicher Mißstände und die Bereitschaft zu ihrer improvisierten Überbrückung ist auf Zypern sicherlich angesichts der Erfahrungen bei der privaten Baulanderschließung extrem ausgeprägt. Anforderungen an Ästhetik und Umweltverträglichkeit gehörten aus demselben Grunde nicht zur Erwartungshaltung der Unternehmer.

Neben einem asphaltierten Straßenanschluß und der Wasserversorgung bieten die zyprischen *I.E.* Grundstücksanschluß an das öffentliche Elektrizitäts- und Telefonnetz, Straßenbeleuchtung und öffentliches Telefon. Über das in allen zyprischen *I.E.* vorhandene Angebot hinaus geht die Existenz von sog. *Standard Factories* (kleine Mietfabrikeinheiten) sowie einer Kinderkrippe (vgl. Plan des *I.E.*, Abb. 18, S. 207).

In Funktion, Kapazität und Erhaltungszustand bestehender Einrichtungen und im Fehlen anderer grundlegender Infrastrukturen zeigen sich einige wesentliche Schwierigkeiten und Mängel:

(1) Das Fehlen geeigneter Entsorgungsanlagen ist als einer der schwerwiegenden Mängel zu bezeichnen. Eine **Abwasserkanalisation** oder gar -klärung fehlt vollkommen. Die Abwässer werden in Sickergruben eingeleitet, die nicht nur eine Gefährdung des Grundwassers darstellen, sondern auch für die bei einigen Betrieben anfallende Abwasserlast völlig ungeeignet bzw. unterdimensioniert sind. Wegen angeblich daraus resultierenden Produktionsausfällen laufen bereits Schadenersatzklagen gegen den *I.E.*-Träger. Die **Entsorgung von Festmüll** wird über das Deponieren und Verbrennen fester Abfälle auf einem an den *I.E.* anschließenden Gelände bewerkstelligt. Die Umweltfolgen der im *I.E.* gängigen Entsorgung werden noch bedenklicher, zieht man die in der unmittelbaren Nachbarschaft der Anlage vorrangige Flächennutzung mit Agrumenkulturen auf der Basis von Grundwasserbewässerung in Betracht.

(2) Trotz der dem *I.E.* eingeräumten Präferenz bei der **Wasserversorgung** in den wasserknappen Sommermonaten reicht die Wasserkapazität für den derzeitigen betrieblichen Bestand bei weitem nicht aus. Verschiedene Betriebe beziehen ihren Wasserbedarf bereits aus eigenen – illegal gebohrten – Grundwasserbrunnen.

Die auf dem Gebiet der Wasserversorgung sowie der Entsorgung entstandenen Engpässe sind z. T. Ausdruck einer mangelhaften Planung bei der Belegung des *Estates*. Für die entsprechenden Genehmigungen scheinen zu erwartender Wasserbedarf und Entsorgungslasten kaum eine Rolle gespielt zu haben. Bedenklich ist aber vor allem die augenscheinlich fehlende Kontrollausübung bei der Weitergabe von Betriebsgebäuden an neue Nutzer. Z. B. erfolgte 1984 die Eröffnung einer chemischen Reinigung im Gebäude einer ehemaligen Bekleidungsfabrik. Sie steht nicht nur im krassen Gegensatz zur sektoralen Einschränkung des *I.E.* auf das verarbeitende Gewerbe, sondern auch zu allen objektiven Gegebenheiten bzw. Engpässen bei der Wasserversorgung und Abwasserentsorgung.

(3) Planung und Gestaltung der Industriepark-Fläche beschränkte sich auf die Anlage der funktional absolut notwendigen Elemente – eine weitergehende Gestaltung von Straßenraum und Freiflächen unterblieb. Die Qualität der baulichen Ausführung läßt zu wünschen übrig, notwendige Erhaltungsmaßnahmen bleiben weitgehend aus. Besonders die vom LKW-Verkehr stark belastete einzige Zufahrtsstraße zeigte sich 1985 von Schlaglöchern übersät.

(4) Die relative Vernachlässigung einmal angelegter und belegter *I.E.* zeigt sich auch im Fehlen einer I.E.-Verwaltung auf dem Gelände des *Estates* oder zumindest am Ort. Alleiniger **Träger und Verwalter** des *I.E.* ist das *Ministry of Commerce and Industry* in Nicosia; sämtliche Anfragen, Beschwerden etc. müssen über den dortigen bürokratischen Apparat erledigt werden.

(5) Eine im *I.E.* für zusätzliche Dienstleistungseinrichtungen bisher vorbehaltene Fläche in zentraler Lage (s. Abb. 18) wird inzwischen mit dem Erweiterungsgebäude des daneben liegenden Betriebes bebaut. Die Option für eine nachträgliche Verbesserung des infrastrukturellen Angebots ist damit, trotz eines teils dringend artikulierten Bedarfs[70], erledigt. Angesichts der hohen Nachfrage nach Grundstücken in *I.E.* besteht für den Träger ohnehin keine Veranlassung, nachträgliche Investitionen in den *I.E.* zu leiten.

---

[70] Erwünscht werden vor allem eine Bankfiliale sowie ein Restaurant / Café für Geschäftsbesprechungen.

Die Lage und verkehrsmäßige Anbindung des *Estates* scheint vor allem aus zwei funktionalen Gesichtspunkten von Interesse. Diese sind

– die Zugänglichkeit für die Arbeitskräfte
– der Zugang zum Hafen Limassol.

Für die Zugänglichkeit des *I.E.* für die **Arbeitskräfte** bzw. den Zugriff der Betriebe auf diese erweist sich zunächst die Lage des *I.E.* am Stadtrand in der Nähe sub- und peri-urbaner Bevölkerungskonzentrationen als günstig und hier wiederum besonders zu den nach 1974 entstandenen Flüchtlingssiedlungen (s. Abb. 21). Verkehrspolitisch unbedingt sinnvoll wäre das „Heraushalten" des Einpendlerverkehrs aus dem völlig überlasteten Stadtzentrum. In Bezug auf die Einpendler wirkt der *I.E.* in entsprechend positiver Weise bereits für den Nahbereich sowie für die aus westlicher und nordwestlicher Richtung kommenden Pendler aus dem ländlichen Raum[71]. Ein besonders günstiger Anschluß an den sub- und peri-urbanen Siedlungsring sowie an das gesamte radiale Straßennetz aus dem ländlichen Raum ist durch die bereits im Bau befindliche nördliche Autobahnumfahrung zu erwarten (s. Abb. 21). Durch diesen Anschluß ist im übrigen der Zugang nach Nicosia und Larnaca wesentlich erleichtert.

Der *I.E.* wird von städtischen Bussen sowie von den privaten Buslinien aus dem ländlichen Raum angefahren, sofern er im Bereich des Einfahrsektors ins Stadtzentrum liegt und entsprechende Nachfrage besteht. Insgesamt 6 Betriebe im *I.E.* engagieren oder betreiben eigene Buslinien, welche die vorwiegend weiblichen Arbeitskräfte von und zu den nahegelegenen Wohnsiedlungen bringen[72].

Trotz einer Entfernung von nur 2,5 km Luftlinie zum neuen **Hafen Limassols** erweist sich der Zugang dorthin als sehr schwierig. Das Fehlen einer direkten Verbindungsstraße dokumentiert die mangelhafte Durchsetzungsfähigkeit des zyprischen Planungsrechts. Der Verkehr zum Hafen muß zunächst in nördlicher Richtung auf die überlastete Paphos-Straße geleitet werden und hat eine Distanz von über 5 km zu überwinden (vgl. Abb. 21).

Die Bedeutung des Industrial Estate aus der Sicht der Industrialisierungspolitik

Mit nur wenigen Ausnahmen sind alle auf dem *I.E. Limassol* arbeitenden Betriebe dem verarbeitenden Gewerbe zuzurechnen und entsprechen somit der sektoralen Zielgruppendefinition des zyprischen *I.E.*-Programms. Insgesamt drei Unternehmen gehören dem tertiären Sektor an: neben der bereits erwähnten chemischen Reinigung sind dies ein Handelsunternehmen, das die Vermarktung der in demselben Gebäude befindlichen Schuhfabrik übernimmt, sowie eine Sammelanlage für Altpapier, die ihre Inputs vorwiegend aus den papierverarbeitenden Betrieben auf dem *I.E.* bezieht und das Papier in gepreßtem Zustand exportiert. Im übrigen sind die Aktivitäten vieler vorwiegend verarbeitender Betriebe keineswegs auf die Güter**produktion** beschränkt. Die meisten Unternehmen der Bekleidungs-, Textil- und Möbelbranche betreiben zusätzlich Einzelhandelsgeschäfte oder Ausstellungsräume (in einigen Fällen auch an den Betrieb im *I.E.* angeschlossen). Metallverarbeitende Betriebe sind zugleich als Installationsfirma tätig und ein Hersteller von Bau-

---

71 Zur Bedeutung des Pendlerverkehrs aus dem ländlichen Raum für den *I.E.* s. Abschn. IV. 2, S. 185 f., insbesondere Tab. 41.

72 Besonders wichtig werden eigene Buslinien bei Schichtbetrieb in der Nachtschicht. Fünf der Betriebe mit eigenem Busservice arbeiten im Schichtbetrieb.

maschinen und Solarheizungen hat im *I.E.* zugleich den Bürositz der eigenen Bau- und Immobilienfirma.

Was den **rechtlichen Status** betrifft, so handelt es sich beim überwiegenden Teil der Betriebe um selbständige Unternehmenseinheiten[73]. Eine Großbäckerei ist Zweigbetrieb eines Unternehmens in Nicosia, eine kunststoffverarbeitende Firma Filiale des im *I.E.* benachbarten Betriebes der gleichen Branche. Zwei demselben Investor gehörende „Flüchtlingsbetriebe" (Papierverarbeitung) sind nach dem Verlust der Anlagen im *I.E. Mia Milea* hier wiederaufgebaut worden und die Betriebsverwaltung behielt ihren Sitz in Nicosia. Ein Großbetrieb der Bekleidungsindustrie hat aus Gründen der Betriebsexpansion seine Produktion in den neuen *I.E. Ayios Athanasios* verlagert und nur den Bürositz am alten Standort belassen.

Im folgenden ist zu untersuchen, inwiefern der im *I.E.* vorfindbare betriebliche Bestand als erfolgreich im Sinne industrialisierungspolitischer Zielkriterien gelten kann. Inwiefern kann von einer längerfristig positiv selektiven Wirkung der Bewerberauswahl gemessen an solchen Zielkriterien die Rede sein?

Die Strukturanalyse der Einzelbetriebe muß sich dabei auf relativ wenige Variablen beschränken, die sich auf zeitlich nur wenig veränderliche Zielkriterien beziehen. Die einzelnen Analysekriterien ergeben sich aus den (in Teil III dieser Arbeit herausgearbeiteten) wichtigsten Strukturdefiziten des zyprischen Industrialisierungsmusters. Es wurden dabei auch Variablen gewählt, die nicht explizit bei der Bewerberauswahl durch das *Ministry of Commerce and Industry* herangezogen werden, die sich aber gleichwohl im Einklang mit der offiziellen zyprischen Industrialisierungspolitik befinden. Andere Zielkriterien werden nicht berücksichtigt, so z. B. die Kapitalintensität: deren Einschätzung als „Positivkriterium" wäre nur unter Berücksichtigung einer Vielzahl von Randbedingungen zulässig (z. B. Kapazitätsauslastung, Folgen von Technologieimporten für die Zahlungsbilanz, „angepaßte" Technologie etc.), die hier nicht abzuklären sind.

Im einzelnen gingen die folgenden Variablen in die Bewertung der Einzelbetriebe ein[74]:

(1) Der (wertmäßige) Anteil der im Inland gewonnenen oder von inländischen Produzenten erworbenen Rohmaterialien und Halbfertigwaren **(einheimische Inputs)**, im Sinne wünschenswerter Verflechtungen auf der Inputseite und einer geringen Abhängigkeit von Importen.

(2) Gegenüber anderen Betriebsgründungen auf dem *I.E.* kommt dem **Wiederaufbau** von als Folge der Invasion von 1974 verlorenen Kapazitäten eine höhere Präferenz zu.

(3) Der **Beschäftigungseffekt** (absolute Zahl der Beschäftigten) als Maß für den betrieblichen Beitrag zur Vollbeschäftigungslage.

(4) Die Beschäftigung eines **Managementkaders** neben dem (oder den) *Managing Director*(s), als qualitativer Aspekt des Beschäftigungseffekts und Indikator für eine an betriebswirtschaftlichen Kriterien ausgerichtete Betriebsführung (dabei kann es sich auch um entsprechend vorgebildetes familieneigenes Management handeln).

(5) Die Zahl der gearbeiteten **Schichten** als Maß für eine effektive Kapazitätsauslastung.

---

[73] Dies gilt auch für die drei als Auslandsinvestitionen bezeichneten Betriebe. Bei ihnen handelt es sich 1) um einen inzwischen mehrheitlich von einem zyprischen Investor übernommenen Betrieb, 2) um einen nach Zypern übersiedelten Libanesen und 3) um einen auf die Insel zurückgekehrten Auslandszyprer.

[74] Zeitlicher Bezugsrahmen war das der Befragung vorausgegangene Halbjahr.

Die weiteren Kriterien beziehen sich auf den betrieblichen **Output**, der auf Binnen- und/ oder Exportmarkt gerichtet sein kann und entsprechend dieser Differenzierung unterschiedlich zu bewerten ist:

(6) Die betriebliche Güterproduktion für den Binnenmarkt wird eingeschätzt nach ihrer **ökonomischen Bestimmung**; angesichts einer vorherrschenden „Konsumgüterlastigkeit" und mangelhaften intra- und intersektoralen Verflechtungen auf der Outputseite gilt als positiv ein hoher Anteil an Vorleistungen für den Unternehmenssektor einschließlich der Landwirtschaft (also Halbfertigwaren, Verpackung etc.); der Produktion von **Kapitalgütern** kommt u. a. auch hohe Bedeutung im Sinne einer verminderten technologischen Abhängigkeit vom Ausland zu.

(7) Bei ganz oder teilweise exportorientierten Unternehmen wird bewertet

– der Beitrag zu einer **Diversifizierug des industriellen Exportwarenkorbs**; von einem solchen Beitrag ist dann auszugehen, wenn das hauptsächliche Exportgut nicht bereits unter den wichtigsten Güterkategorien zu finden ist[75];

– ob in bedeutenden Anteilen[76] Produkte aus den (für die gesamtwirtschaftlichen Exporterfolge besonders hochrangigen) Sektoren Kapitalgüter und Fahrzeugbau exportiert werden;

– ob die Betriebe das Export-Marketing selbst durchführen, d. h. nicht über den Großhändler vermarkten.

Für jede Variable dieser „Checkliste" ist ein Punktwerkt zu erreichen, dessen Maximum je nach der der Variable zugemessenen Bedeutung zwischen 1 und 3 liegt (s. Anhang III). Da das den Einzelvariablen zugemessene Gewicht in gewisser Weise subjektiv bleibt, liegt der Schwerpunkt der Interpretation im folgenden weniger auf der Differenzierung der kumulativen Werte der Einzelbetriebe als vielmehr auf der vertikalen Struktur, d. h. den Ausprägungen eines bestimmten Merkmals im gesamten betrieblichen Bestand.

Betrachten wir aber zunächst die **Branchenstruktur** der auf dem *I.E.* vorhandenen Betriebe sowie die in den Einzelbranchen beteiligten Investortypen (Abb. 22):

Gemessen an der gesamtzyprischen Branchenstruktur (vgl. Kap. III. 3) auffallend ist hierbei vor allem das große Gewicht der Metallwarenindustrie sowie der Papier- und kunststoffverarbeitenden Industrien gegenüber den „klassischen" zyprischen Industrien, zu denen neben der Nahrungs- und Genußmittelindustrie heute auch die Bekleidungs- und Schuhbranche zu rechnen sind. Papier- und kunststoffverarbeitende Betriebe zeichnen sich nun nicht nur aus durch sehr hohe durchschnittliche Betriebsgrößen (zusammen vereinigen sie fast 1/3 der Gesamtbeschäftigten auf dem *I.E.*). Unabhängig von zu erwartenden Unterschieden zwischen den Einzelbetrieben handelt es sich dabei um Produktionszweige mit zugleich hohem Technologieeinsatz und entsprechender Kapitalintensität. Besonders interessant aber sind die hinter diesen Unternehmen stehenden Investorgruppen: Auf dem *I.E.* wurden, mit vergrößerten Kapazitäten, praktisch alle führenden Betriebe der kunststoffverarbeitenden Industrie aus Famagusta und einige der wichtigsten papierverarbeitenden Betriebe aus Famagusta und Nicosia wiederaufgebaut. Hier zeigt sich bereits eine herausragende **wechselseitige Bedeutung** zwischen dem Standort *I.E.* und den gesamten

---

[75] Bezogen auf das Jahr 1981 wurden hier die 10 wichtigsten industriellen Exportgüterkategorien ausgeschlossen.

[76] Als Grenzwert wurde festgelegt mindestens 30 % des Exportwerts.

Abb. 22

Industrial Estate Limassol: Branchenstruktur nach Zahl der Betriebe, Investortypen und Zahl der Beschäftigten

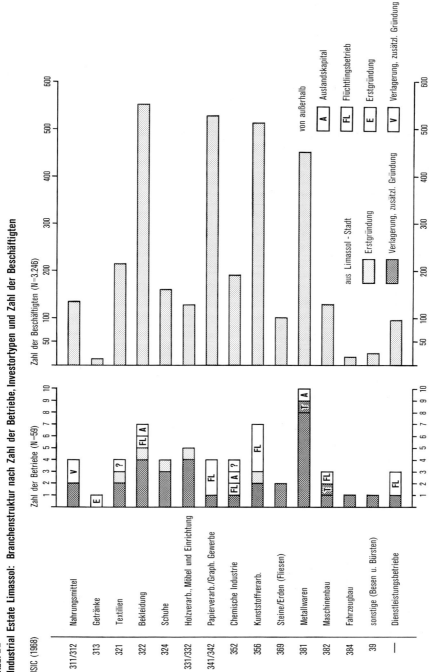

Quelle: eigene Erhebungen, 1985

T   Betrieb ist verschiedenen Branchen zuzuordnen

Flüchtlingsindustrien. Nach der Invasion wurde der *I.E.* wegen der dort noch verfügbaren günstigen Flächen (deren Verfügbarkeit war gerade eine Folge bisher geringer Akzeptanz!) zu einem Idealstandort für den Wiederaufbau von Flüchtlingsbetrieben. Neben anderen wichtigen Subventionen und Gunstfaktoren wurden die Flächen des *I.E.* zu **einem** Faktor, der sich hinter dem wirtschaftlichen „Wunder" des rapiden Wiederaufbaus verbarg. Umgekehrt brachten die für zyprische Verhältnisse großen und modernen Flüchtlingsbetriebe dem *I.E.* eine qualitative Verbesserung des betrieblichen Bestands und sicherten dem Standort einen hohen Demonstrationseffekt zu.

Wenden wir uns nun den betrieblichen Strukturen im einzelnen zu (s. Anhang III). Auffällig ist hier zunächst der sehr **hohe Anteil binnenmarktorientierter Betriebe**: nur etwa ¼ der Unternehmen (vorwiegend der Bekleidungs-, Textil- und Schuhbranche) produziert überwiegend für den Export. Die Exportindustrie scheint somit bei der Ansiedlung auf dem *I.E.* keineswegs bevorzugt worden zu sein.

Insgesamt hoch ist die **Beschäftigungswirkung** der Betriebe im *I.E.*, mit durchschnittlich 55 Beschäftigten. Es finden sich sechs Betriebe mit mehr als 100, davon vier mit über 200 Beschäftigten.

Zufriedenstellend ist auch das Niveau der betrieblichen Organisation: Rund 60 % der Betriebe beschäftigen ein eigenes **Management**-Kader. Das **Exportmarketing** – sofern relevant – wird sogar von allen Betrieben selbständig durchgeführt.

Verflechtungen auf der Inputseite, ausgedrückt durch die Verwendung einheimischer **Rohmaterialien und Halbfertigwaren**, sind bei den Betrieben im *I.E.* nur sehr schwach ausgeprägt, bedingt vor allem durch den Mangel an vorgelagerten Industrieprojekten[77]. Für zyprische Verhältnisse neue Industriezweige mit einer starken einheimischen Rohstoffkomponente sind allenfalls die beiden Hersteller von *Teraco*-Fliesen (aus Marmorbruch und Zement).

Die Analyse der **betrieblichen *Outputs*** zeigt bei den (ganz oder teilweise) binnenmarktorientierten Betrieben einen herausragend **hohen Anteil produzierter Vorleistungen und Kapitalgüter**. Der *I.E.* beherbergt die wichtigsten und größten Unternehmen der zyprischen Verpackungsindustrie (Kartonagen, Zigarettenschachteln u. a. lithographische Arbeiten, verschiedenartige Kunststoffverpackungen und -behälter, Blechdosen für die Konservenindustrie). Viele Betriebe im *I.E.* richten ihre Produktion aus an der Nachfrage des Bausektors, so vor allem die metallverarbeitenden Unternehmen (Solar-Heizungen, Wassertanks, Fenster und Türen aus Aluminium etc.), die Fliesen-Hersteller und ein Teil der Kunststoffverarbeitung. Ein Teil der Möbelindustrie (inc. Metallmöbel) hat sich auf den Investitionsgüterbedarf von Hotels, Banken, *Offshore Companies* und öffentlichen Einrichtungen spezialisiert. Hergestellt werden im *I.E.* ferner Verpackungs- und Baumaschinen, Pumpen sowie Bewässerungsrohre und Plastikfolien für die Landwirtschaft. Die Ansiedlung eines „Pool" von Halbfertigwaren-, Verpackungs- und Kapitalgüterherstellern kann sicherlich als einer der wesentlichsten Erfolge des *I.E.*-Programms im Falle des *I.E. Limassol* gelten. Ein über vereinzelte Exportaufträge hinausgehendes **Vordringen in den Exportsektor** ist bislang allerdings keinem der Produzenten von **Kapitalgütern** gelungen.

Die **Gesamtwertung** der Einzelbetriebe im *I.E. Limassol* macht deutlich, daß der *I.E.* –

---

[77] Der relativ hohe Anteil einheimischer Inputs bei der Möbelindustrie erklärt sich z. B. aus der inländischen Produktion von Spanplatten u. ä. in den *Cyprus Forest Industries*. Wie aus Kap. III. 8 (Exkurs) bekannt, sind die „modernen" Industriezweige auf Zypern durchwegs extrem importabhängig.

gemessen am allgemeinen zyprischen Niveau – in der Tat Standort zahlreicher bedeutender und strukturell hochwertiger Industriebetriebe geworden ist. Die im Durchschnitt besonders hohe Wertigkeit der **Flüchtlingsbetriebe** („wiederaufgebaute Kapazitäten") unterstreicht deren hervorragende Bedeutung im *I.E. Limassol.* Auf der anderen Seite finden sich eine ganze Reihe von Betrieben, die kaum eines der zugrundegelegten Kriterien für einen positiven Beitrag zur Gesamtökonomie erfüllen. Insofern bleibt zu bezweifeln, ob bei der Bewerberauswahl für Flächen im *I.E.* industrialisierungspolitische Zielvorgaben je konsequent berücksichtigt wurden. Mit Sicherheit ist festzustellen, daß kein einzelnes solcher Zielkriterien als *Conditio sine qua non* für eine Ansiedlung im *I.E.* gegolten haben kann. Abschließend bleibt zu klären, ob es **zwischen den Betrieben im *I.E.*** zu nennenswerten **Verflechtungen** gekommen ist. Eine enge zwischenbetriebliche Verflechtung gehört nicht nur zu den Zielvorstellungen des zyprischen *I.E.*-Programms, sie scheint auch angesichts einer größeren Zahl von Herstellern betrieblicher Vorleistungen auf dem *I.E.* durchaus eine realistische Option darzustellen. Analysiert man die Inputs der Betriebe, so erkennt man in folgenden Fällen Verflechtungen mit anderen Betrieben im *I.E.*:

(1) An eine Schuhfabrik angeschlossen ist ein eigenes vorgelagertes Unternehmen, das Plastiksohlen produziert. Nachgelagert an die Schuhfabrik ist zusätzlich eine reine Handelsfirma, die die Exportvermarktung bewerkstelligt.

(2) Verschiedene Betriebe beziehen Verpackungsmaterial aus Kunststoff oder Karton von den entsprechenden Firmen im *I.E.* Quantitativ bedeutsam (mehr als 5 % des Input-Werts) ist eine solche Kopplung nur im Falle einer Fabrik für Toilettenpapier, welche die Folienverpackung von einem entsprechenden Produzenten im *I.E.* bezieht.

(3) Der genannte Altpapiersammelbetrieb bezieht seine Materialien vorwiegend aus den entsprechenden Anlagen der Papierverarbeitung im *I.E.*

(4) Mehrere Betriebe mit Herstellung von Metallmöbeln bzw. des Maschinenbaus geben Galvanisierarbeiten bei einem anderen Metallmöbel-Hersteller mit entsprechenden Anlagen in Auftrag.

Die aus Betrieben im *I.E.* bezogenen Vorleistungen bleiben wertmäßig weit unter 1 % der gesamten Material-Inputs. Die **geringen zwischenbetrieblichen Materialverflechtungen** sind vorwiegend ein strukturelles Problem (vgl. Kap. III.8), das durch die räumliche Nähe von Betrieben an einem Standort nicht zu lösen ist. Immerhin werden von seiten der Betriebe im *I.E.* Leistungen offensichtlich aus anderen Unternehmen im *I.E.* bevorzugt, sofern diese nur angeboten werden. Die von anderen verarbeitenden Betrieben im Limassol-Distrikt bezogenen Halbfabrikate, Verpackungen etc. liegen wertmäßig jedenfalls noch unter dem Wert der aus dem *I.E.* einfließenden Leistungen.

Die Versuche einzelner Betriebe, ihre **innerbetriebliche Produktionstiefe** zu erhöhen, stoßen manchmal an die Grenze des auf dem *I.E.* verfügbaren Raumangebots. Die Vollbelegung des *I.E.* wirkt so limitierend auf eine weitere (sinnvolle) Entwicklung der Betriebe. In einigen Fällen wurden verbliebene Restflächen illegal zu Lager- oder sonstigen Zwecken genutzt.

5. Der Industrial Estate Paphos zum Vergleich: Erfolg der regionalpolitischen Option?

Der Distrikt Paphos ist gekennzeichnet durch eine relativ periphere Lage zu den Hauptzentren der Insel, stark landwirtschaftlich geprägt (Trockenfeldbau) und erfuhr seit den

60er Jahren erhebliche Bevölkerungsverluste durch Abwanderung. Erst Ende der 70er, Anfang der 80er Jahre erhielt dieser Raum wichtige Impulse durch eine schnell einsetzende Fremdenverkehrsentwicklung und ein Bewässerungsprojekt im südlichen Küstenraum. Dem 1977 in Stadtrandlage von Paphos errichteten *I.E.* kommt in dieser Situation potentiell die Aufgabe zu, in der Region Industrialisierungsansätze in Gang zu bringen bzw. zu fördern. Aus regionalpolitischer Sicht positive Impulse können in diesem Zusammenhang vor allem sein:

- mit Bezug auf potentielle **Investoren** die Förderung eines autochtonen Unternehmertums und/oder die Attraktion regionsfremder Investitionen;
- bei den **Inputs** Ansätze zu einer Weiterverarbeitung regionaler Rohstoffvorkommen;
- der **Beschäftigungseffekt** zum Ausgleich bestehender regionaler Disparitäten bei den Beschäftigungsmöglichkeiten;
- ein hoher Anteil an **qualifizierten Tätigkeiten** zur Förderung des regionalen Humankapital-Faktors sowie regionaler Einkommenseffekte;
- auf der Seite der **Outputs** ein hoher Grad der Kopplung mit nachgelagerten Betrieben bzw. Wirtschaftssektoren in der Region.

Die genannten Aspekte sollen den Leitfaden für die folgende kurze Darstellung bilden.

Die Investoren

In den 15 im *I.E.* bestehenden Betriebsgebäuden arbeiteten 1985 insgesamt 12 (durchweg selbständige) Unternehmen, drei Betriebe waren stillgelegt. Bezogen auf den Distrikt handelt es sich bei den Inhabern um eine **ausschließlich autochtone Unternehmerschaft**[78]. Unter ihnen sind sechs aus der Altstadt von Ktima (Paphos) verlagerte Unternehmen. Hinzu kommen drei Betriebe von „Erstgründern" aus Paphos, die bisher in anderen Wirtschaftsbereichen bzw. in unselbständigen Tätigkeiten gearbeitet haben. Drei weitere Unternehmen haben ihre Betriebsstätten aus anderen Gemeinden des Distrikts in den *I.E.* verlagert. Alle verlagerten Betriebsstätten waren an ihrem alten Standort „entwicklungsgehemmt" (Platzangebot, Lärm- und Staubbelastung) und die Standortwahl im *I.E.* bot in dieser Hinsicht verbesserte Entwicklungsmöglichkeiten zu günstigen Konditionen[79]. Das einzige Projekt eines regionsfremden Investors – ein Zweigbetrieb eines Bekleidungsfabrikanten aus Limassol mit ausländischer Beteiligung – ist zur Zeit der Befragung bereits seit längerem stillgelegt, ebenso wie eine Fabrik zur Produktion von Fototaschen, die ein aus Paphos stammender bekannter Politiker errichtet hatte. Alle im *I.E. Paphos* produzierenden Betriebe sind damit auf Investitionen des vorhandenen regionalen Unternehmertums zurückzuführen. Insbesondere konnte hier kein einziger Flüchtlingsbetrieb zur Ansiedlung bewogen werden.

Inputs und Outputs

Die Analyse der *Inputs* und *Outputs* der vorhandenen Betriebe läßt eine sehr deutliche Kategorisierung zu. Es finden sich:

---

[78] Als Grund für die interlokale Standortwahl wird durchwegs die Herkunft aus dem Distrikt angegeben.

[79] In Einzelfällen wurde die Verlagerung auch durch erheblichen behördlichen Druck forciert.

- zwei auf regional verfügbaren agrarischen Rohstoffen basierende Betriebe – eine Mandelschälanlage sowie eine Molkerei. Beide Unternehmen vermarkten ihre Produkte auch außerhalb des Distrikts;

- eine Produktion von Holzschrauben auf der Basis importierter Rohstoffe. Der handwerklich arbeitende Betrieb genießt ein Monopol auf Zypern und beliefert den gesamten zyprischen Markt. Als erstem (1976) im *I.E.* errichteten Betrieb kam ihm eine Pionierfunktion zu;

- neun Betriebe, deren Produktion bzw. Expansion vorwiegend auf **Rückkopplungseffekte** des jungen **Baubooms** in Paphos zurückzuführen ist. Hierzu zählen eine Fabrik für *Teraco*-Fliesen, zwei Hersteller von Verputz und Wandfarben, ein metallverarbeitender Betrieb (Fenster / Türen / Jalousien aus Aluminium) sowie fünf Bauschreinereien (z. T. kombiniert mit Möbelherstellung). Einige der Firmeninhaber sind zugleich als Bauunternehmer, Bauträger und Immobilienhändler tätig. Die verarbeiteten Rohstoffe und Halbfertigwaren sind fast ausschließlich regionsfremder Herkunft; das jeweilige Absatzgebiet geht nicht über die Distriktgrenzen hinaus [80].

Insgesamt sind somit alle Betriebe mit Ausnahme der Schraubenfabrik entweder auf die Verarbeitung lokaler Rohstoffe oder aber auf die lokale Nachfrage des Baugewerbes orientiert. Die Zukunft der an den Bausektor gekoppelten Unternehmen ist freilich in hohem Maße von einem Anhalten der starken Bautätigkeit abhängig.

Beschäftigung und Qualifikation

Strukturell sind fast alle Betriebe auf dem *I.E. Paphos* handwerkliche Familienbetriebe mit jeweils wenigen familienfremden Mitarbeitern. Eine Gesamtzahl von nur 117 Beschäftigten auf dem *I.E.* (durchschnittlich 10 Beschäftigte pro Betrieb – Minimum: 2, Maximum: 17) macht den geringen Beschäftigungseffekt deutlich.

Selbstverständlich arbeiten diese Betriebe ohne ein familienfremdes Management, Techniker etc. Gelernte männliche Arbeitskräfte werden vor allem in den holz- und metallverarbeitenden Betrieben benötigt. Trotz guter Auftragslage begrenzt gerade das Angebot an solchen Arbeitskräften die Expansionsmöglichkeiten der betreffenden Betriebe. Grund dafür ist der in einer noch stärker traditionell geprägten Region besonders extrem ausgeprägte Hang, als Selbständiger im eigenen Betrieb zu arbeiten. Diese Situation führt z. T. zu einer erheblichen Unterauslastung von Maschinen und vor allem Gebäuden.

Fazit

Das Bemühen der zyprischen Regierungsbehörden, durch die Errichtung eines *I.E.* Industrialisierungsansätze in der relativ peripheren Region Paphos zu fördern, konnte nur in dem Maße Erfolg haben, wie in diesem Raum die wesentlichen Voraussetzungen zu einer Industrialisierung überhaupt gegeben waren. Wichtigste Basis für die Entstehung eines lokalen industriellen Unternehmertums sind, wie in Abschn. III.6 ausgeführt, die vor- und außerindustriellen Akkumulationsmöglichkeiten, und diese waren im Paphos-Distrikt in der Vergangenheit kaum gegeben.

Das Vorherrschen von an den Bausektor gekoppelten Unternehmen im *I.E.* zeigt andererseits, daß mit dem Aufkommen neuer Kapitalquellen in jüngster Zeit auch erste Ansätze zu

---

[80] Mit Ausnahme eines Herstellers von Wandverputz und -farben, der einen kleinen Teil seiner Produktion exportiert.

einer Industrialisierung auftreten. Notwendig für den Erfolg des *I.E. Paphos* sind Anstöße für die regionale Wirtschaftskraft – ohne sie erweist sich die Bereitstellung von Industrieflächen als ein unzureichendes regionalpolitisches Instrument.

Nachdem die dominierenden wirtschaftlichen und industriellen Zentren vorrangig mit Industrieparks ausgestattet worden waren, konnte für eine Ansiedlung regionsfremder Unternehmen auch das Angebot an entsprechenden Flächen in Paphos zu noch günstigeren Konditionen (s. Tab. 44, S. 203) keinen ausreichenden Anreiz bieten; dies wird um so deutlicher, wenn man die sehr starke Standortbindung des zyprischen Unternehmers an den Heimatort bedenkt. Ohnehin wogen für den regionsfremden potentiellen Investor die Standortnachteile in Bezug auf Beschaffung und Absatz in der Regel schwerer als die Hoffnung auf ein relativ großes Angebot an billiger Arbeitskraft. Angesichts der herausragenden Bedeutung der Flüchtlingsbetriebe im *I.E. Limassol* muß sich deren völliges Fehlen im *I.E. Paphos* für die „Erfolgsbilanz" des *I.E.* besonders negativ auswirken. Grund hierfür war nicht nur die geringe Attraktivität und die periphere Lage der Paphos-Region in Relation zu anderen Regionen, sondern auch die Tatsache, daß die Fertigstellung des *I.E.* (1977) als Alternative für die meisten Flüchtlingsunternehmer zu spät kam.

Die Industrieparks in Paphos und Limassol sind letztlich vor allem Spiegelbild der wirtschaftlichen Bedeutung dieser Städte, und hierin hat Limassol schon in der Kolonialzeit die ländliche Kleinstadt Paphos bei weitem übertroffen. Die Stellung von Limassol als ein „Hauptgewinner" aus den Kriegsereignissen von 1974 hat den Abstand der beiden Städte zweifellos noch vergrößert.

6. Zusammenfassung: Industrieentwicklung in räumlicher Perspektive

Das traditionelle Kleinhandwerk als wichtiger „Grundbestand" der zyprischen Industrialisierung zeigte im **interregionalen Vergleich** der zyprischen Distrikte am ehesten eine Gleichverteilung in Bezug auf die regionalen Bevölkerungszahlen. Darüber hinausgehende Industrialisierungsansätze sind nur in den Distrikten Paphos und Kyrenia weitgehend ausgeblieben. Mit der Herausbildung von vier eigenständigen, wenn auch keineswegs gleichrangigen industriellen Innovationszentren, nämlich Nicosia, Limassol, Famagusta und Larnaca, kam es zu einer ausgesprochen multizentrischen Industriestruktur. Im Vergleich dieser vier Zentren ließen sich insbesondere zwei regionale Schwerpunkte der Industrieentwicklung ausmachen: Nicosia für die importsubstituierende Industrie und Limassol für die wichtigsten rohstofforientierten Industriezweige. Über diese Schwerpunktbildung hinaus ließ sich die Industrieentwicklung im Vergleich der administrativen Distrikte nicht anhand unterschiedlicher Standorteignung erklären. Bei kurzen Distanzen und guten Straßenverkehrsverbindungen gestaltete sich die interlokale Standortwahl für die meisten Industriezweige als mehr oder weniger beliebig: Sektorale Entwicklungsmuster, wie die wachsende Abhängigkeit von importierten Inputs, die erhöhte Exportorientierung und der partielle Übergang zu einer industriellen Massenproduktion bedingten keine ausgeprägte Bevorzugung oder Benachteiligung des einen oder anderen Standorts.

Als entscheidende Determinante der interregionalen Standortstruktur für die Zeit bis 1974 erwies sich die hinter dem Industrialisierungsprozeß stehende soziale Struktur: In dem Maße, in dem die Industrialisierung auf den Eigenmitteln privater zyprischer Investoren basierte, hing auch die regionale Industrialisierungsdynamik ab von der Anwesenheit einer kapitalkräftigen Klasse von potentiellen Investoren und mittelbar von der räumlichen Verteilung vor- und außerindustrieller Akkumulationsmöglichkeiten. Die lokale/regionale Bindung der Investoren konnte um so mehr standortentscheidend wirken, als angesichts der sektoralen Entwicklungsdynamik der zyprischen Industrie und der Kleinräumigkeit des Territoriums die meisten Standortfaktoren im interregionalen Vergleich zu Ubiquitäten wurden. Auch die interlokale Standortwahl der „Flüchtlingsbetriebe" im Zuge des Wiederaufbaus im griechischen Teil Zyperns nach 1974 orientierte sich eher am ursprünglichen Fluchtziel als an Überlegungen der Standorteignung. Die Städte Limassol und Larnaca waren dabei in Bezug auf die verarbeitende Industrie die hauptsächlichen „Kriegsgewinner".

Am Beispiel des Distrikts Limassol wurden die starken kleinräumigen Konzentrationsprozesse aufgezeigt, die die Entwicklung des verarbeitenden Gewerbes im Zeitverlauf kennzeichneten. Von der großen industriellen Wachstumsdynamik in den 70er Jahren und vor allem nach 1974 blieben die „ländlichen" Berggebiete des Limassol-Distrikts weitgehend unberührt. Während die traditionellen ländlichen kleinhandwerklichen Betriebe aufgrund schwindender ökonomischer Tragfähigkeit in Stagnation und Rückgang begriffen waren, bestand die maßgebliche Klasse potentieller Investoren vorwiegend aus Städtern. Die geringe Ausdehnung des städtischen Hinterlandes und dessen Verkehrserschließung ermöglichten frühzeitig einen hohen Grad der Funktionalisierung von ländlicher Arbeitskraft, Rohstoffen und kaufkräftiger Nachfrage auf den Bedarf bzw. das Angebot der Industrie im städtischen Agglomerationsraum. Knappheit und hohe Preise städtischer Industrieflächen führten zwar zum „Ausufern" der Industrie in den peri-urbanen Raum sowie den stadtnahen Küstenraum, brachten aber keine Dezentralisierung der Industrie in relativ stadtferne ländliche Räume. Für den Konzentrationsprozeß des verarbeitenden Gewerbes in Stadtregion und Küstenraum förderlich war auch, daß nach 1974 die Masse der Flüchtlinge in direkter Nachbarschaft zu den wichtigsten städtischen Industriestandorten angesiedelt wurde. So führte der Bedarf an (vor allem billiger weiblicher) Arbeitskraft nur in Einzelfällen zu einer Verlagerung bzw. Gründung von Produktionsstätten in den / im stadtferneren ländlichen Raum. Wie anhand des Kleinraums Agros gezeigt wurde, handelte es sich bei solchen Gründungen zum Teil um „verlängerte Werkbänke". Die staatliche Politik förderte im übrigen (vorwiegend durch die Ansiedlung der Flüchtlinge und die Errichtung von *Industrial Estates*) den innerregionalen Konzentrationsprozeß im verarbeitenden Gewerbe.

Ein unmittelbarer Zusammenhang zwischen der städtischen Konzentration des verarbeitenden Gewerbes und dem Verlauf der Urbanisierung im Limassol-Distrikt ist insofern nur bedingt gegeben, als ein erheblicher Teil der bevölkerungsgeographischen Prozesse auf politische Ursachen zurückzuführen waren und darüber hinaus die Industrie in der regionalen wie in der nationalen Wirtschaft nur eine begrenzte Rolle gespielt hat. In Bezug auf die räumlichen Bevölkerungsbewegungen im Distrikt Limassol konnten zwei sich überlagernde Prozesse festgestellt werden:

(1) Eine relative Entleerung stadt- und zugleich küstenferner Räume, ein hohes zuwanderungsbedingtes Wachstum des suburbanen und stadtnahen (peri-urbanen) Raumes und ein nur mäßiges Wachstum der Kernstadt selbst.

(2) Eine graduelle Eingliederung fast des gesamten ländlichen Hinterlandes in den Pendlereinzugsbereich der städtischen Wirtschaft. Sie entspricht dem anhaltend hohen Arbeitskräftebedarf, wird ermöglicht durch relativ kurze Distanzen und den hohen Grad der Motorisierung und wirkt (ebenso wie die übliche Beibehaltung eines agrarischen Nebenerwerbs) bremsend auf die Abwanderungsdynamik.

Die Errichtung von **Industrial Estates** *(I.E.)* durch den zyprischen Staat verfolgt unterschiedliche strategische Zielsetzungen. Sie gilt als Instrument der allgemeinen Industrialisierungspolitik, der Regional- sowie der Stadtplanung.

Trotz der hochsubventionierten Pachtpreise erfuhr das Angebot an erschlossenen Grundstücken in den *I.E.* eine hohe Akzeptanz durch Unternehmer erst nach der Invasion von 1974, als ein verstärkter Nachfragedruck auf die noch verfügbaren Flächen im städtischen Agglomerationsbereich einsetzte.

Die Untersuchung des *I.E. Limassol* zeigte u. a., daß das dort vorhandene Flächenangebot den schnellen Wiederaufbau wichtiger „Flüchtlingsbetriebe" aus dem türkisch besetzten Norden entscheidend gefördert hat und der *I.E.* seinerseits durch die Ansiedlung dieser Unternehmen erheblich aufgewertet worden ist. Es zeigte sich im übrigen, daß strukturell bedingte Defizite wie etwa der geringe Grad interindustrieller Verflechtungen durch die räumliche Konzentration von Betrieben im *I.E.* nicht maßgeblich korrigiert werden können. Als Erfolg erwies sich der *I.E.* Limassol für die Stadtplanung, da er einem weiteren unkontrollierten „Ausufern" industrieller Nutzungen in den städtischen Außenbereich entgegenzuwirken vermocht hat.

Vorwiegend am Beispiel des *I.E. Paphos* wurde erläutert, daß der Erfolg der regionalplanerischen Komponente des *I.E.*-Programms weitgehend ausgeblieben ist, da es weder imstande war, in relativ peripheren Räumen die geringen regional verfügbaren Potentiale für eine industrielle Entwicklung zu fördern, noch auswärtige Investoren dort zur Ansiedlung hat bewegen können.

V. Zusammenfassung

Schweren politischen Krisen, Invasion und De-facto-Teilung zum Trotz zeigte das verarbeitende Gewerbe auf Zypern (bzw. dessen griechischem Teil nach 1974) eine erstaunliche und konstante Wachstumsdynamik.

Kann man nun Zypern als einen Modellfall einer gelungenen nachholenden Industrialisierung bezeichnen? Welche Ausgangslagen und Rahmenbedingungen kennzeichnen die zyprische Industrieentwicklung? Wo liegen ihre besonderen Erfolge, wo ihre Probleme und Schwächen als Schattenseiten des Wachstums? Welche Richtung nimmt die räumliche Industrieentwicklung im Klein-Territorium Zypern unter den gegebenen sektoralen und politisch-sozialen Rahmenbedingungen der Industrialisierung?

Ein uneingeschränkter Erfolg der zyprischen Industrialisierung war deren große soziale Breitenwirksamkeit. Neben anderen wichtigen Wachstumssektoren (wie dem Bausektor und dem Fremdenverkehr) leistete das verarbeitende Gewerbe einen wesentlichen Beitrag zu einer anhaltenden Vollbeschäftigung und zum relativen Wohlstand weiter Teile der Bevölkerung. Auch in Bezug auf das selbständige Unternehmertum blieben Konzentrationsprozesse sehr begrenzt – bis heute ist die zyprische Industrialisierung charakterisiert durch eine durchschnittlich klein- bis kleinstbetriebliche Struktur.

Dem privaten zyprischen Unternehmer kam eine führende Rolle als unternehmerischer „Akteur" des Industrialisierungsprozesses zu – demgegenüber waren etwa Investitionen ausländischer Unternehmen von nur untergeordneter Bedeutung. Der zyprische Staat beschränkte sich weitgehend auf die Schaffung günstiger Rahmenbedingungen für die private unternehmerische Initiative. Die wenigen staatlichen Direktinvestitionen erwiesen sich, ebenso wie die Investitionen der halbstaatlichen Kooperativen, z. T. als Mißerfolge und in Einzelfällen auch als hochgradig umweltschädliche Projekte. Wichtigste staatliche Maßnahme der Industrialisierungspolitik war die Errichtung hoher Zollschranken zum Schutz der einheimischen Konsumgüterindustrie im Rahmen einer importsubstituierenden Industrialisierungspolitik.

Vorwiegend auf der Basis ursprünglich binnenmarktorientierter Kapazitäten kam es seit Beginn der 70er Jahre zu einer wachsenden Exportorientierung, die zwischen 1974 und 1981 boomartige Erfolge zu verzeichnen hatte. Die Gründe für den Exportboom lagen u. a. in sehr günstigen Nachfragebedingungen auf den arabischen Märkten sowie in der Möglichkeit, durch den Rückgriff auf Billiglohngruppen vorübergehend komparative Kostenvorteile zu nutzen.

In den auf längere Sicht sehr unstabilen Voraussetzungen des industriellen Exportbooms liegt bereits eine der augenscheinlichen Grenzen der zyprischen Industrialisierung. Deren wohl schwerwiegendstes Manko aber ist zu sehen in der Tatsache, daß ein unflexibles System der Zollprotektion zunehmend zur Entwicklungsblockade geworden ist. Der anhaltend hohe und einseitige Schutz der Konsumgüterindustrie vor der Weltmarktkonkurrenz machte die entsprechenden Branchen für – z. T. sogar spekulative – Investitionen lukrativ, begünstigte aber zugleich Ineffizienzen und Mißmanagement. Er schrieb die „Konsumgüterlastigkeit" der Industrie fest und verhinderte die Ausbildung interindustrieller Verflechtungen und Kopplungen zu anderen Wirtschaftssektoren. Zypern blieb nicht nur abhängig vom Import hochwertiger Konsumgüter und Kapitalgüter, die Industrie selbst basierte in zunehmendem Maße auch auf eingeführten Rohstoffen und Halbfertigwaren. Damit hat die zyprische Industrialisierung ihr vorrangiges Ziel verfehlt, zu einer ausgeglichenen Zahlungsbilanz beizutragen. Schon aufgrund der anhaltend negativen Zahlungsbilanzeffekte kann der zyprische Industrialisierungsweg nicht als Modell für andere Staaten dienen.

Die hochgradige Interdependenz der internationalen, nationalen und regional/lokalen Ebene als verschiedene räumliche Maßstabsebenen einerseits und der inhaltlichen Analyseebenen einer sektoralen und räumlichen Betrachtung andererseits kann am Beispiel eines Kleinstaates wie Zypern sehr deutlich demonstriert werden.

Im Vergleich der zyprischen Regionen (administrative Distrikte) läßt sich eine ausgesprochen multizentrische Industriestruktur feststellen. Sektorale Entwicklungstendenzen, wie die wachsende Abhängigkeit von importierten Inputs, die verstärkte Exportorientierung etc. konnten die Standortdynamik im interregionalen Vergleich nur sehr eingeschränkt erklären, zumal viele Standortfaktoren auf dem kleinen Territorium Zyperns als Ubiquitäten gelten müssen. Von großer Bedeutung waren hingegen die jeweiligen außerindustriellen Akkumulationsmöglichkeiten in einer Region, denn sie begründeten die Anwesenheit einer autochtonen Klasse von potentiellen industriellen Investoren.

Am Beispiel des Limassol-Distrikts konnte die ausgeprägte innerregionale Konzentration von Betriebsstätten und Beschäftigung im Laufe des Industrialisierungsprozesses gezeigt werden. Sie erwies sich durchaus als abhängig von der sektoralen Entwicklung: Wenn die Ressourcen (Rohstoffe und Arbeitskraft) und die Nachfrage des „ländlichen Raumes" auf Zypern heute hochgradig auf den Bedarf bzw. das Angebot der städtischen Wirtschaft ausgerichtet sind, so ist dies u. a. eine Funktion der Nutzung von *economies of scale* (in Bezug auf die Rohstoffe), des hohen Bedarfs an Arbeitskräften und der zunehmenden Orientierung der Nachfrage auf industrielle Massengüter.

In dem Klein-Territorium Zypern konnte der wachsende Bedarf an Arbeitskräften von seiten der städtischen Wirtschaft überwiegend durch ein weites Ausgreifen der Einpendlerräume befriedigt werden; dadurch erreichte die Verstädterungsdynamik im internationalen Vergleich nur niedrige absolute und relative Werte. In einer Fallstudie der relativ stadtfernen Bergregion Agros wurde gezeigt, daß sich die dort in jüngerer Zeit stattfinden (geringen) Ansätze einer Industrialisierung vorwiegend auf die Nutzung der verbliebenen, bislang nicht als Pendler mobilisierten, Arbeitskraft richten und zum Teil auf sog. „verlängerten Werkbänken" basieren.

Der Errichtung von *Industrial Estates* kam auf Zypern ein hoher Stellenwert sowohl in der staatlichen Industrialisierungspolitik als auch unter raumplanerischen Gesichtspunkten zu. Vorwiegend aufgrund der Verknappung und Verteuerung von urbanen Industrieflächen nach 1974 erfuhren die bestehenden und neuerrichteten *Industrial Estates* eine hohe Akzeptanz von seiten der Unternehmer. Eine Feldstudie im *Industrial Estate Limassol* wies vor allem den hohen Stellenwert der Industrieparks für die Stadtplanung nach. Es zeigte sich im übrigen, daß strukturell bedingte Defizite der zyprischen Industrie durch günstige Flächenangebote allein nicht zu korrigieren waren. Eine Vergleichsstudie im *Industrial Estate Paphos*, der vorrangig unter regionalplanerischen Gesichtspunkten errichtet worden war, zeigte den eingeschränkten Erfolg des Programms in einer relativ peripheren Region, in der es an außerindustriellen Akkumulationsmöglichkeiten als finanzielle Basis für industrielle Investitionen weitgehend mangelt.

Anhang I: Herkunft der Rohmaterialien und Halbfabrikate in den Branchen des verarbeitenden Gewerbes, 1976

Kategorie I: Einheimische Rohmaterialien und Halbfertigwaren (80 - 100% einheimisch)

Anteil an der Industrieproduktion (Bruttoproduktionswert):
1976: 23,6%   1981: 17,7%

Branche (ISIC 1968)	Sektorale Herkunft der einheimischen RM u. HFW
311/ 312 Nahrungsmittel (T)	
3112 Milchprodukte	agr.
3115 pflanzliche und tierische Öle und Fette	agr.
3117 Backwaren (Brot, Teigwaren etc.)	ind. (3116)
313 Getränke (T)	
3131 Spirituosen	agr.
3132 Wein	agr.
323 Herstellung und Bearbeitung von Leder, Kunstleder und Fellen (T)	
3231 Gerbereien	agr.
369 Steine/ Erden (T)	
3692 Zement und Kalk	min.
3699 andere Produkte aus Steine/Erden (Verarbeitung v. Asbest, Gips,Erdfarben etc.)	min.

Kategorie II: Einheimische und importierte Rohmaterialien (50,1 - 79,9% einheimisch)

Anteil an der Industrieproduktion (BPW) in %: 1976: 12,9
1981: 11,3

Branche (ISIC 1968)	Sektorale Herkunft der einheimischen RM u. HFW
311/ 312 Nahrungsmittel (T)	
3111 Fleischverarbeitung und Konservierung	agr.
3113 Konservierung von Früchten und Gemüse	agr.
3116 Getreidemühlen	agr.
3121 andere Nahrungsmittel (Verarbeitung von Johannis= brot, Gewürze,Eis etc.)	agr.
331 Holz/ Produkte aus Holz und Kork (außer Möbel u. Ein= richtungen (T)	
3311 Sägewerke, "Forest Industries", Türen,Fenster, Parkett etc.	forst.
3312 Behälter aus Holz- und Korbgeflecht	forst.
369 Steine/Erden (T)	
3691 Ziegel, Dachplatten, Fliesen, Mosaiken	min.
384 Fahrzeugbau	
3841 Bau und Reparatur von Schiffen	forst.

(Fortsetzung Anhang I)

Kategorie III: Importierte und einheimische Rohmaterialien (20,1 - 50% einheimisch)

Anteil an der Industrieproduktion (BPW) in %: 1976: 5,5
1981: 5,1

Branche (ISIC 1968)	Sektorale Herkunft der einheimischen RM u. HFW
311/312 Nahrungsmittel (T)	
3122 Futtermittel	agr.
332 Möbel und Einrichtung (außer vorwiegend aus Metall) (T)	
3320 Möbel und Einrichtung	ind. (3311)

Kategorie IV: Importierte Rohmaterialien (0 - 20% einheimisch)

Anteil an der Industrieproduktion (BPW) in %: 1976: 57,9
1981 65,8

Branche (ISIC 1968)	Sektorale Herkunft der einheimischen RM u. HFW
311/ 312 Nahrungsmittel (T)	(entfällt)
3119 Schokolade und Süßwaren	
313 Getränke (T)	
3133 Bierbrauereien	
314 Tabakverarbeitung	
321 Textilien	
322 Bekleidung (außer Schuhe)	
323 Herstellung und Bearbeitung von Leder, Kunstleder und Fellen (T)	
3232 Verarbeitung von Fellen/ Pelzen	
3233 Verarbeitung von Leder/ Kunstleder	
324 Schuhe (außer Gummi und Plastik)	
331 Holz / Produkte aus Holz und Kork (außer Möbel u. Einrichtungen) (T)	
3319 andere Produkte aus Holz u. Kork (Absätze, Schnitzereien, Särge etc.)	
332 Möbel und Einrichtungen (außer vorwiegend aus Metall)	
3321 Autopolsterei	
341 Produkte aus Pulpe/ Papier, Kartonagen	
342 Druckerei, Verlagswesen, Lithographie	
351 Industriechemikalien	
352 andere chemische Produkte	
353 Erdölraffinerien	
355 Verarbeitung von Gummi	
356 Herstellung und Verarbeitung von Kunststoffen	
381 Metallwaren	
382 Maschinenbau (außer elektrisch)	
383 Elektrotechnik	

(Fortsetzung Anhang I)

384 Fahrzeugbau

    3843 Straßenfahrzeuge und Teile

390 Sonstige Industrien (Schmuck, Bürsten und Besen, Spielwaren etc.)

Erklärung der Abkürzungen:

agr.= agrarische Herkunft	RM = Rohmaterialien
forst.= Forstwirtschaft	HFW= Halbfertigwaren
min.= mineralischer Herkunft	(T)= teilweise

ind.= Herkunft aus verarbeitender Industrie (in Klammern: ISIC-Nr. des zu=
    liefernden Industriezweiges)

Anmerkung: Anteile der Kategorien an der Industrieproduktion 1981 beruhen auf der
        Kategorisierung von 1976

Quellen: Census of Industrial Production, (R.O.C. 9) 1972, 1976, 1981

Anhang II: "Entwicklungsstand" Zyperns im Vergleich mit ausgewählten Staaten

Kategorie	Indikator	Zypern (ab Aug. 1974 griech. Teil)	Staaten in der Region			"typische" asiat. Schwellenländer		Kl. Inselstaaten		Schwellenwert von BERG-MANN (1983)
			Griechenl.	Türkei	Israel	Südkorea	Singapur	Trinidad/Tobago	Jamaica	
Größe	Fläche (in 1.000 km²) Bevölkerung 1980 (in Mio.)	5,8 0,6	131,9 9,4	780,6 44,3	20,8 3,8	98,5 37,6	0,6 2,4	5,1 1,1	11,0 2,2	– –
Industria= lisierung	Beitrag d. produzierenden Gewerbes zum BIP 1978 (%)	34,6	32	29	36	40	36	(54)	40	>40
	Beitrag des verarbeitenden Ge= werbes zum BIP 1979 (%)	17,7	19	21	25	27	28	(11)	15	>25
	DjV der Beschäftigten im ver= arb. Gewerbe (1973 – 75) in %	2,4(1970-73) 7,9(1977-79)	(5,1)	(3,3)	1,1	7,6	7,4	(1,6)	±0	>8
	DjV des verarb. Gewerbes (BIP) (1970 – 79) in %	13,0(1970-73) 11,5(1976-79)	6,4	7,7	k.A.	17,8	9,3	k.A.	-1,3	>10
	Anteil des Maschinen- u. Fahr= zeugbau am verarbeitenden G. (Wertschöpfung), 1978 in %	7,3	8	k.A.	24	19	43	10	6	>15
	Anteil der Beschäftigten im v.G. in % der Gesamtbeschäft. 1978	21,5	(25)	45	25	22	28	19	11	>25
	Anteil der Industriewaren a. d. Güterexporten, 1978 (%)	67,6	46	22	82	89	46	7	32	>50
	Anteil der Kapitalgüter a. d. Güterexporten, 1978 (%)	2,2	3	1	10	21	25	1	1	>15
Finanz= situation	Entw. d. Terms of Trade 1975-79	96	91	84	97	94	101	101	93	>100
	Leistungsbilanzsituation, 1979 (Defizit in % der Importe)	22,6	17	15	15	16	6	k.A.	5	<10
	Internationale Reserven, 1979 (Anzahl der Monate von Importen)	5,4	3,2	5,3	3,7	1,5	4,1	14,6	0,6	>5
	Schuldendienst in % d. BIP, 1979	3,3	8,4	12,9	10,3	13,5	1,3	2,3	15,9	<10

Fortsetzung Anhang II

Kategorie	Indikator	Zypern	Griechenl.	Türkei	Israel	Südkorea	Singapur	Trinidad/Tobago	Jamaica	Schwellenwert
Sozio-ökono-mische Entwick-lung	Pro-Kopf-Einkommen in US $, 1979	2.840	3.960	1.330	4.150	1.480	3.830	3.390	1.260	>750
	DjV Pro-Kopf-Einkommen (real, in %), 1960-79	6,2 (o. 1973-77)	5,9	3,8	4,0	7,1	7,4	2,4	1,7	>5,0
	Anteil der Bevölkerung m. Zugang zu sauberem Wasser	(~100)	k.A.	75	k.A.	71	100	k.A.	86	>66
	Durchschnittliche Lebenserwartung 1979	73	74	66	72	63	71	70	71	>65
	Säuglingssterblichkeit auf 1000 Geborene, 1978	17	20	(145)	18	37	13	29	16	<70
	Zahl d.Einw./Arzt,1977	973(1979)	450	1.770	310	1.990	1.250	1.970	3.520	<750
	Alphabetisierungsquote, 1976	90	(81)	60	(84)	(87)	(75)	95	(86)	>80
	Primarschulungsrate, 1978	(~100)	104	105	97	111	109	99	48	>100
	Telephone/Einw. 1975	11	22,1	2,5	23,1	4	12,9	6,3	5	>6

Abkürzungen: - v.G.= verarbeitendes Gewerbe; - BIP= Bruttoinlandsprodukt
- DjV= durchschnittliche jährliche Veränderung

Anmerkung: - Angaben in Klammern (): für Zypern vom Verfasser geschätzt, für andere Länder: Daten beziehen sich auf einen anderen Zeitraum, ein anderes Referenzjahr

Quellen: - Indikatoren und Schwellenwerte: BERGMANN (1983), Definitionen nach Weltentwicklungsbericht
- Daten für Zypern: amtliche Statistik, verschiedene Publikationen; Daten in Klammern (): vom Verfasser geschätzt
- Daten für übrige Länder: BERGMANN (1983) nach Weltentwicklungsbericht

Anhang III: Industrial Estate Limassol: Evaluierung der Einzelbetriebe nach Zielsetzungen der Industrialisierungspolitik

Bewertungs-kriterium	(1) Anteil einheim. Inputs	(2) Wiederaufgebaute Kapazität?	(3) Zahl der Beschäftigten	(4) Management[1]	(5) Schichtarbeit?	Binnenmarkt - Faktor	(6) Anteil v. Halbfertigwaren / Verpackung a.Output	(7) Anteil von Kapitalgütern am Output	Binnenmarkt	(8) Beitrag zur Export-Diversifizierung[2]	(9) Exporte im Bereich kapitalreich güter	(10) betriebseigenes Export-Marketing	Export - Faktor	Exportmarkt	Gewichtete Gesamt-Wertung
Operationali-sierung	Wert (%)	ja/nein	Zahl	ja/nein	Zahl der Schichten		Wert (%)	Wert (%)		gegeben/nicht	Wert (%)	ja/nein			
Bewertung	80-100=3 50,1-79,9=2 20-50=1	ja = 1	über 100=3 50-100=2 20-49=1	ja = 1	3 Schichten=2 2 Schichten=1		80-100=3 50,1-79,9=2 20-50=1	80-100=3 50,1-79,9=2 20-50=1		hoch = 1	über 30	ja = 1			

I. Binnenmarktorientierte Betriebe (80 - 100% Binnenmarktabsatz) (N= 36)

Betr.-Nr. Branche	(1)	(2)	(3)	(4)	(5)	Binnenmarkt-Faktor	(6)	(7)	(8)	(9)	(10)	Gewichtete Gesamt-Wertung
(1) Nahrungsmittel	3	0	1	0	0	1	0	0	–	–	–	4
(2) "	0	0	0	1	0	1	0	0	–	–	–	1
(3) "	1	0	0	0	0	1	0	0	–	–	–	1
(4) "	3	0	2	1	2	1	0	0	–	–	–	8
(5) Getränke	2	0	0	1	0	1	0	0	–	–	–	3
(6) Textilien	0	0	3	1	1	1	1	0	–	–	–	6
(7) "	0	0	0	0	0	1	1	0	–	–	–	1
(8) Schuhe	2	0	1	0	0	1	0	0	–	–	–	3
(9) Schreinerei	2	0	0	0	0	1	2	0	–	–	–	4
(10) Möbel	1	0	1	0	0	1	0	1	–	–	–	3
(11) "	2	0	1	0	0	1	0	1	–	–	–	4
(12) "	2	0	0	0	0	1	0	1	–	–	–	3

Fortsetzung Anhang III

	(1)	(2)	(3)	(4)	(5)	B-F	(6)	(7)	E-F	(8)	(9)	(10)	G-W
(13) Möbel	0	0	2	1	0	1	0	2	-	-	-	-	5
(14) Papierverarb.	0	1	0	1	0	1	3	0	-	-	-	-	5
(15) "	0	1	1	1	0	1	1	0	-	-	-	-	4
(16) "	0	1	2	0	1	1	3	0	-	-	-	-	8
(17) Kunststoffe	0	0	0	1	0	1	1	1	-	-	-	-	2
(18) "	0	1	3	1	2	1	2	1	-	-	-	-	10
(19) "	0	0	2	1	0	1	3	0	-	-	-	-	6
(20) "	0	1	2	1	2	1	2	1	-	-	-	-	9
(21) "	0	0	1	1	2	1	2	0	-	-	-	-	7
(22) "	0	1	2	1	2	1	3	0	-	-	-	-	9
(23) Fliesen	2	0	2	1	0	1	3	0	-	-	-	-	8
(24) "	3	0	1	1	1	1	3	0	-	-	-	-	8
(25) Metallverarb.	0	0	1	0	0	1	3	0	-	-	-	-	6
(26) "	0	0	1	1	0	1	1	0	-	-	-	-	4
(27) "	0	0	1	0	0	1	3	2	-	-	-	-	5
(28) "	0	0	0	0	0	1	1	0	-	-	-	-	3
(29) "	0	0	0	0	0	1	3	2	-	-	-	-	3
(30) "	1	0	1	1	0	1	0	0	-	-	-	-	5
(31) "	0	0	0	0	0	1	3	2	-	-	-	-	3
(32) Metallv./ Masch.b.	1	0	3	1	0	1	1	0	-	-	-	-	8
(33) Metallverarb.	0	0	1	0	0	1	1	2	-	-	-	-	4
(34) Maschinenbau	0	0	0	1	0	1	0	3	-	-	-	-	4
(35) "	0	1	0	0	0	1	0	3	-	-	-	-	4
(36) "	0	0	0	0	0	1	0	2	-	-	-	-	2

Fortsetzung Anhang III

	(1)	(2)	(3)	(4)	(5)	B-F	(6)	(7)	E-F	(8)	(9)	(10)	G-W
II. Binnenmarkt- und Exportorientierte Betriebe (50,1 - 79% Binnenmarktabsatz) (N = 3)													
(37) Bekleidung	0	0	2	0	0	0,5	0	0	0,5	0	0	1	2,5
(38) "	0	0	0	0	0	0,5	0	0	0,5	0	0	1	0,5
(39) Chem. Produkte	0	1	3	1	0	0,5	0	0	0,5	1	0	1	6
III. Export- und Binnenmarktorientierte Betriebe (20,1 - 50% Binnenmarktabsatz) (N= 5)													
(40) Papierverarb.	0	0	3	1	1	0,5	3	0	0,5	1	0	1	7,5
(41) Bekleidung	0	0	2	1	0	0,5	0	0	0,5	0	0	1	3,5
(42) Chem. Produkte	0	0	1	1	0	0,5	1	0	0,5	1	1	1	3,5
(43) Kunststoffe	0	1	2	1	2	0,5	3	0	0,5	1	0	1	8,5
(44) Bürsten/Besen	0	0	1	0	0	0,5	0	0	0,5	1	0	1	2
IV. Exportorientierte Betriebe (0 - 20% Binnenmarktabsatz) (N= 8)													
(45) Textilien	0	0	2	0	0	-	-	-	1	0	0	1	3
(46) "	0	0	1	1	0	-	-	-	1	0	0	1	3
(47) Bekleidung	0	0	2	1	0	-	-	-	1	0	0	1	4
(48) "	0	0	3	1	0	-	-	-	1	0	0	1	5
(49) "	0	0	2	0	0	-	-	-	1	0	0	1	3
(50) Schuhe	1	0	2	1	1	-	-	-	1	0	0	1	5
(51) "	0	0	2	1	0	-	-	-	1	0	0	1	4
(52) Chem. Produkte	0	0	1	1	0	-	-	-	1	1	1	1	4

---

1) Beschäftigung eines Management neben dem/den "managing director(s)"
2) Betriebl. Hauptausfuhrprodukt gehört nicht zu d. 10 wichtigsten industr. Exportgüterkategorien im Jahre 1981 (nach Statistics of Imports & Exports, R.O.C. 23,1981)

Quelle: eigene Erhebungen, 1985

240

Literaturverzeichnis

ADAMS, T. W. 1971: AKEL. The Communist Party of Cyprus. Stanford (= Hoover Institution Studies 77).

ADELMAN, I. 1984: Beyond Export-led Growth. In: World Development 12, No. 9, S. 937–949.

ADLER-KARLSSON, G. 1978: Der Kampf gegen die absolute Armut. Frankfurt a. M.

ANDREOU, P. 1977: Agricultural Development and Co-operative Marketing in Cyprus. Nairobi.

APOSTOLIDES, C. 1978/79: A Critical Analysis of Policies Relating to Regional Development and Income Distribution in Cyprus (1960–1971). In: Geographical Chronicles (Nicosia) 8/9, No. 14/15, S. 53–84.

ARISTIDOU, I. 1979: Small-scale Enterprises in Cyprus. In: Cyprus Trade and Industry 4, No. 4, S. 11–16.

ARRIGHI, G. 1973/1974: Multinationale Konzerne, Arbeiteraristokratien und ökonomische Entwicklung in Schwarzafrika. In: SENGHAAS, D. (Hrsg.): Peripherer Kapitalismus. Analysen über Abhängigkeit und Unterentwicklung. Frankfurt a. M., 1974, S. 221–275.

ASHIOTIS, C. A. 1945: Labour Conditions in Cyprus during the War Years, 1939–1945. Nicosia.

ATTALIDES, M. 1981: Social Change and Urbanization in Cyprus. A Study of Nicosia. Nicosia (= Publications of the Social Research Centre 2).

BALASSA, B. 1981: The Newly Industrializing Countries in the World Economy. New York.

BALLANCE, R. / ANSARI, J. / SINGER, H. 1982: The International Economy and Industrial Development. The Impact of Trade and Investment on the Third World. Thetford.

BANK OF CYPRUS GROUP 1981: Business Guide to Cyprus. Nicosia.

BATTELLE MEMORIAL INSTITUTE 1963a: Study of Industrial Development of Cyprus: First Report – Volume I, The Industry of Cyprus. Genf.

BATTELLE MEMORIAL INSTITUTE 1963b: Study of Industrial Development of Cyprus: First Report – Volume II, Industrialization Policy. Genf.

BATTELLE MEMORIAL INSTITUTE 1963c: Study of Industrial Development of Cyprus: Second Report, Industrialization Plan, Part I. Genf.

BATTELLE MEMORIAL INSTITUTE 1964: Study of Industrial Development of Cyprus: Third Report, Industrialization Plan, Part II and Part III. Genf.

BEAR, L. M. 1963: The Mineral Resources and Mining Industry of Cyprus. Nicosia.

BEHRENS, K. Chr. 1971: Allgemeine Standortbestimmungslehre. Opladen.

BERGMANN, C. 1983: Schwellenländer. Kriterien und Konzepte. Köln (= Forschungsberichte des Bundesministeriums für wirtschaftliche Zusammenarbeit, Bd. 41).

BISHOP, C. / PEARCE, R. / UPTON, M. 1982: Part-time Farming: The Cyprus Case. In: GeoJournal 6, S. 343–349.

BREY, H. 1983: Das Flüchtlingsproblem in der Folge der Zypernkrise 1974: Bedingungen und Auswirkungen für die Ausbildung räumlicher Disparitäten auf Zypern. Diplomarbeit am Geogr. Inst. d. TU München (Masch.Skr.).

BREY, H. / HEINRITZ, G. 1988: Bevölkerungsverteilung und Siedlungsstruktur in Zypern nach 1974. Wiesbaden (= Beihefte zum Tübinger Atlas des Vorderen Orients, Reihe B, Nr. 76).

BUCHHOLZ, H. J. 1986: Hong Kong: Europäischer Handelsvorposten – Industriekolonie – Transferzentrum für China. In: Geographische Rundschau 38, S. 510–516.

CENTRAL BANK OF CYPRUS Sept. 1977: Bulletin No. 56. Nicosia.

CENTRAL BANK OF CYPRUS 1979: Annual Report 1978. Nicosia.

CENTRAL BANK OF CYPRUS Sept. 1979: Bulletin No. 64. Nicosia.

CENTRAL BANK OF CYPRUS 1981: Annual Report 1980. Nicosia.

CENTRAL BANK OF CYPRUS 1982a: Annual Report 1981. Nicosia.

CENTRAL BANK OF CYPRUS 1982b: Cyprus. An Offshore Financial Centre. Nicosia.

CENTRAL BANK OF CYPRUS Dec. 1982: Bulletin No. 77. Nicosia.

Central Bank of Cyprus 1983: Annual Report 1982. Nicosia.

Central Bank of Cyprus Dec. 1983: Bulletin No. 81. Nicosia.

Central Bank of Cyprus 1984: Annual Report 1983. Nicosia.

Central Bank of Cyprus Dec. 1984: Bulletin No. 85. Nicosia.

Chenery, H. / Robinson, S. / Syrquin, M. 1986: Industrialization and Growth. A Comparative Study. Oxford.

Christodoulou, D. 1959: The Evolution of the Rural Land Use Pattern in Cyprus. Bude (GB) (= World Land Use Survey, Monograph 2).

Chrysostomides, K. 1980: Doing Business in Cyprus. Nicosia.

Cobham, C. D. 1908: Excerpta Cypria. Materials for a History of Cyprus. Cambridge.

Coopers & Lybrand / Iannou / Zampelas & Co 1984: Cyprus. The Way for Businessmen and Investors. O. O.

Cyprus Chamber of Commerce and Industry 1980: Annual Report 1979. Nicosia.

Cyprus Chamber of Commerce and Industry 1982: Directory 1982. Nicosia.

Cyprus Employers' Consultative Association 1969: A Prices & Incomes Policy in Cyprus. Nicosia.

Cyprus Weekly, 9.–15. Nov. 1984: The Scandal of Hellenic Unveiled.

Dege, E. 1986: Die Industrialisierung Südkoreas. Ein Beispiel nachholender Entwicklung. In: Geographische Rundschau 38, S. 522–530.

Demetriades, E. I. 1977 a: 'Normal' Patterns of Industrial Growth in Cyprus. In: Geographical Chronicles (Nicosia) 6, No. 11, S. 41–49.

Demetriades, E. I. 1977 b: Capacity Utilization in the Cyprus Manufacturing Sector. In: Geographical Chronicles (Nicosia) 7, No. 12, S. 18–26.

Demetriades, E. I. 1979/80: The System and Structure of Protection of Manufacturing in Cyprus. In: Geographical Chronicles (Nicosia) 9/10, No. 16/17, S. 59–98.

Demetriades, E. I. 1981: Capital-Labour Substitution in Manufacturing in a Development Country. The Case of Cyprus. In: The Greek Review of Social Research, No. 41.

Demetriades, E. I. 1984: The Process of Industrialization in Cyprus. Nicosia (= Publications of the Social Research Centre 3).

Demetriades, E. I. / House, W. J. o. J.: The Supply and Demand for Energy in Cyprus. Nicosia.

Department of Co-Operative Development 1982: Report of the Years 1978, 1979, 1980, 1981. Nicosia.

Drury, M. P. 1977: Western Cyprus. Two Decades of Population Upheaval 1956–76. Dept. of Geography / University of Durham (Masch. Skr.).

Elsenhans, H. (Hrsg.) 1979: Agrarreform in der Dritten Welt. Frankfurt a. M.

Elsenhans, H. 1981: Abhängiger Kapitalismus oder bürokratische Entwicklungsgesellschaft. Frankfurt a. M.

Foders, F. 1987: Handelspolitik und weltwirtschaftliche Integration von Entwicklungsländern. Das Beispiel Argentiniens, Brasiliens und Jamaikas. München/Köln/London (= Forschungsberichte des Bundesministeriums für wirtschaftliche Zusammenarbeit, Bd. 82).

Fourastié, J. 1952: Le grand espoir du XXe. siècle. Paris.

Frangou, A. 1960: Zypern und seine wirtschaftliche Zukunft. Entwicklungsmöglichkeiten für ein kleines Land. Köln.

Freyhold, M. von 1981: Dependenztheorie / Dissoziationstheorie – oder Theorie der Produktionsweisen / Theorie der sozialen Kämpfe? In: Peripherie 5/6, S. 49–63.

Fröbel, V. / Heinrichs, J. / Kreye, O. 1977: Die neue internationale Arbeitsteilung. Strukturelle Arbeitslosigkeit in den Industrieländern und die Industrialisierung der Entwicklungsländer. Reinbek.

Fröbel, V. / Heinrichs, J. / Kreye, O. 1986: Umbruch in der Weltwirtschaft. Reinbek

German Development Institute 1979: The Impact of the European Economic Community South Enlargement on Cyprus Industry. Berlin.

German Industrial Advisory Group 1977: Extracts from Market Study Cyprus (prepared for the German Agency for Technical Cooperation Ltd. – GTZ – by B. C. Berlin Consult Ltd.). Nicosia.

GOODWIN, J. C. / SYMONDS, A. 1980: Inside Cyprus. Nicosia.

GOVERNMENT OF CYPRUS 1949: Census of Population and Agriculture 1946. Nicosia.

HAAS, H.-D. 1976: Die Industrialisierungsbemühungen auf den Westindischen Inseln unter besonderer Berücksichtigung von Jamaika und Trinidad. Tübingen (= Tübinger Geogr. Studien, H. 68).

HAHN, B. 1982: Die Insel Zypern. Der wirtschafts- und politisch-geographische Entwicklungsprozeß eines geteilten Kleinstaates. Hannover (= Jahrbuch der Geographischen Gesellschaft zu Hannover).

HALD, M. W. 1968: A Study of the Cyprus Economy. Nicosia.

HEIDE, U. 1980: Nationale Unabhängigkeit im Spannungsfeld von ethnischen Unterschieden, sozialen Konflikten und Kolonialpolitik. Untersuchungen zum Lernfeld Dritte Welt am Beispiel Cypern. Frankfurt.

HEINEBERG, H. 1986: Singapur: Aufstrebender Stadtstaat in der Krise. Aspekte des wirtschaftlichen Struktur- und Funktionswandels der kleinen Republik. In: Geographische Rundschau 38, S. 502–509.

HEINRITZ, G. 1972: Wirtschafts- und sozialgeographische Wandlungen des Fremdenverkehrs in Zypern. In: Erdkunde 26, S. 266–278.

HEINRITZ, G. 1975: Grundbesitzstruktur und Bodenmarkt in Zypern. Erlangen (= Erlanger Geographische Arbeiten, Sonderbd. 2).

HEINRITZ, G. 1985: Nicosia. Die geteilte Hauptstadt Zyperns. In: Geographische Rundschau 37, S. 463–469.

HEINRITZ, G. 1986: Zypern. Bevölkerungs- und Siedlungsentwicklung. In: Sonderforschungsbereich 19 der Universität Tübingen (Hrsg.): Tübinger Atlas des Vorderen Orients, Karte A VIII 5.2. Tübingen.

HEINRITZ, G. 1987: Raum und Bevölkerung. Die siedlungs- und bevölkerungsgeographischen Konsequenzen des griechisch-türkischen Konfliktes in Zypern. In: Bayerische Landeszentrale für politische Bildungsarbeit (Hrsg.): Zypern. Macht oder Land teilen? München (= Zeitfragen 28), S. 53–65.

HELLE, H. 1977: Cyprus Forest Industries Limited. In: Cyprus Industrial Journal 2, No. 7, S. 157–162.

HILL, Sir G. 1940: A History of Cyprus. Cambridge.

HMSO 1982: Cyprus Town Plans: Limassol. London (= Series K 912, Sheet Limassol, Edition 8-GSGS).

HOMMEL, M. 1983: Die Bedeutung des Industrial Estates als Entwicklungs- und Planungsinstrument für industrielle Problemgebiete: das Beispiel Schottland. Bochum (= Bochumer Geogr. Arbeiten 41).

HOUSE, W. J. 1982: Labour Market Segmentation: Evidence from Cyprus. Nicosia (= ILO / UNFPA, Population, Employment Planning and Labour Force Mobility Study, CYP/77/PO1, Working Paper No. 11).

HÜTTERMANN, A. 1978: Industrieparks in Irland. Wiesbaden.

HÜTTERMANN, A. 1985: Industrieparks. Attraktive Industrielle Standortgemeinschaften. Wiesbaden.

IOANNIDES, J. G. 1977: Banking and Financial Services Available in Cyprus: The Cyprus Development Bank Limited. In: Cyprus Industrial Journal 2, No. 11–12, S. 262–264.

ISLAMOGLU, H. / KEYDER, C. 1979: Ein Interpretationsrahmen für die Analyse des Osmanischen Reiches. In: SENGHAAS, D. (Hrsg.): Kapitalistische Weltökonomie. Kontroversen über ihren Ursprung und ihre Entwicklungsdynamik. Frankfurt a. M., S. 201–234.

JENNESS, D. 1962: The Economics of Cyprus. A Survey to 1914. Montreal.

KADRITZKE, N. / WAGNER W. 1976: Im Fadenkreuz der NATO. Ermittlungen am Beispiel Cypern. Berlin.

KAMINARIDES, J. S. 1973: The Cyprus Economy. A Case in the Industrialization Progress. Nicosia.

KANTOWSKY, D. 1985: Von Südasien lernen. Erfahrungen in Indien und Sri Lanka. Frankfurt a. M./New York.

KARLETTIDES, Ch. 1980: Cyprus Export Incentive Scheme. In: Cyprus Trade and Industry 5, No. 1, S. 14–23.

KITTIS, C. 1981: The European Community and Cyprus-E.E.C. Relations. In: Cyprus Trade and Industry 6, No. 1, S. 2–4.

KOSCHATZKY, K. 1986a: Malaysia – Exportorientierte Industrialisierung und Raumentwicklung. In: Geographische Rundschau 38, S. 495–500.

KOSCHATZKY, K. 1986b: Trendwende im sozioökonomischen Entwicklungsprozeß Westmalaysias? Theorie und Realität. Hannover.

KOSCHATZKY, K. 1987: Industrieparks als Instrument dezentraler Raumentwicklung in Westmalaysia. In: Zeitschrift für Wirtschaftsgeographie, H. 1, S. 12–32.

LAIRD, S. / YEATS, A. J. 1987: Empirical Evidence Concerning the Magnitude and Effects of Developing Country Tariff Escalation. In: Developing Economies (Tokyo) XXV, No. 2, S. 99–123.

LANITIS, N. C., 1944: Rural Indebtedness and Agricultural Co-operation in Cyprus. Limassol.

LAVENDER, D. S. 1962: The Story of the Cyprus Mines Corporation. San Marino (California).

MANDERSTAM & PARTNERS LTD. 1976: Industrial Opportunity Survey. Cyprus. Final Report. Stage I. London.

MASSARRAT, M. 1977: Gesellschaftliche Stagnation und die asiatische Produktionsweise. Dargestellt am Beispiel der iranischen Geschichte. Eine Kritik der Grundformationstheorie. In: ASCHE, H. / MASSARRAT M. (Hrsg.): Studien über die Dritte Welt (= Geographische Hochschulmanuskripte 4). Göttingen, S. 3–125.

MENZEL, U. 1985: In der Nachfolge Europas. Autozentrierte Entwicklung in den ostasiatischen Schwellenländern Südkorea und Taiwan. München.

MENZEL, U. / SENGHAAS, D. 1986: Europas Entwicklung und die Dritte Welt. Eine Bestandsaufnahme. Frankfurt a. M.

MEYER, A. J. 1959; Cyprus: The 'Copra-Boat' Economy. In: Middle East Journal 13, No. 3, S. 249–261.

MEYER, A. J. / VASSILIOU, S. 1962: The Economy of Cyprus. Cambridge (Mass.).

MICHAELIDES, Ch. 1986: Zypern. Ein neues Business Centre im östlichen Mittelmeer. Diplomarbeit a. d. Wirtschafts- und Sozialwissenschaftl. Fakultät der Friedrich-Alexander-Universität Erlangen-Nürnberg (Masch. Skr.).

MÜLLER-PLANTENBERG, U. 1972: Technologie und Abhängigkeit. In: SENGHAAS, D. (Hrsg.): Imperialismus und strukturelle Gewalt. Analysen über abhängige Reproduktion. Frankfurt a. M.

MUNDLE, S. 1985: The Agrarian Barrier to Industrial Growth. In: The Journal of Development Studies 22, No. 1, S. 49–80.

NEOKLEOUS, G. K. 1980: Cyprus-EEC Association Agreement. Nicosia.

NEOPHYTOU, G. 1977: Analyse der Entwicklungsmöglichkeiten der Region Limassol. Ein Beitrag zur Regionalplanung der Republik Zypern. Berlin.

NUHN, H. 1978: Spezifische wirtschafts- und sozialgeographische Entwicklungsprobleme von Kleinstaaten und Ansätze für ihre Überwindung. In: Die Erde 109, S. 337–352.

OCHEL, W. 1984: Die Investitionsgüterindustrie der asiatischen Schwellenländer. Aufbau, Exporterfolge und Rückwirkungen auf die Bundesrepublik Deutschland. München (= Ifo-Studien zur Entwicklungsforschung Nr. 13).

OHNE VERFASSER 1976: Industrial Estates Development in Cyprus. In: Cyprus Industrial Journal 1, No. 1, S. 15–16.

OHNE VERFASSER 1977: The Cyprus Development Bank Limited. In: Cyprus Industrial Journal 2, No. 6, S. 122–123.

PANAGIDES, S. 1967: Manufacturing Development in a Small Country Economy. The Case of Cyprus. In: Social and Economic Studies (Jamaica) 16, S. 390–405.

PANAGIDES, S. 1968: Communal Conflict and Economic Considerations. The Case of Cyprus. In: Journal of Peace Research 5, S. 133–145.

PAPADOPOULOS, Th. 1965: Social and Historical Data on Population (1570–1881). Nicosia.

PATRICK, R. 1976: Political Geography and the Cyprus Conflict: 1963–1971. Waterloo/Ontario (= Dept. of Geography Publication Series, No. 4).

PEARCE, R. 1981: Part-time Farming in Cyprus. A Pilot Study. O. O. (= Development Study No. 21, Univ. of Reading, Dept. of Agricultural Economics & Management).

PERDIKIS, N. 1986: An Assessment of Cyprus' Association with the EEC. In: Journal of Economic Studies 13, No. 2, S. 38–51.

PHACOS ADVERTISING & PUBLISHING AGENCY 1977: Businessmen in Cyprus. A Reference Book to those Engaged in Business in the Island. Nicosia.

PIKIS, A. M. 1973: Sources and Cost of Long-term Financing in Cyprus (with some reference to short term financing). In: Anaptixis (Nicosia), Bd. A, H. 3/4, S. 57–63.

POLEMITOU, O. 1973: The Employment of Women in Cyprus. Characteristics, Problems and Prospects. In: Anaptixis (Nicosia), Bd. A, H. 3/4, S. 82–84.

POLLAK, Ch. / RIEDEL, J. 1984: German Firms' Strategies Towards Industrial Co-operation with Developing Countries. München (= Ifo – Forschungsberichte der Abteilung Entwicklungsländer, Bd. 65).

POTTER, R. B. 1981: Industrial Development and Urban Planning in Barbados. In: Geography 66, S. 225–228.

PREISS, K.-Ch. 1976: Die Industrie Zyperns – Industrialisierung, Struktur, Standorte und Auswirkungen. Zulassungsarbeit a. d. Univ. Erlangen (Masch.Skr.).

RAUCH, Th. 1981a: Das nigerianische Industrialisierungsmuster und seine Implikationen für die Entwicklung peripherer Räume. Ein Beitrag zur Erklärung der Raumstruktur in peripher-kapitalistischen Ökonomien. Hamburg (= Hamburger Beiträge zur Afrika-Kunde, Bd. 24, Institut für Afrika-Kunde).

RAUCH, Th. 1981b: Wirtschaftswissenschaftliche Grundbegriffe. In: Jander, L. / SCHRAMKE, W. / WENZEL, H. J. (Hrsg.): Handbuch für den Geographieunterricht. Stuttgart.

RAUCH, Th. 1984: An Accumulation Theory Approach to the Explanation of Regional Disparities in Underdeveloped Countries. In: Geoforum 15, No. 2, S. 209–229.

R.O.C.: (Siehe gesondertes Verzeichnis im Anschluß an das Literaturverzeichnis).

RÖPKE, J. 1984: Von den Schwellenländern Ostasiens lernen! In: Leviathan 12, S. 284–293.

RUPPERT, K. / THÜRAUF, G. / ROSENBAUER, G. 1968: Der „Euro-Industriepark" München-Nord, eine neue Form städtischer Funktionsentflechtung. In: Informationen d. Inst. f. Raumforschung und Raumordnung 18, S. 621–636.

SCHÄTZL, L. 1986a: Wirtschaftsgeographie 3. Politik. Paderborn.

SCHÄTZL, L. 1986b: Wachstumsregion Ost-/Südostasien. Wirtschaftliche Erfolge mit einer Strategie der „angepaßten" Integration in die Weltwirtschaft. In: Geographische Rundschau 38, S. 490–494.

SCHMIDT-WULFFEN, W. D. 1987: 10 Jahre entwicklungstheoretischer Diskussion. Ergebnisse und Perspektiven für die Geographie. In: Geographische Rundschau 39, S. 130–135.

SENGHAAS, D. 1982: Von Europa lernen. Entwicklungsgeschichtliche Betrachtungen. Frankfurt a. M.

SLOCUM, J. L. 1972: The Development of Labour Relations in Cyprus. Nicosia.

SNODGRASS, D. R. 1980: Inequality and Economic Development in Malaysia. Kuala Lumpur.

SOSYLOS, C. 1979: Credit Insurance Service. In: CYPRUS PRODUCTIVITY CENTRE (Hrsg.): A Guide to Export Procedures in Cyprus. Nicosia, S. 26–31.

STANG, F. 1981: Zypern – Wirtschaftliche Entwicklung und Strukturveränderungen seit der Teilung der Insel. In: Aachener Geographische Arbeiten, H. 14, S. 345–358.

STARK, K.-D. 1980: Wirtschaftsförderungsinstitutionen und Gewerbeflächen als Lenkungsinstrumente zur räumlichen Verteilung von Industrie und Gewerbe. Dortmund (= Dortmunder Beiträge zur Raumplanung 17).

STEPHENS, R. 1966: Cyprus. A Place of Arms. Power and Politics and Ethnic Conflict in the Eastern Mediterranean. London.

ST JOHN-JONES, L. W. 1983: The Population of Cyprus. Demographic Trends and Socio-economic Influences. Southampton.

SYMEONIDES, N. 1977: The Unity of the Economy and the Economies of Separation. In: ATTALIDES, M. (Hrsg.): Cyprus Reviewed. Nicosia, S. 255–271.

THE CYPRUS POPULAR BANK 1978: The Evolution of the Banking System in Cyprus and its Contribution to the Economy of the Country. Part I. In: Newsletter 2, No. 6, S. 14–21.

THE CYPRUS POPULAR BANK 1979: The Evolution of the Banking System in Cyprus and its Contribution to the Economy of the Country. Part II. In: Newsletter 3, No. 1, S. 5–21.

THE CYPRUS POPULAR BANK 1982: The Gradual Destruction of the Environment in Cyprus and its Repercussions on the Quality of Life. In: Newsletter 6, No. 4, S. 8–17 (Part I), No. 5, S. 16–21 (Part II).

THE CYPRUS POPULAR BANK 1983 a: The Cyprus Export Trade. The Situation to Date (Part I). In: Newsletter 7, No. 1, S. 10–16.

THE CYPRUS POPULAR BANK 1983 b: The Cyprus Export Trade. Planning its Future (Part II). In: Newsletter 7, No. 2, S. 10–19.

THE CYPRUS POPULAR BANK 1984: New Tax Incentives. In: Newsletter 8, No. 1, S. 10–15.

TURNER, L. / MC MULLEN, N. 1982: The Newly Industrializing Countries. Trade and Adjustment. London.

UNIDO 1968: Industrial Estates in Europe and the Middle East. New York.

UNIDO, 1971: Industrial Development in Cyprus. Nicosia (= UNIDO Rep. TCD. 52).

UNITED NATIONS 1961: Cyprus – Suggestions for a Development Programme (= „Thorp-Report"). New York.

UNITED NATIONS, DEPARTMENT OF ECONOMIC AND SOCIAL AFFAIRS 1962: Industrial Estates in Asia and the Far East. New York.

UNITED NATIONS, DEPARTMENT OF ECONOMIC AND SOCIAL AFFAIRS 1966: Industrial Estates. Policies, Plans and Progress. A Comparative Analysis of International Experience. New York.

UNITED NATIONS ECONOMIC COMMISSION FOR EUROPE 1983: The Development of Medium-sized Towns in Southern Europe. Cyprus – National Monograph. Nicosia.

VASSILIOU, G. 1976: Trade Agreements between the EEC and the Arab Countries of the Eastern Mediterranean and Cyprus. In: SHLAIM, A. / YANNOPOULOS, G. (Hrsg.): The EEC and the Mediterranean Countries. Cambridge (GB).

VORLAUFER, K. 1986: Gewerbeparks in Kenia. Instrumente der Industrialisierung und Regionalentwicklung? In: Erdkunde 40, S. 45–62.

WALLBANK, A. T. 1971: A Proposal for the Establishment of an Industrial Extension Service in Cyprus. Nicosia.

WELTBANK 1981: Weltentwicklungsbericht 1981. Washington D. C.

WOOD, A. C. 1935: A History of the Levant Company. Oxford.

YIANGOULLIS, O. 1977: The People of the Nicosia Rural-urban Fringe: A Case Study. In: Geographical Chronicles (Nicosia) 6, No. 11, S. 3–26.

ZIMMERMANN, J. E. 1958: Economic Developments in Cyprus 1957. Washington D.C. (= U.S. Bureau of Foreign Commerce. World Trade Information Service. Economic Report, Part 1, No. 58.45).

Publikationen der Republik Zypern (Republic of Cyprus / R.O.C.) (Hrsg.).

Herausgabeort: Nicosia;

Mit (*) gekennzeichnete Jahreszahlen (bei jährlich oder periodisch erscheinenden Statistiken mit mehreren im Text zitierten Jahrgängen) bezeichnen das Referenzjahr der Statistik, nicht das Erscheinungsjahr.

1) – – – 1982: Address Before the House of Representatives on the Results of the Third Emergency Economic Action Plan, the Targets and Objectives of the Forth Emergency Plan and the Prospects and Budgets for 1982

2) – – – o. J.: Customs & Excise Tariff

3) – – – o. J.: Five-year Programme of Economic Development. Address of the President of the Republic Archbishop Makarios to the House of Representatives on the 21st August, 1961

4) DEPARTMENT OF STATISTICS AND RESEARCH: Analysis of Foreign Trade *1967, *1980

5) DEPARTMENT OF STATISTICS AND RESEARCH 1982: Annual Report on Unemployment 1981

6) DEPARTMENT OF STATISTICS AND RESEARCH 1983: Census of Cottage Industry 1982

7) DEPARTMENT OF STATISTICS AND RESEARCH 1983: Census of Housing 1982. No. 1, Provisional Results (= Housing Statistics, Series 1, Report No. 1)

8) DEPARTMENT OF STATISTICS AND RESEARCH 1985: Census of Housing 1982, Vol. III, Limassol District (= Housing Census, Series 1; Report No. 4)

9) DEPARTMENT OF STATISTICS AND RESEARCH: Census of Industrial Production *1962, *1967, *1972 (Vol. II, Manufacturing Sector), *1976 (Vol. II, Manufacturing Sector), *1981.

10) DEPARTMENT OF STATISTICS AND RESEARCH o. J.: Census of Population 1976 (unveröff.)

11) DEPARTMENT OF STATISTICS AND RESEARCH 1963: Census of Population and Agriculture 1960

12) DEPARTMENT OF STATISTICS AND RESEARCH: Cottage Industry Survey *1966, *1972

13) DEPARTMENT OF STATISTICS AND RESEARCH: Demographic Report *1973, *1978, *1982, *1983

14) DEPARTMENT OF STATISTICS AND RESEARCH: Economic Report *1967, *1971, *1972, 1976, *1978, *1979, *1981, *1982, *1983, *1984

15) DEPARTMENT OF STATISTICS AND RESEARCH 1981: Fifteenth Manpower Survey, May 1980 (= Manpower Research Series No. VII (17))

16) DEPARTMENT OF STATISTICS AND RESEARCH 1972: Index Numbers of Industrial Production, 1962–1971 (No. 5)

17) DEPARTMENT OF STATISTICS AND RESEARCH 1986: Industrial Production Survey *1962, *1972, *1979, *1981, *1982, *1983

18) DEPARTMENT OF STATISTICS AND RESEARCH: Industrial Statistics 1984 (No. 22)

19) DEPARTMENT OF STATISTICS AND RESEARCH 1983: Multi-round Demographic Survey, 1980/81. Main Report (Preliminary Issue) (= Population Statistics: Series III, Report No. 3)

20) DEPARTMENT OF STATISTICS AND RESEARCH: Registration of Establishments *1967, *1972, (Supplement, Locational Distribution of Establishments and Employment), *1976 (Vol. III, Regional Distribution of Establishments and Employment), *1981 (Vol. II, Establishments and Employment by District and Region)

21) DEPARTMENT OF STATISTICS AND RESEARCH 1985: Sales of Vine Products Manufactured in Cyprus, 1984 (No. 15)

22) DEPARTMENT OF STATISTICS AND RESEARCH 1984: Statistical Abstract 1982 (No. 28)

23) DEPARTMENT OF STATISTICS AND RESEARCH: Statistics of Imports & Exports *1976, *1978, *1981, *1984

24) DEPARTMENT OF STATISTICS AND RESEARCH 1982: Statistics of Wages, Salaries and Hours of Work, October 1981 (No. 25)

25) DEPARTMENT OF STATISTICS AND RESEARCH 1983: Survey on the Employment Status of Women in Cyprus (= ILO/UNFPA, Population, Employment Planning and Labour Force Mobility Study, CYP/77/PO 1, Report No. 18)

26) DEPARTMENT OF TOWN PLANNING AND HOUSING 1976: Cyprus National Report. HABITAT – UN Conference on Human Settlements, Vancouver, 31 May – 11 June 1976

27) DEPARTMENT OF TOWN PLANNING AND HOUSING 1982: Topiko Skedio Lemesou (= Stadtentwicklungsplan Limassol, griech.)

28) MINISTRY OF AGRICULTURE AND NATURAL RESOURCES 1983: Cyprus Agriculture. Facts and Figures. 1960–1981

29) MINISTRY OF FINANCE 1982: Tax Incentives in Cyprus

30) MINISTRY OF LABOUR AND SOCIAL INSURANCE o. J.: Summary of the Annual Report for the year 1979

31) MINISTRY OF THE INTERIOR o. J.: Wählerlisten (unveröff.)

32) PLANNING BUREAU o. J.: The Second Five-year Plan (1967–1971)

33) PLANNING BUREAU o. J.: The Third Five-year Plan (1972–1976)

34) PLANNING BUREAU o. J.: Emergency Economic Action Plan (1975–1976)

35) PLANNING BUREAU o. J.: Second Emergency Economic Action Plan (1977–1978)

36) PLANNING BUREAU o. J.: Third Emergency Economic Action Plan (1979–1981), Summary

37) PLANNING BUREAU o. J.: Forth Emergency Economic Action Plan (1982–1986), Summary

38) PLANNING BUREAU o. J.: Trito Ektakto Skedio Oikonomikis Draseos (1979-1981) (Third Emergency Economic Action Plan, griech.)

39) PLANNING BUREAU o. J.: Tetarto Ektakto Skedio Oikonomikis Draseos (1982–1986) (Forth Emergency Economic Action Plan, griech.)

Summary

Despite of political crises, the invasion by Turkish military forces, and the de-facto-partition of the territory, manufacturing in Cyprus (respectively in its Greek part after 1974) has shown an exceptionally high and constant growth.

Can we consider Cyprus an example for a successful Newly Industrializing Country? Which has been the starting position of the island's manufacturing development and which are the frame conditions of this development? Which have been the problems and shortcomings of manufacturing growth? How can we characterize the spatial development of manufacturing activities in a small territory like Cyprus with its special economic, political, and social conditions?

The development of manufacturing

Certainly, manufacturing development in Cyprus has been highly successful with respect to social welfare. Together with other important growth sectors (like trade, the building industry, and tourism) manufacturing has contributed to a persistent situation of full employment and to the relative prosperity of the population. Additionally, concentration processes in the field of private entrepreneurship have been very limited; until today, Cyprus industry is characterized by the existence of a vast number of small and sometimes marginal enterprises.

Generally, private Cypriot entrepreneurs have played a leading part in the process of industrialization. In contrast, foreign investment has not gained significant importance. The Government of Cyprus has largely confined itself to creating conditions favourable to private entrepreneurial initiative. The few cases of governmental direct investment in manufacturing partly have turned out to be failures, similarly to the investments of semi-governmental cooperatives. In addition, some of these projects have highly contributed to the environmental pollution on the island. By far the most important measure of industrialization policies have been high import tariffs for the protection of indigenous consumer goods industries, as part of an import substituting strategy.

Since the beginning of the seventies, export orientation has gained increasing importance, mostly based on capacities that originally had produced for the domestic market. Between 1974 and 1981 manufacturing exports experienced a booming tendency. Very favourable demand conditions on the Arab markets and the temporary chance to use cheap female and refugee labour led to these highly successful export figures.

In the long run, the unstable conditions having enabled the boom of manufacturing exports also mark the obvious limitations of Cypriot industrialization. Perhaps even more important, the inflexible system of tariff protection has turned out to be a serious obstacle to further development. The high and lopsided protection of consumer goods industries from foreign competition has ensured high profits to these industries and has sometimes encouraged speculative investments. At the same time, over-protection has favoured inefficiencies and mismanagement. It has perpetuated the predominance of consumer goods industries in the industrialization process and impeded the formation of inter-industry linkages as well as linkages with other sectors of the economy. Cyprus has remained dependent on the importation of most durable consumer goods and capital goods. To an increasing degree, the manufacturing sector has been based on imported raw materials and semi-finished goods. Thus, industrialization in Cyprus has missed its predominant aim of contributing to an improved balance of payments; and, for that reason alone, Cyprus' industrialization cannot serve as a model for other countries.

Regional aspects of industrialization

The sectoral, political, and socio-cultural characteristics of manufacturing development proved to be very important variables in explaining the spatial distribution of enterprises and employment within the island. This has been true for different scales of geographical analysis.

Comparing the administrative districts of Cyprus, only the traditional market-oriented small-scale industries have been equally distributed with regard to the population in each district. Whereas in Paphos and Kyrenia Districts enterprises have been mostly limited to these small industries, all other districts have experienced some kind of industrial "take-off". With Nicosia, Limassol, Famagusta, and Larnaca as independent growth centres – of course not equal in importance – manufacturing development in Cyprus has been of a distinct multi-centric type. Nicosia has developed into the center of import-substituting industries, and Limassol has become the leading location of capacities processing local raw-materials.

With short distances and a good system of road communications, locational choice on the inter-district level has not been strongly determined by economic necessities. Thus, sectoral developments like the increasing dependence on imported inputs, the booming of manufacturing exports, or the gradual introduction of industrial mass production, has not favoured or discriminated against one or the other location.

The most important determinants of inter-district locational structure before 1974 have been the social characteristics of industrial investors. As long as investment in manufacturing has primarily been based on the entrepreneurs' own assets, the presence of a local class of investors has been the most important factor enabling manufacturing development within a given district. Once a financially powerful class of potential investors had established within a district town, they were more likely to build up a new factory in their own home town or district than elsewhere. As these potential investors had mostly based their wealth on trade, irrigation agriculture, the building industry, land speculation, or tourism, the position of a district town in these sectors of economic activities has been of utmost importance for its further development.

The example of Limassol District demonstrates a high degree of intra-regional concentration of manufacturing establishments and employment. The rural and mountainous areas have remained untouched of the outstanding growth of the manufacturing sector since the early seventies. Whereas traditional rural small-scale industries have been suffering from stagnation, the leading class of investors mostly consisted of town-dwellers. The small dimensions of the rural hinterland and the good road infrastructure have enabled urban industries already in an early phase of industrialization to make use of the labour force, the raw-materials, and the demand of the rural areas. Shortage and high prices of suitable sites for industrial locations have favoured the „spread" of manufacturing industries into the suburban and peri-urban areas and along the coast, but have not resulted in a decentralization of establishments into remote rural areas. Very important in this respect has been the fact, that after 1974 most refugees have been resettled within the immediate vicinity of the major urban industrial locations. Thus, the urgent demand for (especially cheap female) labour normally has not urged entrepreneurs to move their production to remote rural areas. The example of the mountainous Agros Area has shown that the few manufacturing units, recently established here, partly depended on the continuing boom of the respective central urban branch of the enterprise.

Finally, the policies of the Cyprus government in respect to the location of industrial estates and of refugee housing-estates have acted in favour of the intra-regional concentration in manufacturing.

Urbanization in Limassol District as in the whole of Cyprus has only conditionally been related to manufacturing growth. Firstly, major population movements have been caused by political factors, such as the Turkish invasion, and, secondly, manufacturing has only played a limited role in the regional as well as in the national economy. With respect to population movements in Limassol District, two partly overlapping processes have been observed:

(1) The outmigration from areas relatively remote from both town and coastline; this corresponded with high gains in population of suburban and peri-urban areas, whereas Limassol Town has experienced an only moderate growth.

(2) The gradual expansion of the area characterized by a high number of daily commuters. Today, commuting to work into town is most usual, even from formerly quite remote areas. This is owed to the continously high demand for labour, relatively short distances, and a high degree of private motorization. This, in combination with the fact that part-time farming remains a common way of improving the family income, has slowed down the dynamics of rural out-migration.

Industrial Estates in Cyprus: a multipurpose political instrument

The installation of industrial estates by the Cypriot government aims at several different targets of general industrialization policies, of regional planning, and of town planning.

Though rents have been highly subsidized, the demand for sites in industrial estates by entrepreneurs has been very reluctant until 1974, when the refugee problem caused a general scarcity of suitable plots within the urban agglomerations.

A field study of the Industrial Estate Limassol revealed that after the 1974 invasion the supply of a sufficient number of sites in the industrial estates has been one important prerequisite for the rapid reestablishment of refugee enterprises. On the other hand, such refugee enterprises have heavily added to the success of the Industrial-Estate-Programme, and to the public image of the industrial estates as an important location of industries. Besides, it was shown that the provision of cheap sites alone has not been sufficient for setting off structural deficits, like, for example, missing inter-industry linkages. For town planning, however, the Industrial Estate Limassol has proved to be highly successful, since it has limited further uncontrolled spread of industrial land uses into the outer urban periphery.

With the example of the Industrial Estate Paphos it was shown, that from the viewpoint of regional planning the Industrial-Estate-Programme has been less successful. The installation of an industrial estate in Paphos has neither been an adequate means for activating the scarce regional potentials for industrialization, nor has it been able to attract a sufficient number of investors from outside the district.

Verzeichnis der Münchener Geographischen Hefte:

Heft 21 Helmut Kern: Große Tagessummen des Niederschlags in Bayern. 24 Seiten mit 2 Abbildungen und 8 Karten. 1961. DM 10.–

Heft 22 Reşat Izbırak: Geomorphologische Beobachtungen im Oberen Kızılırmak- und Zamantı-Gebiet (östliches Mittelanatolien). 56 Seiten mit 10 Abbildungen. 1962. DM 14.–

Heft 23 Karl Ruppert: Das Tegernseer Tal. Sozialgeographische Studien im oberbayerischen Fremdenverkehrsgebiet. 56 Seiten mit 13 Abbildungen, 6 Karten und 3 Tafeln. 1962. DM 20.– (vergriffen).

Heft 24 Erwin Grötzbach: Geographische Untersuchung über die Kleinstadt der Gegenwart in Süddeutschland. 112 Seiten mit 3 Figuren, 6 Tabellen und 10 Karten. 1963. DM 15.– (vergriffen).

Heft 25 Heinz Ziegler: Die Beschäftigten-Einzugsbereiche der Großbetriebe in München. (Materialien zur Stadtgeographie I). 132 Seiten mit 36 Abbildungen. 1964. DM 30.–

Heft 26 Klaus Hormann: Torrenten in Friaul und die Längsprofilentwicklung auf Schottern. 81 Seiten mit 2 Karten und 18 Figuren. 1964. DM 24.–

Heft 27 Klaus Haserodt: Untersuchungen zur Höhen- und Altersgliederung der Karstformen in den Nördlichen Kalkalpen. 114 Seiten mit 18 Abbildungen, 10 Figuren, 1 Karte und 2 Tabellen. 1965. DM 28.–

Heft 28 Karl Ganser: Sozialgeographische Gliederung der Stadt München aufgrund der Verhaltensweisen der Bevölkerung bei politischen Wahlen. (Materialien zur Stadtgeographie II). 129 Seiten mit 4 Karten, 31 Abbildungen und 31 Tabellen. 1966. DM 36.– (vergriffen).

Heft 29 Hans Frei: Der frühe Eisenerzbergbau und seine Geländespuren im nördlichen Alpenvorland. 89 Seiten mit 11 Abbildungen, 4 Karten und 4 Tafeln. 1966. DM 24.–

Heft 30 Karl Ganser: Modelluntersuchung zur Dorferneuerung (Materialien zur angewandten Geographie I). 106 Seiten mit 6 Karten, 6 Abbildungen, 16 Diagrammen und 32 Tabellen. 1967. DM 42.– (vergriffen).

Heft 31 Rolf Meyer: Studien über Inselberge und Rumpfflächen in Nordtransvaal. 81 Seiten mit 8 Figuren, 3 Karten und 15 Abbildungen. 1967. DM 22.–

Heft 32 Franz Schaffer: Untersuchungen zur sozialgeographischen Situation und regionalen Mobilität in neuen Großwohngebieten am Beispiel Ulm-Eselsberg. 150 Seiten mit 28 Karten, 16 Abbildungen, 18 Tafeln, einem Fragebogen und 34 Tabellen. 1968. DM 36.–

Heft 33 Oğuz Erol: Geomorphologische Untersuchungen über das Zungengebiet des würmeiszeitlichen Leitzachgletschers und die Terrassen des oberen Leitzachtales. 69 Seiten mit 8 Bildern und 3 Karten- und Profilbeilagen sowie einem Beitrag von Walter Stephan. 1968. DM 18.–

Heft 34 Neue Wege in der zentralörtlichen Forschung. 5. Arbeitstagung des Verbandes deutscher Berufsgeographen. 60 Seiten mit 3 Abbildungen und 1 Tabelle. 1969. DM 14.–

Heft 35 Gernot Ruhl: Das Image von München als Faktor für den Zuzug. 123 Seiten mit 27 Tabellen, 2 Fragebögen und 2 Karten. 1971. DM 16.–

Heft 36 Karl Ganser: Grundlagenuntersuchung zur Altstadtentwicklung Ingolstadts. 168 Seiten mit 90 Tabellen, 5 Erhebungsbögen und 22 Karten. 1973. DM 32.–

Heft 37 Stadtgeographie in einem neuen Curriculum – dargestellt am Beispiel Münchens. 108 Seiten, Beilage mit 79 Abbildungen. 1973. DM 20.–

Heft 38 Gitta Muske: Motive für die Wahl des Studienortes München. Ein entscheidungstheoretischer Ansatz zur Erklärung räumlicher Mobilität angewandt auf ein Beispiel aus dem Bereich der Bildungswanderung. 98 Seiten mit 1 Abbildung, 16 Tabellen u. 3 Fragebögen, Beilage mit 18 Abbildungen. 1975. DM 32.–

Heft 39 Beiträge zur Zentralitätsforschung. 226 Seiten mit 26 Abbildungen und 9 Tabellen. 1977. DM 30.–

Heft 40 Robert Geipel: Friaul. Sozialgeographische Aspekte einer Erdbebenkatastrophe. 212 Seiten mit 18 Karten, 9 Abbildungen, 8 Plänen, 3 Farbtafeln, 15 Graphiken und 60 Tabellen. 1977. DM 44.–

Heft 41 Detlev Klingbeil: Aktionsräume im Verdichtungsraum. 334 Seiten mit 36 Abbildungen und 43 Tabellen. 1978. DM 38.–

977655